鲁怒放

女，1966年生，浙江余姚人。1987年毕业于杭州大学文物博物馆学专业，现供职于余姚市文物保护管理所，文博研究馆员。参加工作以来，深耕文物基层一线，致力于文物调查保护、考古、陈列展览、藏品保护研究，发表专业文章30余篇。

五桂楼藏书史述

鲁怒放 著

浙江大学出版社
ZHEJIANG UNIVERSITY PRESS
·杭州

图书在版编目（CIP）数据

五桂楼藏书史述 / 鲁怒放著. —杭州：浙江大学
出版社，2023.12
ISBN 978-7-308-24335-3

Ⅰ.①五… Ⅱ.①鲁… Ⅲ.①藏书－图书史－宁波
Ⅳ.①G259.29

中国国家版本馆CIP数据核字（2023）第204672号

五桂楼藏书史述

鲁怒放　著

责任编辑	王荣鑫	
责任校对	吴　庆	
封面设计	项梦怡	
出版发行	浙江大学出版社	
	（杭州天目山路148号　邮政编码：310007）	
	（网址：http://www.zjupress.com）	
排　　版	浙江大千时代文化传媒有限公司	
印　　刷	浙江全能工艺美术印刷有限公司	
开　　本	710mm×1000mm　1/16	
印　　张	28	
字　　数	436千	
版 印 次	2023年12月第1版　2023年12月第1次印刷	
书　　号	ISBN 978-7-308-24335-3	
定　　价	198.00元	

浙江大学出版社市场运营中心联系方式：　　（0571）　88925591；http://zjdxcbs.tmall.com

别有洞天五桂楼

五桂楼是余姚唯一保存至今的古代藏书楼，有"藏书甲越中""浙东第二藏书楼"之称，是余姚"文献名邦"的物质象征。但历年来，学界对五桂楼的研究比较零散，资料欠缺，尚没有比较系统的专门著述。诚然，在浩如烟海的古代藏书史籍中，相对于天一阁珠玉在前，嘉业堂盛业于后，五桂楼确实声名不显，无论其藏书历史、书籍数量和质量都并不十分出众，且书籍散佚、残缺、腐蚀的较多，如今更成一座空楼。出于职业习惯，于我而言，五桂楼首先是一处省级文物保护单位，我首先关注的是楼，是五桂楼建筑本身。事实上，在工作最初的近十年中，对于五桂楼藏书实在知之甚少。直至1996年3月，做五桂楼"四有"档案的时候，我和同事们去现场测绘，在五桂楼的暗阁里发现了一根记注建筑构件和尺寸的小竹竿——"柱百竿"，引起了我对五桂楼建筑的兴趣。尔后我写了《五桂楼"柱百竿"考略》《五桂楼藏书及其建筑特色》。此后，对五桂楼却缺少关注了。

由于历史原因，余姚国有古籍的保护管理一直由文物部门负责。现今市文保所收藏的古籍主要由黎洲文献馆和五桂楼旧藏组成，五桂楼旧藏约占三分之一。因文物保护本职工作繁重，我们对古籍的保护研究相对显得滞后。2020年年初，我从市文广局调回到市文保所，终于从繁杂的文物行政事务中脱身，就想着干点自己感兴趣的事。2020年下半年开始，我把五桂楼藏书作为课题研究，如今看来，这并非是一个明智的选择。因我长期从事文物调查、修缮保护、文物藏品研究和展示工作，于我，古籍研究是一个新课题，此书的编写甚是艰辛，深感困扰和折磨，甚至于提纲亦是逐步确定的。编写最大的苦恼就是资料的缺乏，从 2020 年底确定课题到 2021 年 9 月，我不是在查阅、整理资料就是在去查资料的路上。当然，查阅也有意想不到的收获，2020 年 11 月，一个偶然的机会，在文物藏品库房的一个角落里发现了一大袋 20 世纪五六十年代黎洲文献馆的资料，里面有黎洲文献馆实际负责人姜枝先与黄云眉、杜天縻、冯贞群、张阆声、朱赞卿、刘慎旃等等的信札、文物调查报告、手稿、文件等原始资料，其中有不少与五桂楼藏书相关。我如获至宝，欣喜无量，最令我惊喜的是竟发现了 1956 年 7 月浙江图书馆从五桂楼调拨走的图书清单以及五六十年代的五桂楼书目。五桂楼建成已逾二百年，书籍散佚不少，历次的书籍整理、编目者均已作古，有关记载稀少，我受姜枝先勤做笔记的启发，去余姚档案馆查找，总算不虚此行，余姚档案馆收藏的姜枝先日记竟详细记录了 20 世纪五十年代姜枝先等人在五桂楼整理书籍、编目的过程。1956 年 7 月调拨给浙江图书馆的 5289 册图书是五桂楼散佚古籍中有据可查的最大一批，当然不可能一笔带过，但调拨清单中只简单记录书名、册数和是否善本，而现存最完备的五桂楼书目只记录作者、时代、书名、卷数，两者都没有记录版本，书名亦不尽相同，五桂楼藏书又少有藏书印，而浙江图书馆所藏古籍浩繁，查找、核对起来困难重重。我在焦躁、惘然和不断的自我否定中，终于在 2022 年 7 月完成了初稿。

余姚藏书文化源远流长，古代私人藏书家不下百人，他们把藏书读书当作修身养性、学术研究的最佳途径，亦以此传承余姚文脉，可以说藏书是贯穿全书的线索。黄氏是梁弄第一大姓，远祖为江夏右族，簪缨济济，家道曾几经起落，至黄澄量父辈渐渐殷实，梁弄又僻处山区，但余姚众多的古代藏书楼中，为何仅五桂楼保存至今？所以，在一至三章，我从梁弄的地理环境、自然风貌、人文渊薮、经济社会发展和浓厚的尊崇文献、耕读传家家风出发，探究黄澄量祖孙四代以及五桂楼独特的建筑构造对保护书籍的影响，挖掘五桂楼留存至今的原因。在第四至第九章，试图从历次书目的编撰，探讨五桂楼藏书的兴衰、变迁、流传；从现存的重要方志、善本、特藏书特别是《明文类体》和《玉海》的介绍考证，揭示五桂楼主人兼收并蓄、雅俗并重、重邑人著述、重方志、贵在实用的藏书特色；从五桂楼主人藏书开放致用的理念和实践，探求其藏书嘉惠家族后人、亲朋好友和海内学人的精神内涵，以及在私家藏书文化史上铸就的独特地位和独特价值；第十章介绍黄承乙以传承家族文化、克绍家声、开放流布为目的而刊刻的书籍。

本书没有任何成熟的理论框架可以套用，亦无法做到覆盖关注对象（藏书楼、藏书楼主人、藏书）的全部。我努力地想比较完整地论述五桂楼四代藏书主人的藏书盛况、藏书理念、藏书价值、藏书特色、藏书刊刻等诸多方面，但我终究力所不及，这在于本人学术背景的欠缺，古籍研究毕竟非我所长，以己之短所作的跨界尝试，只是因为感动于像黄澄量这样的私人藏书家群体的执着和坚持。

本书的编写得到了余姚文保所领导的倾力支持，藏品部和文保部的同仁们亦不遗余力地提供资料或查阅之便，浙江图书馆古籍部不吝提供资料和书影照片，余姚历史名城研究会的施长海、朱炯、王孙荣、谢建龙、黄建明等诸位老师或提供资料或审阅初稿，提出许多宝贵意见，使我受益匪浅。书中照片由谢向杰、冯乾军和浙江图书馆提供。在此，对帮助我编写此书的各位表示由衷的感谢！同时，感谢帮助我出版此书的浙江大学出版社的褚超孚社长和王荣鑫编辑。囿于资料的缺乏，更因本人学力不逮，谬误在所难免，恳请方家指正与包容。

以此代序。

作者

2023 年 9 月 25 日

目录

第一章

千年古镇　琅嬛福地

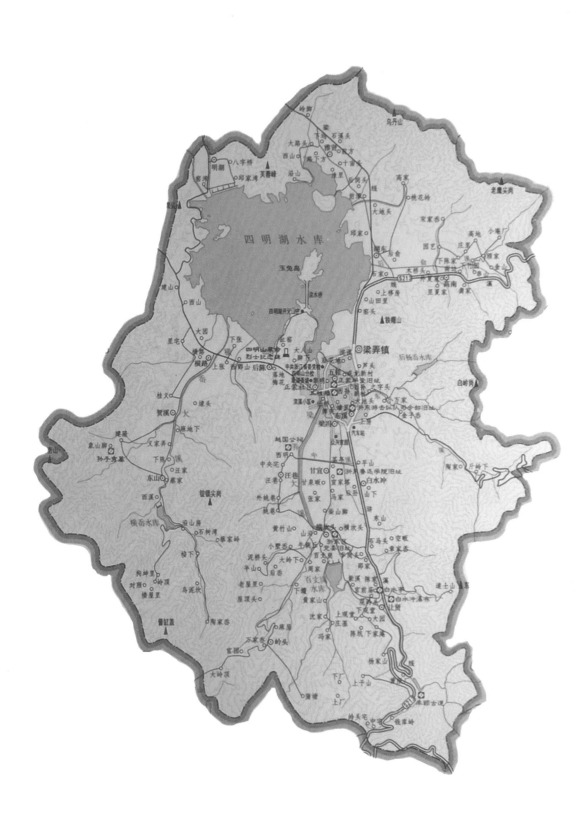

一 第九洞天 如诗若画

从余姚城区蜿蜒南行约二十千米，顿觉豁然开朗，只见峰峦叠翠的四明山深处有一片小平原，四面群峰似屏，西北侧是碧波荡漾的四明湖，梁弄，就处于这青山绿水中。乾隆《绍兴府志》载："《万历志》梁衕市，在县西南四十里。《余姚县志》在四明乡。"[①] 黄宗羲孙黄千人有诗云："嵚崎历尽忽平津，林壑包罗境一新。草接寒烟与特口，屋藏深树次鱼鳞。山花共笑成知己，墅叟闲逢似故人。鸡犬仙源应即是，不须重羡武陵春。"[②]

梁弄镇地处四明山西北麓，四面环山。周围群峰耸列，葱茏苍翠，涧水长蓝，植被丰茂。梁弄镇东、南、西、北分别有白岭岗、铁帽山、东岗山、牛背山、凤冠山、蒲塘山、酱缸盖、石井山、虎洞岗、狮子山、东明山、乌丹山等诸峰环绕。镇中心海拔 33 米，镇东最高峰东岗山海拔 754 米，镇西最高峰酱缸盖海拔 648 米，镇北最高峰乌丹山海拔 435 米。地形自东南向西北倾斜，中间凹陷，形成盆地，属侵蚀性河谷平原。清赵柱山《屏环四面》有诗曰："环山高卧惬幽情，镇日胸无俗虑撄。四面峰峦围似障，此中我

---

① 〔清〕李亨特修,〔清〕平恕、徐嵩纂:《绍兴府志》卷七《建置志·市》,清乾隆五十七年刻本,黎洲文献馆藏。

② 〔清〕黄千人《丁山村墅》,载〔清〕周炳麟修,〔清〕邵友濂、孙祖德纂:《余姚县志》卷二《山川》,清光绪二十五年刻本,黎洲文献馆藏。

自有长城。"③

梁弄，是道教在余姚传播的主要场所之一，是名副其实的洞天福地、道教胜地。张君房《云笈七签》载："第九四明山洞，周回一百八十里，名曰丹山赤水天。在越州上虞县，真人刁道林治之。""第六十三菱湖鱼澄洞，在西古姚州，始皇先生曾隐此处。"④天下有三十六洞天，七十二福地，四明山得其二。

在四明山二百八十二峰之间，多胜地佳境，如梁弄古镇南约十里，"有峰曰三台山、曰屏风、曰石屋、曰云根。石屋、云根间有瀑布，如悬河，旁曰潺湲洞。潺湲洞，即白水宫。石屋，即张平之所居之石室。汉刘纲同妻樊氏云翘，居潺湲洞侧，从白君得仙术。"⑤乾隆《绍兴府志》亦载："白水山《一统志》在余姚县西南六十里，山壁峭立，有泉四十二道投空而下，是曰白水，亦名瀑布。"⑥此瀑布悬挂在数十米高的峭壁之上，喷瀑直泻，奔扬滂沛，飞珠溅玉，蔚为壮观。"数里之内，时有雾露沾人，所谓潺湲洞也。"⑦历代著名方士仙客多托迹于此，游履不绝。相传汉代白公隐于潺湲洞侧，梅福筑石库藏书并炼丹于此，刘纲弃官与妻子樊云翘在此学道，刘晨、阮肇、张平子等在此各筑石室；三国两晋时有丹丘子、魏道微等在此修道；隋唐时徐仙姑、王可交、章全素、俞叟等都在此留下了足迹。到了宋代，道教风行，"政和六年，赐建玉皇殿，榜其门曰'丹山赤水洞天'……嘉熙初，理宗祷于会稽之龙瑞宫，竣事，分金龙玉简藏焉。"⑧宋徽宗、宋理宗赐建殿宇、

---

③ 〔清〕赵柱山：《环山八咏》，载〔民国〕赵宗元纂修：《箭山赵氏宗谱》卷九《七言绝句》，民国七年永思堂木活字印本，黎洲文献馆藏。

④ 〔宋〕张君房：《云笈七签》卷二七《洞天福地部》，济南：齐鲁书社，2016年版。

⑤ 〔清〕周炳麟修，〔清〕邵友濂、孙祖德纂：《余姚县志》卷二《山川》，清光绪二十五年刻本，黎洲文献馆藏。

⑥ 〔清〕李亨特修，〔清〕平恕、徐嵩纂：《绍兴府志》卷四《地理志四》，清乾隆五十七年刻本，黎洲文献馆藏。

⑦ 〔清〕李亨特修，〔清〕平恕、徐嵩纂：《绍兴府志》卷四《地理志四》，清乾隆五十七年刻本，黎洲文献馆藏。

⑧ 〔清〕周炳麟修，〔清〕邵友濂、孙祖德纂：《余姚县志》卷十一《典祀》，清光绪二十五年刻本，黎洲文献馆藏。

白水冲

书匾额、藏金龙玉简之举使"第九洞天"闻名天下。元明时期有吴真阳、志远、吕处仁、毛永贞等游迹、修行于此，毛永贞"橄领观事，重为修葺"⑨，还"构清晖亭于瀑布之下，营石田山房以自休息"⑩。此外，有关凡人入山巧遇仙人、受赐仙药的传说更不胜枚举。

四明秀丽的山川风光吸引着历代文人墨客流连忘返，留下了大量歌咏四明山、梁弄的优美篇章。作为唐诗之路重要驿站的四明山，"第九洞天"理所当然地成为诗人们的热门题材。唐朝著名诗人李白、贺知章、刘长卿、孟郊、施肩吾、陆龟蒙、皮日休等曾相继游览四明山，留下了许多脍炙人口的诗篇。诗仙李白曾四到浙江，其中三入四明，他的《早望海霞边》雄奇飘逸，气势恢宏："四明三千里，早起赤城霞。日出红光散，分辉照雪崖。"⑪施肩吾诗曰："半夜寻幽上四明，手攀松桂触云行。相呼已到无人境，何处玉箫吹一声。"⑫幽邃静谧的山上夜景，映衬出诗人宁静淡泊的心志。孟郊诗曰："闲于独鹤心，大于高松年。迥出万物表，高栖四明巅。千寻直裂峰，百尺倒泻泉。绛雪为我饭，白云为我田。静言不语俗，灵踪时步天。"⑬陆龟蒙《四明山九题·潺湲洞》道："石浅洞门深，潺潺万古音。似吹双羽管，如奏落霞琴。倒穴漂龙沫，穿松溅鹤襟。何人乘月弄，应作上清吟。"⑭诗文空灵飘逸，趣意盎然。皮日休和曰："水流万丈源，尽日泻潺湲。敲碎一轮月，熔消半段天。响高吹

---

⑨　〔清〕周炳麟修，〔清〕邵友濂、孙祖德纂：《余姚县志》卷十一《典祀》，清光绪二十五年刻本，黎洲文献馆藏。

⑩　〔清〕周炳麟修，〔清〕邵友濂、孙祖德纂：《余姚县志》卷二七《方外》，清光绪二十五年刻本，黎洲文献馆藏。

⑪　〔唐〕李白：《早望海霞边》，载郁贤皓校注：《李太白全集校注》，南京：凤凰出版社，2015年版，第2572页。

⑫　〔清〕周炳麟修，〔清〕邵友濂、孙祖德纂：《余姚县志》卷二《山川》，清光绪二十五年刻本，黎洲文献馆藏。

⑬　〔唐〕孟郊：《送萧炼帅入四明山》，载华忱之、喻学才校注：《孟郊诗集校注·中国古代名家集》，北京：人民文学出版社，2015年版，第336页。

⑭　〔清〕周炳麟修，〔清〕邵友濂、孙祖德纂：《余姚县志》卷二《山川》，清光绪二十五年刻本，黎洲文献馆藏。

谷动,势急喷云旋。料得深秋夜,临流尽古仙。"⑮和诗气韵生动,仿佛天籁。"唐诗之路"上留下的作品,形成了以崇尚自然、涵泳佛道、标尚意境为特征的"浙东诗"。

唐以后,历代文人依然络绎不绝歌咏四明山水。宋孙子秀《四明山》云:"四明洞天居第九,巨灵劈石开窗牖……老苔护石苍虎间,飞瀑悬岩玉龙吼。豁然人与境俱胜,醉欲拍浮忘升斗。"⑯宋唐震《留题丹山》赞道:"四明光照九霄寒,阆苑神仙日往还。瀑布远从银汉落,洞门长锁白云闲。"⑰明大儒王守仁《白水山》诗中写道:"邑南富岩壑,白水尤奇观。……刘樊古方外,感慨有余叹。"又云:"千丈飞流舞白鸾,碧潭倒影镜中看……卜居断拟如周叔,高卧无由比谢安。"⑱清黄宗羲《四明山九题·潺湲洞》赞道:"闻说潺湲洞,当年隐白君。守炉同弟子,洗药委红裙。中积千年雪,平分万壑云。自来声未绝,曾和步虚文。"⑲清高士奇《和黎洲先生九题诗·潺湲洞》:"此日潺湲洞,当年白水宫。无云朝喷雨,不浪夜翻风。洗药因流净,寻花取径通。清香坐听久,群籁寂霜空。"⑳诗文情景合一,绘声绘色,形神俱全,为唐诗之路增添一段悠远的余响。清赵柱山描绘四明景色:"草堂新筑在山前,遥望诸峰绕郭然,却是洞天真福地,更从何处觅神仙。"㉑诗人们用生花妙笔歌咏四明山凌空绝世,玲珑嵯峨,峻极无比,仿若引人进入了桃源仙境。

---

⑮ 〔清〕周炳麟修,〔清〕邵友濂、孙祖德纂:《余姚县志》卷二《山川》,清光绪二十五年刻本,黎洲文献馆藏。

⑯ 〔清〕周炳麟修,〔清〕邵友濂、孙祖德纂:《余姚县志》卷二《山川》,清光绪二十五年刻本,黎洲文献馆藏。

⑰ 〔清〕周炳麟修,〔清〕邵友濂、孙祖德纂:《余姚县志》卷二《山川》,清光绪二十五年刻本,黎洲文献馆藏。

⑱ 〔清〕周炳麟修,〔清〕邵友濂、孙祖德纂:《余姚县志》卷二《山川》,清光绪二十五年刻本,黎洲文献馆藏。

⑲ 〔清〕周炳麟修,〔清〕邵友濂、孙祖德纂:《余姚县志》卷二《山川》,清光绪二十五年刻本,黎洲文献馆藏。

⑳ 〔清〕周炳麟修,〔清〕邵友濂、孙祖德纂:《余姚县志》卷二《山川》,清光绪二十五年刻本,黎洲文献馆藏。

㉑ 〔清〕赵柱山:《环山草堂纪事》,载〔民国〕赵宗元纂修:《箭山赵氏宗谱》卷九《七言绝句》,民国七年永思堂木活字印本,黎洲文献馆藏。

《丹山纪行图》

　　元末明初画家顾园的《丹山纪行图》则为我们生动形象地再现了600多年前梁弄的秀丽风光。该画卷后有明初徐本立撰写的《游丹山记》，杨彪、赵古则、朱坦翁、王霖、赵宜生、范玄凤、毛锐、宋玄喜、吴居正、范骥题跋，清顾文彬题词并识。据题跋记述，明洪武四年（1371）十一月，顾园自山阴来上虞小山（今属余姚，现为四明湖库区），与徐本立相会，并与吴温夫、汪居安等同游四明丹山，第一日由郧峰、徐家峧至汪复初家西溪精舍，作《琅玕图》。次日过状元坊、小柿，渡黄溪、过刘樊祠、清晖亭，至白水冲，夜宿白水宫道士潘实斋石田山房，遂作《丹山纪行图》。

　　题跋除了介绍游览日程外，还披露了多方面的重要内容。如：对于以"丹山"命名画作，徐本立谓："神仙家所谓丹山赤水洞天者，在吾邑之四明乡。"吴居正曰："盖丹山即白水境也。"以此可明确丹山赤水洞天即在今天的梁弄一带。而毛锐以写实的笔调详细介绍地域内的风物："好山清入越，细路曲通鄞。耕凿生涯旧，陶渔习俗淳。危楼低日月，别馆净埃尘。树出平桥外，藤垂涧浅滨。寒花明素褐，晴叶下乌巾。风静猿啼稳，云空过鸟频。中天崖积翠，千尺瀑翻银。"杨彪、赵古则、赵宜生、范玄凤等人，则从道家神仙的角度，进行浪漫主义发挥："徘徊四顾断复起，势若万马争奔趋。云霞焕烂变朝暮，乃知福地神仙居""仙宫访羽客，诣首问黄庭。既极林泉趣，似了物我情""丹山赤水神仙窟，高士相携寻药物。洞口桃花春色深，溪上青枫烟草没""群仙冉冉下丹丘，潇洒闲披翠羽裳。不受皇家宣室召，长为赤水洞天游"。同时，题跋者对绘画艺术本身无不赞叹。宋玄僖强调其"怪"："展图令我叹，下笔觉才怪。"范骥体察其"潇洒"："顾侯笔力多潇洒，令我披图日几回。"王霖则把顾园与其先祖、东晋大画家顾恺之相提并论："顾侯（顾园）自是虎头孙，故故来寻赤水源。"此画为顾园唯一传世作品，实为中国山水画史上为数不多的文人纪游山水早期代表作，现藏于上海博物馆。

二　西明古镇　物阜民熙

梁弄古有梁衕、梁通、良嘉衕、四明、西明之称。民间相传，初时此处人烟荒芜，只有梁、冯二姓山民居此，垦荒植禾，辛勤度日，村落亦以姓氏"梁冯"名之。后因弄堂众多，"梁冯"遂谐转为"梁弄"。梁弄秦时属会稽郡，汉属会稽郡余姚县，尔后隶属基本不变。两晋南北朝时，中原战乱，北方人口大批南迁，梁弄多姓共居，渐成规模。到了后梁、后唐时期，由于孙、吴、姚、叶、黄、汪等姓迁入，各成大族，人口骤增，日趋繁盛，成为姚南重镇，是当时四明山区手工业产品和农副产品的主要集散贸易中心。南宋时文风鼎盛，名人辈出。尤其是黄、孙、方姓子弟接连出仕，官宦相承，回乡多建宅院、寺观、书院，甲第璀璨，别业居幽，从此声名远扬，名重浙东。现在的梁弄全镇面积 95 平方千米，人口 3.4 万，是全国文明镇、浙江省美丽乡村示范乡镇、浙江省首批历史文化名镇。

梁弄人民历来富有坚韧不拔、英勇顽强的抗争精神，在朝代更替、家国迭变、外族入侵之际，他们众志成城、保家卫国。抗日战争和解放战争时期，梁弄人民积极参加抗击日、伪、顽的战斗，敢于牺牲，血染四明，涌现了无数可歌可泣的英勇事迹，为人民革命战争的胜利做出了巨大贡献，梁弄成为浙东抗日根据地的中心和南方七大游击区之一。

梁弄境内平原肥沃、山林茂密、溪流纵横，到清代，已形成以毛茶、毛竹、毛猪为主的农业经济。现今以种植

梁弄全景局部

水稻为主，兼种麦、豆、薯类及油料作物。蔬果、鱼类、竹木等农林渔业资源丰富，林业特产主要有茶叶、毛竹及梨、桃、板栗、柿子、杨梅、桑葚、猕猴桃等各类水果。梁弄的产茶历史悠久，"瀑布仙茗"产自汉代，盛于唐宋，与建岙峹茶并为名茶。据《余姚县志》记载："瀑布岭茶《神异记》：'余姚虞洪，入山采茗，遇一道士，牵青羊三百，饮瀑布水，曰丹邱子也。山中有大茗，可以相给。他日，瓯牺之余，幸不忘也。洪因立茶祠。是后，往往得大茗。'《茶经》：'余姚茶生瀑布岭，昔号仙茗，大者殊异。'……建岙峹茶《四明山志》：'石井山，一名建岙峹，其岭曰谢公，建岙产茶而谢公岭为名品。童家峹茶《康熙志》：茶产瀑布岭、建岙峹者佳，并为名品，称四明茶化安次之，童家峹又次之'。"②

───────────

② 〔清〕周炳麟修，〔清〕邵友濂、孙祖德纂：《余姚县志》卷六《物产》，清光绪二十五年刻本，梨洲文献馆藏。

梁弄上街

小弄

　　梁弄古镇建于老虎山下东溪旁的平地上，溪流曲折环绕，形成"依山枕水"的基本格局。南宋时，古镇已有上街、下街、三叉路口、晓岭街、牌宪头等街名，现街名尚存，古镇基本格局至今未变。古镇内溪流池塘均匀分布，民居连檐接栋，自然形成街巷里弄。蜿蜒了千百年的深巷浅里、长弄短街，自由灵活、回转曲折、犹似迷宫。粉墙黛瓦，层层叠叠，错落有致，飞檐翘角与线条优美的封火山墙及民居厅堂一道，勾画出古镇变化丰富的节奏和韵律，温雅而有序。

　　梁弄的街巷大多保持由青石板铺砌、木石结构民居组成的传统形态。当地取材的青石板街道，日久天长，历经踩踏，参差斑驳。老街宽度变化在1.5米—3.0米之间，两边的一层檐口高度通常为2.5米—3.0米左右，宽高比小于1，而且古镇建筑出檐0.5米—1.0米的挑檐，使得街道的尺度更为亲切宜人，因街巷的转折和挑檐的遮蔽，形成"巷弄深深"的限定性视觉空间。建筑的屋基由表面粗糙的块石砌筑，质朴内敛；木墙板和木柱子经风吹日晒，显露出绽裂纵深的纹理。老街建筑的壁面和屋顶形式是转折变化、收放随机的，所以虽然迫近，但并无压抑感。因受已有布局所限，大部分建筑是借势取向，并不强调南北朝向，建筑顺街而立，矩形格局有着较大的灵活性，并不恪守常规，因此会出现一些非矩形的和多折面的转角房屋，在一段平直的建筑之后增添一些变化的小情趣，丰富了建筑形态。

古镇的传统民居多为四合院形式。普通的民宅院落多为一进，正屋五间，前有宽敞檐廊，建筑多为一层，间有二层。院落分工明确，前院地面铺装卵石，甚至组成具有寓意的图案，主要作为农事活动场所，院内略有数株花木掩映。建筑色彩多为木本色，或者保持白墙黛瓦的形式。楼房多集中于主要街道下街、上街及新街"三叉口"两侧，大多结构简陋，主要为一至三开间的临街店面，为前店后住或前店后坊形式。

明清官绅巨商府第一般都是坐北朝南的封闭式院落，总体布局是纵向轴对称。单体建筑一般是五间二弄或三间二弄。纵向少者三进，多者五进，形成幽深而严谨的建筑群体。沿着中轴线自南向北，依次建造门、厅、堂、楼，最后一般为堆放杂物的低矮的后罩房，大门开在门厅明间。每进单体建筑之

下街

五桂弄西入口及波井

013

间均有庭院，两侧或有厢房，或直接围以砖墙；有的在庭院中砌有南北走向的两道砖墙，把庭院一分为二，纵轴线上形成川弄式，整体布局井然有序。在结构造型上，明间一般用抬梁式小结构，其他各间采用穿斗式与抬梁式相结合的混合结构，外围砌空斗墙，屋面多为硬山或封火山墙，也有卷棚顶，厅堂前多有船棚状廊轩，形制秀美而富于变化。梁架装饰或素面或仅加少数雕刻和彩绘，涂栗、褐、灰、枣红等色。房屋外部的木构架部分，用褐、黑等色，与白墙、灰瓦结合，色调雅素明净，形成朴素而富于生气的外观。

如今的梁弄老镇还保存着许多完好的巷弄和成片的传统建筑，随处可见虽然有点破败却风韵犹存的一座座老宅院、老店铺。老宅、老店、石板街、古碑界、名木、古井，处处倾诉着千年古镇的历史沧桑，展现了古镇独特的文化氛围。

（上）梁弄新街店铺
（下）古井

梁弄虽处层峦之中，但历代先辈富有尚德崇文的优良传统，文化发达，英才辈出。尤其是四明黄氏，相传乃汉江夏黄香之后，早在五代后唐时，黄香第二十九世孙黄褒因任越州别驾，由剡邑双井迁居余姚四明梁弄，为梁弄黄姓一世祖。四明黄氏中所传五桂者为迁姚一始祖黄褒长兄黄襄的六世孙，也是黄褒的从六世孙，有兄弟八人即开（开）、闶、阁、闻、闾、闇、阐、闵，因勤奋好学，学问渊博，时人称为"黄氏八龙"。明翰林学士宋濂在明洪武三十一年（1398）所作《黄氏源流序》中道："开（开）、闶、阁同登宋绍兴甲戌进士，闻、闾相继擢乾道、己丑进士，闇占特奏名，终荔浦丞，阐补官将士郎，闵修职郎。兄弟一时荣贵，文墨彬蔚，人比之荀氏八龙。云自是厥后，子孙益繁，簪缨奕世。"㉓ 当时，兄弟五人深得太上皇赵构信任，称赞他们博学宏才，机智明辨，忠君勤政，才能出众。兄弟五人同朝为官，实为难得之佳话。后兄弟五人衣锦荣归，赵构又赠《五子还乡诗》一首，序曰："卿昆季辞朕而归，欲留不可，偶成数语为赠，一以表君臣临别眷恋之私，一以为卿子孙后日之光荣耳。宝之。"诗云："不德作民王，贤良在朕旁。普天夫子铎，仙籍桂枝香。昔日燕山窦，今

㉓ 〔明〕宋濂：《黄氏源流序》，载黄日赞总修：《余姚四明黄氏谱》卷三，民国廿一年，季七房刊。

朝浣水黄。雁行当不乱,衣锦好还乡。"㉔黄氏后人把宋高宗的诗录入宗谱之中,并画有五人遗像留传后世。至明朝,大学士金铠于画像题字,曰"五桂传芳"。于是,梁弄就有了"五桂传芳"之说。黄氏五桂虽非梁弄黄氏的直系嫡裔,但梁弄黄氏一直把他们当作标杆式的存在而载入各支宗谱中,以追思先贤,勉励后人。

仅宋代,梁弄黄氏中有黄焱、黄遇龙、黄巨川、黄拱宸、黄衮先后中进士。其他大族,如孙氏家族先后十一人中进士。其中,孙子秀累官临安知府、太常少卿兼右司,孙矗任常州知府,孙炳炎授福州教授、武学博士,孙起祯为翰林学士,孙彦温为崇政殿侍讲。方氏家族方季仁授临安军教授,方山京,为余姚第一位状元。

明清时,四明黄氏中有湖广兵备副使黄肃、"圣世之真儒"旌表为孝子的黄肃仲子黄骥、践行王阳明"知行合一"的楷模黄肃四子黄骅,还有五桂楼的四代主人黄澄量、黄肇震、黄联镳、黄承乙,正蒙学堂的创办人黄廷范,热心公益、不吝善事的黄晋堂、黄贻桂、黄方增、黄霖、黄槐堂等等。

梁弄的教育历史至少可以追溯至唐代,相传贺知章寓居梁弄时,曾与乡贤士人讲学于文昌阁。宋淳熙八年(1181),大儒朱熹讲学于九姥山道院,留下弘扬理学的一段佳话。南宋端平年间(1234—1236),修职郎孙一元,创办怡偲书院,建炉溪文社,名声远播,东发学派创始人黄震、临安知府孙子秀曾在此读书㉕。南宋时,以宗族为单位的义学、义塾渐渐兴盛,历明清不衰,为梁弄培养了大批人才。清末,办学堂,创新学。抗日战争时期,兴办冬学,浙东鲁迅学院入驻梁弄。中华人民共和国成立后,教育事业快速发展,1956年,余姚师范学校落户梁弄,开始招生,进一步促进了梁弄教育事业的繁荣。

经过千百年来梁弄先辈们代代相传的累积,梁弄的人文遗产十分丰厚。

㉔ 〔宋〕赵构:《送五子还乡诗》,载黄日赞总修:《余姚四明黄氏谱》卷三,民国廿一年,季七房刊。

㉕ 《梁弄镇志》编纂委员会编:《梁弄镇志》第二十编《教育》,杭州:浙江古籍出版社,2020年版,512页。

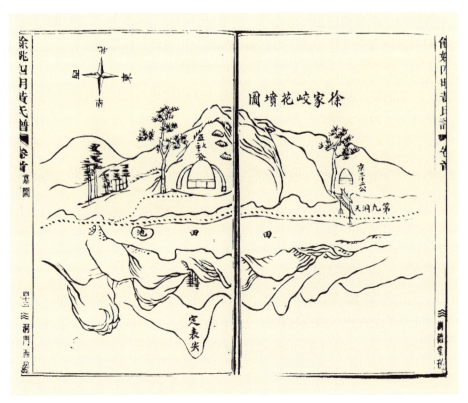

徐家岭"第九洞天"示意图书影

最声名远播的当属"第九洞天"牌坊，牌坊位于梁弄西侧狮子山下徐家岭，横跨通道，坊高约5米，为两柱单间石坊，四角飞檐，筒瓦盖顶，面西横额石匾上题有"第九洞天"，面东题有"五桂传芳"。牌坊初建于南宋理宗时期，黄承乙曾记述："去里西二里许，第九洞天牌坊，胜迹也，下为十世祖墓道。谱载十二世祖宋郡马公讳衮创建，年久失修，倾圯仅存遗址。嘉庆丙子，公（黄澄量）重筑新之。"㉖清光绪十八年（1892）黄承乙重修，邵友濂题额。惜1958年被毁。

　　与第九洞天牌坊同时建成的洞门位于梁弄洞门弄内，为黄氏洞门支族的

㉖ 〔清〕黄联镳述：《慈孝爱三世合传》，载〔清〕黄承乙编：《椿荫轩笔记》正编一卷，民国九年聚珍本，国家图书馆藏。

外墙门。坐东朝西，造型独特，一堵厚墙中开一弧形洞门，两边各有小门，洞门顶饰有一飞檐小阁。因它面朝第九洞天石坊，以取洞天钟灵毓秀之意，有洞天必有洞门，故名洞门。1987年被拆除。

九洞桥，位于梁弄大溪上，清嘉庆年间初建。石桥九孔俗称九洞桥，与第九洞天牌坊相呼应。九洞桥跨径40多米，宽2米，高4米，桥东有文昌阁，亦称镇西阁，坐西朝东，高10余米。阁初祀谢镇西，后塑关公像，匾书"西阁"为浙东书画家胡芹所题，黄承乙撰楹联："作中流砥柱，是一镇屏藩。"已毁。

状元坊位于梁弄镇姚巷村口，为两柱单间重檐石柱木顶坊，系为纪念宋代状元方山京所建。坊高约7米，宽约8米，横梁上书"宋景定壬戌状元方山京"。1956年被拆。

五房墙门是黄氏洞门支第五房之宅第，王阳明学生黄骥居所。黄骥尽得"王学"之精髓，为余姚籍阳明弟子的重要人物。墙门为三台院建筑，大门上的砖雕中题刻有王阳明亲书的"家传词翰"四字。

王阳明题"家传词翰"

乾元大道地（浙东游击纵队政治部旧址）

　　乾元大道地位于晓岭街北侧，原为清代舒氏宅第。整体坐北朝南，由台门、正楼及东西厢房组成的三合院。主楼为十一开间，重檐硬山顶，东西厢房各九开间，穿斗式梁架。围合成一个巨大的"道地"，地面用卵石铺成。墙门内侧石刻楹联：世德清贞传史乘，家风古素重图书。在抗日战争时期，为新四军浙东游击纵队政治部驻所。

　　越国公庙位于梁弄汪巷村，背靠黄侍郎山，面朝东岗山，汪巷为汪姓聚居之地。唐乾符间（874—879），为祭祀唐朝越国公汪华，翰林学士汪亮始建越国公庙。明嘉靖十九年（1540），裔孙汪惇与其弟汪克章重修，清同治元年（1862）毁，现存建筑为同治十一年（1872）由汪氏后裔重建[27]。庙为歇山飞檐，前后殿各三开间，廊屋紧密相连，用材粗壮，至今风貌依旧。

　　梁弄还曾有传为谢安隐居东山的谢安居所，孙子秀故居姚山别业，方山京故居可已堂，孙矗故居耕宽堂，孙一元创建的怡偲书院，纪念黄肃、陈辉、

[27]〔清〕周炳麟修，〔清〕邵友濂、孙祖德纂：《余姚县志》卷十一《典祀》，清光绪二十五年刻本，黎洲文献馆藏。

汪克章、汪惇的进士牌坊和进士坊旗杆墙门，丹山世家建筑群，贺循居住过的贺溪故址等文化遗存。

岁月流逝，斗转星移，梁弄也发生了翻天覆地的变化。许多名胜古迹消失在岁月的长河中，而历经二百余年风雨沧桑的五桂楼却依旧岿然独峙，这得益于梁弄得天独厚的自然环境和千百年来的人文积淀，得益于黄澄量祖孙四代坚持不懈的努力。黄澄量挚友诸开泉在《七十二峰草堂赋并序》中极力赞誉梁弄和五桂楼："层崖罗于户外，群峰窥其牖前，因丹霞以祯楣，附碧云以翠椽，开棂木末，架橑厂巅。风传响于青林之下，猿留声于白云之上。飞泉春涧，桃花自开，小山秋风，桂树长往，则见兰菊丛生，知其德行之感焉。""若夫岁暮深岩，层层粉黛，其苏学士之雪堂耶。夜阑冷月，花影离离，其吴仲圭之梅窗耶。冬日可爱，曝背亦何妨乎？乃知福地斯在，仙境不同，三三径曲，六六峰重……"[28]诸开泉用华丽的词藻把五桂楼比作苏轼的雪堂、吴镇的梅窗，暗喻黄澄量人品高洁，志趣高雅。蒋清翊在《五桂楼藏书记》中也毫不吝啬地赞道："搴枝叶于词林，酌波澜于学海。丛编栉比，密册环周。如升悬圃之三成，琳琅满目；若涉明堂之九室，彝鼎生光。高情与日月齐悬，奇气共青霞兢爽。是惟精舍足擅名山，泂可以媲美书严先鸣翰苑者矣……"[29]真乃"高情与日月齐悬，奇气共青霞兢爽"，令人目不暇接，心驰神往。黄直垕亦由衷钦羡："四明山上云汉章，五桂楼前经籍光。闻道宗衮昔建此，网罗欲过千顷堂……"[30]刘荃也道："不减琅嬛福地居，四明山翠护图书。夜深定作金丝响，劫火珍藏未烬余。"[31]黄澄量罄其家财建造的五桂楼，以丰富的藏书为梁弄文化增添了最为浓墨重彩的一笔。

[28] 〔清〕诸开泉：《七十二峰草堂赋并序》，载〔清〕黄澄量编，〔清〕黄肇震增补，〔清〕黄承乙重辑：《姚江黄氏五桂楼书目》，清光绪二十一年姚江黄承乙刻本，黎洲文献馆藏。

[29] 〔清〕蒋清翊《五桂楼藏书记》，载〔清〕黄澄量编，〔清〕黄肇震增补，〔清〕黄承乙重辑：《姚江黄氏五桂楼书目》，清光绪二十一年姚江黄承乙刻本，黎洲文献馆藏。

[30] 〔清〕黄直垕：《赠五桂楼主人药溪先生》，载〔清〕黄澄量编，〔清〕黄肇震增补，〔清〕黄承乙重辑：《姚江黄氏五桂楼书目》，清光绪二十一年姚江黄承乙刻本，黎洲文献馆藏。

[31] 〔清〕黄澄量编，〔清〕黄肇震增补，〔清〕黄承乙重辑：《姚江黄氏五桂楼书目》"刘荃诗"，清光绪二十一年姚江黄承乙刻本，黎洲文献馆藏。

第二章

江夏名宗　姚江望族

据《余姚四明黄氏谱》记载，余姚四明黄氏祖先，出自汉江夏。先祖江夏黄香，是汉建成定侯的五世孙。建成定侯，名霸，字次公，生于西汉武帝元封五年（前 106）。黄霸有三子，长子名智，居江夏。黄香为黄智四世孙，字文疆，生于东汉建武三年（27），以孝义闻名，官拜魏郡守，后迁尚书令，有"天下无双，江夏黄童"之称，封江夏孝行里[①]。黄香二十七世孙黄玭，遇战乱迁剡川，黄玭孙子黄褒即为余姚四明黄氏一世祖。

据黄联镳在《慈孝爱三世合传》中所述：江夏黄香二十九世孙、四明黄氏始迁祖三五（一作三梧）朝奉黄褒，字宗远，后唐时，任职越州别驾，自剡川北庄迁居余姚四明梁弄。二世黄信；三世黄德明；四世黄望成；五世黄巨川为宋元丰五年（1082）进士，官至吏部侍郎，因秦桧乱政而辞职归田；六世黄琛，官中书大夫；七世黄叙；八世黄敏志，娶宋安定王郡主；九世黄时习，以孙贵，累赠至大中大夫，克昌厥后，分四支；十世黄鉴宁，宋嘉定间举人，官南安府教授（为洞门、横街两支通祖）；十一世黄梦柯，封中议大夫，即洞门祖；十二世黄衮，宋赐进士，娶恭王郡主，为朝列大夫，府第仿宫门，故为洞门名支；十三世黄元善，隐居西山，以乐善好施闻名；十四世黄殷道，元

---

① 〔南朝宋〕范晔：《后汉书·文苑传》卷一一○（上），载《二十五史》，上海古籍出版社、上海书店出版社，1986 年版，第 2004 页。

《四明黄氏宗谱》洞门东房，抄本，残

末任江西建昌府经历，元明易代后归隐；十五世黄仲雍，为洞门东西两房通祖；十六世黄展初，九岁失怙，依靠母亲教养，以勤慎起家，重兴家业，寿一百零三岁，被封寿官，为洞门支东房始祖；十七世黄敏谦；十八世黄良璧，明万历间举人，绩学穷年，淹通经济，著有《经义太平策》等书，门下皆知名士，子侄孙曾辈受他影响，有十七人进各级学校读书；十九世黄泾，儒士；二十世黄子华，吏员；二十一世、二十二世，因多次遭倭寇侵扰，梁弄居民多有迁徙，此两世事实失传，名亦不可考；二十三世黄廷相，生于明季，因为梁弄经常罹于兵祸，就租居在越城稽山，等回到老家，家资什不存一，损失惨重。他感叹先灵久失凭依，叮嘱其子黄文雄首建滋德堂，以安远近各祖神祖，得乡邻称颂；二十四世黄文雄即黄澄量祖父，追赠儒林郎。

　　黄澄量父黄梧冈，原名克巘，字楚山，号巘峰，黄文雄次子。清初，大岚多次战乱，梁弄等地首当其冲，战祸惨烈。黄文雄生于兵燹之后，祖上遗业荡然无存，弱冠失怙恃，分得的遗产也仅供饘粥，后与夫人勉力同心，辛勤操作，家资渐渐丰裕。黄梧冈带经而锄，志在光宗耀祖，但屡试不利，于是就捐资进国子监为监生，并经营家业以贻子孙。当时，黄氏宗谱失修已近百年，世系即将散失，他不愿使列祖考妣的彝训徽音有善而不知，知而不传。清乾隆四十二年（1777），黄梧冈与兄弟筹资募捐修辑，选择族中子弟征集家世旧闻，阙疑存信，参互考订，厘正舛伪，增补旧谱。他又撰洞门支东西分房志略，衮辑付梓。黄梧冈平素端厚大度，常说吃一分亏，即是得一分便宜。他性格坚毅，善于忍耐，非义不取，力崇朴实，终身无声色之好，至老年犹自律不放松，且对人宽厚，于下人也无疾言厉色，宽厚的家风影响了一代代黄氏家人[2]。

---

② 〔清〕黄联镳述：《慈孝爱三世合传》，载〔清〕黄承乙编：《椿荫轩笔记》正编一卷，民国九年聚珍本，国家图书馆藏。

二

黄澄量

黄澄量（1768—1819），谱名汪若，字式筌，一字则千，号石泉，一号石谷，因慕虚怀若谷之义，又自号若谷子，诸生。自幼魁伟颖悟，师事诸重光③等名宿。他学习勤勉，专心致志，心无旁骛，受交往的当世士大夫器重。早年与诸开泉④、胡芹⑤、史梦蛟⑥、吕迪⑦等一起在县城北郭古法戒寺刻苦读书。二十四岁那年，拜窦光鼐⑧为师，补博士弟子员，考试常高等，自此造诣日高名声日隆。正当他锐意进取之时，高堂却相继去世，因家事分心，不能专攻举业，贡名成均，只以养心术、敦品行作为先务。他录先正格言百数十则作为座右铭，考镜得失，名为《省身萃语》。历代各祭苦于

---

③　诸重光（1721—1770），字申之，号桐屿，浙江余姚人。清乾隆二十五年一甲第二名进士，任翰林院编修、内阁中书、军机处行走、湖南辰州府知府等职，有著作《二研斋遗稿》。

④　诸开泉（1757—1828），诸重光之子，号秋潭，廪贡，官镇海教谕等。汇辑父遗稿《二研斋遗稿》。

⑤　胡芹，字吾真，号白水，诸生。善诗工画。隐居南山，自署所居曰"秀野草堂"。

⑥　史梦蛟，字作霖，廪贡生。历官至山西太原知府，署雁平大朔宁忻代保道、冀宁道。征文献校刻鄞全祖望《鲒埼亭集》，著有《借树山房诗稿》。

⑦　吕迪，字长吉，号屐山，诸生。诗书卓绝，著有《屐山房诗稿》七卷。

⑧　窦光鼐（1720—1795），字元调，号东皋，山东诸城人。清乾隆七年进士，任翰林院编修、左都御史等职。其学问精湛，博学多才，精通经史，诗赋尤佳，对清代文化的发展影响颇深。有《省吾斋诗稿》《省吾斋文集》等著作传世。

祭产微薄,黄澄量首先捐款,广谋伙助。对于各种非议,黄澄量效法他父亲,说吾尽吾心,怨与劳吾任之。每逢过年过节,他就资助贫苦,贫寒的族内子姓都感念他的资助之恩。

黄澄量居家素守勤俭,虽然不聚敛以求封殖,而家境日渐富裕。有人劝他为子孙多置肥田沃土,他忧然道:"昔疏广有言,贤而多财则损其志,愚而多财则益其过。"⑨他坚定地认为把财产留给子孙不若藏书教子孙读书好,所以在住宅南偏建楼以藏书,并以五桂名楼。

黄澄量到处购买、誊抄古书善本置楼中,共五万余卷,藏书之富甲越中,阮元曾为五桂楼作序。楼下即"七十二峰草堂",是黄澄量讲学会文之所,诸开泉、胡芹曾先后任教近二十年。常与同学如胡尚海、吴友兰、万履周、诸豫宗、望云等相互学习切磋,黄澄量对他们期望很高,后来诸豫宗成进士,历官直隶州知州,其他亦是名诸生,众人都佩服其慧眼识才。在栽培同族子弟方面,即使资质并不太好,他亦不放弃,所以最终也多成名。黄澄量乐善好施,有亲戚朋友借钱的,从不推诿。离五桂楼西二里许,有黄氏十二世祖宋郡马黄衮创建的第九洞天牌坊,因年久失修倾圮,仅存遗址,清嘉庆二十一年(1816),黄澄量重新修建了牌坊。

黄澄量平生笃嗜古义,于书无所不窥。他善于书法,多购买拓本,力摹颜柳,每天书写,无论酷暑严寒,从不中辍。他曾说程明道书字甚敬,并非要字好,只此是学。阳明先生常学书,使心手不懒,是同一个道理。他自认为德行浅薄,不敢与先贤媲美,借此以端志趣,勤奋学习罢了。他不仅酷嗜藏书、读书,且著述颇丰。编著有《明文类体》《姚江书画传》《西明耆旧传》《贺溪修禊录》《西明纪游钞》《静观斋诗稿》《石田山房琐记》等。

他虽无功名,但嗜书如命,他曾在《书睡》一诗中写道:"生年未卅岁,夜睡曾不足。若非书中寝,一日终踯躅。"⑩蒋清翊亦对黄澄量充满了溢美之词,赞其:"器度融和,风神渊穆,整躬比于圭璧,好学甚于丹青。执卷庭中,雅

⑨ 〔清〕黄联镳述:《慈孝爱三世合传》,载〔清〕黄承乙编:《椿荫轩笔记》正编一卷,民国九年聚珍本,国家图书馆藏。
⑩ 〔清〕黄承乙编:《石泉公遗诗》,清同治十二年抄本,残,黎洲文献馆藏。

同高风；带经陇畔，有类倪宽。托白纻以高歌，缄青箱而劝学。""先生思宏传研之心，永念遗籑之教。留心缥素，肆力丹铅。过秦相之门，便求《吕览》；入蔡邕之帐，试索《论衡》。搜坠简于荒陵，受异书于神石。""举凡鹿洞谈经之作，龙门纪史之文，漆园藏室之言，唐勒景差之制，以至九章算术、五垒兵图、星宫风角之渊微，王相握奇之隐奥。三乘密藏，衍香象于元宗；九龠仙经，刊飞龟于丹帙。网罗略备，囊括无遗。"⑪

至黄澄量这一代，无兄弟，但与姐妹关系亲厚。清嘉庆二十四年（1819）夏，其大岚峙岭沈氏姐家中火灾，子女也死于火中。当时正值酷暑，黄澄量心急如焚，翻山越岭疾奔至峙岭，悲痛欲绝。黄澄量笃于骨肉，悲伤过度，回家就病倒了，医生说：肺疾可疗，但心疾不可疗。黄澄量自知命不久矣，留遗命道："我家世忠厚，后嗣宜仰承祖德，训诲子弟弗坠家声。至藏书遗后，尤余苦心……世世子孙能体此意而守读勿替，予愿慰矣。若夫裒辑而增益之，则又存乎其人，固无俟谆嘱为也。"⑫

---

⑪ 〔清〕蒋清翊：《五桂楼藏书记》，载〔清〕黄澄量编，〔清〕黄肇震增补，〔清〕黄承乙重辑：《姚江黄氏五桂楼书目》，清光绪二十一年姚江黄承乙刻本，黎洲文献馆藏。
⑫ 〔清〕黄联镳述：《慈孝爱三世合传》，载〔清〕黄承乙编：《椿荫轩笔记》正编一卷，民国九年聚珍本，国家图书馆藏。

三 —— 黄肇震

黄肇震（1789—1847），黄澄量之子。原名世橤，字伯器，号雨辰，晚年因日游洗药溪，又自号药溪。少即负盛名，淹贯群经，博览诸史，应县府试常名列前茅，科考八成有望。恰逢黄澄量去世，他办理完黄澄量丧事，还是手不停披，探究古义文。终因母亲年高，又没有兄弟扶持，赡养老母之余，只以敦品励行为第一要务，曾取《朱文公格言》暨《桑弢甫先生家训》，书于斋壁以资考镜。

黄肇震喜阐扬纲常名教，当时族中有一徐孺人，无子嗣，矢志不二，收养了孤苦无依的五岁侄子，昼夜纺织，把他教养成人，兼祧两房延一脉，她苦节抚养孤儿比常人更难，亦无力请奖，未邀邮典。适逢诸豫宗知州告假回乡，黄肇震为他们援例请旌，诸豫宗知州题"潜德幽光"匾额以资表彰。其延师馆宾都沿袭黄澄量的做法，亲戚朋友中凡得黄肇震栽培者多成名，其外甥芹生哭舅诗有云"身依十载情何极，恩比双亲报更难"。并以排难解纷、矜寡怜贫为己任，乡邻有是非曲直争斗的，得黄肇震一言皆冰释前嫌。有人将他比作王彦方，解衣推食周急甚多，对于患难者更为关切。

清道光二十一年（1841），英舰船由甬江侵犯姚城，那些关系疏远的葭莩之戚、瓜葛之亲来投奔者不可胜计，黄肇震假馆授餐，妥善安置他们，使至者如归。自冬至夏，料理扶持，既不怠慢亦无德色。待事定，那些乐而忘归者以助捐善后劝其赴选，黄肇震说这并不是我的愿望。清道光二十三年（1843），余姚发大水，余姚知县罗超曾四处勘灾，把南乡赈灾抚恤事宜，全部交给黄肇震办理。黄肇震不惜己资，首先倡导捐赠，务使穷苦人家皆沾实惠，罗知县亲书匾额"望重一乡"。时人赞道：古有高阳名里冠盖题乡，以今黄肇震也不遑多让。

黄肇震继承父志，不惜家财，继续搜集古籍，"购旧所未备暨新出善本又不下万卷。嗜古，善鉴法书名画，真赝不淆，遇唐宋原拓，不惜重价购之。"[13]五桂楼的藏书遂增至六万多卷。他"尤好砚石，初蓄诸品，以蛀洞荷叶为最。比得王阳明遗砚，手泽所存，当世贵重。所谓物尝聚于所好者。"[14]阳明先生遗砚质坚文细，阴镌"货泉"两篆文、"阳明山人珍藏"等字，年月等字已遭损，不大可辨。

五桂楼西侧原有两间房屋，名"爱吾庐"，原为黄澄量读书会友之所，亦为黄联镳等孙辈课读之处，后因孙辈日益增多，读者亦更多，故庐日就倾颓，黄肇震于清道光二十四年（1844），拓宽场地，重新建造楼房五间，改名为"梦花书屋"。黄肇震工真草书法，神似欧赵。著有《溪药溪诗草》《家训摘要六则》。临终重述其父黄澄量遗命，勉励子孙们兢兢业业，好好读书，并以所著《家训摘要六则》重申告诫。

关于四明黄氏洞门支东房二十四世至二十七世即黄文雄至黄肇震简历，黄承乙在《敬三十四公行述》中记述得简练明了："高祖尔英公讳文雄，承鼎革之后，遗业中衰，力田生聚，家计复裕。乃恪承严命，首建滋德堂，籍安远祖近宗栗主，乘二百数十年，历经兵燹，岿然无恙。未始非灵爽式凭，默承呵护也。曾祖嶷峰公，国学生，食德服畴，中兴文教。祖石泉公，务经世之学，亲老丁单，淡于荣利，增置祭产，周济困穷，余资复筑五桂楼，籯经教子乘裕后。昆父药溪公，继绳世德，衮益楹书，拓梦花书屋。馆礼贤俊，务课实用。三世均诰赠荣禄大夫，夫人均赠一品夫人。"[15]

[13] 〔清〕黄联镳述：《慈孝爱三世合传》，载〔清〕黄承乙编：《椿荫轩笔记》正编一卷，民国九年聚珍本，国家图书馆藏。

[14] 〔清〕黄联镳述：《慈孝爱三世合传》，载〔清〕黄承乙编：《椿荫轩笔记》正编一卷，民国九年聚珍本，国家图书馆藏。

[15] 〔清〕黄承乙：《敬三十四公行述》，载〔清〕黄承乙编：《椿荫轩笔记》正编一卷，民国九年聚珍本，国家图书馆藏。

四

黄联镳

黄联镳（1817—1892），黄澄量孙。字朱幨，号方轩，又号小溪，幼年跟随祖父黄澄量和父亲黄肇震学习。他"秉承重闱过庭之训，席拥遗书，研求经世之学，不沾沾帖括而立义辄造精微"[16]。县府试屡列前茅，惜父亲去世，家中仅年迈母亲和寡嫂幼侄，只能回去主持家政，叙天伦不求闻达。后因捐资助饷，得奖以州同候选，并推封三代。黄联镳弟黄子元天赋异禀，读书过目成诵，其母钟爱最深，子元不幸早逝，其母悲痛欲绝，黄联镳感同身受，为宽慰母亲，把黄承乙过继给黄子元承继一脉。

清咸丰八年至九年间（1858—1859），余姚土匪猖獗，受创后，藏匿于四明山，依仗山势负隅顽抗，不易平定。黄联镳集聚族人，力助泗门谢敬歼除巨患，解散胁从。平定后论功行赏，黄联镳不愿邀奖，坚决推辞。清咸丰十一年（1861）冬，太平军侵扰浙江，钱塘以东相继沦陷，黄联镳抚母携眷避居大岚。清同治元年（1862）夏，在山居得知宁波收复捷报，又赶赴宁波。当时县令陶晴初随同张观察领兵驻甬，与黄联镳及其他避乱居甬的乡绅商议筹集资金雇火轮、募集洋兵，收复姚城并募集土勇守御以及共同办理善后事宜。待邻县上虞等相继克复，抚母挈眷回归故里。黄联镳因功得旨赏加五品衔，婉言谢绝了率领募兵

---

⑯〔清〕黄承乙：《敬三十四公行述》，载〔清〕黄承乙编：《椿荫轩笔记》正编一卷，民国九年聚珍本，国家图书馆藏。

进一步剿寇升官的机会。他感叹道："自奉母避难至旋里，相隔年余，同里之遭兵燹伤亡者不少。予家上至高堂，下迄幼子童孙及相随仆从，无一损失，门户亦幸无恙。邻舍被火，石泉公手植五桂楼处巍然独存，默邀天眷已多，知足不辱，夫复何求？况堂上老亲年已古稀，侍奉正苦日短，何敢舍寝门随侍之乐愿外求荣。"[17]听闻者都钦服不已。

过了一年，黄联镳母、妻相继去世。中馈又乏主持，他息居里门，不再作出山计。兵燹后，藏书间有散失，督促承乙辈整理搜补之。因多年避兵燹，子侄们学业荒废，回乡后，即延师课读。他说："读书务求通经致用，时文乃功令攸关，亦不可不讲习，第不必胶执帖括，数典忘祖耳。"[18]清同治三年（1864）、六年（1867），及清光绪三年（1877），黄承乙兄弟子侄等赴秋闱，黄联镳告诫他们："科名得失，不足介意。惟可求自信，并务实用。"[19]

清光绪十年（1884），因儿子黄承乙任上海租界会审，去上海小住。当时精力充沛，步履眠食胜似壮年，各国领事前往拜访，他一一接见，无有倦容，各领事深深钦仰。他对黄承乙说："素性不耐酬应，虽极绚烂，究不如平淡之乐。且在此月余，看汝辨理交涉，尚不激不随，颇中肯綮，予返家亦心安。此后务宜慎益加慎，随时禀承上台，仰体朝廷，怀柔远人，曲全邦交至意，交涉事繁，究心辑睦，毋以我为念。"[20]黄承乙调任松江府川沙厅抚民同知，黄联镳去信告诫："但求勤恤民隐，尽心王事，便是孝养。居官切要宜清理案牍，毋任积压；平听狱讼，毋稍枉纵；幕宜慎选，丁宜约束。此外，事无巨细，能为民间宽留一分地步，即是多种一份福田。我家累世忠厚相承，汝今一行作吏，千万勿以精刻见好上台，浪博虚誉，脧削根本，就令荐剡频登，超迁

---

⑰〔清〕黄承乙：《敬三十四公行述》，载〔清〕黄承乙编：《椿荫轩笔记》正编一卷，民国九年聚珍本，国家图书馆藏。

⑱〔清〕黄承乙：《敬三十四公行述》，载〔清〕黄承乙编：《椿荫轩笔记》正编一卷，民国九年聚珍本，国家图书馆藏。

⑲〔清〕黄承乙：《敬三十四公行述》，载〔清〕黄承乙编：《椿荫轩笔记》正编一卷，民国九年聚珍本，国家图书馆藏。

⑳〔清〕黄承乙：《敬三十四公行述》，载〔清〕黄承乙编：《椿荫轩笔记》正编一卷，民国九年聚珍本，国家图书馆藏。

不次，恐祖宗在天之灵，亦极不愿得此失坠家传之达官也，宜切省之。"㉑

清光绪十四年（1888）秋，黄承乙任台湾县事，路途遥远，公事繁忙，无暇面承严训，黄联镳多次写信，谆谆告诫道："汝能恪守往年历次手书，时刻内省，勿坠世德，便是孝子，不必拘定近依寝门，方称孝养也。惟闻彰邑自土匪滋事后，人心未定，受篆者多不惬上意，叠奉撤换。台邑划界分治，创建坛庙城署祠院，事繁任重，诸较棘手。且闻其地水土不甚相宜，疾病颇多，亲友均为顾虑，予俱婉谢之。谓不经历一番艰苦，心思才力均不出来，事在人为，但得细心实力，言行兼顾，必可履险如夷。雷霆雨露，喜怒亦人自感召，人生修短，数有前定。汝惟于饮食起居加意谨慎，当亦无大妨碍。乡贤哲阳明先生，谪居龙场，学业大进。孟子云：生于忧患，烈风雷雨勿迷，处危险无可如何之境，试悉心体会前数语，便觉心地光明，魔障顿消矣。汝其勉之。"㉒

黄联镳植品端方，居心宽大，晚年精神矍铄，尤勇于任事。清咸丰十一年（1861）兵燹后，余姚动乱频繁，黄联镳则"募勇卫乡里"，修葺文庙、创建试院、平治道路、修筑桥梁，均劳瘁躬亲，不遗余力。黄氏为梁弄大姓，当时已有二千余户，丁多事繁。黄联镳经理一切，如增建祠宇，添置祭产，事无巨细，力任劳怨，务臻完美。黄联镳德高望重，有其父之风，乡里中鼠牙雀角之争，得其一言，皆冰释前嫌。至老年也不愿节劳息养，他说："晏安酖毒，最易荒志溺情，予但求心安，便不觉身劳之苦。古人死于安乐之语，亲切有味，特借以自励，并励诸子耳。"㉓黄联镳至弥留之际仍谆谆以嘱："以祖宗忠厚传家，汝等勉励后人，宜恪承世德，勿坠家声，予无遗憾。"㉔

浙江宁绍道台顾文彬在黄联镳七十寿辰时写道："先生性孝友，立身行

㉑ 〔清〕黄承乙：《敬三十四公行述》，载〔清〕黄承乙编：《椿荫轩笔记》正编一卷，民国九年聚珍本，国家图书馆藏。
㉒ 〔清〕黄承乙：《敬三十四公行述》，载〔清〕黄承乙编：《椿荫轩笔记》正编一卷，民国九年聚珍本，国家图书馆藏。
㉓ 〔清〕黄承乙：《敬三十四公行述》，载〔清〕黄承乙编：《椿荫轩笔记》正编一卷，民国九年聚珍本，国家图书馆藏。
㉔ 〔清〕黄承乙：《敬三十四公行述》，载〔清〕黄承乙编：《椿荫轩笔记》正编一卷，民国九年聚珍本，国家图书馆藏。

事斩斩然，一以忠信笃实为主，自奉俭约，慷慨好施……先世建五桂楼藏书五六万卷，兵燹后，浙东论藏书之富，首推黄氏，虽天一阁范氏不及也。……虽然先生中更患难，始则募勇卫乡里，乱定变继，值大寇犯浙东，郡邑多沦陷……先生德望，随方捍御，化险为夷，复纠合各绅，率勇偕大军克复县城。寇退旋返，室庐依然，藏书无恙……先生倜傥有大略，勇于为义，乡里敬服之。有纷争者不之官府诉讼，先生一言而决退，莫不帖然，有陈仲弓田畴之风，使处南雷老人之地，从亡穷岛，蛎滩鲸背，不避艰危无疑。"㉕

浙江巡抚卫荣光也在黄联镳七十寿辰时赞道："先生江夏名宗，浙东右族，起文强无双之誉，远有祖风，具叔度千顷之才……所居在第九天洞府，福地琅嬛，其下有七十二峰草堂，诗仙胜境。入崔儦之室，许读之编；架郙侯之城，凭搜宝笈。谟觞适馆，多人间未见之书；中垒校文，为柱下希传之本。五车储富，百代藏珍。"㉖

㉕　〔清〕顾文彬：《敬三十四公七十寿序一》，载〔清〕黄承乙编：《椿荫轩笔记》正编一卷，民国九年聚珍本，国家图书馆藏

㉖　〔清〕卫荣光：《敬三十四公七十寿序二》，载〔清〕黄承乙编：《椿荫轩笔记》正编一卷，民国九年聚珍本，国家图书馆藏。

五 黄承乙

黄承乙（1844—1924），黄澄量曾孙。字芝生，初名应瑞，又名安澜，后改名承乙，自号嘉荫、尹侯、洞天散人，晚年又多以"老尹"自署。清同治三年（1864），应童子试，以安澜名补博士弟子员，岁科常高等。他"幼颖悟异常儿，读书通经史，博览子集，私淑阳明良知之学，独有心得。"[27] 尚未成年时，土匪、太平军多次扰乡里，他出谋划策，帮助父母规划平定，已崭露头角，因此很得长辈喜欢。其母因长年主持中馈，督课儿童，躬勤操作而致身患疾病，黄承乙随侍避祸大岚、宁波。五桂楼所藏图书，战乱后多有散失，黄承乙承父命，自清同治三年（1864）至同治十三年，整理搜补，重新校核编辑，藏书恢复原有规模，《姚江黄氏五桂楼书目》正是那时由黄承乙编订。同时兼习举业，棘闱屡应试不第，贡名成均。

清光绪五年（1879），遵例捐廉助赈，得奖以江苏通判候补入仕，并加盐提举衔。到江苏后，承担繁要事务，所幸恪承家学，措置自如，受到民众爱戴，上峰器重。同年，刊印黄黎洲《明夷待访录》，传抄应接不暇，加跋重付剞劂。

清光绪八年（1882）夏，奉调办理上海交涉暨关税筹防渔团清丈各要差，公共租界会审一席。对十五国洋员的要挟，他以和持之，以正彼狡，义正辞言，不稍迁就，即

㉗ 〔清〕黄承乙：《老尹自叙》，载〔清〕黄承乙编：《椿荫轩笔记》续编一卷，民国九年聚珍本，国家图书馆藏。

便他们想徇私袒护亦只能转圜就范。任事三年，无论华民洋商多心悦诚服。上官对他非常满意说："自创设公廨以来，辨理交涉，不激不随，实空前绝后，首屈一指。"㉘

清光绪十一年（1885）夏，与英国领事抗辩一案，得到江苏巡抚谭钧培的嘉奖，有"狂澜倒久，中流砥柱，不图于阁下见之"等语，钦佩之意溢于言表。秋初，调任川沙抚民同知。时正值疫气盛行，其特分设局所，延医施药。

清光绪十四年（1888）秋，调任台湾。初任台南税厘局务，因前委员急于见好，长官操之过急，激成殴官之变，他镇定自若，严惩凶犯才和平化解事端。未满一月，调任台湾首治。因为清赋事宜，办理员处置不善而生变乱，顿时流言四起，全台震动。他不避艰险，顾全大局，公平公正办理，棘手各要案，均迎刃而解，上司奏请破格借补该缺，特旨允许。征召录用之初，朋友们觉得太过危险，都劝他不要接受此任，他恻然说："噎膈症利在疏通，民虽顽梗，但得慨切晓以利害，决无不可化导之理。眼前事倘不勉任其难，势将不可收拾。古训已溺己饥之谓，何会逢其适忍令大局糜烂，不亟援手耶。"㉙他力排众议慨然担任，最后如愿和解，上下悦服。

台邑民风强悍，很难治理，纠众拒捕之事屡见不鲜。时有豪绅与佃农因事争执对峙，府治误以为佃农纠众扎厝，意欲派兵缉捕佃农，黄承乙知道后大为吃惊，急驰奔赴制止，解散双方人员，带回县审讯，事情才得以平复，若非黄承乙明察秋毫以及不寻常的担当毅力，这事件几乎不可收拾。他认为为官之人造福造孽均易如反掌，亟宜引以为鉴。任事三年，类似这样的事发生多起，黄承乙以保全善类、矜恤乡民为己任，并且时常周历各乡，勤求民隐，化莠为良，所辖境内安定，士绅百姓都称他为"慈父母"。对此，黄承乙并无得意，他认为台湾治内民风彪悍，如果治理不得当，就容易滋事。黄承乙莅任后，民番一视同仁，希望可相习而化，并约束防隘弁勇，禁止贪功苛求，

㉘〔清〕黄承乙：《老尹自叙》，载〔清〕黄承乙编：《椿荫轩笔记》续编一卷，民国九年聚珍本，国家图书馆藏。

㉙〔清〕黄承乙：《老尹自叙》，载〔清〕黄承乙编：《椿荫轩笔记》续编一卷，民国九年聚珍本，国家图书馆藏。

宽严互用。当时台湾南北多受番祸，中路辖境在他的任期内，民番相安无事，黄承乙为保全民众煞费苦心，无愧于天地良心。

台湾改行省后，定台邑为首，黄承乙修建坛庙、城署、试院、桥梁、道路，事必躬亲。后升补为台东直隶州，在任以知府候选并加级请奖三代二品封典，赏戴花翎。清光绪十八年（1892）春，因丁忧去官，绅民爱戴之诚，上官嘉奖之切，实绝无仅有，台湾巡抚刘三省以文牍通饬全台僚属，称黄承乙为"第一好官"[30]。

黄联镳去世后，黄承乙丁忧居家。清光绪十八年（1892）秋，黄承乙庐墓读礼，看到北宋太医丞钱仲阳以治小儿得名《药证直诀》一书，重校刊行，稗广流传。第九洞天坊是梁弄胜迹，是黄承乙十二世祖黄衮创建，年久失修，仅存遗址。清嘉庆二十一年（1816），黄澄量曾重修。到清光绪十八年时又将倒塌，黄承乙追念先泽，出资重新修葺，恢复旧观。梁弄西原有文昌阁，为全镇屏障，面临大溪，溪上筑长桥，阁内祀谢镇西像，梁弄人供作桥神，资镇抚难。后像毁，窗户亦毁损。清光绪十九年，黄承乙承父意重新修葺一新，镇西阁各匾额皆其手撰，如"作中流砥柱，是一镇屏藩"。

黄承乙服丧期满回到台湾，晋阶道员，加二级品衔。清光绪二十年（1894），派为参赞随节使东。次年秋，遵例晋引，奉旨去江苏，由二品衔道员加级，请奖三代一品封典。清光绪二十二年（1896）春，总办江南洋务总局。清光绪二十五年（1899）春，因开办南京下关商埠，任金陵关监督。四月，兼任江南盐法道，分巡江宁。次年初夏，总办上海文报总局。六月，派赴浙江，商办东南互保事宜。清光绪三十年（1904）春初，委赴镇阳关，查办盐务参案。秋，会办江南筹防总局。次年秋，任江苏淮扬海河务兵备道兼按察使衔，遇到口供有可疑的，必躬亲研讯，冤狱多平反，多送至讯辩，遇有重要案件必亲自讯问，可疑案件必抗辩，颇得上司敬重，嘉奖优加总办江北善后、厘捐警察各总局。清光绪三十二年（1906）四月，卸任。

清宣统三年（1911）八月，挈眷回乡，故乡朋旧大半凋零。家谱已失修

---

[30] 〔清〕黄承乙：《老尹自叙》，载〔清〕黄承乙编：《椿荫轩笔记》续编一卷，民国九年聚珍本，国家图书馆藏。

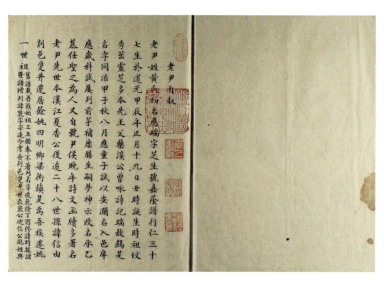

老尹自叙

老尹姓黄名应斌字芝生号嘉荫谱行仁三十七生於道光甲辰年正月十九日丑時誕生時祖坟夸茁灵芝多本先王文药溪公曾咏詩記瑞故鍚是名字同治甲子秋八月应童子試以安澜舍入邑庠名字改名承乙应藏科武廪膳生嗣梦神示改名承乙慕住聖之为人又自號尹侯晚年詩文函牍多著名老尹先世本漢江夏香公後造二十八世孫諱信由剡邑变井遷居徐姚四明鄉梁街鎮是为吾族遷姚一世祖舊譜畏吾族始祖三五翁孝不著列名字迨乾隆丁酉修譜時採訪曽奮刻邑变井世表裒公迆信公昭穆典

黄承乙《老尹自叙》稿本首页

百数十年，黄肇震、黄联镳曾多次想修，因事变中止。黄承乙息影家居，搜缺补残，督促率领弟侄辈会聚五桂楼下，重加修葺，席拥书城，取便考订。[31] 黄承乙入仕近三十年，政绩斐然，鞠躬尽瘁，屡得嘉奖。并编订《姚江黄氏五桂楼书目》四卷，另著有《四明黄氏家谱》《椿荫轩笔记》正编、续编。

正如黄承乙所言，余姚四明黄氏"历两宋元明入前清，继继绳绳，传世已逾三十。明德达人代多振兴，姚江称望族。其间理学孝义，仕宦甲科，代不乏人，且支派繁衍，散居几乎遍及海内"。[32]

黄承乙过世后，因他在台湾官声很好，他的子孙也对台湾很有感情，大多留在台湾落户，黄氏洞门弄支东房自此日渐衰落。抗战时期，黄氏子孙生活日益窘迫，祖辈免费为读者供应膳宿的措施也因"地方不靖，久无来者，且物价太昂，亦无力再作此优待"[33]，更无精力财力去整理管理书籍。

---

[31] 〔清〕黄承乙：《老尹自叙》，载〔清〕黄承乙编：《椿荫轩笔记》续编一卷，民国九年聚珍本，国家图书馆藏。

[32] 〔清〕黄承乙：《重修家乘弁言》，载〔清〕黄承乙编：《椿荫轩笔记》正编一卷，民国九年聚珍本，国家图书馆藏。

[33] 阮毅成：《平生三到余姚记》，载政协余姚市委员会文史资料委员会编：《余姚文史资料》第8辑，浙出书临（90）122号。

第三章

匠心独具　岿然独峙

清嘉庆十二年（1807），黄澄量"于旧居之南偏筑五桂楼"①。他"笃志力学，于书无所不窥，慕远祖宋时五桂者，昆季五人，并著清望，遂以五桂名楼，聚书五万余卷。"②五桂楼至今保存完好，1989年12月，由浙江省人民政府公布为省级文物保护单位。

五桂楼位于梁弄镇五桂村五桂弄6号，其北侧隔一条宽一米余的弄堂即为黄澄量居宅，东侧为刻书、印书场，西侧为梦花书屋，东南侧原拟建树德堂。民国四年（1915），黄承乙在《五桂楼纪事》中作了较详细的介绍和描述："五桂楼在树德堂北偏西，面南，四明二十六世石泉公手筑作藏书楼，额曰五桂。嘉庆丁卯，同学胡白水明经芹题。楼南北面各三楹，分列二十大橱，卡橱连架橱长橱各二。中架层楼，高出云霞表。楼下南北面式如楼，作讲学会文之所。吕屐山同学迪题额曰七十二峰草堂，前后院屏墙环筑，花鸟池鱼，雅饶清趣。南面照墙外，曾议辟地筑祠宇，供慈孝爱三世遗像。岁朝嘉节，崇拜瞻礼，挚永孝思，亦佑启后人之良助焉。有志未成，俟诸异日，书目序记题跋。"③

---

① 〔清〕黄联镳述：《慈孝爱三世合传》，载〔清〕黄承乙编：《椿荫轩笔记》正编一卷，民国九年聚珍本，国家图书馆藏。

② 〔清〕周炳麟修，〔清〕邵友濂、孙祖德纂：《余姚县志》卷二十三《列传》，清光绪二十五年刻本，黎洲文献馆藏。

③ 〔清〕黄承乙：《五桂楼纪事》，载〔清〕黄承乙编：《椿荫轩笔记》正编一卷，民国九年聚珍本，国家图书馆藏。

五桂楼正立面

　　五桂楼处于梁弄这琅嬛福地中，二百余年来，巍然独立，依然完好。同时期的许多著名藏书楼大多毁于兵燹，"咸同间，发逆之乱，江浙藏书多毁于兵火，斯楼卷帙独完。"[④] "兹楼历劫能存，经兵犹峙，毗风动地，不坏须弥，洪水襄陵，莫移底柱。"[⑤] "然而浙东自黔匪东讧，藏书家如传是楼、赐书堂、天一阁、鲒埼亭、暨高梁郑氏、九沙万氏、祈氏、毛氏、商氏卷轴，皆散亡略尽。楼独岿然耸峙，高出云霞之表。四明鹿亭，樊榭诸峰，万点飞岚回带，栋楣藻井，不可谓非彼苍之阴相也，不可谓非鬼神之呵护也。是石泉先生之泽长也，

④〔清〕黄澄量编，〔清〕黄肇震增补，〔清〕黄承乙重辑：《姚江黄氏五桂楼书目》"刘荃诗"，清光绪二十一年姚江黄承乙刻本，黎洲文献馆藏。
⑤〔清〕蒋清翊：《五桂楼藏书记》，载〔清〕黄澄量编，〔清〕黄肇震增补，〔清〕黄承乙重辑：《姚江黄氏五桂楼书目》，清光绪二十一年姚江黄承乙刻本，黎洲文献馆藏。

东围墙"五桂楼"石刻

是方轩先生之荫厚也，是明经兄弟能守而又能读也，是能使无力能读者而使之读也，是诚子孙之贤也。"⑥五桂楼历经二百余年而傲然独峙，固然有其得天独厚的地理环境因素，但是其独特的建筑结构也起到了非常重要的作用。

五桂楼坐北朝南，为三开间二层楼房，通面阔 10.3 米，通进深 10.38 米，明间面阔 4.3 米，次间面阔 3 米，穿斗和抬梁相结合的梁架结构，明间前厅为五架梁，明间梁架为七柱十一檩、次间梁架为十柱十一檩。硬山重檐小青瓦屋面，高大的五阶式风火山墙。楼前为庭院，以鹅卵石铺地，庭院正南有一花坛，种有桂树、柿树、文旦等，两侧置有盆景。花坛前为题有"五桂传芳"的照墙与围墙相连，楼北有一小天井。大门开在东、西、北围墙上，分别与印书场、梦花书屋、住宅相通，四周围以 3 米多的高墙。

---

⑥ 〔清〕诸允治：《黄氏五桂楼藏书记后》，载〔清〕黄澄量编，〔清〕黄肇震增补，〔清〕黄承乙重辑：《姚江黄氏五桂楼书目》，清光绪二十一年姚江黄承乙刻本，黎洲文献馆藏。

"五桂传芳"照壁、庭院内景

　　楼下一层前后用板壁作为隔断，为黄澄量读书会文讲学处，明间悬有其好友吕迪书写的"七十二峰草堂"匾。明间朝南为六扇格扇门，次间分别为两扇槛窗，楼梯置于明间后进。1947年时，黎川看到的五桂楼一层景象是："名画珍迹，悬挂四壁；古董砚墨，陈设几间，楼中空气静穆，令人肃然起敬。"[7]

　　楼上南面通面为槛窗，窗分三道，有花格窗、板窗、玻璃窗，有利于防潮、防火、防盗、防晒和采光，槛窗前伸半米处为花格檐栅。楼上为大通间书库，用20口大书橱作自然分隔，明间悬挂白水山人胡芹手书的"五桂楼"匾额，"笔力苍劲而意殊静穆。中楼悬山人山水横幅，写山雨欲来风满楼诗意，墨沉乱洒无胜纸。迫而视之，飞云四集，万木波靡，奇作哉。"[8]

---

⑦　黎川：《梁弄五桂楼参观记》，《宁绍新报》1947年第9期。
⑧　黄云眉：《观五桂楼藏书记感》，《国学论衡》1935年第5期（下）。

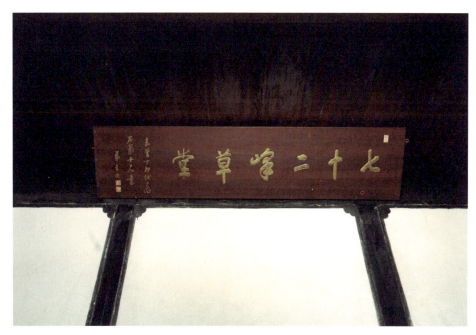

一楼"七十二峰草堂"

二楼"五桂楼"匾、书橱

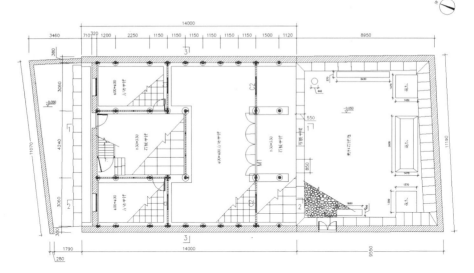

五桂楼建筑一层平面图

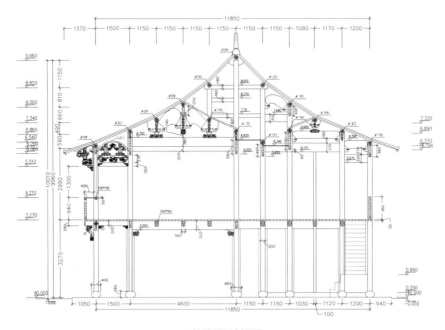

五桂楼明间剖面图

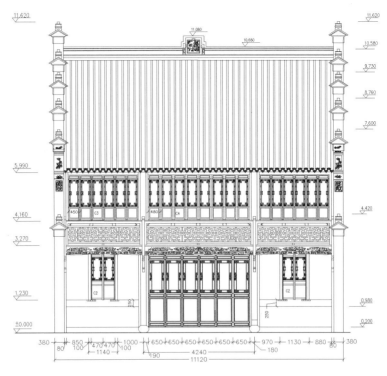

五桂楼正立面图

　　五桂楼屋顶设计奇巧，楼上设有斜坡阁楼，形成两个假屋顶，使屋顶纵剖面成为"∧"字形，形成暗阁，主要是为隔热防漏，起控制温湿度、防止雨水渗漏的作用，遇到紧急情况时又可把珍籍放到暗阁内，以防散佚。黄承乙所说的"楼南北面各三楹"就是由于屋顶"∧"字形的缘故，也是二层楼的五桂楼大大高于其他二层楼房的原因。五桂楼的建筑设计，非常有利于书籍的保管，显得独具匠心。

　　五桂楼高十米余，又有高大的风火山墙围护，在当时尤其显得鹤立鸡群，高出云霞之表，正是"抗梁烟道，置桌星衢，反宇临风，层甍转汉，鱼鳞比瓦，纳云气于重檐。雀目开窗，延山光于曲槛。柳条拂砌，低萦文宝之编，草色铺阶，近袭康成之带。嚣尘不到，比谭易之鸡窗；湫隘无虞，殊校书之马队……"⑨

──────────

⑨　〔清〕蒋清翊：《五桂楼藏书记》，载〔清〕黄澄量编，〔清〕黄肇震增补，〔清〕黄承乙重辑：《姚江黄氏五桂楼书目》，清光绪二十一年姚江黄承乙刻本，黎洲文献馆藏。

楼上卷棚

黄云眉亦道："楼构造颇精，且特高，下抚旁舍如童稚，杂声顿寂，与读书极宜。楼窗既辟，岚翠扑入，而久闭之气亦仓皇夺窗出。"[⑩]

五桂楼建筑具有清代建筑用材讲究，结构繁复，注重装饰的特点，其楼上前廊做成卷棚，梁架、斗拱、挑檐、牛腿装饰豪华，雕刻精细，主要刻饰花卉、楼阁、动物等，还有许多精美的砖雕和石雕。砖雕主要分布在东西山墙墀头、前檐内侧，主要雕刻有龙凤、狮子、牡丹、石榴、松树、花草、仙人等。石雕主要分布在西山墙前檐内侧的群肩、东山墙后内侧的群肩及花坛，题材多为牡丹、菊花等花卉虫草，仙鹤、麒麟、八骏等珍禽异兽及亭台楼阁、神仙故事等。砖雕、石雕采用阳雕手法，雕刻精致，活灵活现。

五桂楼建筑中值得一提的是藏于阁楼上的一根小竹竿。竹竿长9.8米，根径5厘米，稍径3.5厘米。上记注有五桂楼梁架构件的主要符号和尺寸，

---

⑩ 黄云眉：《观五桂楼藏书记感》，《国学论衡》1935年第5期（下）。

前檐牛腿斗拱

东山墙墀头砖雕

花坛石雕（八骏）

柱百竿

柱百竿记注

起到如今图纸的作用。这种记注梁、坊、桁等梁架构件的符号、尺寸的小竹竿被称为"柱百竿"。在浙东地区建造房屋时，由木工工匠按照建筑要求，确定高度、举架、缝距、间面阔等等，用单线条画出梁架图，然后开（做）"柱百竿""缝竿""间竿"。此三竿具有图纸的功能，三竿中以"柱百竿"居要，这种传统做法一直流传至今。

柱百竿符号表

符号	名称	高度（厘米）	符号	名称	高度（厘米）
（符号）	大抽底	269	（符号）	前厅岑柱头	670
（符号）	乙丈	281.3	（符号）	台梁面	675
（符号）		281.8	（符号）	前后岑行面	698.2
（符号）		287.5	（符号）	前厅岑行面	698.2
（符号）	大抽面	321	（符号）	前后大步柱头	723
（符号）		385	（符号）	前厅岑柱头	723
（符号）		397.5	（符号）	上抽底	737.3
（符号）		422	（符号）	前后大步行面	751.5
（符号）	后廊上抽底	566.2	（符号）	前厅岑行面	751.5
（符号）	正后廊眉底	588.2	（符号）	前厅东眉底	765.5
（符号）	前厅后廊眉底	597	（符号）	东前后四卜抽面	771
（符号）	后廊上抽面	600	（符号）	前后岑柱头	793.5
	中上抽底	600	（符号）	前厅东柱头	793.5
（符号）	前廊柱头	607.8	（符号）	前后岑行面	821.5
（符号）	后廊柱头	622.5	（符号）	前厅东行面	821.5
（符号）	前厅后廊柱头	630.8	（符号）	上抽底	833
（符号）	台梁底	636	（符号）	前后岑眉底	844.5
（符号）	中上抽面	636	（符号）	矮柱上抽底	850

符号	名称	高度（厘米）	符号	名称	高度（厘米）
〔符号〕	前廊行面	636	〔符号〕	前后岑柱头	878.2
〔符号〕	后廊行面	651	〔符号〕	前后岑行面	906.3
〔符号〕		656.7	〔符号〕	东眉底	934.5
〔符号〕	前厅后廊行面	659	〔符号〕	水口	951
〔符号〕	前大步柱头	670	〔符号〕	东柱头	968

其主要记注符号有：〔符号〕、〔符号〕、〔符号〕、〔符号〕、〔符号〕、〔符号〕、〔符号〕等七种。〔符号〕即为柱头，〔符号〕即为抬梁底，〔符号〕即为抬梁面，〔符号〕即为眉底，〔符号〕即为行面，〔符号〕即为抽底、面，〔符号〕即为水口。从"柱百竿"记注的名称看，其称谓与清代《工部工程做法则例》有些不同，有些是地方方言之故，有些是工匠约定俗成的习惯性写法。其中"岑行"即为"金桁"，"行面"即为"桁面"，"抽面"即为"搁（穿）枋面"，"眉底"即为"脊枋、金枋底"，前后大步即为前后金柱，东柱头即为中柱头，而水口特指中柱蝴蝶木底。

在"柱百竿"上记注的尺寸中，有几组是相同的。前大步柱头等于前厅岑柱头；前后岑行面等于前厅岑行面；前后大步柱头等于前厅岑柱头；前后大步行面等于前厅岑行面；前厅岑柱头等于前厅东柱头；前后岑行面等于前厅东行面。这是因为前厅屋顶成"∧"字形结构，形成了一个假屋顶，使整个梁架中的前"大步"成为前厅岑柱，其中的一根前岑柱也成为前厅的中柱了，这是房屋结构所造成的，就房屋的整体结构讲，是同一构件。

清代时，浙江地区木工使用的量具为鲁班尺，3.6鲁班尺相当于100厘米，即标准的鲁班尺应该是1鲁班尺等于27.78厘米，而五桂楼"柱百竿"记注的以"乙丈"（1丈）为281.3厘米，也就是说五桂楼使用的1鲁班尺为28.13厘米，记注中的每1鲁班尺的误差为0.35厘米。五桂楼地处山区，当时不可能有公尺、英尺等标准量具，每个工匠之间使用的鲁班尺难免会有误差。五桂楼"柱百竿"能保存至今，且完好无损，实属罕见。它为研究浙东地区清代古建筑，尤其是五桂楼建筑提供了一份珍贵的实物资料。

二

梦花书屋和印书场

　　"书楼西偏，旧有室两间，题曰'爱吾庐'，曾王父游息地也，寻为联镳等课读所，嗣以孙辈齿繁，故庐渐就倾颓。"⑪黄肇震于清道光二十四年（1844）"拓其地，建楼五间，改颜其额，曰梦花书屋。馆师其中，聚诸孙教诲之。方期广加培植，继志显扬。"⑫

　　梦花书屋，坐北朝南，五开间，通面阔 18.9 米，通进深 12.08 米，正脊高度 7.95 米，前檐高度 2.96 米，后檐高度 2.53 米。梁架为穿斗抬梁混合式，前后均有天井，硬山重檐小青瓦屋面。明间为五架梁构造，前带卷棚轩后设双步梁，前后十檩用七柱，明间的楼板高于东西次稍间，显得庄重、高大，梁枋间采用竹编夹泥墙。明间设有六道六抹格扇门，二楼朝南设花格窗和玻璃窗二道，均为推与移双道结合且内外相叠的双层窗做法；明、次间前檐设走廊，廊顶设弧形卷棚、荷包形梁，柁墩雕刻有荷叶、蝙蝠、龙首、卷云、万字等纹饰，廊柱置牛腿承挑檐枋，昂头饰龙首象鼻状，橡下花篮柱、替木、雀替均雕刻精美。东西次间、稍间的梁架、窗与明间一致，左右山墙皆为两叠式马头山墙。梦花书屋建筑总体格局完整，结构做法清晰，装饰风格与

⑪　〔清〕黄联镳述：《慈孝爱三世合传》，载〔清〕黄承乙编：《椿荫轩笔记》正编一卷，民国九年聚珍本，国家图书馆藏。
⑫　〔清〕黄联镳述：《慈孝爱三世合传》，载〔清〕黄承乙编：《椿荫轩笔记》正编一卷，民国九年聚珍本，国家图书馆藏。

梦花书屋正立面

梦花书屋前廊

五桂楼类似，雕栋画梁，建造工艺讲究，乡土地方特点浓厚。檐廊卷棚、木构件雕饰精美，工艺精湛，是浙东地区典型的"三雕"之一。

梦花书屋是黄氏会友、讲学、读书之所在，"这楼里面的陈列，更为整齐严肃得令人起敬，中间有两个大讲座，两旁是顺序排列的听讲席，讲座上铺着厚毯，中有长几，几上有古瓷茶具，旁边有檀香炉，据说，先贤们来此讲学时，都是正襟危坐于其上，学生们捧书而听的在其中，檀香的清烟缭绕全室，令人心神贯注，受诲不懈。"[13]

清光绪初年，黄联镳、黄承乙父子在紧邻藏书楼东侧，增建了九间平房，藏书楼与之仅隔了一条非常狭窄的弄堂，有东大门与之相通，专门为工匠雕

印书场

[13] 黎川：《梁弄五桂楼参观记》，《宁绍新报》1947年第9期。

版刻印所用。印书场占地 346 平方米，建筑面积 271 平方米，坐东朝西，九间一弄，四柱六檩，通面阔 33.75 米，通进深 7.17 米，穿斗和抬梁相结合梁架结构，小青瓦屋面，室内有暗阁，用材、装饰简朴，与用材粗大、装饰精美的五桂楼、梦花书屋相较甚远。早在清光绪五年（1879），黄承乙就在此刊印了黄宗羲的《明夷待访录》和《思旧录》，后又陆陆续续刊印了《钱氏小儿药证直诀》《姚江黄氏五桂楼书目》《山上集》《椿荫轩笔记正编》《续编》等。

三 五桂楼及梦花书屋的修缮和利用

历经二百多年风风雨雨，五桂楼也免不了多次修缮，解放以前的修缮已大多无考，仅见一次记载：咸丰辛酉兵燹后，因"书楼旧藏难后多散失，梁柱亦间有损坏"[14]，黄肇震三子、黄联镳同母弟黄敬熙于清同治四年（1865）"觅雇宁郡高手工匠择要修葺"[15]。解放后经过多次维修：1962年2月，由余姚县文化馆主持局部维修五桂楼，主要修缮楼板、板壁等。1964年，由省文管会王士伦、余姚文化馆任钢提议对五桂楼进行抢修，更换了部分柱、梁。1973年，当时五桂楼已成危房，部分梁、柱糟朽，楼板霉烂、椽子腐烂、墙体倾斜，小修小补已不能解决问题。1974年，由余姚县人民政府拨款进行大修，由横河、朗霞泥木社联合实施修缮，他们根据藏于暗阁的"柱百竿"记录，调换了部分梁、柱、椽、楼板等，并对东西山墙也进行修整。1992年，宁波市文化局拨款局部维修，由临海市古建筑队承修，整修了围廊、墙面，添加了瓦片，并对围廊进行油漆。1994年，余姚市财政拨款15万元，由余姚市古建筑工程公司承修，对五桂楼进行全面大修。更换腐朽蛀蚀的桁条三根，东檐柱一根，椽子五十根，及全部楼板和部分地砖；局部修补西檐柱和

---

[14] 〔清〕黄承乙：《敬三十六公传》，载〔清〕黄承乙编：《椿荫轩笔记》正编一卷，民国九年聚珍本，国家图书馆藏。

[15] 〔清〕黄承乙：《敬三十六公传》，载〔清〕黄承乙编：《椿荫轩笔记》正编一卷，民国九年聚珍本，国家图书馆藏。

中柱，添补斗拱三个，添加小青瓦一万张，修整门、窗、庭院花坛、地坪，对木结构构件进行全部油漆，粉饰了内外砖墙。

由于年久失修和后期的不当使用，进入二十一世纪后，梦花书屋的结构和构件存在不同程度的残缺、腐朽等现象，濒临倾毁。对此，梁弄镇党委政府高度重视，决定对梦花书屋进行抢救性修缮。自 2016 年立项，经一年余时间，动员并安置原梦花书屋五家住户，投入安置搬迁经费 180 余万元。2018 年，梁弄镇政府投入 200 余万元，由临海市广顺源古建筑公司组织维修施工，于 2018 年底完成了梦花书屋整体维修工程，并整理天井、修筑围墙、新建墙门；同时整治五桂楼、梦花书屋周边道路、排水等。

从 2019 年底开始，梁弄镇政府投资 150 万元，由浙江文博装饰工程有限公司负责梦花书屋的布展设计、施工。梦花书屋布展以场景展示为主，注重对梦花书屋底层的恢复，重现清中晚期姚南地区书香门第的基本格局，展示黄澄量及其子孙数代人的生活场景、情趣爱好。明间布置成清式会客室，次、稍间布置成家塾、互动式文玩室等，并设置投影仪，播放五桂楼及梦花书屋有关影像资料；互动体验室设有雕版印刷和拓印项目，让游客参与体验，并不时邀请非遗传承人开设非遗教学科目，为红色梁弄增添一缕书香。

四 营造五桂楼的建筑特色

藏书楼作为一种有特殊要求的建筑，其形制在我国古代建筑史上相对比较稳定。"专门为存放图书而建造藏书楼，最早的记载是萧何在汉未央宫大殿所建造的石渠阁。"[16]《通典》亦有载："周官太史掌建邦之六典；又有外史掌四方之志、三皇五帝之书。汉氏图籍所在，有石渠、石室、延阁、广内，贮之于外府。又有御史中丞居殿中，掌兰台秘书及麒麟、天禄两阁，藏之于内禁"[17]。

私家藏书楼在宋朝以后才真正流行，明清时期，私人藏书家们为了书籍的安全，从藏书楼的建筑形式、功能、环境等诸方面给予更多的关注并付诸实践。始建于明嘉靖四十年（1561）的天一阁是我国现存最早的私家藏书楼，直至现在依然完好，实乃藏书楼中的奇迹。天一阁能稳坐天下第一藏书楼的位置，与它的合理构造和严格管理是分不开的。天一阁为六开间二层木结构楼房，楼上六间为通间，每间之间用书橱隔开，也就成了上为一间，下分六间的格局。它并不遵循中国传统建筑一般采用奇数开间的做法，所以，专家认为采用六开间布局是取自郑玄所注《易·系辞》："天

---

⑯ 赵美娣、叶杭庆：《中国古代藏书楼建筑散论》，《图书与情报》2007 年第 6 期。

⑰ 〔唐〕杜佑撰，王文锦等点校：《通典》卷二六，北京：中华书局，1988 年第一版，2003 年重印，第 732 页。

一生水于北……地六成水于北，与天一并"[18]之说。天一阁的周边还有颇具江南私家园林特点的亭台假山池水，藏书楼和庭院形成相对独立的空间。

闻名遐迩的天一阁的藏书及建筑得到了后世的争相效仿，甚至于乾隆皇帝为了建造皇家藏书楼，专门派杭州织造寅著到天一阁作调查。寅著调查后奏称："天一阁在范氏宅东，坐北向南，左右砖甃为垣，前后檐上下俱设窗门，其梁柱俱用松杉等木。共六间，西偏一间安设楼梯，东偏一间，以近墙壁，恐受湿气，并不贮书。惟居中三间，排列大橱十口，内六橱，前后有门，两面储书，取其透风。后列中橱二口，小橱二口，又西一间排列中橱十二口。橱下各置英石一块，以收潮湿。阁前凿池，其东北隅又为曲池。传闻凿池之始，土中隐有字形，如'天一'二字，因悟'天一生水'之义，即以阁名。阁用六间，取地六成之'之义。是以高下、深广及书橱数目、尺寸俱含六数。"[19]可见，天一阁在建设之初，就充分考虑了湿度、通风、防火等藏书最怕遇到的问题，也由此成为修建清代皇家藏书楼的样板。

清代皇家藏书楼皆仿天一阁，自此，藏书楼的建造渐渐天一阁化。黄澄量为藏书需要，考察了许多藏书楼的案例，他构建五桂楼显然想效法天一阁，也从中得到了藏书楼防火、防潮、通风等成功的启示，但他所处的地理环境不同，社会地位和资金实力显然亦不如范氏家族，藏书取向和理念以及书楼管理方式更与范氏有天壤之别，因此，五桂楼的建筑与天一阁和四库七阁相比表现出较大的差异。

五桂楼形制规整，独立成栋，并不附属于其他场所，相反，其他建筑如梦花书屋、印书场等依附于它，五桂楼也没有园林般的山水亭台。五桂楼一层因为阅读、会文、讲学兼会客区的需要，以板壁作为前后隔档，形成类似浙东民居客厅的格局；从一楼到二楼的藏书区必须要经过楼梯间，这个楼梯间处在明间北侧靠墙处又被包裹住，以致十分隐蔽。3米多高的围墙和高大的风火山墙使五桂楼几乎与外界隔绝开来，也使五桂楼变得庄严、秘密和神

---

⑱　〔汉〕郑玄注，〔唐〕孔颖达正义，郜同麟点校：《礼记正义》，杭州：浙江大学出版社，2019年版，第392页。

⑲　王蕾：《明清时期藏书楼建筑保护思想研究》，《图书馆工作与研究》2013年第2期。

圣。书籍在藏书楼中的位置隐秘而又开放，五桂楼因而呈现了一副不同于天一阁的形象面貌。

为保护书籍，黄澄量在书楼的设计建造中可谓煞费苦心。首先，他将居宅和藏书楼分开，另置一处，选址在宅南不远处的开阔地带。梁弄本就山青水秀、风景优美、环境幽雅，是一个藏书读书的好地方。当时的黄澄量居宅南面地势开阔，与其他建筑相距甚远，将书楼独置一处，与宅第分开，具有非常重要的作用：一是与生活起居之所分开，可避免日常生活中的火烛、油污、虫蚁、喧闹混乱等患；二是可独立庋藏图书，保持幽静的环境，为黄氏族人、亲朋好友以及往来造访的文人学士提供会文、讲学、读书的清雅集聚之处。

其次，他设计楼高近10米，把屋顶做成"∧"字形，形成暗阁；楼上书库正面通排为窗，并设花格窗、玻璃窗、板窗三道，前廊做成卷棚；高大的风火山墙并筑3米多高的围墙；把楼梯设在明间后进的阴暗隐蔽处；用专门的青砖铺墁地面和包镶屋室墙裙等等，都是为了更好地防水、防漏、防潮、防火、防风、防盗及隔热、采光和通风。

第三，五桂楼建筑用材讲究，结构繁复，精雕细刻。周边环境清雅，虽没有园林式的亭台楼阁、小桥流水，但花坛盆景桂树相得益彰，庭院内还置有大水缸以弥补无水池的缺陷。在五桂楼外围还有水井3口，周边建有大小墙门36个。

作为独特建筑形式的藏书楼经过数千年的发展，到明清时期，与私家藏书事业一起达到了古代藏书历史的高峰。黄澄量和许多私人藏书家一样，充分借鉴先人们庋藏保护书籍的经验，并运用到五桂楼的设计、建造中，使五桂楼二百余年巍然独峙，其建筑中蕴含的书籍保护理念和思想，至今仍具有重要的借鉴意义，同样是藏书文化的珍贵遗产。

第四章

五桂书目　赓续传承

譜為移此取便改訂衰年恭逢慶節

星聚洞天派宗江夏

際雲頹越惟棗勛諸頎勉矢勤慎

早樂觀成　雲爽武總實所復之

樓名五桂書櫂百城

甲寅秋季茗月牙記

收藏家、过云楼主顾文彬曾在《黄氏五桂楼藏书目序》中盛赞黄澄量藏书:"余姚黄氏石泉先生,储藏尤富。疏峰插架,叠石成仓,袭以革柜十重贮……始其截缣以购,鬻产而求,倒箧倾筐,搜岩剔穴,斋四尺之油素,载十乘之瑶华,龙威之洞毕搜,鸡次之典大备。"①

对日渐丰富的藏书,从黄澄量开始就登记著录,但他也吃不准如何更科学地分类,他曾与好友胡芹探讨,胡芹云:"石泉目其所藏书,种计者若干,册计者若干,卷计者若干。录而请余,曰:何记?曰:记目也。目何记?曰:记书也。……有目矣,有书矣。记目矣,记书矣……从目求书,从书而求读其书。因而得一书,添一目,即读一书,而十而百而千而万。记于目者记于心,是亦博闻强识之一助也,岂独不遗忘而已。"对胡芹的说法,黄澄量深表赞同:"若是,则书目之所系者大矣,请书之为记。"②他听从胡芹的建议,开始系统地整理和编目。

黄澄量把藏书按经、史、子、集四部整理,分四卷,按书名、卷数、作者年代、作者等分类著录,收录藏书

① 〔清〕顾文彬:《黄氏五桂楼藏书目序》,载〔清〕黄澄量编,〔清〕黄肇震增补,〔清〕黄承乙重辑:《姚江黄氏五桂楼书目》,清光绪二十一年姚江黄承乙刻本,黎洲文献馆藏。

② 〔清〕胡芹:《五桂楼藏书目录记》,载〔清〕黄澄量编,〔清〕黄肇震增补,〔清〕黄承乙重辑:《姚江黄氏五桂楼书目》,清光绪二十一年姚江黄承乙刻本,黎洲文献馆藏。

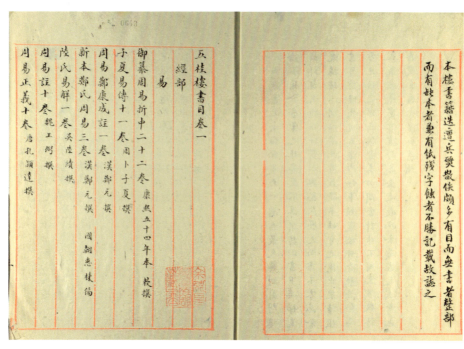

黄澄量自编书目，稿本

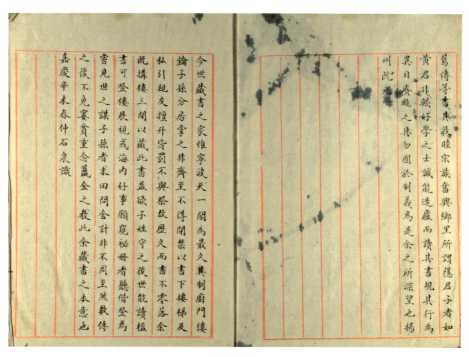

黄澄量自识

五万余卷。余姚黎洲文献馆现藏有《姚江黄氏五桂楼书目》一册四卷，抄本，半页10行20字，双行小字字数20字，白口，四周单边，版框（高×宽）21.3cm×15.2cm。开本（高×宽）25.4cm×19.7cm。有阮元撰《黄氏五桂楼藏书目序》，阮序后有黄澄量写于嘉庆十六年（1811）的"识"附后（比清光绪二十一年黄承乙刻本少了"又识"），其后为佚名附注："本楼书籍迭遭兵燹，散佚颇多。有目而无书者、整部而有缺本者兼有，纸残字蚀者不胜记载。故志之。"③

　　黄澄量去世后，其子黄肇震继承父志，继续收集图书，为五桂楼增加一万余卷藏书。顾文彬说："盖传至药溪先生又增万卷，部居鳞次门绪蝉嫣。"④清咸丰十一年（1861），太平军东进浙东，由于五桂楼处于深山腹地的梁弄，周围尽为民宅，战火波及较少，五桂楼藏书部分散佚。徐用仪云："慨自粤匪之乱，吾浙藏书家如范氏天一阁、陈氏湖海楼俱遭兵火。而五桂楼独存，书籍间有散佚。芝生复搜补而整理之，得还旧观。"⑤

　　清咸丰十一年（1861）后，黄澄量之孙黄联镳、曾孙黄承乙经过多年搜集散失的图书、又添买善本等，终于使五桂楼藏书基本恢复原有规模。关于当时的搜集、整理情况，黄联镳在《姚江黄氏五桂楼藏书目录·识》中说得很清楚："先王父石泉公……积卷五万有奇。列柜二十，筑五桂楼藏弆其中。先大父药溪公，裒聚增益又不下万卷，楹书之富甲越中。辛酉之难，稍稍散佚。联镳念手泽之存，命仲儿安澜谨为整理。部次之紊者，更之；卷叶之乱者，序之；其阙佚者，随补之。自乙丑秋季迄今庚午冬仲，历五寒暑，仍还旧观，藉承先志并勖后人焉。"⑥简要记述了五桂楼藏书五十余年来的变动情况以及黄联镳父子搜集、整理五桂楼藏书的情形。

---

③　〔清〕黄澄量撰，佚名注：《姚江黄氏五桂楼书目》（稿本），黎洲文献馆藏。
④　〔清〕顾文彬：《黄氏五桂楼藏书目序》，载〔清〕黄澄量编，〔清〕黄肇震增补，〔清〕黄承乙重辑：《姚江黄氏五桂楼书目》，清光绪二十一年姚江黄承乙刻本，黎洲文献馆藏。
⑤　〔清〕徐用仪：《黄氏五桂楼藏书跋》，载〔清〕黄澄量编，〔清〕黄肇震增补，〔清〕黄承乙重辑：《姚江黄氏五桂楼书目》，清光绪二十一年姚江黄承乙刻本，黎洲文献馆藏。
⑥　〔清〕黄澄量编，〔清〕黄肇震增补，〔清〕黄承乙重辑：《姚江黄氏五桂楼书目》"黄联镳识"，清光绪二十一年姚江黄承乙刻本，黎洲文献馆藏。

二　黄承乙和《姚江黄氏五桂楼书目》

清同治四年（1865），黄承乙遵父命开始整理书籍，清同治九年（1870），黄承乙依据五年来整理藏书的实际收藏情况，完成了《五桂楼黄氏书目》四卷，亦名《五桂楼藏书目》《黄氏五桂楼藏书目》。版框（高 × 宽）18.5cm×12.5cm，半叶9行，每行20字，双行小字20字，白口，四周单边。开本（高 × 宽）28.9cm×18.3cm，2册。有阮元、顾文彬、蒋清翊、诸开泉、胡芹、黄澄量、诸允治、黄安澜、徐用仪、荣昌敖等题序、跋、识，清同治稿本[⑦]。此乃黄承乙参照曾祖父黄澄量、祖父黄肇震所编的《五桂楼书目》，重新编订而成。二十五年后，即清光绪二十一年（1895）夏，黄承乙在藏书楼东侧的刻印书场刊印五桂楼藏书史上唯一刊印的、最完备的书目——《姚江黄氏五桂楼书目》。

《姚江黄氏五桂楼书目》四卷，是黄澄量编、黄肇震续编、黄承乙重辑之书。黄承乙在后记中自述："右《五桂楼书目》四卷，系先王父药溪公手编，从徐氏《初学记》例，首列国朝御制诸书，尊尊也。每书只录撰人、时代、名氏，取便检视。"[⑧]

---

⑦　〔清〕黄澄量编，〔清〕黄肇震增补，〔清〕黄承乙续补：《姚江黄氏五桂楼书目》，清同治稿本，浙江图书馆藏。

⑧　〔清〕黄澄量编，〔清〕黄肇震增补，〔清〕黄承乙重辑：《姚江黄氏五桂楼书目》"黄承乙识"，清光绪二十一年姚江黄承乙刻本，黎洲文献馆藏。

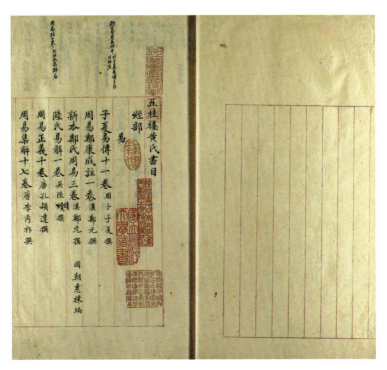

五桂樓黃氏書目

經部

易

子夏易傳十一卷 周卜子夏撰

周易鄭康成註一卷 漢鄭元撰

新本鄭氏周易三卷 漢鄭元撰 圀朝惠棟編

陸氏易解一卷 吳陸續撰

周易正義十卷 唐孔頴達撰

周易集解十七卷 唐李鼎祚撰

清同治九年（1870）《五桂楼黄氏书目》，稿本

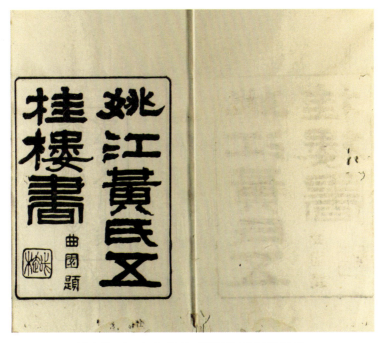

姚江黃氏五桂樓書 曲園題

清光绪二十一年（1895）《姚江黄氏五桂楼书目》

该书目由著名学者俞樾题写书名，开篇即为阮元序言。黄承乙继承祖辈分类方法，亦按经、史、子、集四部整理，亦分四卷，按书名、卷数、作者年代、作者等分类著录。据《书目》统计，当时五桂楼的收藏书籍为：

卷一经部：易 89 种 805 卷，外加四篇；书 41 种 485 卷；诗 36 种 444 卷；三礼 69 种 1931 卷；春秋 71 种 1043 卷；孝经 11 种 31 卷；总义 26 种 2213 卷；四书 45 种 666 卷；乐书 14 种 243 卷；小学 65 种 645 卷

卷二史部：正史 29 种 3442 卷，编年 27 种 1090 卷；纪事本末 9 种 368 卷；别史 14 种 1124 卷；杂史 11 种 163 卷；诏令奏议 9 种 534 卷；传记 32 种 635 卷；史钞 5 种 540 卷；载记 13 种 204 卷；时令 3 种 53 卷；地理 168 种 3953 卷，其中 1 种不分卷，1 种 3 册；职官 8 种 76 卷；政书 35 种 2213 卷；目录 35 种 996 卷；史评 17 种 901 卷

卷三子部：儒家 66 种 1268 卷，其中 1 种不分卷，1 种 4 册，外加 102 页；兵家 15 种 87 卷；法家 2 种 44 卷；农桑 4 种 99 卷；医家 60 种 949 卷，其中 1 种 4 帖，1 种 25 册；天文算法 24 种 281 卷；术数 19 种 138 卷；艺术 29 种 289 卷；谱录 26 种 229 卷；杂家 112 种 1366 卷；类书 37 种 5547 卷；小说家 92 种 1174 卷；释家 10 种 85 卷；道家 20 种 244 卷

卷四集部：楚辞 6 种 54 卷；别集 332 种 7580 卷，其中 28 种不分卷，1 种 2 册，外加 10 集；总集 50 种 5340 卷；诗文评 20 种 158 卷；词曲 11 种 93 卷

丛书附录：24 部 1820 种，其中 11 部不分卷，13 部 4150 卷

据统计，彼时五桂楼收藏书籍共 3637 种，53973 卷。如果算上不分卷的一千余种，与藏书六万余卷的说法大致相当，著录藏本大多为明清刻本。《姚江黄氏五桂楼书目》分类明确，著录较为详尽，有一定的研究参考价值。

明清时期，由于私家藏书的兴盛，私人藏书目录进入繁荣时期。比起宋元时期，明清藏书家编制私人藏书目录积极性空前高涨，编制私人藏书目录俨然成为普遍的文化风尚。这一时期的私人藏书目录，在参考使用价值上，有的和官修目录并行，有的在著录分类与考订的方法理论上提出了新的见解，可以补充和修正官修目录的不足。这在我国目录学的发展上，不仅使目录的数量增多了，还起了促进或革新的作用。

黄澄量祖孙四代所编制的《姚江黄氏五桂楼书目》，用黄承乙的话说是"从

徐氏《初学记》例"⑨。《初学记》为唐代徐坚所撰，共三十卷，分二十三部，三百十三个子目，是我国古代一部著名综合性类书。《初学记》的目录体系"是一个由分类目录和主题目录有机结合在一起的多重目录体系。""既提供了从古人的学科系统去检索文献的途径，达到族性检索的，同时又提供了从主题对象去检索文献的途径，达到了特性检索的目的，适应了各类读者的不同检索要求。"⑩《姚江黄氏五桂楼书目》在分类体系、收录范围、著录方法、编制体例等方面呈现出自身的特点：

书目的分类体系仍取四部分类体系，但子目增减变动较大。众所周知，自唐魏徵《隋书·经籍志》奠定四部分类法的基础以后，四部分类法在我国的目录学史上长期占据统治地位，许多官修目录、史志目录、私人藏书目录都采用这种分类体系。我国明清时代的私人藏书目录除少数外，大多数都采用四部分类法，黄澄量祖孙四代也不例外。但他们在类目子目的设置上，却没有完全照搬照套四部分类法。

《姚江黄氏五桂楼书目》虽按经、史、子、集四部分类，但他们根据收集图书的实际需要，设置四十四个类目。与《隋书·经籍志》的四部分类体系相比，《姚江黄氏五桂楼书目》在经部增设总义和四书类，去掉了论语和谶纬类；在史部变动较大，除正史、杂史、职官、地理四类外，增设编年、纪事本末、别史、诏令奏议、传记、史钞、载记、时令、政书、目录、史评等十一个类目，删去传统分类中的古史、霸史、起居注、旧事、仪注、刑法、杂传、谱系、簿录等九类；在子部以农桑、医家、天文算法、术数、艺术、谱录、类书、释家等类目代替名、墨、纵横、农、天文、历数、五行、医方；在集部以楚辞、别集、总集类为基础增加诗文评和词曲两类。此外，还有丛书附录 24 部 1820 种。

黄澄量藏书丰富，其书目的著录范围比较广泛，除一般的传统典籍，他

⑨ 〔清〕黄澄量编，〔清〕黄肇震增补，〔清〕黄承乙重辑：《姚江黄氏五桂楼书目》"黄承乙识"，清光绪二十一年姚江黄承乙刻本，黎洲文献馆藏。
⑩ 张展舒、钱健：《以〈初学记〉为例剖析分类目录与主题目录结合的类书目录》，《图书馆学研究》1985 年第 5 期。

还收藏许多当时士大夫阶层认为不登大雅之堂的小说、方志等。在地理类中，收藏有府、县志近百种，绝大多数为康乾时期，分布于十余个省。

书目虽仅著录书名、卷数、作者、作者年代，也没有考订版本、记录版本，但收录广泛、分类明确、记录清楚、取便检视、简洁明了，对研究目录学有一定的参考价值。

　　清晚期至新中国成立的那段岁月里，中国大地战火频仍。1930年夏，由于五桂楼藏书"乏人管理，以致散佚残缺，殊属可惜等情"，浙江省教育厅陈厅长"认为古籍真本，任其无形消灭，亦属非是，且关文化前途，亦受莫大影响，当饬令该教育局，派员前往详查具报，以便设法予以保藏。"⑪余姚县教育局接此令后，"派员查明版本存佚；业经编入属县本年度教育实施计划书内。"⑫"经该教育局派施督学，会同黄半坡，趱即前往办理，兹悉业已完竣，确数计四万五千卷，但年湮代远，其间未免有所残缺，教局昨已据情具报，闻教厅拟将是项藏书运省陈列省图书馆，以供阅览，而资保藏云。"⑬1930年8月，明史专家黄云眉教授⑭和余姚县教育局施涵云督学受余姚县政府、余姚教

---

⑪　《浙教厅饬查五桂楼藏书》，《申报》1930年9月1日（0012版）。《五桂楼藏书四万五千卷将运杭州保存》，《时报》1930年9月1日（0003版）。

⑫　苗启平、马启臣：《呈报查明黄氏五桂楼书籍版本经过情形》，《浙江教育行政周刊》1930年第2卷第14期。

⑬　《浙教厅饬查五桂楼藏书》，《申报》1930年9月1日（0012版）。《五桂楼藏书四万五千卷将运杭州保存》，《时报》1930年9月1日（0003版）。

⑭　黄云眉（1897—1977），字子亭，号半坡，浙江余姚人。著名历史学家，明史、清史专家和史学教育家。解放后，任山东大学中文系、历史系教授，校图书馆馆长，青岛山东大学文学院教授等职。对经学、史学、文学研究精湛，而且擅长考证，精于明史，并对音韵训诂、版本目录、书法艺术等都有深入的研究。著作有《明史考证》《古今伪书考补证》《韩愈柳宗元文学评价》《史学杂稿订存》《史学杂稿续存》《鲒埼亭文集选注》等。

育局委派前往梁弄整理五桂楼藏书事宜，事后写有一份整理报告：

"查黄氏五桂楼藏书五六万卷，现经年湮代远，未免有所散失，究竟现行藏书若干？版本如何？除面谕施督学涵云前往查明外，合行给发川旅费三十元，令仰该员赳日会同详查，呈报备核。仍将川旅费核实报销为要！此令。

奉此，半坡等遵即前往与该楼主人后裔黄学曾接洽后，开始查阅，历三日竣事。计查书橱大小三十口，现存图书约四万五千卷。按该楼光绪乙未所刊目录，凡五万余卷。经逐类核对结果：现已佚去《宋史》四百九十六卷，《辽史》一百十六卷，《南宋书》六十八卷，《唐律疏义》三十卷，《大清律例集注》三十三卷，《文章正宗》四十卷，《经训堂丛书》二十三种一百四十六卷，《云笈七签》一百二十二卷，《徐孝穆集笺注》六卷，《李义山集》三卷，《南湖集》十卷，《空同集》六十六卷，《大浚集》三十八卷，《遵严集》二十五卷，《宗子相集》十五卷，《观澜堂集》十七卷，《宛邱集》五十卷，《芜园诗集》六卷，《饴山堂集》二十三卷，《名（茗）柯编》五卷，《评点阳明先生集要三编》十五卷，《四明山志》九卷，《四明山游录》一卷，《积古斋钟鼎彝器款识》十卷，及其他约三千卷。其残缺者：如《新刻十三经注疏》《明史》《魏书》《大清一统志》《杭州府志》《明史纪事本末》《东南纪事》《西南纪事》《绎史》《通鉴纲目》《抱经堂丛书》《知不足斋丛书》《佩文韵府》有两种（其一有乾隆印，装订精美，亦无残缺）、《骈字类编》《册府元龟》《渊鉴类函》《苑洛志乐》《经籍纂古（诂）》《喻嘉言医书》《全唐诗》《全唐文》《刘蕺山集》《毛西河集》等亦不下二千卷，故定现存图书为四万五千卷，中间不免杂有蠹蚀鼠啮之书，惟为数尚少，不过数十种，其碑帖则无一完本矣。

至版本方面，推主人蓄书宗旨，贵在实用，故通行者居多，绝无坊间罕有之本。大抵明版尚多，宋版则如《广韵》《范忠宣公集》（有项墨林印）《白孔六帖》《韩昌黎集》（？）寥寥数部而已；其《七经孟子考文补遗》为日本原版，《孔子家语》为齐召南硃笔手校之本，前辈用力之勤，当可于此等书见其遗迹，惜其跋以为主人割赠友人矣。

余如陶岳《五代史补》《韵补》《黄氏家录》《续录》等书，俱为钞本，《太平御览》（有秀水卜氏书室之印）、《册府元龟》等大部类书，亦为钞本。

至如《经传释疑》《家礼仪节》《经义质疑》《四书质疑》《四书解义》《四书纂要》《四书翼真》《四书人名考》《群经宫室图》《天机会正》《河洛精蕴》《五经绎》《说文解字斠》《说文字原集注》《字鉴》《同音字鉴》《唐雅》《柴氏古韵通》《古音正义》《改并五音集韵》《离骚正义》《孙端人骚选》《草木疏校正》《乐府题解》《古诗源》《唐诗归》《唐诗别裁》《宋文鉴》《山晓阁明文选》《茅选八大家文钞》《楞迦（伽）经》《阿弥陀经疏钞》《金刚经注解》《围棋谱》《尚史》《五朝纪事》《人物志地理臆解》《余姚县志》（光绪本）《六仓志》《黄氏家录》《续录》等，俱为目录所缺载或不及载，然皆非大部书也。此行天气酷热，时间不多；而目录中丛书以外之各类书目，半自丛书编入，（丛书中所有书目，亦非一一编入目中，其取舍标准殊不可知，）非完全单行本，丛书不能分列，而目录则忽而经类，忽而史类，按目索书，大费踌躇；加之屡曝晒，放置不免凌乱，忽报缺失，忽报齐全，事倍功半，有由然矣，即上述所佚书目，或以偶然疏忽而未见，或以出借未还而难索，其列入者未必佚，其佚而未列入者，亦不在少数，盖检查既感不便，则时间愈觉匆促，故以三日之力，而不能得一藏书确数，良为遗憾，然大较固在是矣。"[15]

此报告虽未形成完整的书目，但还是较详细地记述当时藏书的保存和散佚情况，并列举了重要的散佚、残缺图书，初步考证了书籍的编目和版本，是一份五桂楼藏书流传的重要资料。虽然那时离黄承乙去世不过数年，但书籍还是散佚不少。不过，不知因何，当时省教育厅未曾把五桂楼藏书运至省图书馆保藏。

黄承乙过世后，黄氏洞门弄支东房日渐式微，黄承乙子孙也因他"在台湾做官多年，与台胞感情很深，大都在台湾落户"。[16]抗日战争时期，黄氏子孙已无财力把藏书另移他处，虽"敌、伪、游、杂、匪，均曾数至五桂楼，

---

⑮　苗启平、马启臣：《呈报查明黄氏五桂楼书籍版本经过情形》，《浙江教育行政周刊》1930 年第 2 卷第 14 期。

⑯　黄先迪：《台湾知县黄芝生》，载政协余姚市委员会文史资料委员会编：《余姚文史资料》第 12 辑，浙出书临（94）45 号。

幸不知楼上有书，遂未遭损失"，但"书久未整理，被蚀去不少"。[17]

1954年夏，余姚黎洲文献馆姜枝先[18]等准备去梁弄整理五桂楼藏书，曾向黄云眉先生询问当时整理的情况，黄云眉写给姜枝先的信里回忆："大概在一九二七年以前，我曾到过五桂楼。记得该楼书大小三十橱。本来有五万余卷，那时只存四万五千余卷。我和光绪乙未所刊书目抽对，计遗佚的三千卷，残缺的两千卷，碑帖已无完本。不知现在情况如何？那里宋版书似乎只有《广韵》《韩昌黎集》《范忠宣集》等几种，又《孔子家语》，为齐召南手订之本，这几种书，请兄和宗正弟去时，必须注意！又《册府元龟》，记得是抄本，不过有些模糊了。这事距今已近三十年，当时读书未多，鉴别力尚差，我所说有无错误，当待兄等去后证明。"[19]

1954年8月20日，余姚黎洲文献馆姜枝先、黄宗正会同浙江省文化事业管理局周中夏、浙江博物馆沈传镐去五桂楼清理书籍。据姜枝先日记记载，他们到梁弄后，走访梁弄文教界人士、黄氏后裔以及当时五桂楼的实际使用单位粮管所，听取各方意见。整理、登记书籍后，又对书橱进行编号并贴上封条。由于交通不便，又遭大雨，整理工作持续了一周，但用于整理的时间仅三天半，到8月26日才返回余姚[20]。整理途中，姜枝先曾经向余姚黎洲文献馆主要负责人杜天縻先生[21]汇报，当时的五桂楼楼下是粮食仓库，储满粮谷，

⑰　阮毅成：《平生三到余姚记》，载政协余姚市委员会文史资料委员会编：《余姚文史资料》第8辑，浙出书临（90）122号。

⑱　姜枝先（1902—1993），字昌后，晚年自号息存老人，浙江余姚人，著名爱国进步人士。早年从商，任余姚文明书局经理。投入抗战救亡活动，任商业队队长、《浙东日报》社社长，并募集钱粮支援四明山革命根据地。中华人民共和国成立后历任县（市）第一至七届政协副主席，省第三届政协委员、省第五、六届人大代表等职。创建黎洲中学、黎洲文献馆。征集大量文物、古籍，撰写、整理史料约60万字，为余姚经济、社会、文化教育特别是文物事业发展做出杰出贡献。

⑲　黄云眉致姜枝先信件，1954年，黎洲文献馆藏。

⑳　《姜枝先1954年的日记》，余姚市档案馆藏，档案号232—001—0019。

㉑　杜天縻（1891-1958），名文治，号鹏展，字天縻，浙江余姚人。参加过辛亥革命和抗日活动，早年多从事文教工作，曾任浙江大学龙泉分校及暨南大学教授。中华人民共和国成立后，任余姚中学校务委员会主任、余姚县各界人民代表会议常务委员会副主席、黎洲文献馆馆长、浙江省文史研究馆馆员。著有《明代浙江御倭人物志》《文字形演》《广注文心雕龙钟嵘诗品》等。

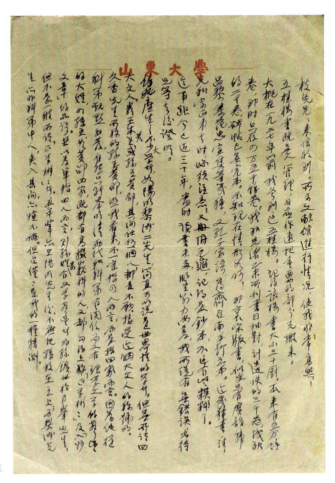

黄云眉致姜枝先书信 1954 年

他们是从谷堆中爬进去的。楼梯也早已拆除，他们攀登上楼。楼上尚存 24 口书橱，梁弄区公所曾贴过封条，但仍没用，橱门有锁的也有不锁的，凌乱得很。碑帖已成字纸，书蛀蚀的不少，残缺的也不少。在梁弄区中心学校三位师生的帮助下基本完成整理。同去的黄宗正[22]也向杜天縻先生报告：已经看过六、七橱，乾嘉版居多，明版不常见。半坡所称《广韵》已找到……藏书失晒，蠹蛀不堪，楼下作仓库似不妥当等等。

---

[22] 黄宗正 (1900—1990)，字本端、绳墨，号漂自，浙江余姚人，毕业于浙江省立第一师范学堂，思想进步，长期在余姚、慈溪从事文化教育工作，善于书法，长于书画、古玩鉴别。

姜枝先致杜天糜书信第一页

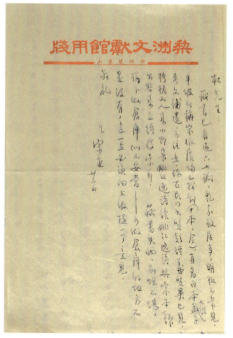

黄宗正致杜天糜书信

　　检查整理工作完成后，余姚黎洲文献馆于同年八月编制了《余姚梁弄五桂楼书目》。扉页上写道："此次姜、黄两同志检查五桂楼藏书，时值炎暑，楼下储谷，登楼无梯，攀登复无几案，于尘网中摸索，局于时间与人力，故所编目录，只橱架别其号次，不及依类分部，备载卷帙。复因原书有未经装订者，与残缺不全者，即种数册数亦难求其准确。今据初步所录，现存书尚有九百四十六种，共一万四千余册。编目既竣，乃得光绪原本书籍目录，计经部四百六十七种，史部四百十六种，子部五百十九种，集部四百十九种，丛书二十四部，一千八百二十种，共为三千六百四十一种，则知道缺者盖亦多矣。苟及今知所注意，妥为保管整理，庶可收拾丛残，实为当务之急也。"㉓同年9月8日，余姚黎洲文献馆把《余姚梁弄五桂楼书目》抄送县政府上报省文管会备案。姜枝先在1954年9月14日的日记写道："查光绪刊五桂楼原

㉓　黎洲文献馆编：《余姚梁弄五桂楼书目》，抄本，1954年8月，黎洲文献馆藏。

有存书，计经史子集一千八百多种，丛书一千八百多种，而今我们上月检查书目，初步统计仅存946种，计13860册又87函20束424卷，而知所散缺者不少。"㉔

姜、黄等整理图书后不久，发生了一件古籍图书毁坏事件：1954年10月，慈溪县文化馆将4835斤旧书论斤出售给宁波的废纸商，造成古籍损失和不良影响。为此，1955年8月6日，浙江省文化局下发《关于改进和加强旧书保护工作的几点意见》（化杜（55）字第六一一三号），意见要求各地文化文物部门要检查旧书保护情况，做好宣传保护工作，并明确要求省文管会和省图书馆有计划有重点地深入调查、提取和协助清理。

尔后，浙江省文化局指令把五桂楼部分藏书调拨给浙江图书馆。经过浙江图书馆、浙江省文管会和余姚黎洲文献馆多次协商，1956年7月，浙江图书馆、浙江省文管会派刘慎旃㉕、张正夫来五桂楼接收古籍。提取古籍普本、善本共5289册，其中善本129种计1876册㉖。提取的主要是全部方志和价值较大的古籍。1956年7月26日，刘、张编制了《接收余姚梁弄五桂楼图书清册》，清册只记书名、册数，标注是否善本。同时，余姚黎洲文献馆也提取37种226册书籍。同年10月，浙江省文管会致函余姚县人民委员会文教科，接收备作参考的康熙《金华府志》等十三种，共128册㉗。

五桂楼图书调拨后，余姚文化界颇多非议，姜枝先先生曾在符伯望撰的《浙东第二藏书楼—五桂楼》一文后补述道："解放初期，一九五四年黎洲文献馆成立，兼管本县文物工作。因此派黄宗正、姜枝先两位去梁弄检查五桂楼藏书，把十多口书柜，分别编目，上报浙江省文物管理委员会。两年后，余梁公路通车，由省文化局指令，要把五桂楼部分藏书归浙江图书馆收藏，并由张宗祥先生亲笔来信，要我们打破地方观念，遵照省令办理。当时，由省图书馆派刘同志当面检收，凡省外及各县地方志统统提去，共六千余册，

㉔ 《姜枝先1954年的日记》，余姚市档案馆藏，档案号232—001—0019。
㉕ 刘慎旃（1909—1991年），字存旃、刘慎，安徽省巢县（今巢湖市）人，著名书画家、鉴赏家、版本目录学家，擅长草、隶书，解放后任职于浙江图书馆，从事古籍征集整理工作。
㉖ 浙江图书馆编：《接收余姚梁弄五桂楼图书清册》，抄件，1956年7月26日，黎洲文献馆藏。
㉗ （56）浙文祕字第380号。

黄云眉致姜枝先书信 1963 年

装满一汽车赴杭。事后，有省图书馆出给收据的。现在余姚文化界啧有烦言，我们也不明上级政策如何？今特将前情附注于此。"[28]

1961 年秋天，浙江省文化局组织文物检查小组来姚，要求余姚整理五桂楼图书，县文教局即调派史良同志专职去梁弄清理五桂楼图书。1962 年 1 月

[28]　符伯望：《浙东第二藏书楼——五桂楼》，载政协余姚市委员会文史资料研究委员会编：《余姚文史资料》第 4 辑，浙出书临（87）86 号，第 78 页。

间，姜枝先要求经贯之协助史良整理五桂楼藏书。据经贯之笔记记述，当时他们先把现存藏书目录编好，对部分图书进行装订和简单的修补，依经、史、子、集和丛书分别来贮藏，再与原始书目核对，把每种书的名称一一加以订正，又把编撰者、版本、卷数、册数填注明白。经过一年多时间整理，发现现存楼中的藏书计分34类，1262种，24003卷，8694册。那些字画、碑帖以及黄氏祖像等则已无存。

经贯之把这些内容整理成《五桂楼藏书整理记》，姜枝先曾寄给黄云眉先生审阅。黄云眉先生回信，再次回忆起他到五桂楼整理图书之事："数十年前，我也到过五桂楼一次。记得那时有《广韵》《韩昌黎集》《范忠宣集》等书，似乎是宋版，还有齐召南手校的《孔子家语》，都是比较珍贵的。犹记得丰坊《兰亭序》的石刻，那时也存在。可惜这记只介绍了一些清刻官书，对于较重要的古籍版本没有提到。不过五桂楼主人的藏书志趣，务在实用，版本不很讲究，倒是事实。"㉙

1962年2月22日，余姚黎洲文献馆又编制了《余姚县五桂楼藏书一九五六年浙江图书馆提取书目》，按照经史子集分类，注明作者时代、作者、卷数或册数。同时编制《余姚县五桂楼藏书现存书目》。1964年7月又编制《余姚县五桂楼藏书散佚书目》。至此，二十世纪三十年代至六十年代的图书散佚情况也比较清楚了。这些书目中，特别是《余姚县五桂楼藏书现存书目》编目比较详细，注明部、类、作者时代、作者、版本、册数、卷数。据统计当时尚存书籍为：

经部：易类74册，144卷，不分卷1种，书类55册，120卷，不分卷1种，诗类35册，76卷，礼类381册，1101卷，不分卷1种，春秋类95册，188卷，不分卷6种，总义类1017册，3922卷，不分卷2种，四书类190册，392卷，不分卷8种；乐类30册，62卷；小学类130册，274卷。计2007册，6279卷，不分卷19种。

史部：正史类191册，906卷，不分卷1种；编年类294册，590卷；纪事本末类34册，240卷；别史类265册，684卷；杂史类12册，54卷；诏

㉙ 黄云眉致姜枝先信件，1963年，黎洲文献馆藏。

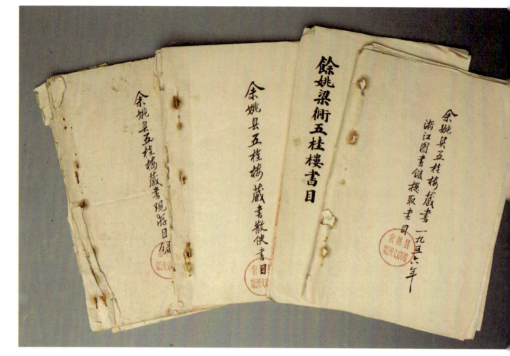

五桂楼五六十年代书目

令奏议类 34 册，72 卷；传记类 76 册，286 卷；史钞类 483 册，2214 卷；时令类 26 册，52 卷；地理类 292 册，857 卷，不分卷 2 种；职官类 10 册，20 卷；政书类 457 册，1484 卷；目录类 174 册，600 卷。计 2348 册，8059 卷，不分卷 3 种。

　　子部：儒家类 270 册，819 卷，不分卷 4 种；医家类 228 册，341 卷；杂家类 64 册，199 卷；术数类 86 册，134 卷，不分卷 2 种；天文算法类 80 册，177 卷，不分卷 1 种；类书类 920 册，1939 卷，不分卷 1 种；小说家类 12 册，25 卷。计 1660 册，3634 卷，不分卷 8 种。

　　集部：别集类 814 册，2675 卷，不分卷 20 种；总集类 1100 册，4379 卷，不分卷 5 种；诗文评类 50 册，187 卷；词曲类 21 册，101 卷。计 1985 册，7342 卷，不分卷 25 种。

　　计丛书 712 册，1532 卷，不分卷 5 种。

　　至 1962 年时，五桂楼藏书总计 8712 册，26846 卷，不分卷 60 种。

共散佚书籍如下：

经部：易类 67 种，600 卷，书类 31 种，351 卷，诗类 22 种 229 卷，三礼类 46 种 867 卷，春秋类 47 种 659 卷，孝经类 10 种 13 卷，总义类 8 种 57 卷，四书类 18 种 284 卷，乐类 7 种 64 卷，小学类 37 种 294 卷。计 455 种，3418 卷。

史部：正史类 8 种 841 卷，别史 2 种 53 卷，编年类 16 种 283 卷，纪事本末类 2 种 16 卷，杂史类 4 种 11 卷，传记类 14 种 204 卷，地理类 53 种 535 卷，载记类 11 种 89 卷，职官类 7 种 56 卷，目录类 9 种 42 卷，正书类 9 种 108 卷，史评类 9 种 479 卷，计 144 种，2717 卷。

子部：儒家类 10 种 96 卷，兵家类 12 种 65 卷，法家类 2 种 44 卷，农家类 4 种 99 卷，医家类 36 类 205 卷，天文算法类 14 种 88 卷，述书类 13 种 45 卷，艺术类 23 种 124 卷，谱系类 24 种 99 卷，杂家类 63 种 483 卷，类书类 5 种 158 卷，小说家类 77 种 506 卷，释家类 3 种 35 卷，道家类 12 种 195 卷。计 298 种，2242 卷。

集部：楚辞类 6 种 54 卷，别集类 89 种 1391 卷。计 95 种，1445 卷。

丛书 88 种 743 卷。

总计 1080 种，10565 卷。

1979 年 9 月和 1980 年 1 月，浙江图书馆善本编目小组张良权、郑文彬对黎洲文献馆和五桂楼图书进行鉴定，形成了《余姚县梁弄区五桂楼古籍善本书目录》《余姚县五桂楼特藏图书目录》。尚有善本 625 册，特藏图书 878 册，其中元刻本（实为元刻明清递修本）60 册，明刻本 155 册。

1986 年下半年至 1987 年上半年，余姚市文物管理委员会办公室组织人员对五桂楼藏书进行清点，并编制《五桂楼藏书目录》。目录只登记书名、版本和册数，共计藏书 9993 册。对照 1962 年 2 月黎洲文献馆编的《余姚县五桂楼现存书目》，缺《毛诗经筵讲义》3 册，《袖珍六经》2 册，《十三经古注》40 册，《御案五经》4 册，《蜀道驿程记》1 册，《渊鉴类函》2 册，《骈字类编》2 册，《清献堂合集》14 册，《全唐诗》1 册，《唐宋丛书》68 种 3 册，《知不足斋丛书》186 种 1 册。计缺 77 册。清点中多出《玉华堂杂著》1 册，《钱氏小儿药证直诀》5 册。这次清点的 9993 册包括黎洲文献馆寄存的《二十四史》830 册，以及 1962 年未登记入册的《大藏总目》等 414 册，

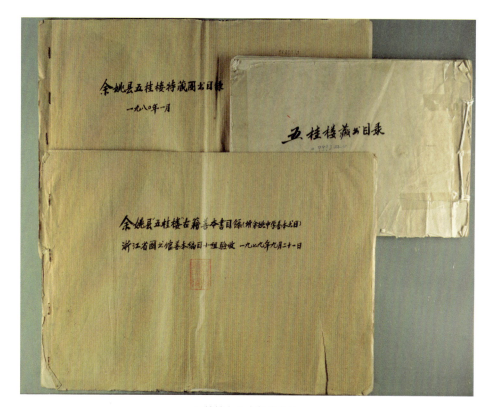

五桂楼七八十年代书目

还有《醒园录》《石鼓文音释》《四明黄氏谱》等残缺者 141 册。

　　五桂楼自中华人民共和国成立后，一直没有专职人员负责管理，只有个别黄氏后裔、退休教师和热心人士兼职管理，并不对外开放。一直到 2012 年，余姚博物馆二期建成，有了标准化的古籍库房，五桂楼的古籍才搬迁至余姚博物馆库房。2007 年全国古籍普查工作启动，2012 年 4 月，余姚市文保所正式开展古籍普查，到 2015 年年底完成，普查发现五桂楼现存藏书 10059 册。如今，余姚市文保所和五桂楼所藏古籍均归档黎洲文献馆所藏。

四
藏书及书目的流传概要

藏书楼的书籍随着藏书家的购置、抄录、搜罗而越来越丰富，藏书目录也必然应运而生。书目不仅是人们利用藏书的检索工具，也随着藏书的变化而变化，反映出藏书楼的兴衰存亡。

五桂楼的藏书整理、流传情况大致应该如此：黄澄量《姚江黄氏五桂楼书目》——黄承乙《姚江黄氏五桂楼书目》（1895年刻印）——苗启平、马启臣《呈报查明黄氏五桂楼书籍版本经过情形》，黄云眉《清理黄氏五桂楼图书》（1930年）——黎洲文献馆《余姚梁弄五桂楼书目》（1954年）——浙江图书馆《接收余姚梁弄楼图书清册》（1956年）——黎洲文献馆《余姚县五桂楼藏书一九五六年浙江图书馆提取书目》（1962年）《余姚五桂楼藏书现存书目》（1962年）——经贯之《五桂楼藏书整理记》（1963年）——黎洲文献馆《余姚县五桂楼散佚书目》（1964年）——《余姚县梁弄区五桂楼善本书目录》（1979年）、《余姚县五桂楼特藏书目录》（1980年）——余姚市文物管理委员会办公室《五桂楼藏书目录》（1986年）——余姚市文保所《五桂楼现存书目》（2022年）。

黄澄量藏书5万余卷，其子黄肇震增万余卷。1861年，稍有散佚，经其孙黄联镳、曾孙黄承乙购买、搜求，仍复旧观。到二十世纪三十年代，散佚、残缺者五千余卷，剩四万五千余卷。

梁弄解放后，五桂楼无人管理，由地方政府接管，曾为地方武装民兵临时住所，后为冬学扫盲学校，又做过粮管所仓库。从黄云眉先生整理后的二十余年里，书籍也略有散佚和损坏，到1954年清点存14000余册（没分卷），1956年，浙江图书馆提取5289册，浙江省文管会提取128册，黎洲文献馆提取226册。1957年秋至1958年9月，梁弄镇黎明村在五桂楼设农业高级合作社办公室；1958年冬至1960年春"大跃进"时期，五桂楼为黎明大队公共食堂，在此期间，藏书亦略有散佚。至于经贯之所述的"浙江图书馆提取7000余册"③⓿的数据是错误的，"1961年，中共浙江省委办公厅借去79种，约计1400册之数"③⓵则没有证据可以证实，但1962年藏书尚存8712册，加上省图书馆提取的5289册，就有14000册，与1954年统计的基本相符，因此省委办提取1400册不可信。1962年整理时，尚存图书8712册，26846卷，不分卷60种；散佚图书10565卷。1986年，存书9993册，比1962年多出来的原因是其中包括了黎洲文献馆暂存的830册《二十四史》，以及1962年未登记入册的《大藏总目》等414册，还有《醒园录》《石鼓文音释》《四明黄氏谱》等残缺者141册。

因书籍登记、收录的要求、标准各不相同，数据略有差别也在所难免，但大致可以推断：五桂楼散佚的一万余卷藏书，基本上是在民国至1954年这段时间。

---

③⓿　骆兆平：《重访五桂楼》，《图书馆杂志》1996年第4期。
③⓵　骆兆平：《重访五桂楼》，《图书馆杂志》1996年第4期。

第五章

经史子集　贵在实用

一

藏书规模

黄澄量经过十余年不断的收集、积累，藏书越来越丰富，他"藏书二十大橱，其中经史子集略备矣。"①至于五桂楼的藏书量，阮元云："搜罗至五六万卷。"②顾文彬道："总计所收五万余卷，森然炳然，茂矣美矣。"③荣昌敷说："今其邑石泉黄君，征俗学空疏之弊，积书六万卷，构楼三楹藏之。"④徐用仪则写道："黄石泉先生插架甚富，药溪先生继之，积书至六万余卷，为越中藏书最。"⑤王甲荣也说："五桂楼藏书六万卷，遭兵燹间有散佚者，其先人复搜捕之，

---

① 〔清〕诸开泉：《五桂楼藏书记》，载〔清〕黄澄量编，〔清〕黄肇震增补，〔清〕黄承乙重辑：《姚江黄氏五桂楼书目》，清光绪二十一年姚江黄承乙刻本，黎洲文献馆藏。
② 〔清〕阮元：《黄氏五桂楼藏书序》，载〔清〕黄澄量编，〔清〕黄肇震增补，〔清〕黄承乙重辑：《姚江黄氏五桂楼书目》，清光绪二十一年姚江黄承乙刻本，黎洲文献馆藏。
③ 〔清〕顾文彬：《黄氏五桂楼藏书目序》，载〔清〕黄澄量编，〔清〕黄肇震增补，〔清〕黄承乙重辑：《姚江黄氏五桂楼书目》，清光绪二十一年姚江黄承乙刻本，黎洲文献馆藏。
④ 〔清〕荣昌敷：《黄氏五桂楼藏书目序》，载〔清〕黄澄量编，〔清〕黄肇震增补，〔清〕黄承乙重辑：《姚江黄氏五桂楼书目》，清光绪二十一年姚江黄承乙刻本，黎洲文献馆藏。
⑤ 〔清〕黄澄量编，〔清〕黄肇震增补，〔清〕黄承乙重辑：《姚江黄氏五桂楼书目》"徐用仪跋"，清光绪二十一年姚江黄承乙刻本，黎洲文献馆藏。

依然完好。"⑥蒋清翊说的更多点，他说"凡聚书五万余卷，别本重复者又数万卷。"⑦但《四明黄氏家谱》似乎更为夸张："有五桂楼，千九派二十六世孙石泉所建藏书楼也，藏书十余万卷。"⑧不管是五万余卷，六万卷，十余万卷，或者别本重复者数万卷，对此，黄联镳写于同治九年（1870）的"识"应该是最有权威的解释，他写道："先王父石泉公……历十余年，积卷五万有奇……先大父药溪公，裒聚增益又不下万卷，椟书之富甲越中。"⑨

黄承乙则参照曾祖父黄澄量、祖父黄肇震所编的《五桂楼书目》，依据整理藏书的实际情况，重新编订《姚江黄氏五桂楼书目》，使我们能一窥当年五桂楼藏书的盛况。据统计，当时五桂楼藏书为：经部计467种8506卷，史部计415种16293卷，子部计516种11800卷，集部计419种13225卷，丛书附录24部1820种4150卷。黄氏编的书目，其书名往往比较简略，绝大多数卷首没被统计进去，如果把卷首统计进去，当不至这个数。

彼时五桂楼收藏书籍在6万卷以上，但可惜的是五桂楼所藏为数不少的碑帖、字画以及黄澄量父子的著述没见整理著录，已难觅踪迹。到二十世纪三十年代，藏书散佚、残缺者五千余卷，剩四万五千余卷。此后的二十余年也有散佚和损坏，到1954年，约有一万四千余册。1956年，浙江图书馆提取5289册，浙江省省文管会提取128册，黎洲文献馆提取226册。1962年尚存图书8712册，26846卷，不分卷60种，散佚图书10565卷。此后，藏书基本没有变动。

---

⑥ 〔清〕王甲荣：《姚江黄氏五桂楼藏书跋》，载〔清〕黄澄量编，〔清〕黄肇震增补，〔清〕黄承乙重辑：《姚江黄氏五桂楼书目》，清光绪二十一年姚江黄承乙刻本，黎洲文献馆藏。
⑦ 〔清〕蒋清翊：《五桂楼藏书记》，载〔清〕黄澄量编，〔清〕黄肇震增补，〔清〕黄承乙重辑：《姚江黄氏五桂楼书目》，清光绪二十一年姚江黄承乙刻本，黎洲文献馆藏。
⑧ 黄采风主修：《四明黄氏家谱·例言》，光绪戊戌重修，孝子里刊。
⑨ 〔清〕黄澄量编，〔清〕黄肇震增补，〔清〕黄承乙重辑：《姚江黄氏五桂楼书目》"黄联镳识"，清光绪二十一年姚江黄承乙刻本，黎洲文献馆藏。

二
————
浙江图书馆接收的藏书

五桂楼藏书从最顶峰时的六万多卷到现在的仅存万册，或因兵燹，或因管理不善而鼠啮蠹蚀致纸残字蚀，或因五桂楼另作他用而致损毁，大部分散佚藏书去向已无从考证。1956年7月调拨给浙江省图书馆的应是有据可查最大的一批，有古籍普本、善本共5289册。1956年7月26日，浙江图书馆、浙江省文管会刘慎旃、张正夫编制了《接收余姚梁弄五桂楼图书清册》[⑩]，经他们初步鉴定，其中善本、善本抄本1876册。现把部分善本介绍如下：

1.《韵谱本义》十卷　经部　小学

明茅溱辑。版框（高 × 宽）20.8cm×14.7cm，半页8行，每行13字，双行小字26字，白口，四周单边，单黑间单白鱼尾。开本（高 × 宽）27.4cm×17.2cm，10册。明万历三十二年（1604），范仑、茅溱分别撰《韵谱本义叙》。范仑叙有"吾友茅平仲氏，聪敏嗜学，娴古文字，乃遵《洪武正韵》，汇诸家韵书，偕三二同志，参互考订，酌斟益损，阅八载书成"之语。明万历三十二年茅溱刻本。

---

⑩　浙江图书馆编：《接收余姚梁弄五桂楼图书清册》，抄件，1956年7月26日，黎洲文献馆藏。

2.《续韵补》五卷　经部　小学

宋吴棫补，清凌万才续，清张孚敬、严燮参校。版框（高 × 宽）17.5cm×
12.8cm，半页 8 行，每行 12 字，双行小字 24 字，白口，四周双边，单黑鱼尾。
开本（高 × 宽）25.1cm×16.3cm，5 册。书眉镌字母、五音及韵。有图。"颙""琰"
不避讳。清乾隆二十七年（1762），凌万才撰《续韵补自序》，清乾隆二十九年，
沈德潜撰《弁言》。清乾隆刻本。

3.《广韵》五卷　经部　小学

宋陈彭年等撰。其他题名为《宋本广韵》《大宋重修广韵》。牌记：
"张氏重刊／泽存堂藏板"。版框（高 × 宽）21cm×15.7cm，半页 10
行，双行小字 27 字，白口，左右双边，单黑鱼尾。开本（高 × 宽）
29.1cm×18.5cm，3 册。有北宋景德四年（1007）《牒文》、清潘耒书《重刊
古本广韵原序》，清康熙四十三年（1704），张士俊书跋、朱彝尊书《重刊
广韵序》。张士俊跋曰："自康熙癸未岁之夏五讫于甲申秋孟，乃克竣功。"
刻工何升、方至、宋琚等。清康熙四十三年张士俊泽存堂五种影宋刻本。

4.《广韵》五卷　经部　小学

宋陈彭年等撰。版框（高 × 宽）24.4cm×17.9cm，半页 9 行，每行 17
字，双行小字 34 字，上下黑口，四周双边，双对黑鱼尾。开本（高 × 宽）
32.6cm×20.5cm，10 册。录有唐天宝十年（751）孙愐撰《陈州司马孙愐广韵序》。
据版刻风格、字体、纸张等，并参考《中国古籍善本书目》，为明刻本。

5.《禹贡》《檀弓》《考工记》合刻三卷　经部

《禹贡》《檀弓》《考工记》各一卷。版框（高 × 宽）
22.2cm×14.2cm，半页 8 行，每行 18 字，白口，四周双边，单白鱼尾。开本（高
× 宽）28.8cm×18.2cm，1 册。明刻本。

宋本《广韵》内封

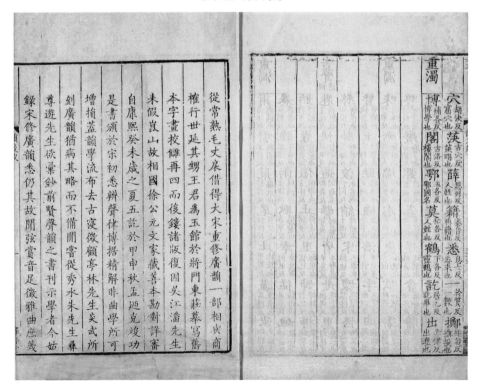

《广韵》张士俊跋首页

6.《七经孟子考文补遗》二百六卷 经部 总义

　　日本山井鼎辑，日本物观补遗。版框（高×宽）21.9cm×15.0cm，半页9行，每行20字，双行小字20字，白口，四周双边，单黑鱼尾。开本（高×宽）26.3cm×18.1cm，32册，缺7卷。日本享保十一年（1726），日本物茂卿撰《七经孟子考文叙》，日本享保十五年，日本物观撰《七经孟子考文补遗叙》。《孟子》卷十四后附版权页，题"享保辛亥六月穀旦梓毕 / 宽政三年辛亥六月再补 / 东都书肆"。日本享保十六年（1731）刻宽政三年（1791）重修本。

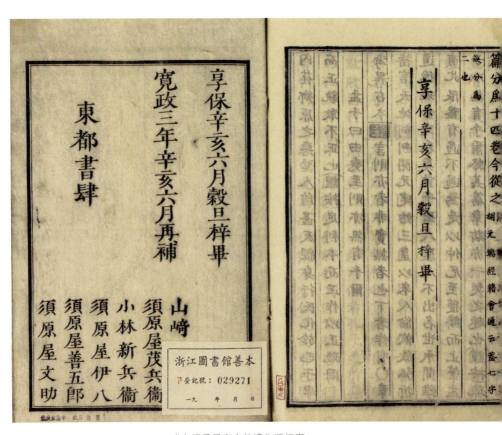

《七经孟子考文补遗》版权页

7.《石镜山房周易说统》十二卷 经部 易

　　明张振渊辑，明张懋忠、张师栻校正。其他题名为《周易说统》《石镜山房辑周易说统》。版框（高 × 宽）20.6cm×12.7cm，半页 10 行，每行 25 字，白口，四周单边。开本（高 × 宽）25.3cm×13.8cm，6 册。明万历四十三年（1615），张蔚然、张元征分别撰《周易说统序》，张师栻书《刻周易说统跋》。张元征序有"诠次其说，与兹编合为一统"语。版心下镌"石镜山房"。明万历四十三年仁和张氏石镜山房刻本。

8.《古周易订诂》十六卷　经部　易

明何楷撰。版框（高 × 宽）20.8cm×14.3cm，半页 9 行，每行 20 字，双行小字 20 字，白口，四周单边，无鱼尾。开本（高 × 宽）26.9cm×17.4cm，16 册。明崇祯六年（1633），何楷撰《古周易订诂序》，序有"辄不自量，网罗旧闻，裁以管见，为之小注……爰题其名曰《古周易订诂》云"。明崇祯刻本。

9.《杨氏易传》二十卷　经部　易

宋杨简著，明刘日升、陈道亨校。版框（高 × 宽）21.5cm×15.4cm，半页 10 行，每行 22 字，白口，四周双边，单黑鱼尾。开本（高 × 宽）27.2cm×16.9cm，4 册。明万历二十三年（1595），蔡国珍书叙，叙有"顷之，封司刘君、功司陈君，复刻杨敬仲《易传》成"之语。明万历二十三年刘日升、陈道亨刻本。

10.《四礼汇编》（八种）十三卷　经部　三礼

明王皞撰。版框（高 × 宽）21.3cm×14.7cm，半页 10 行，每行 20 字，双行小字 20 字，白口，四周单边。开本（高 × 宽）28.5cm×17.6cm，8 册。明嘉靖四年至明万历八年（1525—1580），王皞、鲍象贤、郭治寓、张鲲、张卤、颜木、袤贞吉分别撰序跋。万历八年（1580），袤贞吉《四礼图序》有"余于是总四礼，撮其要义……书成……于是过朗陵，命其令刻而布之"语，"玄"字不避讳。明抄本。

明杨表正撰，明王一德校录。其他题名为《对音捷要琴谱》。版框（高 × 宽）21.2cm × 14.1cm，半页 10 行，每行 24 字，双行小字 24 字，白口，四周双边，单黑鱼尾。开本（高 × 宽）23.0cm × 15.1cm，6 册。明万历元年（1573），杨表正、刘御分别书序。正文首卷首叶有竖长方形阳文印章，释文：余姚黄氏石泉公藏书 / 同治庚午曾孙安澜校正。卷二卷端题"金陵三山街书肆对溪唐富春梓"。刘御《琴谱真传序》有"且新修几篇，至简至易，乃得意中之得意者，镂梓用传方广"语。明万历元年唐富春刻本。

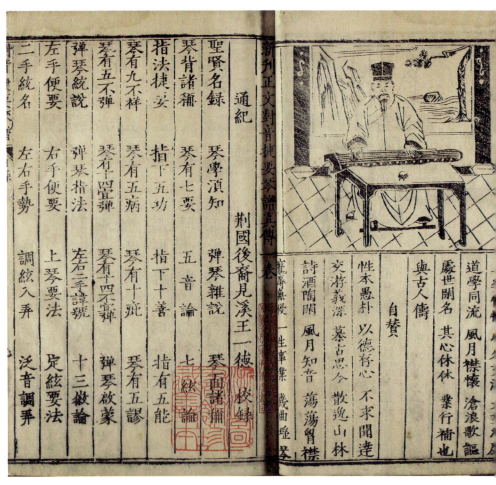

《新刊正文对音捷要琴谱真传》正文首卷卷端

　　清吴之振鉴定，清吴宝芝、汪天荣校。版框（高 × 宽）19.8cm×15.0cm，半页 8 行，每行 18 字，双行小字 18 字，白口，左右双边，单黑鱼尾。琴谱叶为 7 行、12 字。开本（高 × 宽）25.2cm×16.2cm，3 册，缺 9—10 卷。清康熙三十年（1691），汪天荣撰序，序中有"因校而付诸梓人"之语。正文首卷首叶有竖长方形阳文印章，释文：余姚黄氏石泉公藏书／同治庚午曾孙安澜校正。清康熙三十年汪天荣刻本。

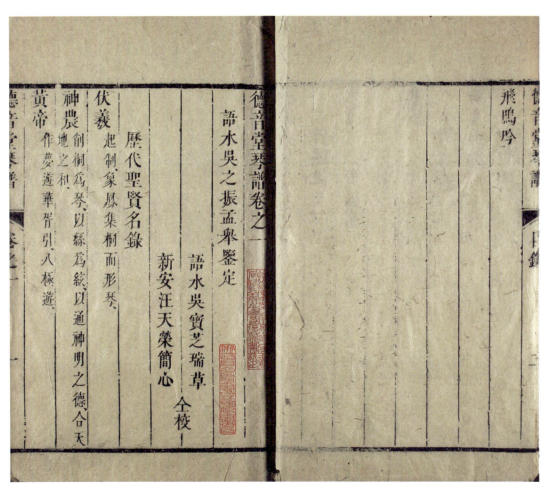

《乐书德音堂琴谱》正文首卷卷端

13.《历朝纲鉴全史》七十卷首一卷　史部　编年

　　明汤宾尹撰，明陈继儒注。版框（高×宽）22.0cm×12.7cm，分两栏，半页 11 行，每行 26 字，双行小字 26 字，白口，四周单边，无格，无鱼尾。上栏高 2.3cm，22 行，每行 4 字。开本（高×宽）26.0cm×15.8cm，20 册。陈继儒、韩敬顷分别撰序。未见清避讳字，并依据内容、字体、版式风格，为明万历刻本。

14.《元史纪事本末》四卷　史部　纪事本末

　　明陈邦瞻撰，明臧懋循补。版框（高×宽）21.1cm×15.0cm，半页 11 行，每行 22 字，白口，四周单边，单黑鱼尾。开本（高×宽）28.6cm×17.6cm，4 册。明万历三十四年（1606），徐申、陈邦瞻撰序。陈邦瞻序有"遂取《元史》稍稍次第其本末，删繁就约……成帙乃序而论之"之语。明万历三十四年刘曰梧、徐申刻本。

15.《宋史纪事本末》二十八卷　史部　纪事本末

　　明冯琦编，明陈邦瞻纂辑，明徐申、刘曰梧校正，明沈朝阳翻阅。版框（高×宽）22.3cm×14.4cm，半页 10 行，每行 20 字，白口，左右双边，单黑鱼尾。开本（高×宽）28.8cm×17.3cm，10 册。明万历三十三年（1605），陈邦瞻、刘曰梧、徐申撰序。徐申序有"（刘公）遂与予共加校订，付之剖厥氏"之语。明万历刻本。

16.《通鉴纪事本末》四十二卷　史部　纪事本末

　　宋袁枢编。版框（高×宽）21.4cm×15.0cm，半页 11 行，每行 22 字，双行小字 22 字，白口，四周单边，单黑鱼尾。开本（高×宽）28.6cm×17.5cm，60 册。明万历三十五年（1607），焦竑、魏时应撰序。正文前《附刻通鉴纪事本末》首页题"巡按直隶带管督学盐法监察御史黄吉士重刊"，末题"万历丙午岁孟冬之吉"，明万历黄吉士刻本。

17.《宋元通鉴》一百五十七卷　史部　史评

明薛应旂撰，明陈仁锡评。版框（高 × 宽）21.2cm×15.0cm，半页10行，每行20字，双行小字20字，白口，四周单边，单黑鱼尾。开本（高 × 宽）27.8cm×18.0cm，20册。书眉镌评，每行4字。行间镌句读、圈点、评语。刻工金麟、陈天祯等，金麟为明天启时缮写刻字工人。明嘉靖四十五年（1566）、明天启六年（1626），薛应旂、陈仁锡分别撰《宋元通鉴序》。明天启六年长洲陈仁锡刻本。

18.《孙月峰先生批评史记》一百三十卷《褚先生附余》一卷　史部　史评

汉司马迁撰，明孙鑛评。孙月峰，名鑛。版框（高 × 宽）20.4cm×14.4cm，半页9行，每行20字，双行小字20字，白口，四周单边，单白鱼尾，书眉镌评，夹行镌批点及评。开本（高 × 宽）25.9cm×16.4cm，16册。明崇祯九年（1636），冯元仲题《孙月峰先生批评史记序》，序有"予刻成未之序，而陈仲醇先生书来索序……因复志于此"之语。明崇祯九年刻本。

19.《新五代史》七十五卷　史部　正史

宋欧阳修撰，宋徐无党注。其他题名为《五代史记》。版心镌"万历二十八年刊"。版框（高 × 宽）23.4cm×15.2cm，半页10行，每行21字，双行小字21字，白口，左右双边，单黑鱼尾。开本（高 × 宽）31.0cm×18.2cm，10册。宋陈师锡撰《五代史记序》。明万历二十八年（1600）北京国子监刻重修本。

20.《昭代典则》二十八卷　史部　编年

明黄光升编辑，明陆翀之校阅，明周曰校刊行。版框（高 × 宽）

22.2cm×13.6cm，半页 11 行，每行 22 字，白口，四周单边，单黑鱼尾。开本（高×宽）26.4cm×16.5cm，24 册。明万历二十八年（1600），祝世禄撰《昭代典则序》，序有"属之剞劂，介武车驾朱职方问序不佞"语。卷端下题"金陵周曰校刊行"。明万历二十八年周曰校万卷楼刻本。

21.《宪章录》四十七卷　史部　编年

明薛应旂编述。版框（高×宽）19.6cm×14.2cm，半页 10 行，每行 20 字，双行小字 20 字，白口，四周单边，单黑鱼尾。开本（高×宽）27.6cm×17.3cm，10 册。明万历元年（1573），薛应旂撰《宪章录序》，明万历二年（1574），陆光宅撰《刻宪章录跋》。陆光宅跋中有"谋诸同志，博集梓人，日夜校刻，四越月而工告成"之语。刻工张本、陈宣、何方等。明万历二年陆光宅刻本。

22.《辽史拾遗》二十四卷　史部　正史

清厉鹗撰。杨复吉辑。版框（高×宽）20.4cm×13.7cm，半页 8 行，每行 20 字，上下黑口，左右双边，单黑鱼尾。开本（高×宽）27.0cm×17.4cm，12 册，版心下镌"鸣野山房钞本"。清乾隆八年（1743），全祖望、厉鹗分别撰《辽史拾遗序》，清乾隆五十九年（1794），杨复吉撰《辽史补编序》。清沈氏鸣野山房抄本。

23.《元史》二百十卷目录二卷　史部　正史

明宋濂等修。版框（高×宽）26.2cm×17.5cm，半页 10 行，每行 20 字，双行小字 20 字，上下黑口，四周双边，双对黑鱼尾。开本（高×宽）31.5cm×20.5cm，80 册。明洪武三年（1370），宋濂撰序。宋濂序曰："又明年春二月乙丑开局，至秋七月丁亥书成……今镂板讫功，谨系岁月次第于目录之左。"刻工胡均祥、胡仲玉、胡景旻等 140 余人。明洪武三年内府刻重修本。

元脱脱等修，明张邦奇、江汝璧校刊。版框（高 × 宽）21.4cm×16.3cm，半页 10 行，每行 22 字，双行小字 22 字，上下黑口，左右双边，双顺黑鱼尾。开本（高 × 宽）27.4cm×17.4cm，20 册。版心上镌"嘉靖八年刊"，版心下镌刻工"易林""易谏"等。明嘉靖八年（1529）南京国子监刻本。

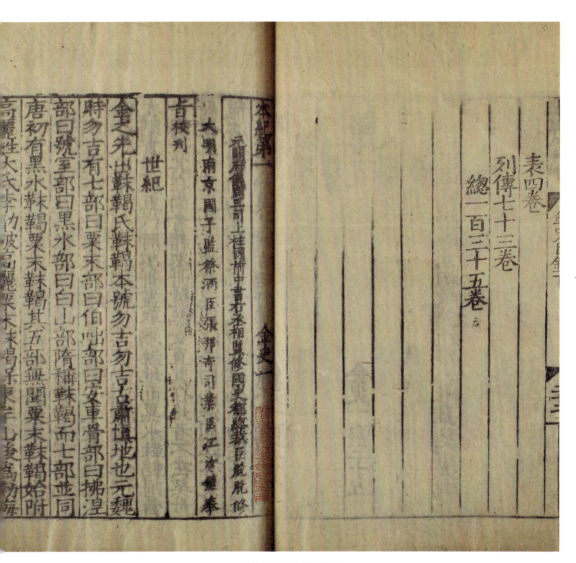

《金史》正文首卷卷端

25.《皇明疏议辑略》三十七卷 史部 诏令奏议

　　明张瀚纂辑，明李凤毛等删订，明李勋等编次，明唐交等校刊。版框（高×宽）17.4cm×13.3cm，半页10行，每行22字，白口，四周单边。开本（高×宽）23.7cm×14.9cm，15册，缺卷次2-3。明嘉靖三十年（1551），晁瑮撰《疏议辑略序》，序曰："是编之刻，备本朝之旧章，存先臣之故事。"明嘉靖三十年大名府刻本。

26.《鸿猷录》十六卷 史部 纪事本末

　　明高岱撰。版框（高×宽）22.4cm×14.4cm，半页9行，每行22字，白口，四周双边，单黑鱼尾。开本（高×宽）26.4cm×16.5cm，6册。明嘉靖三十六年（1557），高岱嘉撰《鸿猷录序》，序有"遂名之曰《鸿猷录》，其闻见之寡陋，诠次之谬讹，则有俟于博雅君子云"之语。明嘉靖刻本。

27.《汉书评林》一百卷 史部 史评

　　明凌稚隆辑校。版框（高×宽）24.0cm×14.7cm，两栏，半页10行，每行20字，双行小字20字，白口，左右双边，单黑鱼尾。开本（高×宽）28.4cm×17.2cm，28册。凡例末有凌稚隆万历九年（1581）刻书识语，云："盖目不交睫、手不停扎，积三祀而工始竣。"明万历九年至万历十一年（1581—1583），王世贞、王宗沐、茅坤、陈文烛、何洛文分别撰序。明万历刻本。

28.《顾氏诗史》十五卷 史部 史评

　　明顾正谊著。版框（高×宽）23.2cm×14.6cm，半页9行，每行18字，双行小字18字，白口，四周单边，单黑鱼尾。开本（高×宽）29.0cm×17.6cm，6册。明万历二十八年（1600），冯时可、王穉登、顾正谊分别撰序。顾正谊叙曰："帙成而客请版之，以与咏物诗并行于世……敢望增损之，以辱大方，其取以覆瓿，则惟命，遂亟付之梓人。"刻工潘维垣、绍视、朱有成等。明万历二十八年顾正谊刻本。

29.《东汉会要》四十卷　史部　政书

宋徐天麟撰。版框（高 × 宽）19.0cm×12.5cm，半页9行，每行21字，双行小字21字，白口，左右双边，单黑鱼尾。开本（高 × 宽）28.1cm×17.3cm，8册。正文前有"提要""目录"。"历"字避讳。清抄本。

30.《皇明典礼志》二十卷　史部　政书

明郭正域撰。版框（高 × 宽）21.1cm×15.1cm，半页10行，每行20字，白口，左右双边，单黑鱼尾。开本（高 × 宽）26.6cm×16.8cm，4册。明万历三十八年至万历四十一年（1610—1613），郭正域、彭端吾、高举、刘汝康分别撰序。彭端吾万历三十八年序有"志成，宗伯公寄之维扬，端吾时视鹾事，即付剞劂氏以行"语，高举万历四十一年（1613）序有"是贤岳□重校而锓之之旨也"之语。明万历四十一年刻本。

31.《清名人传》不分卷　史部　传记

清汪琬等撰。版框（高 × 宽）22.5cm×14.4cm，半页9行，每行21、25字，双行小字21、25字，白口，四周双边，无鱼尾。开本（高 × 宽）27.3cm×16.9cm，6册。"胤"不避讳，"炫"避讳。清康熙抄本。

32.《逸民史》二十二卷　史部　传记

明陈继儒辑，明吴怀谦等校。其他题名为《元史隐逸补》。版框（高 × 宽）20.3cm×14.6cm，半页9行，每行18字，白口，左右双边，单白鱼尾。开本（高 × 宽）27.6cm×17.1cm，8册。明万历二十六年（1598），陈继儒撰《元史隐逸补序》，明万历三十一年（1603），王衡书《逸民史序》。王衡序末云："余与仲醇同乎？异乎？请以俟后之传逸民者。"明万历刻本。

33.《宋丞相李忠定公奏议》六十九卷《附录》九卷　史部　诏令奏议

宋李纲撰，明朱钦汇校，明洪鼎校正。其他题名为《李忠定公奏议》。附录卷一卷端牌记：文林郎邵武县知县泰和萧泮绣梓；附录卷九末牌记：邵武县县丞吴兴陆让同刊。版框（高 × 宽）20.5cm×12.8cm，半页 10 行，每行 22 字，双行小字 22 字，上下黑口，四周双边，双顺白鱼尾。开本（高 × 宽）26.9cm×16.3cm，8 册。宋淳熙十年（1183），朱熹撰《宋丞相李忠定公奏议后序》，明正德十一年（1516），林俊、胡文静分别撰序跋。胡文静跋曰："文静……搜掇遗文凡若干卷，命伐梓行之，钦明德尔。"明正德十一年胡文静、萧泮刻天启重修本。

34.《三佛传》一卷　史部　传记

不著撰人名氏。版框（高 × 宽）20.7cm×14.7cm，半页 9 行，每行 18 字，白口，四周单边，单白鱼尾。开本（高 × 宽）25.5cm×16.9cm，1 册。"三传"本册存"二传"，为"明州戒香寺哑女传""释迦如来真身舍利宝塔传"。明嘉靖三十一年（1552），万表撰序，序有"梓之，其崇教利人之意可嘉也"语。明刻本。

35.《皇明典故纪闻》十八卷　史部　杂史

明余继登辑，明冯琦订，明王象干校。其他题名为《典故纪闻》。版框（高× 宽）21.9cm×15.0cm，半页 9 行，每行 18 字，上黑口，左右双边，细黑口。开本（高 × 宽）28.6cm×17.8cm，6 册。刻工王溥、周用、易兹、罗奇、罗先、刘仕任、朱天祥、徐世朝等均为万历时刻字工。正文首卷首叶有竖长方阳文印章，释文：五桂楼／藏书记。明万历刻本。

《皇明典故纪闻》正文首卷卷端

36.《大方广圆觉修多罗了义经》二卷　子部　释家

唐释佛陀多罗译。其他题名为《圆觉经》。版框（高 × 宽）19.7cm×14.9cm，半页 8 行，每行 18 字，双行小字 18 字，白口，四周单边。开本（高 × 宽）26.3cm×17.3cm，1 册。书眉镌评，16 行，行 6 字。行间镌评及句读。据纸张、墨迹、版刻风格，应为明晚期刻本。明刻朱墨套印本。

唐释般剌密帝译，唐释弥伽释迦译语，唐房融笔授，明杨起元渤，明凌毓枏校。其他题名为《楞严经》。版框（高 × 宽）20.1cm × 15.0cm，半页 8 行，每行 18 字，双行小字 18 字，白口，四周单边。开本（高 × 宽）26.2cm × 17.2cm，5 册。有图。书眉镌评，每行 7 字。夹行镌句读、圈点、评语。无界行。凌毓枏题《杨贞复评释楞严经》，有云："贞复先生以再来人，衍出

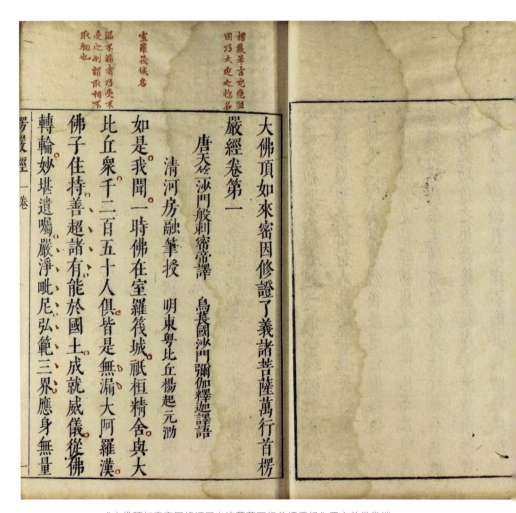

《大佛顶如来密因修证了义诸菩萨万行首楞严经》正文首卷卷端

世谛。其于《楞严》《圆觉》等经，悉受诸家诠释，而略为删润。"图后有苏轼题《释迦文佛颂》，每卷卷末有音义。明凌毓枬刻朱墨套印本。

38.《维摩诘所说经》十四卷　子部　释家

后秦释鸠摩罗什译。其他题名为《维摩诘经》。《释迦如来成道记》一卷，唐王勃撰，其他题名为《成道记》。版框（高×宽）19.7cm×14.8cm，半页8行，每行18字，白口，四周单边。有图。书眉镌评，16行6字。开本（高×宽）26.3cm×17.3cm，2册。总卷数15卷。刻工王文衡。正文前《谢康乐维摩诘十譬赞》末题有"佛弟子凌蒙初书"，明凌蒙初刻朱墨套印本。

39.《楞伽阿跋多罗宝经参订疏》四卷　子部　释家

南朝宋求那跋陀罗译，明释广莫参订，明袁黄阅正。其他题名为《楞伽参订疏》《楞伽经参订疏》。版框（高×宽）21.0cm×14.3cm，半页8行，每行17字，双行小字17字，白口，四周双边，单白鱼尾。开本（高×宽）27.1cm×17.5cm，2册。明万历三十年至万历四十一年（1602—1613），释广莫、袁黄、叶向高分别撰序跋。袁黄万历三十四年（1606）序中有"余乃更为譬订而寿诸梓"之语。明万历刻本。

40.《博物典汇》二十卷　子部　类书

明黄道周纂。版框（高×宽）19.8cm×14.0cm，半页9行，每行19字，双行小字19字，白口，左右双边。开本（高×宽）26.1cm×16.6cm，4册，实存16卷。明崇祯八年（1635），蒋德璟题序。书中多有"国朝""本朝""皇朝"等字词。"校""洛"不避讳，清讳不避。明崇祯刻本。

41.《重镌官板地理天机会元》三十五卷　子部　术数

明顾乃德集，明徐之镆删补。其他题名为《官板地理天机会元》《重刻地理天机会元删补》《天机会元》。版框（高 × 宽）23.0cm×13.4cm，半页行数不等，每行字数不等，双行小字字数不等，白口，四周双边，单黑鱼尾。开本（高 × 宽）27.7cm×15.7cm，12 册。首卷卷端镌"明书林奇泉陈孙贤重绣梓行"。明万历四十二年至万历四十三年（1614—1615）真宪时、魏一贯、徐之镆、朱钟文撰序跋。朱钟文万历四十三年《后跋》有"自得徐君重编而删补之，虽纯者全录，而疵者未必全去，然妙在分别正续二编"语。明万历书林陈孙贤刻本。

42.《武编》十二卷　子部　兵家

明唐顺之辑，明焦竑等校，明金嘉谟等阅。其他题名为《唐荆川先生纂辑武编》《荆川武编》《武编》。版框（高 × 宽）21.3cm×14.3cm，半页 10 行，每行 20 字，双行小字 20 字，白口，左右双边，单黑鱼尾。开本（高 × 宽）26.7cm×17.0cm，12 册。郭一鹗、姚文蔚分别撰序。郭一鹗曰："荆川先生时有索藏本授梓……迄于戊午夏……徐子请梓，焦先生始授之。"姚文蔚序有"迩焦澹园先生出所藏，以畀徐象橒氏付之剞劂"语。各卷目次末镌"武林徐象橒梓"或"钱塘徐象橒梓行"，版心下镌"曼山馆"。明万历四十六年 (1618) 武林徐象橒曼山馆刻重修本。

43.《新镌增补标题武经七书》七卷　子部　兵家

明陈玖学等订正。明发仲忠、严廷谏校。其他题名为《五经七书》《武经七书标题正义》。牌记: 武经七书 / 标题正义 / 金阊十乘楼梓。版框（高 × 宽）19.6cm×13.4cm，半页 10 行，每行 20 字，双行小字 20 字，白口，四周单边。开本（高 × 宽）24.7cm×15.4cm，6 册。明万历四十二年（1614），陈玖学撰《新镌增补标题武经七书序》，序有"予故付之剞劂，非啻以博时好之鉴赏，亦欲不失古人之面目云”语。明万历四十二年金阊十乘楼刻本。

44.《薛氏医案》一百七卷　子部　医家

明薛己撰，明吴琯编。版框（高 × 宽）20.1cm × 14.0cm，半页 10 行，每行 20 字，双行小字 20 字，白口，左右双边，单黑鱼尾。开本（高 × 宽）25.4cm × 15.5cm，36 册。吴琯撰《合刻薛氏医案序》，序有“余校书虎观，偶得其书数种，驰送诸名医勘阅，谓宜覆梓……因并购全书，得若干种合为一部……付之剞劂，易岁告成”语。明万历刻本。

45.《性理会通》七十卷《续编》四十二卷　子部　儒家

明钟人杰订正，明汪明际点阅。版框（高 × 宽）19.6cm × 14.2cm，半页 10 行，每行 20 字，双行小字 20 字，白口，四周单边，单白鱼尾。开本（高 × 宽）27.2cm × 17.2cm，24 册。明成祖朱棣永乐十三年（1415）撰《成祖文皇帝御制性理序》；明崇祯七年（1634），张延登、钟人杰撰序。钟人杰序有“余因校刻是书，旁罗百氏……采辑为续附之卷末”语。明崇祯钟人杰刻本。

46.《学道纪言》五卷《补遗》一卷《附录》一卷　子部　杂家

明周思兼著辑。牌记：华亭学谕三衢后学徐汝晋裒梓。版框（高 × 宽）19.6cm × 13.0cm，半页 9 行，每行 17 字，双行小字 17 字，白口，左右双边，单黑鱼尾。开本（高 × 宽）26.3cm × 17.0cm，4 册。明嘉靖四十一年至明万历二十三年（1562—1595），周思兼、陆树声、陆光祖、王梨、周绍元分别撰序跋。周绍元跋有“惟是纪言五卷，裒摭缉录成一家言，藏之有年，未即授梓……徐公慨然倡义，尺素一达，乐予者景从，不阅月而工竣”语。刻工：马凌云，张绍祖，吴伦等。明万历二十三年徐汝晋刻本。

47.《南皋邹先生会语合编》二卷《讲义合编》二卷 子部 儒家

明邹元标撰。其他题名为《南皋邹先生语义合编》《邹先生语义合编》《南皋先生合编》。版框（高 × 宽）21.4cm×14.3cm，半页 9 行，每行 19 字，双行小字 19 字，白口，左右双边，单黑鱼尾。开本（高 × 宽）28.0cm×16.9cm，4 册。明万历四十四年至万历四十七年（1616—1619），戴燝、周汝登、祁承爜、李开芳、李邦华、龙遇奇分别撰序跋。龙遇奇序曰："余刻先生《愿学集》，并翻刻是编，以广同志，且祈交相勖焉。"明万历四十七年龙遇奇刻本。

48.《皇极经世书》十二卷《观物外篇》二卷 子部 术数

宋邵雍撰。版框（高 × 宽）19.8cm×13.4cm，半页 10 行，每行 20 字，双行小字 20 字，白口，四周单边。开本（高 × 宽）26.0cm×15.9cm，32 册。宋邵伯温撰《皇极经世书序》。刻工段蓁、刘万、周能、易赞、刘拱等，段蓁、易赞等为明嘉靖间刻字工人。该书有修补。明刻重修本。

49.《参筹秘书》十卷 子部 兵家

明汪三益、张拱端辑注，明杨廷枢鉴定。版框（高 × 宽）21.6cm×14.4cm，半页 10 行，每行 20 字，双行小字 20 字，白口，四周单边，单黑鱼尾。开本（高 × 宽）24.1cm×15.9cm，8 册。明崇祯十一年至崇祯十二年（1638—1639），徐衍、王在晋、汪三益、杨廷枢、沈正宗、钱谦益、吴克孝分别撰序。沈正宗序中有"己卯孟夏，余从中州罢官归，则是书已寿诸梓人"之语。书函上签题"五桂楼藏书"。明崇祯十二年杨廷枢刻清康熙重修本。

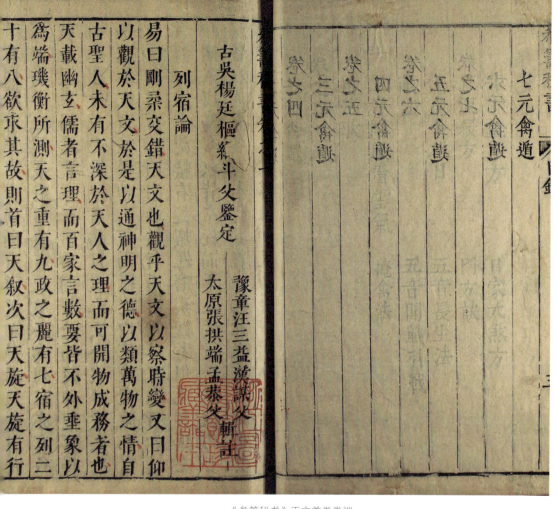

《参筹秘书》正文首卷卷端

50.《初潭集》三十卷　子部　杂家

　　明李贽撰。版框（高×宽）20.5cm×13.7cm，半页9行，每行20字，白口，四周单边，单黑鱼尾。开本（高×宽）26.5cm×16.3cm，4册。李贽撰《初潭集序》《又叙》。钤印共9枚，其中书签上有方形阳文印章，释文：家住/第九/洞天。据纸张、字体、版刻风格及《中国古籍善本书目》著录，为明万历刻本。

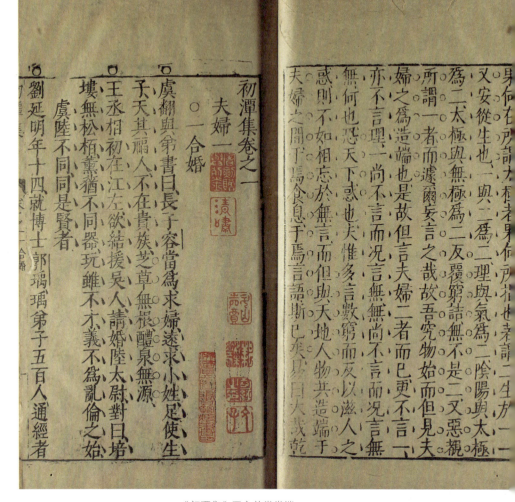

《初潭集》正文首卷卷端

51.《经世环应编》八卷　子部　杂家

　　明钱继登辑。其他题名为《环应编》。版框（高×宽）21.6cm×14.1cm，半页9行，每行20字，白口，四周单边，单黑鱼尾。开本（高×宽）26.8cm×17.0cm，4册。杨瞿崃撰《经世环应编》，钱继登题《环应编引》。杨瞿崃序有"因付剞劂氏，而书以引其端"语。钱继登曰："暇日翻阅史籍，录古人所为经世者八种，一动一静，悉有奇智，名曰《环应编》，梓之以行。"明刻本。

52.《续自警编》十六卷 子部 杂家

明黄希宪纂集，明张问达、朱来远校阅，明刘汝大、漆元中校。版框（高×宽）20.5cm×14.4cm，半页10行，每行20字，双行小字20字，白口，左右双边，单白鱼尾。开本（高×宽）27.7cm×17.4cm，15册，实存15卷。正文卷端镌有"嘉兴知府""嘉兴县学""秀水县学""海盐县学"等官员衔名及对本书的"纂集""校阅""同校"等著作方式。明万历五年（1577），黄希宪撰《续自警编引》。明万历五年嘉兴府刻本。

53.《艺林伐山》二十卷 子部 杂家

明杨慎著，明孙居相、李云鹄校。版框（高×宽）20.5cm×15.5cm，半页9行，每行19字，双行小字19字，白口，四周双边。开本（高×宽）26.2cm×16.6cm，2册。明万历二十三年（1595），孙居相、李云鹄分别撰《艺林伐山序》。孙居相序有"余改以《艺林学山》授之梓，乃为伐山传焉"语。刻工戴惟孝。明万历三十五年（1607）孙居相刻本。

54.《一览知书》二卷 子部 艺术

明董其昌撰。版框（高×宽）13.9cm×9.7cm，半页6行，每行12字，双行小字12字，白口，四周单边。开本（高×宽）19.4cm×13.0cm，2册。董其昌撰叙，叙有"集古今书法，分别各派，汇为一峡"语。明刻朱墨套印本。

55.《梅花渡异林》十卷 子部 杂家

明支允坚纂。其他题名为《支子固先生汇辑异林》《异林》。版框（高×宽）20.8cm×13.6cm，半页8行，每行20字，双行小字20字，白口，左右双边，单黑鱼尾，版心下镌"梅花渡"。开本（高×宽）26.2cm×16.4cm，8册。卷一至二为《轶史随笔》、卷三至五为《时事漫纪》、卷六至八为《轶语考镜》、卷九至十为《艺苑闲评》。总目前有支允坚《自引》，末题"旹崇祯甲戌支允坚滲识于梅花渡"。明崇祯刻本。

56.《太平御览》一千卷《目录》十五卷 子部 类书

宋李昉等辑。版框（高 × 宽）18.7cm×13.8cm，半页10行，每行20字，白口，四周单边，单白鱼尾。开本（高 × 宽）26.9cm×16.9cm，198册，缺卷25卷。首卷首叶有竖长方形阳文印章，释文：秀水卜氏 / 书室之记明监泉书室抄本，版心下有"监泉书室"。明监泉书室抄本。

57.《刘氏鸿书》一百八卷 子部 类书

明刘仲达纂辑，明汤宾尹删正。其他题名为《鸿书》。版框（高 × 宽）21.6cm×14.6cm，半页10行，每行21字，双行小字21字，白口，四周单边，单白鱼尾，间有单黑鱼尾。版心下镌部类名。开本（高 × 宽）27.1cm×16.9cm，20册。明万历三十八年至万历三十九年（1610—1611），刘仲达、陶朗先、黄景星、焦竑、李维桢、顾起元、汤宾尹分别撰序。明万历刻本。

58.《新刊监本册府元龟》一千卷《目录》十卷 子部 类书

宋王钦若等纂。其他题名为《册府元龟》《新刊监本大字册府元龟》《监本大字册府元龟》。版框（高 × 宽）21.2cm×14.8cm，半页12行，每行不等，双行小字不等，白口，四周单边，单白鱼尾，蓝格。开本（高 × 宽）26.3cm×16.2cm，114册。元文翔凤题《册府元龟叙》，明崇祯十五年（1642），黄国琦撰《册府元龟序》。"玄"字不避讳。明抄本。

59.《新刊唐荆川先生稗编》一百二十卷《目录》三卷　子部　类书

明唐顺之辑，明左炎等校。其他题名为《荆川稗编》《荆川先生稗编》。版框（高 × 宽）19.6cm×14.4cm，半页10行，每行20字，双行小字20字，白口，四周双边，单白鱼尾。开本（高 × 宽）26.1cm×16.5cm，36册。唐顺之、茅一相、茅坤分别撰序。明万历九年（1581）茅坤序曰："顷之，予倅一相复得左所，梓公《稗编》者仅什之三。已而复得公所尝三脱手稿者，而稍稍群诸兄弟及他友人合校，几什之七，而终始之刻。刻既成，予覆之跃然。"明万历九年茅一相文霞阁刻本。

60.《金氏诒翼堂集》十一卷　集部　总集

金渭师辑，其他题名为《嘉定金氏五世家集》《诒翼堂集》。牌记：康熙戊寅仲春曾孙望重校梓。版框（高 × 宽）18.5cm×12.9cm，半页9行，每行18字，双行小字18字，白口，左右双边，单黑鱼尾。开本（高 × 宽）23.4cm×15.6cm，2册。娄坚、唐时升、金兆登，清王撰、李圣芝、申修来、侯开国、金望、钱谦益、王泰际分别撰序跋。康熙三十五年（1696），王撰《总序》有"公之曾孙渭师访求数岁，久而得之，残编短简，盖十不存其一二矣，乃手加校录，谋寿之枣梨"之语。子目一卷卷末牌记题"康熙戊寅仲春曾孙望重校梓"，清康熙三十七年（1698）嘉定金望刻本。

61.《花间集》十卷　集部　词曲

后蜀赵崇祚集，明汤显祖评。版框（高 × 宽）20.0cm×14.6cm，半页8行，每行18字，双行小字18字，白口，四周单边。开本（高 × 宽）26.8cm×17.8cm，4册。无界行。行间镌句读、圈点及评，朱印。书眉镌评，行5字，朱印。后蜀广政三年（940），欧阳炯撰《花间集序》，明万历四十三年（1615），汤显祖撰序，明万历四十八年，无瑕道人书《花间集跋》。"校"字不讳，并据字体、纸张、版刻风格，为明刻朱墨套印本。

62.《精选诗林广记》四卷 集部 诗文评

宋蔡正孙编集，明黄邦彦校正。其他题名为《诗林广记》。版框（高×宽）19.8cm×13.3cm，半页9行，每行20字，双行小字20字，白口，四周双边，单黑鱼尾。开本（高×宽）26.0cm×17.0cm，4册。明陈继儒题《书诗林广记后》，曰："是编久而磨灭，失其所以为林，故重校绣梓，以公诸天下。"明刻本。

63.《升庵文集》八十一卷《目录》四卷 集部 别集

明杨慎著，明杨有仁编辑，明赵开美校。其他题名为《太史升菴文集》。版框（高×宽）21.6cm×14.0cm，半页10行，每行20字，双行小字20字，白口，四周单边，单白鱼尾间黑鱼尾。开本（高×宽）27.6cm×17.4cm，10册。万历十年（1582），宋仕、张士佩、郑旻、蔡汝贤分别撰序跋。张士佩序云："因删而汇编之，刊削肤引，勒成一家之言，总之为八十一卷……刻成而卒业焉。"宋仕序有"刻成，蔡君以序为请"之语。明万历十年张士佩等刻本。

64.《北海集》四十六卷 集部 别集

明冯琦撰，明林景旸校。其他题名为《北海集》《冯宗伯文集》。版框（高×宽）21.1cm×14.5cm，半页9行，每行20字，双行小字20字，白口，四周单边，单白鱼尾。开本（高×宽）26.9cm×17.1cm，10册。明万历三十一年至万历三十三年（1603—1605），林景旸、于慎行分别撰序。林有麟（林景旸之子）《刻北海集叙》有"而问先君子序，皆公所手定，尤为善本，遂梓而公之"语。刻工周有光、沈及之等。明万历林有麟刻本。

65.《快雪堂集》六十四卷 集部 别集

明冯梦祯著。其他题名为《冯司成集》《大司成冯公具区集》《具区先生快雪堂集》《冯司成孤山集》。版框（高×宽）20.8cm×14.0cm，半页 9 行，每行 18 字，白口，四周单边，单黑鱼尾。开本（高 × 宽）26.9cm×16.6cm，20 册。明万历四十三年至万历四十四年（1615—1616），李维桢、黄汝亨、朱鹭、朱之蕃、丁元荐、焦竑、顾起元分别撰序。明万历四十三年，丁元荐序中有"冯开之先生遗稿如干卷，后十年而梓于秣陵。其孤贫也，成之者，黄仪部贞甫与诸门人也"语。万历四十四年焦竑序中有"又数年乃殁，其仲子衰所作为若干卷，持以过余，而求为之序"语。朱之蕃序中有"又十年，两嗣君始裒集遗编，广询博访，汇梓以永其传，蕃受而卒业雠校"语。顾起元序中有"卒之日，集藏家笥，三子以贫不能寿诸梓。今年夏秋间，伯氏骥子、仲氏鹓雏先后来白下，乃举《快雪堂集》属吾友黄贞父仪部校而行之，因醵同志捐赀，以就其事"语。明万历四十四年黄汝亨、朱之蕃刻本。

66.《宋文文山先生全集》十八卷《附录》三卷　集部　别集

宋文天祥著，明钟越评阅。其他题名为《文山全集》《文信公全集》《文文山先生集》。版框（高 × 宽）20.5cm×15.0cm，半页 10 行，每行 21 字，双行小字 21 字，白口，四周单边，单白鱼尾。夹行镌句读、圈点、评。书眉镌评，20 行 4 字。开本（高 × 宽）27.0cm×16.7cm，7 册。明崇祯二年（1629），李之藻、钟越分别撰序。李之藻序云："吾杭钟生越重为订辑，以畀杀青。"钟越序云"因加评阅而重梓之"。明崇祯二年武林钟越刻本。

67.《淮海集》四十卷《后集》六卷《长短句》三卷　集部　别集

宋秦观撰，明李之藻等校。其他题名为《秦少游先生淮海集》《秦少游淮海集》。版框（高 × 宽）21.4cm×14.1cm，半页 9 行，每行 21 字，双行小字 21 字，白口，左右双边，单黑鱼尾。开本（高 × 宽）29.5cm×17.2cm，12 册。明嘉靖十八年至嘉靖二十四年（1539—1545）张延、盛仪分别撰序，明万历四十六年（1618），李之藻、姚镛分别撰序。李之藻序曰："余所为三复遗文，重为雠校，而愿与后进之贤，思齐前烈者以此"，姚镛序曰："水部李公执文坛牛耳，擅千秋之誉，取《淮海集》刻之。"明万历四十六年仁和李之藻刻本。

68.《东坡先生诗集注》三十二卷　集部　别集

宋苏轼撰，宋王十朋集注，明王永积阅。其他题名为《东坡诗集注》。版框（高 × 宽）20.2cm×14.9cm，半页 10 行，每行 21 字，双行小字 21 字，白口，左右双边，无鱼尾。开本（高 × 宽）25.5cm×16.5cm，10 册。卷端镌有"明吴兴茅维孝若芟阅"，明万历茅维刻明末王永积重修本。

69.《元敏天池集》十一卷　集部　别集

明冯时可著。版框（高 × 宽）22.8cm×14.7cm，分两栏，半页 9 行，每行 18 字，双行小字 18 字，白口，四周单边，单黑鱼尾。开本（高 × 宽）28.5cm×17.7cm，8 册。明万历十七年（1589），冯时可撰《诗臆序》《左氏论序》。冯时可《左氏论序》曰："林居暇日，检括旧编，不忍弃掷，遂梓而行焉。"刻工有何文甫等。明万历十七年刻本。

70.《海琼玉蟾先生文集》六卷《续集》二卷　集部　别集

宋葛长庚撰，白玉蟾本姓葛，名长庚，后为白氏继子，故又名白玉蟾，号海琼子。明朱权重辑。明何继高、汪干行、刘懋贤校。其他题名为《白玉蟾集》。版框（高 × 宽）19.7cm×14.0cm，半页 9 行，每行 20 字，双行小字 20 字，白口，左右双边，单白鱼尾。开本（高 × 宽）26.1cm×16.6cm，8 册。明刻本。

71.《几亭全书》六十二卷《附录》二卷　集部　别集

明陈龙正著。其他题名为《陈几亭先生全书》。牌记：陈惕龙先生自订 /几亭全书 / 学言政书文录各二十卷 / 杂著一卷附家传二卷 / 云书阁藏板。版框（高 × 宽）20.8cm×14.2cm，半页 10 行，每行 21 字，双行小字 21 字，白口，四周单边，单黑鱼尾。开本（高 × 宽）26.9cm×17.4cm，16 册。明崇祯四年（1631）至清康熙四年（1665），钱继登、李清、熊开元、陈龙正、王弘祚、佘一元分别撰序。佘一元康熙四年序有"世兄辈重订全书，垂示于余"语。清康熙四年云书阁刻本。

72.《蔡中郎集》八卷　集部　别集

汉蔡邕撰，明汪士贤校。其他题名为《蔡中郎文集》。版框（高 × 宽）20.1cm×14.0cm，半页9行，每行20字，双行小字20字，白口，左右双边，单白鱼尾。开本（高 × 宽）25.2cm×15.8cm，4册。有嘉靖二十七年（1548）乔世宁撰《蔡中郎文集序》。明刻本。

73.《唐雅》二十六卷　集部　总集

明张之象编。版框（高 × 宽）19.9cm×15.9cm，半页9行，每行17字，双行小字17字，白口，左右双边，双对白鱼尾。开本（高 × 宽）28.2cm×18.8cm，4册，实存20卷。明嘉靖二十年（1541），何良俊撰《唐雅序》，序有"张子撰《唐雅》成……张子特取唐君臣唱酬之作，集而刻之"语。明嘉靖二十年清河张之象长水书院刻本。

74.《文编》六十四卷　集部　总集

明唐顺之选，明陈元素订。其他题名为《唐荆川先生文编》。版框（高 × 宽）22.2cm×14.7cm，半页10行，每行21字，白口，四周单边，单白鱼尾。开本（高 × 宽）26.9cm×16.7cm，20册。明嘉靖三十五年（1556），唐顺之撰《文编序》，明天启元年（1621），陈元素书《重订唐荆川先生文编题词》。"洛""校""检"等均不避讳。明天启刻本。

75.《程文恭公遗稿》三十二卷　集部　别集

明程文德撰。牌记内容：先大父生平著述甚富不幸先父蚤世裕又髫年／

是以稿多散失存者十无二三捐馆后蒙代巡惺 / 菴庞公君侯陶山李公云有裨世教不可使泯而 / 无传梓于郡署曰松溪文集然观者每以不见全 / 文为叹裕怕疚心焉自就职以来每遇通家故旧 / 辄求大父遗墨积之十有余年今稍加编辑而并 / 镌之虽未得为全集然亦倍于原刻矣俟有得者 / 当再续云 / 孙男光裕谨识。版框（高 × 宽）19.6cm×13.7c，半页10行，每行19字，双行小字19字，白口，四周双边，单黑鱼尾。开本（高 × 宽）23.2cm×15.9cm，6册。有程光裕撰序，万历十二年（1584），黄凤翔撰《程文恭公遗稿》。黄凤翔序云："黄生凤翔操觚隶馆下，习闻程文恭公遗事。……公孙台幕君官留都，谒黄生请曰：先大父遗稿行于世旧矣，顾刻久漶漫，复多散轶。不肖光裕详订正，广掺讨，而重镌之。冀永其传，愿足下一言弁诸首"。目录页末有牌记题程光裕识。刻工刘龙、郭文、陈文、葛奇等十余人，书套有"五桂楼藏书"签。明万历十二年永康程光裕刻本。

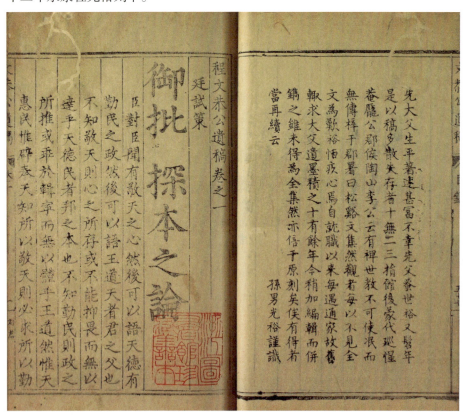

《程文恭公遗稿》牌记、卷端

函套题签

76.《晃岩集》二十二卷 集部 别集

明池显方著。版框（高 × 宽）19.5cm×13.4cm，半页 8 行，每行 18 字，双行小字 18 字，白口，四周单边，单黑鱼尾间单白鱼尾。开本（高 × 宽）25.8cm×16.0cm，5 册，实存 15 卷。明崇祯十四年（1641），池显方题《晃岩集自序》。序曰："适结茆晃岩，名《晃岩集》，存舍各半，可壹拾伍卷。多欲、好胜、自是之病恐不能免，终愧荆川以上诸君子也"。明崇祯十四年池显方刻本。

77.《九灵山房集》三十卷　集部　别集

元戴良撰，戴良，自号九灵山人。元戴礼类编，元戴侗同编。版框（高×宽）20.2cm×15.3cm，半页 10 行，每行 20 字，白口，四周单边，单黑鱼尾。开本（高×宽）28.5cm×17.2cm，2 册，实存 14 卷。元王祎、明桂彦良撰《九灵山房集序》。栏外左下角有"小山堂钞本"五字，小山堂乃清乾隆间赵昱之室名，清讳均不避。清赵昱小山堂抄本。

78.《丛青轩集》六卷《目录》一卷　集部　别集

明许獬著，明许鸾等辑。其他题名为《许钟斗太史集》。版框（高×宽）20.8cm×13.4cm，半页 9 行，每行 18 字，双行小字 18 字，白口，左右双边，单黑鱼尾。开本（高×宽）28.7cm×18.3cm，2 册。蔡献臣、李光缙分别撰序。与明崇祯庚辰同安许氏家刊本书影一致，明崇祯十三年（1640）许镛刻本。

79.《云山堂集》六卷　集部　别集

明魏裳著。其他题名为《魏顺甫云山堂稿》《魏顺甫先生诗文》。版框（高×宽）20.3cm×13.1cm，半页 8 行，每行 18 字，白口，四周双边，无鱼尾。开本（高×宽）27.8cm×16.8cm，6 册。明万历七年（1579），张佳胤、陈宗虞分别撰序。张佳胤序云："先生平生著有《云山堂稿》六卷，长公文可来丞郡，授梓成帙。"明万历七年魏文可刻本。

80.《白华楼藏稿》十一卷《续稿》十五卷《吟稿》十卷　集部　别集

明茅坤著，明姚翼编。其他题名为《白华楼稿》。版框（高×宽）20.5cm×14.3cm，半页 9 行，每行 18 字，双行小字 18 字，白口，左右双边，单白鱼尾。开本（高×宽）27cm×16.8cm，10 册。王宗沐书《白华楼集序》。茅坤明万历十一年（1583）书《刻白华楼吟稿题辞》，有"仅获《古乐府》

及五七言与近体并绝句共若干首，其他所流散亡失者众然，亦不复哀辑收拾"语。明万历刻本。

81.《葛端肃公文集》十八卷　集部　别集

明葛守礼撰。其他题名为《端肃公文集》。版框（高×宽）19.5cm×14.0cm，半页9行，每行20字，白口，四周双边，双对黑鱼尾。开本（高×宽）24.9cm×15.4cm，8册。明万历十年（1582），郑材撰《葛端肃公文集序》，清乾隆五十六年（1791），钟大受撰序。钟大受序曰："《文集》原刻历年久远，不无残蚀，余为之拣次，补刊缺板若干页，俾读是编者得见全豹，庶无憾云。"刻工李大木等。明万历十年刻清乾隆五十六年闽中钟大受重修本。

82.《甗甀洞稿》五十四卷《目录》二卷　集部　别集

明吴国伦著，明张鸣凤、方尚赟校。其他题名为《吴明卿集》《吴明卿先生集》《吴明卿先生诗集》《西征杂述》。版框（高×宽）20.2cm×14.7cm，半页10行，每行20字，白口，四周单边，单黑鱼尾。开本（高×宽）27.3cm×17.8cm，20册。明万历元年至万历十二年（1573—1584），孙应鳌、张鸣凤、许国、王世贞分别撰序。刻工邓钦、张云、傅魁等，傅魁为明嘉靖间进贤刻工。明万历刻本。

83.《方山先生文录》二十二卷　集部　别集

明薛应旂撰。其他题名为《方山文录》。牌记：嘉靖岁在焉逢摄提格东吴书林校刊。"焉逢摄提格"为甲寅。版框（高×宽）18.6cm×13.9cm，半页10行，每行20字，白口，四周单边，单白鱼尾。开本（高×宽）25.3cm×16.9cm，4册。嘉靖三十二年至嘉靖三十四年（1553—1555），欧阳德、马理、赵时春分别撰序。刻工王诰、何升、何编、张邦本等二十余人。明嘉靖三十四年东吴书林刻本。

84.《大泌山房集》一百三十四卷《目录》二卷　集部　别集

明李维桢著,明谢陛等校刻,明张师绎等重订。其他题名为《小草三集》《重订小草》。版框（高 × 宽）21.8cm×14.7cm，半页 10 行，每行 21 字，双行小字 21 字，白口，间上线黑口或下线黑口，间上下线黑口，四周单边，单黑鱼尾。开本（高 × 宽）27.1cm×16.8cm，48 册。版心下镌"晋陵孟纯礼写刻"。李维桢撰《自序》《重订小草引》。李维桢自序中有"其曰三集，为最晚出，力不胜剞劂，费虚一二，有待也"语。又有"余出山者三，以三出时作，故名曰《小草三集》"语。其《重订小草引》曰："集始于壬子，讫于戊午……今卜日还楚，势难遥制，将板尽归俞宅，重复编次修补，纸价印工均倍于昔，有识者辨之。"明万历刻本。

85.《王元美先生文选》二十六卷　集部　别集

明王世贞撰,明乔时敏辑。其他题名为《元美文选》《选刻王弇州先生文稿》。版框（高 × 宽）22.2cm×14.7cm，半页 9 行，每行 20 字，白口，左右双边，单黑鱼尾。开本（高 × 宽）27.7cm×17.4cm，6 册。明万历四十三年（1615），乔时敏撰《选刻王弇州先生文稿序》，序云："新安吴中翰德聚君博雅好古，请以寿之梓人。"明万历四十三年新安吴德聚刻本。

86.《弇州山人续稿》二百七卷《目录》十卷《附》十一卷　集部　别集

明王世贞著。其他题名为《王凤洲先生弇州续集》《王凤洲先生全集》。版框（高 × 宽）19.9cm×13.7cm 半页 10 行，每行 20 字，双行小字 20 字，白口，左右双边，单黑鱼尾。开本（高 × 宽）30.2cm×19.5cm，78 册。王锡爵、刘凤、李维桢分别撰序，序均未题时间。王锡爵《弇州山人续稿序》曰："公自司寇归，病亟，哀所未刻以付其少子骏，骏又没，长子驾部君续其事，两阅岁而集始成。"明刻本。

87.《五岳山人后集》十一卷　集部　别集

明陈文烛著。版框（高 × 宽）19.2cm×13.0cm，半页9行，每行18字，白口，四周双边，单白鱼尾。开本（高 × 宽）25.5cm×15.4cm，2册。明万历七年（1579），汪道昆书《五岳山人后集序》，版心下镌有刻工"李奎"等，李奎为明万历间扬州刻工。明万历刻本。

88.《喻中卿稿》八卷　集部　别集

明喻安性著。卷一至卷八为《铨垣疏稿》《抚蓟疏稿》《抚辽疏稿》《总督疏稿》《议稿》《文稿》《书稿》《诗稿》。版框（高 × 宽）21.4cm×15.3cm，半页9行，每行20字，双行小字20字，白口，四周双边，单黑鱼尾。开本（高 × 宽）26.1cm×16.9cm，6册。正文有言及崇祯年间事，明崇祯刻本。

89.《栾城集》五十卷《目录》二卷《后集》二十四卷《第三集》十卷　集部　别集

宋苏辙著。版框（高 × 宽）19.0cm×14.0cm，半页10行，每行20字，双行小字20字，白口，四周单边，单白鱼尾。开本（高 × 宽）25.6cm×16.5cm，20册，实存86卷。宋淳熙六年（1179）至开禧三年（1207），邓光、苏诩、苏森分别撰序跋。与"明嘉靖蜀藩木活字本"书影一致。为明嘉靖木活字本，部分配抄，配抄部分是明万历王执礼、顾天叙清梦轩刻本。

90.《南丰先生元丰类稿》五十卷　集部　别集

宋曾巩撰。版框（高 × 宽）20.5cm×13.6cm，半页11行，每行21字，上下黑口，左右双边，单黑鱼尾。开本（高 × 宽）31.3cm×18.0cm，9册，实存42卷。明嘉靖四十一年（1562），李玑撰《重刻曾南丰文集序》，序有"乃御侍黄君伯容谓未之广也，又版多脱缪，爰檄苏守王君翻刻之，因嘱俞以序"。明嘉靖四十一年黄希宪刻本。

91.《淡然轩集》八卷 集部 别集

明余继登著，明冯琦校，明吴达可阅。其他题名为《余文恪公集》。版框（高×宽）22.0cm×15.0cm，半页9行，每行20字，双行小字字数字，白口，四周双边，单黑鱼尾。开本（高×宽）27.0cm×17.0cm，6册。明万历三十年（1602），吴达可撰《题余文恪公集序》，次年，冯琦撰《余大宗伯集叙》。冯琦序曰："同季友吴公及世用门人李公，其意雅与余同，故相与刻而传之。"刻工邹天朝、曹位、邹希贤、邹邦瑚等。明万历三十一年吴达可、李开芳等刻本。

92.《程洺水先生集后附录》一卷 集部 别集

宋程珌著，明程至远重订。其他题名为《洺水集》《程洺水先生文集》《洺水文集》。版框（高×宽）19.9cm×14.2cm，半页9行，每行19字，双行小字19字，白口，左右双边，单黑鱼尾。开本（高×宽）26.7cm×16.6cm，6册。程珌、程子颐、程至远、赵时用分别撰序。程至远序曰："乃取旧本重订，寿诸剞劂。"刻工甫一、甫二、甫三、甫四等。明崇祯元年（1628）云溪程至远刻本。

93.《艻老编年诗钞》九卷《续钞》四卷 集部 别集

清金张撰，清邵九皋、卓长龄校定。其他题名为《艻老金先生全集》《金介山诗》。版框（高×宽）17.4cm×14.0cm，半页12行，每行22字，双行小字22字，上下黑口，左右双边，双对黑鱼尾。开本（高×宽）26.5cm×17.6cm，2册。魏礼、黄宗羲、王廷瑜、汪煜分别撰序，后有清康熙三十年（1691）金张题记。该书录清康熙二十四年至康熙三十五年（1685—1696）诗。清康熙刻本。

宋范纯仁撰，明时兆文、黄姬水、李凤翔校正，明范启乂、范惟元同校。其他题名为《忠宣集》。版框（高 × 宽）21.4cm×15.1cm，半页 12 行，每行 21 字，双行小字 21 字，白口，左右双边，单白鱼尾。开本（高 × 宽）27.0cm×18.3cm，4 册。楼钥、范之柔、沈坽、廖视、陈宗衙、王兵分别撰序跋。卷端题"十五世孙启乂同校、十六世孙惟元同校"，明嘉靖范惟元等刻本。

明刘节辑。版框（高 × 宽）20.9cm×16cm，半页 12 行，每行 21 字，白口，左右双边，双顺黑鱼尾。开本（高 × 宽）26.5cm×17.6cm，16 册，实存 80 卷。明嘉靖十二年（1533），刘节撰《广文选序》，序有"书凡二千余篇，为卷者八十二，其门分类析皆准昭明之旧云"语。明嘉靖十二年刻本。

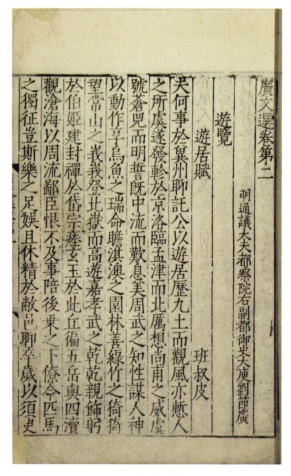

《广文选》卷二卷端

127

96.《经世名编》二十三卷 集部 总集

明沈懋允编辑，明刘雪涛鉴定。其他题名为《名编》。版框（高 × 宽）20.7cm×15.1cm，半页 8 行，每行 18 字，双行小字 18 字，白口，四周单边。开本（高 × 宽）26.8cm×16.6cm，12 册。沈懋允撰序。"校"字讳，"检"字不讳，明天启刻本。

97.《诗归》五十一卷 （《唐诗归》15卷《古诗归》36卷 集部 总集

明钟惺、谭元春辑。版框（高 × 宽）20.5cm×14.6cm，半页 9 行，每行 18 字，白口，四周单边，无鱼尾。开本（高 × 宽）26.6cm×17.5cm，18 册。吴德与、闵振业、陈元素分别撰序，明万历四十五年（1617）钟惺、谭元春分别撰《诗归序》。陈元素《唐诗归叙》有"及读钟、谭两君所评《诗归》，不觉爽然，亦复跃然也"之语。"校""检"二字不避讳。朱蓝墨三色套印。序跋一首叶有方形阳文印章，释文：余姚黄氏/五桂楼/藏书印记；还有一方形阳文印章，释文：姜氏/二酉/家藏；封面有竖长方阳文印章，释文：五桂楼藏书记。明闵振业、闵振声刻三色套印本。

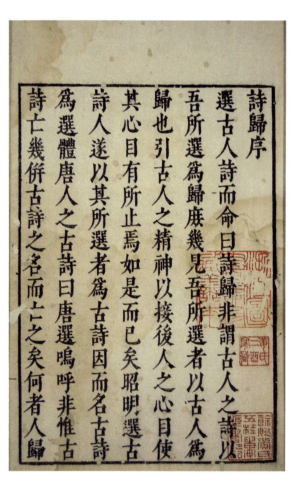

《诗归》序首页

98.《唐诗三集合编》七十四卷　首一卷　集部　总集

明沈子来辑，明沈儆烷、沈儆煊订。其他题名为《唐诗合选》《唐诗合编》。牌记：宁远山房藏板。版框（高×宽）22.2cm×14.5cm，半页9行，每行20字，双行小字20字，白口，四周单边，无鱼尾。开本（高×宽）25.0cm×16.6cm，8册。实存74卷。虞集、杨士弘、顾璘、董斯张、沈儆炌、沈儆烷、沈儆煊、高棅、胡缵宗、李攀龙、王世懋、蒋一葵分别撰序跋。沈敬烷明天启四年（1624）跋中有"又喜叔夏、鲁詹两弟善成先志，授劂氏而广之天下""故不惜负郭为梨枣费，翼以广之四方"之语。各卷卷端题有"男儆烷、儆煊订"。明天启四年吴兴沈氏宁远山房刻本。

99.《楚辞章句》十七卷《楚辞附录》一卷　集部　楚辞

汉刘向编集，汉王逸章句，明冯绍祖校正。其他题名为《楚辞》《观妙斋重校楚辞章句》。版框（高×宽）21.7cm×14.7cm，半页9行，每行18字，双行小字18字，白口，左右双边，无鱼尾。开本（高×宽）29.6cm×18.2cm，4册。明万历十四年（1586），黄汝亨撰《楚辞序》、冯绍祖书《校楚辞章句后序》。观妙斋，明万历间杭州人冯绍祖的室名。刻工信中、信文等。明万历十四年武林冯绍祖观妙斋刻本。

100.《明文类体》不分卷　集部　总集

清黄澄量辑。其他题名为《今文类体》。正文首卷卷端：版框（高×宽）21.5cm×13.9cm，半页8行，每行字数不等，双行小字字数不等，白口，四周单边，单黑鱼尾。全书版式多样。开本（高×宽）26.4cm×16.4cm，138册。此书由明刻本剪裁而成总集，书编于乾嘉之际，为避文字狱，不署编者，题托《今文类体》。明刻本。（详见第七章）

三 现存善本和特藏书籍

1979年9月和1980年1月，浙江图书馆善本编目小组张良权、郑文彬对五桂楼图书进行鉴定、验收，形成《余姚县梁弄区五桂楼古籍善本书目录》《余姚县五桂楼特藏图书目录》，计善本图书625册，其中经部2册，史部107册，子部176册，集部15册，丛书325册，其中尚有明刻本83册；计特藏图书878册，其中经部133册，史部144册，子部191册，集部375册，丛书35册。其中尚有元刻本60册，明刻本155册。现择要介绍如下：

善本图书：

1.《檀弓原》二卷 经部 三礼

明姚应仁辑，明潘之淇订，明吴怀谷阅。版框（高 × 宽）22.5cm×14.2cm，半页9行，每行20字，双行小字20字，白口，四周单边。开本（高 × 宽）26.3cm×16.2cm，2册。姚应仁撰《题檀弓原》，末题"天启六年丙寅秋姚应仁题于视履堂"。清讳不避。明天启六年（1626）刻本。

2.《藏书》六十八卷 史部 杂史

明李贽著，明沈汝楫、金嘉谟重订。版框（高 × 宽）21.9cm×14.3cm，半页10行，每行22字，白口，四周单边，无鱼尾。开本（高 × 宽）26.8cm×16.7cm，16册。明万历己亥（1599），焦竑书《藏书序》、梅国桢撰《藏书叙》。焦竑序曰："书三种：一《藏书》，一《焚书》，一《说书》。《焚书》《说书》刻于亳州，今为《藏书》，刻于金陵。""玄""弘"字不避讳，明刻本。

3.《续藏书》二十七卷　史部　杂史

明李贽著，明沈汝楫、金嘉谟重订。版框（高 × 宽）21.5cm×15.0cm，半页 10 行，每行 22 字，白口，四周单边，单黑鱼尾。开本（高 × 宽）26.8cm×16.7cm，7 册。李维桢、焦竑分别撰《续藏书序》。李维桢序曰："金陵王维俨行之，新都江似孙校之。"明王维俨刻本。

4.《资治通鉴目录》三十卷　史部　编年

宋司马光编集。版框（高 × 宽）21.5cm×14.9cm，半页 8 行，每行 12 字，双行小字不等，白口，四周单边，单黑鱼尾。开本（高 × 宽）26.3cm×16.2cm，14 册。明崇祯二年（1629），陈仁锡题《资治通鉴目录序》。古吴金麟书 / 陈天祯刊。清讳不避。明崇祯二年陈仁锡刻本。

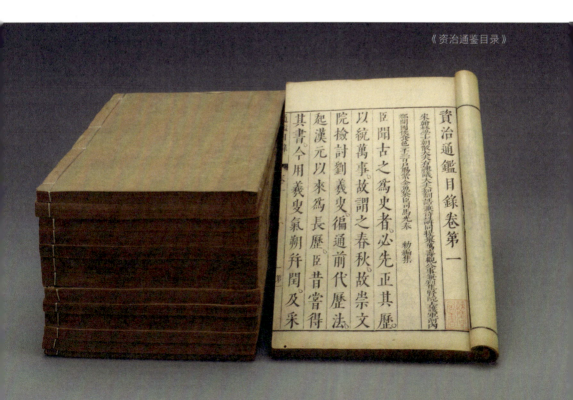

《资治通鉴目录》

5.《右编补》十卷　史部　编年

明姚文蔚编。其他题名为《姚养谷先生右编补》。版框（高 × 宽）21.1cm×14.1cm，半页 10 行，每行 20 字，白口，四周单边。开本（高 × 宽）27.5cm×16.7cm，6 册。明万历三十九年（1611），姚文蔚、刘伸分别撰序。刘伸序末题"新都黄应淳刻"。万历三十九年黄应台黄应淳刻本。

6.《大清会典》一百六十二卷　史部　政书

清伊桑阿、王熙总裁，清阿世坦等纂修。版框（高 × 宽）24.1cm×17.5cm，半页 10 行，每行 20 字，双行小字 20 字，上下黑口，四周双边，双对黑鱼尾。开本（高 × 宽）30.1cm×20.0cm，64 册，实存 154 卷。清圣祖玄烨康熙二十九年（1690）撰《御制大清会典序》，序有"特命儒臣纂辑《会典》，纲维条格，甄录无遗……"之语。清康熙内府刻本。

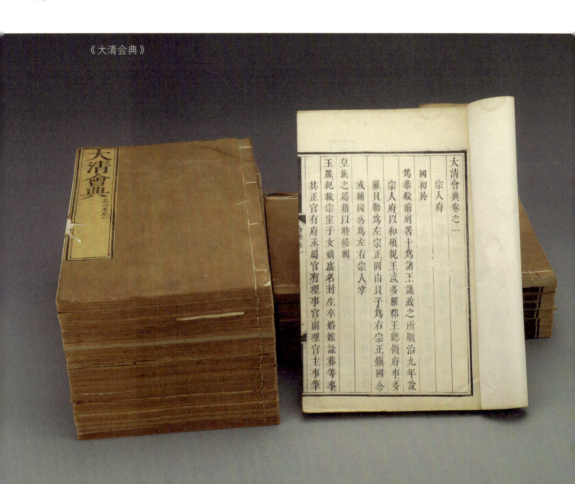

《大清会典》

明凌迪知编，明凌述知、吴京校。其他题名为《万姓统谱》《帝王姓系》。版框（高 × 宽）20.5cm×13.9cm，半页9行，每行20字，双行小字20字，白口，四周单边，单黑鱼尾。开本（高 × 宽）24.2cm×16.2cm，22册，实存154卷。万历七年（1579），王世贞撰《古今万姓统谱序》，序有"凌大夫名迪知，壮而解郡绂归，著书成一家言，兹亦其卓然者"之语。刻工彭天恩、王伯才等20余人。明万历刻本。

8.《御定骈字类编》二百四十卷 子部 类书

清吴士玉、沈宗敬辑，清圣祖玄烨敕纂。其他题名为《骈字类编》。版框（高

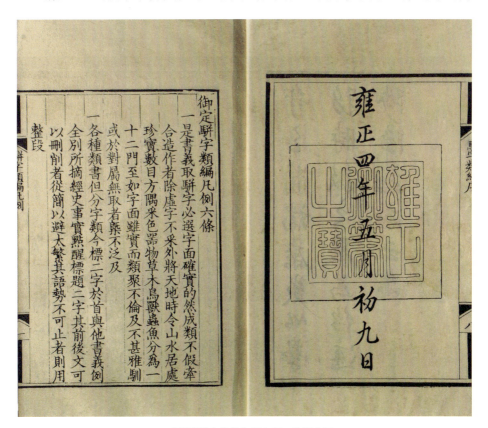

《御定骈字类编》序末页、凡例首页

×宽）17.0cm×11.6cm，半页10行，每行21字，双行小字21字，上下黑口，四周双边，双顺黑鱼尾。开本（高×宽）28.5cm×17.5cm，118册，实存236卷。清雍正四年（1726），清世宗胤禛撰《御制骈字类编序》，序曰："朕景仰前徽，钦承丕绪，如《子史精华》《图书集成》等书悉遵先志，分命臣工夙夜校雠，并皆竣事，而《骈字类编》亦以今秋告成。"清雍正四年刻本。

9.《居业录》四卷　子部　儒家

明胡居仁著，颜纶、御飞重校。牌记：胡敬斋先生著/居业录/咏幽堂藏板。版框（高×宽）19.9cm×13.8cm，半页9行，每行22字，白口，四周双边，单黑鱼尾。开本（高×宽）26.1cm×16.8cm，2册。明弘治十七年（1504）、明正德二年（1507），余祐、张吉明分别撰《居业录序》，后附俞松云"识"曰："五序中祐之次，惟吉为优，不可不与全书并存也"。刻工彭仁等。明咏幽堂刻本。

10.《钦定仪象考成》三十卷　首二卷　子部　天文算法

清允禄、鄂尔泰、张照纂。其他题名为《御制仪象考成》。版框（高×宽）20.7cm×14.7cm，半页9行，每行20字，双行小字20字，白口，四周双边，单黑鱼尾。开本（高×宽）28.5cm×17.6cm，8册。清高宗弘历撰《御制仪象考成序》末题"乾隆二十有一年岁在丙子冬十有一月御笔"。清乾隆二十一年（1756）刻本。

11.《御制历象考成上编》十六卷《下编》十卷《后编》十卷《表》十六卷　子部　天文算法

清允禄、允祉等纂修，清何国宗等汇编。《后编》，顾琮等撰。版框（高×宽）20.7cm×14.7cm，半页9行，每行20字，双行小字20字，白口，四周双边，单白鱼尾。开本（高×宽）28.5cm×17.6cm，27册。清世宗胤禛书《御制律历渊源序》，序末题"雍正元年十月朔敬书"。《后编》题有"乾隆七年四月十二日奉旨开载诸臣职名"。清雍正内府刻乾隆增修本。

12.《胡子知言》六卷《疑义》一卷《附录》一卷　子部　儒家

宋胡宏著。版框（高 × 宽）17.8cm×13.7cm，半页 9 行，每行 18 字，双行小字 18 字，白口，左右双边，单黑鱼尾。开本（高 × 宽）24.3cm×15.9cm，1 册。张栻撰《胡子知言序》，明弘治三年（1490），程敏政撰《后跋》。程敏政跋有"予之惓惓于斯也，为刻梓传焉"之语。明刻本。

13.《李文饶文集（会昌一品制集）》二十卷《别集》十卷《外集》四卷　集部　别集

唐李德裕撰，明韩敬评点，明茅兆河诠定。其他题名为《李卫公文集》。每卷卷端上题《李文饶文集》或《别集》或《外集》，下题《会昌一品制集》。版框（高 × 宽）21.0cm×13.9cm，半页 9 行，每行 20 字，双行小字 20 字，白口，四周单边无格，无鱼尾。开本（高 × 宽）26.5cm×16.9cm，6 册。正文首卷卷端题"同群茅兆河巨源甫诠定"，清讳不避，明天启吴兴茅氏刻本。

14.《赵清献公集》十卷《目录》二卷　集部　别集

宋赵抃撰。其他题名为《清献公集》《赵清献公文集》《重编赵清献公文集》。版框（高 × 宽）21.2cm×14.7cm，半页 9 行，每行 20 字，双行小字 20 字，白口，四周单边，单白鱼尾。开本（高 × 宽）26.3cm×16.5cm，4 册。宋景定元年（1260）至明嘉靖四十一年（1562），陈仁玉、释奴钧、阎铎、林有年、杨准分别撰序。明嘉靖四十一年，杨准撰《重刻清献公文集序》有"惜字画脱落，几不可读，因谋之……厘正续之焉……梓之者岂特存衢之文献哉"语。明杨准重刻本。

15.《渔洋山人精华录》十卷　集部　别集

清王士禛撰，林佶眷写。版框（高 × 宽）17.6cm×13.9cm，半页 11 行，每行字数不等，白口，四周单边，单黑鱼尾。开本（高 × 宽）25.6cm× 16.5cm，3 册。清康熙三十九年（1700），林佶书《精华录后序》，序有"所撰《精华录》以付佶，更订此之……而今又获以从事笔札挂名于其端……因识兹录授受之缘起，以为后序云尔"之语。卷一末页题"康熙三十九年五月十五日门人林佶谨书"。清康熙中闽林佶写刻本。

16.《菀青集》二十一卷　集部　别集

清陈至言著。版框（高 × 宽）19.8cm×14.0cm，半页 9 行，每行 20 字，双行小字 20 字，白口，四周单边。开本（高 × 宽）24.1cm×16.2cm，实存 9 卷（七言律诗、赋、表、杂文 1–4、诗余 1–2），2 册。清康熙四十八年（1709），毛奇龄撰序，序有"是秋，庶政鳖举乃复从校雠之，余辑其所未付剞劂者若干卷，寓书请序顾先生"之语。版心下镌"芝泉堂"。清雍正陈氏芝泉堂刻本。

17.《通志堂经解》（存一百三十九种）丛书部　汇编

清纳兰成德编。其他题名为《新刊经解》。版框（高 × 宽）19.9cm× 15.1cm，半页 11 行，每行 20 字，双行小字 30 字，白口，左右双边，单黑鱼尾。开本（高 × 宽）27.3cm×18.2cm，320 册。总卷数 1845 卷，实存 1843 卷。有徐乾学等 262 个序跋，蒋天一等 492 个刻工。清康熙十二年（1673）纳兰成德《经解总序》云："请捐赀经始，与同志雕版行世，先生喜曰'是吾志也'。遂略叙作者大意于各卷之首而复述其雕刻之意如此。"各子目，纳兰成德序均作于清康熙十五年、十六年两年。版心下镌"通志堂"。清康熙十九年（1680），徐乾学《经解序》云："因悉余兄弟家所藏本，覆加校勘……谋雕版行世，门人纳兰容若尤怂恿是举，捐金倡始，同志群相助成，次第开雕。经始于康熙癸丑，踰二年讫工。"清康熙通志堂刻本。

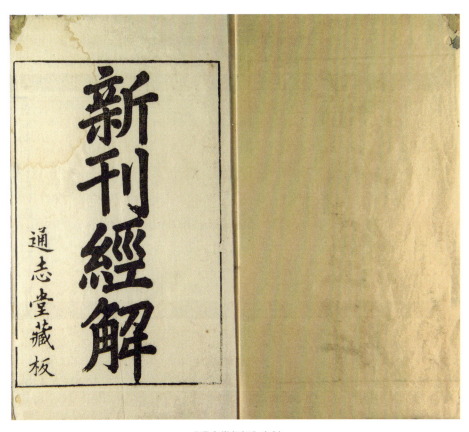

《通志堂经解》内封

18.《翠娱阁评选五家文集》集部　别集

明钟惺选，明陆云龙等评。有《翠娱阁评选袁中郎先生文集》二卷，《翠娱阁评选黄贞父先生文集》二卷，《翠娱阁评选陈明卿先生文集》二卷，《翠娱阁评选汤若士先生文集》二卷，《翠娱阁评选陈眉公文集》二卷。版框（高×宽）20.4cm×13.9cm，半页行数9行，每行字数19字，白口，四周单边，无鱼尾。开本（高×宽）26.7cm×16.6cm，5册。明崇祯五年（1632），陆云龙撰序。"玄"不避讳。明刻本。

特藏图书:

1.《御纂周易折中》二十二卷《卷首》一卷　经部　易

清李光地等总裁。版框（高 × 宽）22.0cm×16.2cm，半页 8 行，每行
22 字，双行小字 22 字，白口，四周双边无格，单黑鱼尾。开本（高 × 宽）
25.8cm×17.6cm，10 册。清圣祖玄烨书《御制周易折中序》，序末题"康熙
五十四年春三月十八日书"，钤"稽古 / 右文 / 之章"印，序后有"奉旨开列《御
纂周易折中》总裁、校对、分修、校录、监造诸臣职名"。清康熙五十四年（1715）
刻本。

2.《河洛精蕴》九卷　经部　易

清江永著。牌记：新安江慎修先生著 / 河洛精蕴 / 乾隆甲午年镌蕴真书屋
藏版。版框（高 × 宽）19.0cm×13.0cm，半页 9 行，每行 25 字，白口，左
右双边，单黑鱼尾。开本（高 × 宽）28.9cm×18.0cm，4 册。清乾隆二十四
年至乾隆五十年（1759—1785），江永、方昌镐、金士松、曹文埴、卢文弨
分别撰序。曹文埴乾隆四十一年序有"旌德黄君持所刻先生《河洛精蕴》一书"
之语，卢文弨乾隆五十年序有"今江先生之书旌德黄君云甫复版行之"之语。
清乾隆三十九年（1774）旌德黄圣谦蕴真书屋刻五十年印本。

3.《五礼通考》二百六十二卷《卷首》四卷《总目》二卷《读礼通考》一百二十卷　经部　三礼

清秦蕙田编辑，清方观承订，清吴鼎等参校。《读礼通考》一百二十卷，
清徐乾学撰。牌记：读礼通考附 / 五礼通考 / 味经窝藏板。版框（高 × 宽）
18.6cm×14.7cm，半页 13 行，每行 21 字，双行小字 31 字，白口，左右双边，
单黑鱼尾。开本（高 × 宽）24.2cm×16.1cm，120 册。秦蕙田《五礼通考自序》
有云"辛巳冬，爰始竣事，凡为门类七十有五，为卷二百六十有二，自甲辰

至是阅寒暑三十有八，而年亦六十矣"。辛巳为乾隆二十六年。该书应刻于乾隆二十六年或以后。刻工邝伦采、邓茂卿、邓钦明等 30 余人。清乾隆秦蕙田味经窝刻本。

4.《文公家礼仪节》八卷　经部　三礼

宋朱熹编，明杨慎辑。其他题名为《家礼仪节》。版框（高 × 宽）21.5cm×13.7cm，半页 9 行，每行 18 字，双行小字 18 字，白口，左右双边，单黑鱼尾。开本（高 × 宽）23.4cm×15.0cm，3 册。正文前有引用书目、有图。杨慎正德庚寅撰《家礼序》。清讳不避。明刻本。

5.《大学古本说》一卷《中庸章段》一卷《中庸余论》一卷《读论语扎记》二卷《读孟子札记》二卷（四书解义七卷）　经部　四书

清李光地撰。其他题名为《榕村四书说》。牌记：安溪先生著 / 四书解义 / 居业堂藏板。版框（高 × 宽）16.3cm×13.3cm，半页 11 行，每行 20 字，双行小字 20 字，白口，四周单边，双对黑鱼尾。开本（高 × 宽）27.8cm×17.2cm，3 册。清康熙五十九年（1720），李玉融撰序曰："今日刻其遗书，思以萤烛增辉，太阳于喁"。清康熙六十一年（1722）陈汝楫跋有"乃属汝辑校雠遗编，次第雕刻……书既成……流传家学，使行远不坠也"之语。清康熙五十九年居业堂刻六十一年增修本。

6.《日讲四书解义》二十六卷　经部　四书

清库勒纳、叶方蔼总裁，清沈荃等分撰。版框（高 × 宽）19.2cm×14.6cm，半页 9 行，每行 18 字，上下黑口，四周双边，双对黑鱼尾。开本（高 × 宽）27.5cm×18.0cm，16 册。内封题"御制日讲四书解义"，正文前题：康熙十六年十二 / 月初八日。有清康熙十六年（1677）《御制日讲四书解义序》。清康熙十六年刻本。

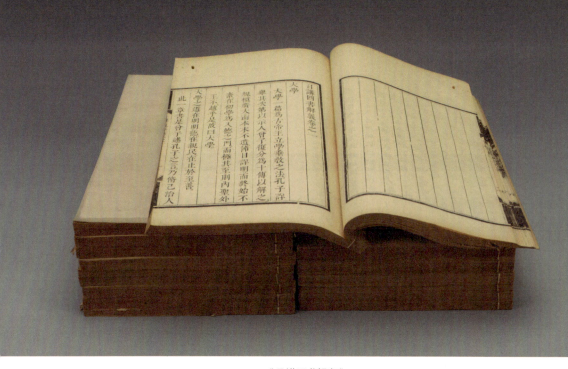

《日讲四书解义》

7.《二十一史文选》五十八卷　史部　史钞

明周钟辑。版框（高 × 宽）18.8cm×14.2cm，半页 9 行，每行 19 字，双行小字 19 字，白口，四周单边，无格，单黑鱼尾。开本（高 × 宽）27.8cm×17.5cm，40 册。明崇祯十五年（1642），徐汧题《二十一史文选序》，序有"（介生）芟繁举要，辑成一书"之语。清讳不避。明刻本。

8.《双节堂赠言集录》二十八卷首一卷末一卷附录一卷　史部　传记

清汪辉祖编纂。牌记：双节堂赠言 / 集录本衙藏版。版框（高 × 宽）18.9cm×13.3cm，半页 10 行，每行 21 字，双行小字 21 字，白口，左右双边，单黑鱼尾。开本（高 × 宽）27.7cm×17.2cm，8 册。清乾隆四十一年（1776），彭启丰序有"复自编次，其乞于士大夫之诗歌杂文都为一集，名曰《双节堂赠言》"语。清乾隆四十二年，邵晋涵序有"遂汇天下之制言者……斯集之梓，第汪氏之世泽已乎"之语。清乾隆四十五年（1780），鲍廷博跋有"已裒然成裘，龙庄方分类编集，尅日梓行"语。清乾隆四十五年双节堂刻本。

9.《资治通鉴》二百九十四卷《通鉴释文辩误》十二卷　史部　编年

宋司马光编集，元胡三省音注，明陈仁锡评阅。其他题名为《通鉴》。《通鉴释文辩误》十二卷，胡三省辑著，明陈仁锡订校。版框（高 × 宽）21.3cm×14.9cm，半页10行，每行20字，双行小字20字，白口，四周单边，单黑鱼尾。开本（高 × 宽）25.7cm×16.6cm，90册，实存279卷。明天启五年（1625），陈仁锡书《评资治通鉴序》，序有"付八闽徐伯诗摹刻善本"之语。版心下镌"长洲金麟书陈天祯刊"。明天启五年陈仁锡刻本。

《资治通鉴》

10.《子史精华》一百六十卷　子部　类书

清吴士玉、吴襄等辑。版框（高 × 宽）20.9cm×15.0cm，半页 10 行，每行 25 字，双行小字 25 字，白口，四周双边无格，单黑鱼尾。开本（高 × 宽）25.8cm×16.5cm，48 册。清雍正五年（1727），清世宗胤禛撰《御制子史精华序》，清乾隆五十五年（1790），张松孙、毕沅分别题跋，张松孙跋云"圣祖、世宗御纂《子史精华》一书……因欲敬用校录，重锓流传，臣沅之意亦深以为然……其后四载，乃以之写赴开镌，迄乎引疾暂还，工犹未毕……前年冬复出赴补，当蒙召对，发往河南，乃得典郡东都，夙夜兢兢，两年中拴地方公事竭力整顿，次第就理，于是举是书踵而成之"之语。刻工王景桓。清乾隆五十五年张松孙刻本。

11.《孝经衍义》一百卷首二卷　子部　儒家

清叶方蔼、张英、韩菼纂修。版框（高 × 宽）18.6cm×14.2cm，半页 9 行，每行 18 字，双行小字 18 字，上下黑口，四周双边，双对黑鱼尾。开本（高 × 宽）26.0cm×16.8cm，30 册。清康熙二十九年（1690），清圣祖玄烨书《御制孝经衍义序》，序有"书成，凡一百卷，镂版颁行，并制叙言冠于简端"之语。后有"恭进《孝经衍义》表"，末页题"康熙三十年九月"。清康熙三十年（1691）刻本。

12.《榕村讲授》三卷　子部　儒家

清李光地辑。李光地，别号榕树，泉州安溪湖头人。牌记：安溪先生 / 榕村讲授。版框（高 × 宽）18.2cm×14.4cm，半页 11 行，每行 20 字，双行小字 20 字，白口，左右双边，无鱼尾。开本（高 × 宽）27.4cm×17.2cm，3 册。李光地书序，序有"此集所编是前辈以配经书者也，故幼者讲授自此始"语。"玄"避讳，"弘""历"不避讳。清刻本。

13. 《本草纲目》五十二卷《图》三卷《脉诀考证》一卷《奇经八脉考》一卷《濒湖脉学》一卷　子部　医家

明李时珍编辑，明张鹤翥校订，明张鸾翼等参，清吴毓昌重订。其他题名为《重订本草纲目》。版框（高 × 宽）21.0cm×14.8cm，半页9行，每行20字，双行小字20字，白口，四周单边，单黑鱼尾。开本（高 × 宽）25.4cm×16.2cm，40册。吴毓昌清顺治十二年（1655）《重订本草纲目自序》中有"余与友人黼明钱子，恫图刻之未工，商訾较之独眚，踵事增华，为重订梓，宇内久推第一善本。今年春……尽授余行世"之语。清顺治刻本。

14. 《及幼草》一卷　子部　杂家

明王思任著。其他题名为《王季重小题及幼》《王季重小题文字》《王季重及幼草》。版框（高 × 宽）19.6cm×14.5cm，半页9行，每行

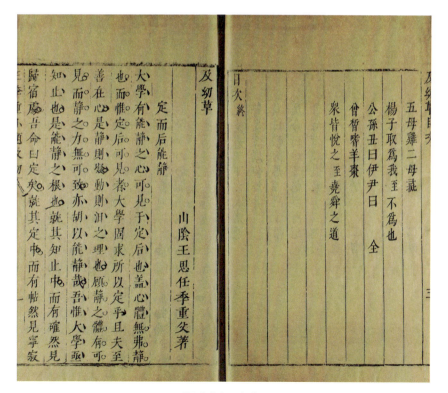

《及幼草》正文首页

19 字，双行小字 19 字，白口，四周单边，单白鱼尾。开本（高 × 宽）26.3cm×16.9cm，1 册。汤显祖、钱槚、陶望龄分别撰序。王思任撰《自序》，有"遂付剞劂，题文曰《及幼草》"语。明末刻本。

15.《御制律吕正义上编》二卷《下编》二卷《续编》一卷　子部　艺术

清允祉等撰。版框（高 × 宽）20.2cm×14.6cm，半页 9 行，每行 20 字，双行小字 20 字，白口，四周双边，单白鱼尾。开本（高 × 宽）28.5cm×17.5cm，5 册。有图、有句逗。"玄"字避讳。康熙内府刻本。

16.《四六全书》七卷（存一种）　子部　类书

明李日华撰，版框（高 × 宽）21.5cm×14.4cm，半页 9 行，每行 20 字，双行小字 20 字，白口，四周单边，无鱼尾。开本（高 × 宽）25.5cm×16.3cm，4 册。李肇亨明崇祯十三年（1640）书《刻四六全书述》，曰："岁庚辰，不孝梓行《全集》《杂著》等，帙既已卒……武林钱君镜石鲁君……遂持归复加诠次，稍益摭罗梓而传之"。明崇祯十三年刻本。

17.《玉海》二百卷《附词学指南》四卷　子部　类书

宋王应麟撰。版框（高 × 宽）21.0cm×13.4cm,半页 10 行，每行 20 字，双行小字 20 字，白口，四周双边，双对黑鱼尾。开本（高 × 宽）26.3cm×15.8cm，60 册。王应麟、李桓、胡助、阿殷图埜堂、王介等分别撰序。李桓《玉海序》曰:"至元六年岁在庚辰夏四月朔旦庆元路儒学新刊《玉海》成"。刻工 300 多人。元至元六年（1340）庆元路儒学刻明清递修本。（详见第八章）

18.《斜川集》六卷《附录》二卷《订误》一卷　集部　别集

宋苏过撰。牌记：斜川集 / 乾隆戊申武进赵氏 / 亦有生斋校刊真本。版框（高 × 宽）18.4cm×13.3cm，半页 10 行，每行 21 字，白口，左右双边，单黑鱼尾。开本（高 × 宽）27.5cm×17.5cm，2 册。清乾隆四十七年（1782）至乾隆五十三年（1788），吴长元、赵怀玉分别撰序跋。刻工陈立方。清乾隆五十三年武进赵怀玉亦有生斋刻本。

19.《双溪集》十二卷　集部　别集

宋王炎著，清王德沅、王德淇校。其他题名为《宋王双溪文集》。内封牌记：康熙戊戌重校刻／胡云峰先生编定原本／宋王双溪文集／本衙藏板。版框（高 × 宽）19.0cm×13.0cm，半页 10 行每行 21 字，上下黑口，左右双边，双对黑鱼尾。开本（高 × 宽）28.0cm×17.9cm，6 册。清康熙五十七年（1718），王德淇、王祺、王廷瑜分别撰序。清康熙五十七年婺源王氏家刻本。

20.《东莱先生诗集》一卷《外集》一卷　集部　别集

宋吕祖谦著，宋吕祖俭校刊。其他题名为《吕东莱先生诗集》《东莱诗集》《东莱外集》。版框（高 × 宽）18.0cm×12.9cm，半页 9 行，每行 19 字，双行小字 19 字，上下黑口，左右双边，双顺黑鱼尾。开本（高 × 宽）27.0cm×17.9cm，1 册。正文前有《东莱先生传略》，《外集》末题"淳熙辛丑弟祖俭校刊"。"玄"避讳，"宁""淳"不避讳。清初仿宋淳熙刻本。

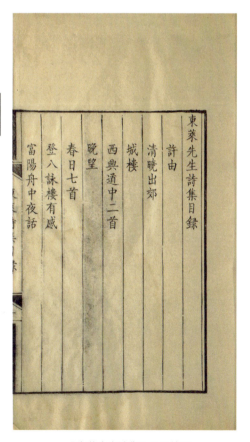

《东莱先生诗集》目录首页

21.《淮海集》四十卷　首一卷《淮海后集》六卷《长短句》三卷《诗余》一卷　集部　别集

宋秦观著，明徐渭评。其他题名为《秦少游淮海集》。版框（高 × 宽）19.7cm × 13.0cm，半页 10 行，每行 24 字，双行字数 24 字，白口，四周双边，单黑鱼尾。开本（高 × 宽）26.7cm × 15.3cm，6 册。明嘉靖十八年（1539）至明万历四十六年（1618），许吉人、张綖、盛仪、姚镛、李之藻分别撰序。万历四十六年姚镛序曰："水部李公执文坛牛耳，擅千秋之誉，取《淮海集》刻之"。万历四十六年仁和李之藻刻本。

《淮海集》

22.《吴朝宗先生闻过斋集》四卷　集部　别集

元吴海撰，清张伯行订。其他题名为《问过斋集》。版框（高 × 宽）20.2cm×13.8cm，半页10行，每行22字白口，四周单边，单黑鱼尾。开本（高 × 宽）26.0cm×16.5cm，3册。清康熙四十七年（1708），张伯行书《问过斋集序》，序有"一日，吴生尔明携其乃祖之《闻过斋集》遗予……予故呕取而表彰之，以为后学之矜式"之语。版心下镌"正谊堂"，清康熙四十七年仪封张氏正谊堂刻本。

23.《杨忠烈公文集》三卷　集部　别集

明杨涟著，明王延世评，明甘和森编次，明卢尔慻校正。其他题名为《杨

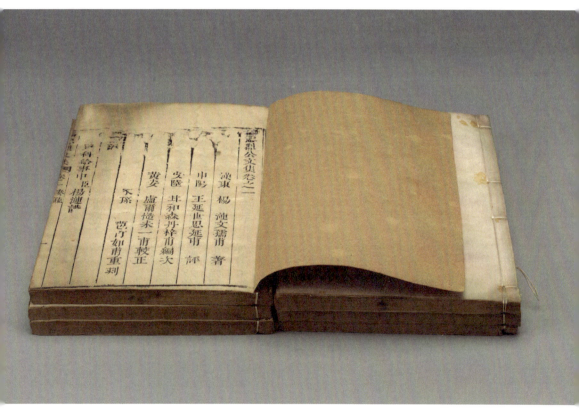

《杨忠烈公文集》

忠烈文集》。版框（高 × 宽）18.4cm×13.7cm，半页 8 行，每行 19 字，白口，左右双边，单黑鱼尾，开本（高 × 宽）21.9cm×14.4cm，6 册。卷端题"冢孙苞竹如甫重刻"。清顺治十八年（1661），杨苞跋曰："爱节冰俸，以付梓人，于顺治辛丑之秋七月一日始事，凡二阅月而告成。"清顺治十八年杨苞刻本。

24.《汤子遗书》十卷《附年谱》一卷《附录》一卷 集部 别集

清汤斌撰，清王廷灿增辑。牌记：汤子遗书 / 爱日堂藏板。版框（高 × 宽）18.5cm×13.2cm，半页 10 行，每行 19 字，双行小字 24 字，上下黑口，左右双边，双对黑鱼尾。开本（高 × 宽）24.9cm×16.3cm，4 册，实存 7 卷。清康熙四十二年（1703），毛奇龄序有"遂集旧集所遗轶，购其全，捐奉而付之剞人"之语。刻工范稼庵、刘藻文。清康熙四十二年爱日堂刻本。

25.《说安堂集》八卷 集部 别集

清卢震撰。版框（高 × 宽）17.9cm×13.8cm，半页 10 行，每行 19 字，双行小字 19 字，白口，左右双边，单黑鱼尾。开本（高 × 宽）26.1cm×17.1cm，3 册，实存 6 卷。清康熙五十四年（1715），毗陵、王揆分别书《说安堂集序》，王揆序云："陛见方伯，授是编，俾问序于予，将以付梓。"清康熙五十四年刻本。

26.《近思堂诗》不分卷《顾曲亭词》一卷 集部 别集

清周在建撰。版框（高 × 宽）17.6cm×13.0cm，半页 10 行，每行 19 字，双行小字 28 字，白口，左右双边，单黑鱼尾。开本（高 × 宽）26.6cm×18.1cm，1 册。清康熙四十七年（1708），王莘书《顾曲亭词王序》，序有"西田周公承司农之家学，咀六籍之精英，其于诗……复不让于古人"语。清康熙五十四年（1715）刻本。

27. 《清绮轩初集》四卷　集部　别集

　　清夏秉衡著。版框（高 × 宽）17.8cm×12.9cm，半页 10 行，每行 20 字，双行小字数 20 字，白口，左右双边，单黑鱼尾。开本（高 × 宽）24.5cm×15.8cm，2 册。清乾隆十五年（1750），沈德潜撰序，序云："今岁春，余自黄山归……陈庶常铁岩来拜谒，出平山初集……书数语弁其端。""玄"字避讳，"宁"字不讳。清乾隆十五年刻本。

28. 《御制文初集》三十卷《目录》二卷　集部　别集

　　清高宗弘历著。版框（高 × 宽）19.9cm×14.0cm，半页 9 行，每行 17 字，

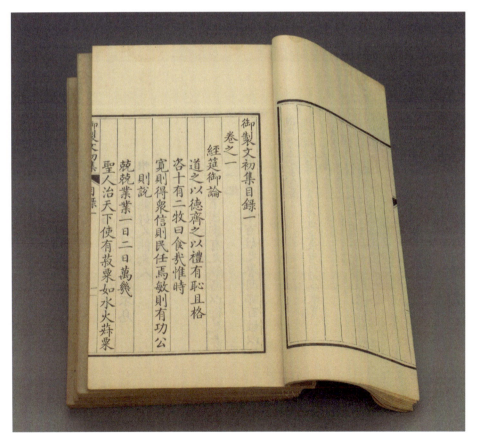

《御制文初集》

白口，四周双边，单黑鱼尾。开本（高 × 宽）28.7cm×17.7cm，8 册。清乾隆二十九年（1764），清高宗弘历撰《御制文初集序》，清刘统勋等跋。弘历序有"于敏中排次数年来，所为《御制文初集》……则今之哀然成集者"语。清乾隆二十九年内府刻本。

29.《查吟集》四卷 集部 别集

明朱维熊著，清吴范、朱鹭编校。其他题名为《醉愚堂集》。版框（高 × 宽）18.5cm×12.7cm，半页 10 行，每行 21 字，双行小字不等，白口，左右双边，单黑鱼尾。开本（高 × 宽）25.8cm×16.1cm，2 册。卷一、二装订次序有误。无序跋，依据内容、字体、版式风格，为清乾隆刻本。

30.《野香亭集》不分卷 集部 别集

清李孚青撰，清王士禛批点。原书不分卷，自乾隆十一年（1746）至乾隆二十三年的十三年间，每年为一稿。版框（高 × 宽）17.0cm×13.2cm，半页 10 行，每行 19 字，双行小字 19 字，上下黑口，四周单边，单黑鱼尾。开本（高 × 宽）26.5cm×17.5cm，2 册，实存 6 卷，实存卷次戊辰、己巳、庚午、辛未、壬申、癸酉。辛未正文卷端题"济南王士禛贻上批点"。王樑撰序。依据字体、版式风格，为清乾隆刻本。

31.《平昌诗钞》四卷 首一卷 末一卷 集部 总集

清陈世修抄。版框（高 × 宽）18.2cm×13.5cm，半页 10 行，每行 21 字，双行小字 21 字，上下黑口，左右双边，单黑鱼尾。开本（高 × 宽）25.8cm×17.2cm，3 册，实存 4 卷。清雍正四年（1726）至雍正七年，董煟、姚铃、陈世修分别撰序。陈世修雍正七年（1729）序云："于是购求遗集刻其尤雅……君子或鉴其次辑之。"清雍正七年刻本。

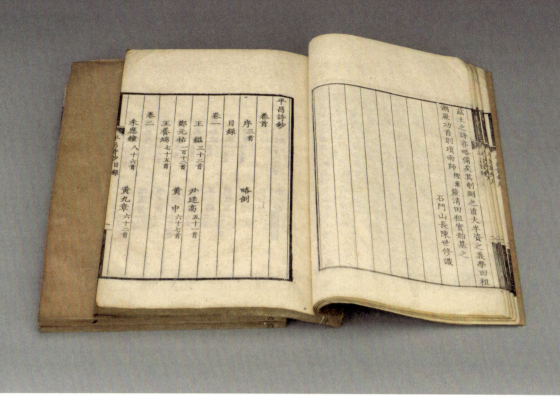

《平昌诗钞》

32. 《钦定全唐文》一千卷《目录》三卷　集部　总集

　　清董诰等编辑。其他题名为《御制全唐文》。版框（高 × 宽）19.9cm ×
14.3cm，半页 9 行每行 22 字，每行小字 22 字，白口，四周双边。开本（高 × 宽）
31.6cm × 19.4cm，229 册，实存 935 卷。清嘉庆十九年（1814），清仁宗颙琰
撰《御制全唐文序》，董诰等上表曰："萃二十帝而文集大成，巨细包罗，统
三百年而书厘全帙，广求弧本，重付枣雕，如今日者也。"清嘉庆十九年内
府刻本。

33. 《元诗选初集》一百十四卷《二集》一百三卷《三集》一百三卷首一卷　集部　总集

　　清顾嗣立集。牌记：长洲顾侠君诠次 / 元诗选初 / 集。版框（高 × 宽）

18.4cm×14.9cm，半页 13 行，每行 23 字，双行小字 34 字，白口，左右双边，双顺黑鱼尾，版心下镌"秀野草堂"。开本（高×宽）24.7cm×16.3cm，40 册，实存 218 卷。清康熙三十二年（1693），宋荦撰序，清康熙四十一年（1702）顾嗣立书《元诗选序》。顾嗣立序云："余自甲戌岁辑元百家诗集镂板行世……亟付剞劂，与海内好事者共赏之。"顾嗣立撰《凡例》云："特仿中州之例，以十集分编一代词人，凡有全稿可据者，选成八集；其方外闺秀自为一集，至诸家选本止。存四五首者与夫山经地志稗官野史所传总编一集附后。"刻工公化、邓贞等三十几人。清康熙长洲顾嗣立秀野草堂刻本。

34.《御订全金诗增补中州集》七十二卷首二卷　集部　总集

金元好问编，清郭元釪补辑。内封题名为《御订全金诗》。版框（高×宽）17.6cm×12.5cm，半页 8 行，每行 19 字，双行小字 19 字，上下黑口，四周单边，单黑鱼尾。开本（高×宽）25.0cm×16.0cm，实存 54 卷（11–13，17–41，46–52，56–72 卷），17 册。参据《中国古籍总目》集部 6 页著录，为清康熙五十年（1711）内府刻乾隆五十四年（1789）西爽阁重刻本。

35.《佩文斋咏物诗选》四百八十六卷　集部　总集

清张玉书、陈廷敬、王鸿绪汇阅，清汪霦等编辑。其他题名为《御定佩文斋咏物诗选》《御制佩文斋咏物诗选》。版框（高×宽）16.6cm×11.6cm，半页 11 行，每行 21 字，双行小字 21 字，上下黑口，左右双边，双对黑鱼尾。开本（高×宽）24.8cm×15.9cm32 册。清康熙四十五年（1706），清圣祖玄烨撰《御制佩文斋咏物诗选序》，序曰："命大学士陈廷敬、尚书王鸿绪校理之，翰林蔡升元、杨瑄、陈元龙、查升、陈壮履、励廷仪、张廷玉、钱名世、汪灏、查慎行、蒋廷锡编录之，名曰《佩文斋咏物诗选》。"清康熙四十六年（1707），高舆进表曰："翰林院编修臣高舆恭承圣谕校刻《佩文斋咏物诗选》，今已成书，谨奉表上进者……刊刻告成，臣舆无任瞻天仰圣激切屏营之至，谨奉表随进以闻。"清康熙四十六年内府刻本。

36.《滕王阁集》十三卷《征汇诗文》不分卷　集部　总集

清蔡世英辑。版框（高×宽）19.7cm×13.5cm，半页9行，每行20字，白口，四周单边，单黑鱼尾。开本（高×宽）26.4cm×15.2cm，2册。清顺治十三年（1656），钱谦益、吕宫、熊文举分别撰序。吕宫《重修滕王阁序》有"乃捐俸重修，增其旧制……越九旬而工告竣"语。熊文举《序》有"捐资选材，鸠工集匠，浃月而功成……遂授简征言，巨硕鸿儒名篇沓至，公次第成帙"之语。顺治十三年刻本。

37.《明诗别裁》十卷　集部　总集

清沈德潜等辑。牌记：明诗别裁／集／本衙藏板。版框（高×宽）9.5cm×7.6cm，半页行8行，每行16字，双行小字16字，白口，四周单边，单黑鱼尾。开本（高×宽）14.1cm×9.2cm，3册。清乾隆三年（1738）至乾隆四年，沈德潜、蒋重光分别撰序。蒋重光乾隆四年（1739）《明诗别裁序》有云："归愚沈先生选《明诗别裁集》成，共一十二卷……"清乾隆刻本。

1956年7月，余姚黎洲文献馆也从五桂楼提取了39种226册图书。2013年，其中的4种已被公布为浙江省珍贵古籍名录。

1.《余姚志》四十卷　史部　地理

清唐若瀛等修，清邵晋涵纂。版框（高×宽）19.7cm×14.2cm，半页10行，每行20字，双行小字40字，上黑口，左右双边，单黑鱼尾。开本（高×宽）24.3cm×15.7cm，8册。清乾隆四十三年（1778）至清乾隆四十六年（1781），唐若瀛、秦廷堃、李汝麟分别撰序。乾隆四十六年，李汝麟序有"余深幸适观厥成，而因以识唐君撰述之得体要也"语。清乾隆四十六年刻本。

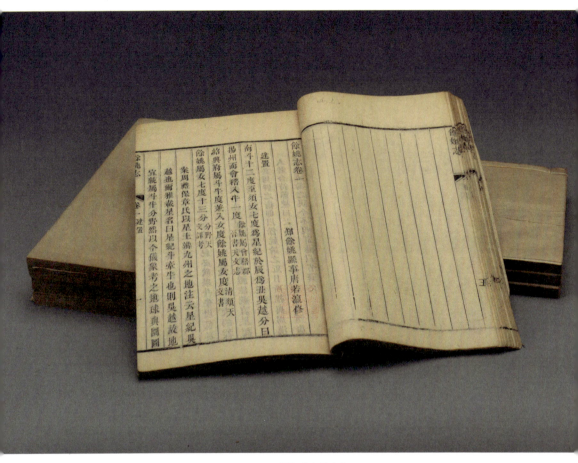

乾隆《余姚志》

2.《黄陶庵先生全集》二十二卷 集部 别集

明黄淳耀撰。黄淳耀，字蕴生，号陶庵。牌记："黄陶庵先生全集／宝山
学藏板"。全集分文集卷一至卷七、补遗一卷，语录五卷，诗集卷一至卷八、
补遗一卷。版框（高×宽）17.8cm×13.7cm，半页10行，每行22字，双行
小字42字，白口，左右双边，单黑鱼尾。开本（高×宽）26cm×16.9cm，5册。
吴伟业、陆龙其、沈德潜、王鸣盛分别撰序。王鸣盛清乾隆二十六年（1761）
序云："非重付剞劂不可……竭数月之力，凡题跋札记只字剩墨，悉补缉无遗
……自鉴录鸠工开雕。"清乾隆宝山学藏板刻本。

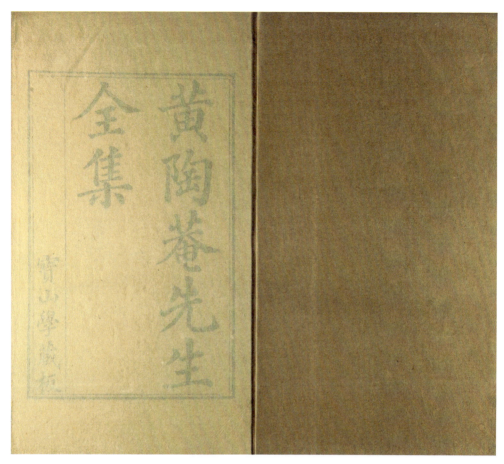

《黄陶庵先生全集》牌记

3.《倪文正公遗稿》三卷　集部　别集

　　明倪元璐撰。倪元璐，字汝玉，一作玉汝，号鸿宝，谥文正。明杨廷麟、唐九经、顾予咸编次，明倪会鼎、倪会稔、倪运建考订，清倪长庚、倪长康校订。版框（高×宽）20.2cm×13.9cm，半页8行，每行20字，双行小字40字，白口，四周单边。开本（高×宽）23.8cm×16.1cm，2册。清康熙四十六年（1707），靳治荆撰序。清康熙刻本。

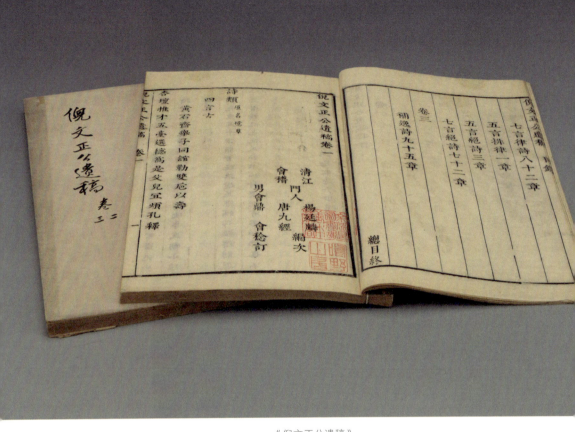

《倪文正公遗稿》

4.《国朝姚江诗存》十二卷　集部　总集

　　清张廷枚辑。牌记：乾隆癸巳／国朝姚江诗存／宝墨斋藏板。版框（高 ×
宽）17.2cm×12.7cm，半页 10 行，每行 21 字，双行小字 21 字，白口，左右
双边，单黑鱼尾。开本（高 × 宽）24.9cm×16.2cm，4 册。版心下镌"宝墨斋"。
乾隆四十一年（1776），邵晋涵、陶廷珍分别撰序。邵晋涵序有"罗山为此
书，凡阅数年……所录诗多和平敦厚大雅之音，命曰诗存者"之语。清乾隆
三十八年张氏宝墨斋刻本。

　　以上介绍的善本、特藏古籍，有部分并不见于黄承乙的《姚江黄氏五桂
楼书目》，如《广韵》五卷、《禹贡檀弓考工记》三卷、《楞伽阿跋多罗宝
经参订疏》（《楞伽经》）四卷、《博物典汇》二十卷、《重镌官板地理天

机会元》三十五卷、《新镌增补标题武经七书》七卷、《艺林伐山》二十卷、《精选诗林广记》四卷、《唐雅》二十六卷、《广文选》八十二卷《目录》二卷、《经世名编》二十三卷、《诗归》五十一卷、《唐诗三集合编》七十四卷首一卷、《楚辞章句》十七卷、《通志堂经解》《翠娱阁评选五家文集》《河洛精蕴》九卷、《及幼草》一卷、《明诗别裁》十卷等均不见于书目中。黄云眉在1930年整理藏书后亦说："至如《经传释疑》《家礼仪节》《经义质疑》《四书质疑》《四书解义》《四书纂要》《四书翼真》《四书人名考》《群经宫室图》《天机会正》《河洛精蕴》《五经绎》《说文解字斠》《说文字原集注》《字鉴》《同音字鉴》《唐雅》《柴氏古韵通》《古音正义》《改并五音集韵》《离骚正义》《孙端人骚选》《草木疏校正》《乐府题解》《古诗源》《唐诗归》《唐诗别裁》《宋文鉴》《山晓阁明文选》《茅选八大家文钞》《楞迦（伽）经》《阿弥陀经疏钞》《金刚经注解》《围棋谱》《尚史》《五朝纪事》《人物志地理臆解》《余姚县志》（光绪本）《六仓志》《黄氏家录》《续录》等，俱为目录所缺载或不及载，然皆非大部书也。"[11]这说明在清光绪二十一年（1895）刊刻《余姚黄氏五桂楼书目》后，黄承乙还在继续搜求、收藏书籍，并且数量还挺可观。上面介绍的这些善本、特藏古籍，于五桂楼六万余卷书籍而言只是很小的一部分，书籍鉴定也是四十多年甚至六十多年前的，若以现在的标准，当远远大于这个数字。但即便如此，我们还是能见微知著、窥豹一斑。

---

[11] 苗启平、马启臣：《呈报查明黄氏五桂楼书籍版本经过情形》，《浙江教育行政周刊》1930年第2卷第14期。

四 藏书印记

藏书家们或多或少都有几枚藏书印，他们的印章不仅表明藏书的归属，也是我们查考藏书流传的重要依据。黄氏祖孙四代流传下来的印章并不多，一方面因为藏书的散佚，藏书印记也随书籍湮灭，主要原因可能还是因为藏书印本来就为数不多。五桂楼绝大多数藏书都没钤藏书印，从目前能看到的属于黄澄量的藏书印主要有：1、方形阳文印章：余姚黄氏 / 五桂楼 / 藏书印记；2、竖长方阳文印章：五桂楼 / 藏书记；3、方形阴文印章：黄氏 / 石泉；4、方形阴文印章：石泉 / 珍玩；5、竖椭圆形阳文印章：五桂楼；6、方形阴文印章：人 / 间无价 / 是文章。黄承乙的藏书印主要有：1、竖长方形阳文印章：余姚黄氏石泉公藏书 / 同治庚午曾孙安澜校正；2、方形阴文印章：江夏香 / 公五十七 / 世孙；3、方形阳文印章：尹 / 侯，4、方形阴文印章：安澜 / 之印；5、竖长方形阳文印章：爱读生平 / 未见书；6、连珠形阴文印章：安澜；7、方形阳文印章：家住 / 第九 / 洞天；8、方形阳文印章：芝生 / 亦字 / 尹侯；9、方形阴文印章：句余 / 黄承 / 乙印；10、方形阴文印章：承乙 / 私印；11、竖椭圆阳文印章：寿；12、方形阳文印章：勿卷脑勿折角 / 勿以爪侵字勿 / 以唾揭幅勿以 / 作枕勿以夹刺 / 随损随修随开 / 随掩则无伤矣。

以上印章散见于明钟惺、谭元春辑《诗归》五十一卷；明余继登辑，明冯琦订，明王象干校《皇明典故纪闻》十八卷；明李贽撰《初潭集》三十卷；清吴之振鉴定，清吴宝芝、汪天荣校《乐书德音堂琴谱》十卷；明杨表正撰，明王一德校录《新刊正文对音捷要琴谱真传》六卷；清黄澄量辑《明文类体》不分卷；清李卫、嵇曾筠、郝玉麟等修，沈翼机、陆奎勋、傅王露纂《雍正敕修浙江通志》二百八十卷首三卷；宋沈作宾修，宋施宿等纂《嘉泰会稽志》二十卷；清黄澄量藏并撰、黄承乙续编《五桂楼黄氏书目》四卷（清同治稿本）以及黄承乙著《姚江四明黄氏老尹自叙》一卷《附录》三卷《杂录》一卷等书，印章多为阳文，分布于正文首卷卷端或序跋首页或封面书签处。惜未见黄肇震和黄联镳藏书印。

黄承乙续编的清同治稿本《五桂楼黄氏书目》四卷，几乎集中了黄承乙的藏书印，总钤印十一方，有他的出身、住地、名、字、号，还有读书爱好，如："句余黄承乙印""江夏香公五十七世孙""家住第九洞天""爱读生平未见书"等等，甚至把读书、藏书管理注意事项都刻成章，如"勿卷脑，勿折角，勿以爪侵字，勿以唾揭幅，勿以作枕，勿以夹刺，随损随修，随开随掩，则无伤矣"。

黄氏 / 石泉

余姚黄氏 / 五桂楼 /
藏书印记

石泉 / 珍玩

芝生 / 亦字 / 尹侯

家住 / 第九 / 洞天

承乙 / 私印

寿

人 / 间无价 / 是文章

五桂楼 / 藏书记

安澜

爱读生平 / 未见书

句余 / 黄承 / 乙印

五桂楼

余姚黄氏石泉公藏书 /
同治庚午曾孙安澜校正

勿卷脑勿折角 / 勿以爪侵字勿 /
以唾揭幅勿以 / 作枕勿以夹刺 /
随损随修随开 / 随掩则无伤矣

安澜 / 之印

尹 / 侯

江夏香 / 公五十七 / 世孙

五 藏书特色

余姚藏书文化源远流长，私人藏书家们对待藏书一般比较开放开明，注重兼收并蓄，雅俗并重。有"喜储藏四部，甲于姚江""而无异本"的明代孙镰；也有多蓄异本、收藏戏曲剧本达 500 余种的明代吕天成。但最为人称道的是被黄承乙尊为族祖、对四明黄氏藏书影响最大的黄宗羲。

黄宗羲一生抄书、购书，后建藏书楼"续钞堂"。他"既治经，则旁求之九流百家，于书无所不窥者。""既尽发家藏书读之，不足，则钞之同里世学楼钮氏、淡生堂祁氏，南中则千顷斋黄氏、吴中则绛云楼钱氏。穷年搜讨，游屐所至，遍历通衢委巷，搜鬻故书。"⑫晚年"益好聚书，所抄自鄞之天一阁范氏，歙之丛桂堂郑氏，禾中倦圃曹氏，最后则吴之传是楼徐氏，然尝戒学者曰'当以书明心，无玩物丧志也'"⑬黄宗羲不仅藏书数量众多，还不乏精品。其子黄百家道："吾家所藏宋、元文集极多，皆先遗献假于各藏书家以钞得者。"⑭黄百家在《续钞堂藏书目序》又写道："则是目所未见，世所绝传之书，累累而是。""余家所得野史遗集、绝学奇经，殆不胜纪。""数百年来沉没于

---

⑫ 〔清〕全祖望：《黎洲先生神道碑文》，载沈善洪主编：《黄宗羲全集》第十二册，杭州：浙江古籍出版社，2005 年版，第 3 页。

⑬ 〔清〕全祖望：《黎洲先生神道碑文》，载沈善洪主编：《黄宗羲全集》第十二册，杭州：浙江古籍出版社，2005 年版，第 13 页。

⑭ 〔清〕黄百家：《明文授读发凡》，载沈善洪主编：《黄宗羲全集》第十一册，杭州：浙江古籍出版社，2005 年版，第 211 页。

故家大族而将绝者，于今悉得集于续钞，使之复得见于世。"⑮黄宗羲的藏书理念和实践深深影响了五桂楼黄氏四代。

从《姚江黄氏五桂楼书目》中不难看出，除一般的传统经典典籍及其释作和各种体裁的史书，五桂楼藏书也显示出自己的藏书特色。

首先，在所有藏书中，地理类、别集类、总集类、小说家类、杂家类、类书类等比重较大，近25000卷，占总数的百分之四十左右。如小说家类主要有明以前历史笔记小说、志怪小说、传奇小说、史料笔记、杂记、笔记体野史、杂录、丛谈等等，尤以笔记小说和志怪小说为多。笔记小说作者多亲历亲闻，记述内容十分广泛，有朝野轶事、名人轶事、异闻野史、传记集异、社会民生、风气习俗等等。别集、总集类近400种，收集了汉晋以来，特别是明清时期许多文人名士的作品。在地理类中，值得一提的是收藏有府、郡、县志近百种，绝大多数为康乾时期，分布于十余个省，有些已成为孤本。

其次，黄澄量"而于邑人著述尤加意搜求"⑯。从书目看确是如此，他特别注重收藏余姚当地先贤著作和地方文献。如：唐虞世南的《北堂书钞》一百六十卷，明王守仁的《王文成全书》三十八卷，明施邦曜评辑的《评点阳明先生集要三编》十五卷，清俞嶙的《别本王阳明全集》二十二卷，明倪宗正的《倪小野全集》八卷，明杨珂的《秘图遗诗》一卷，明赵㧑谦的《六书本义》十二卷、《考古遗集》六卷《续集》一卷、《学范》二卷，明孙鑛评《前汉书》七十卷、《史记》一百三十卷《附褚先生附余》一卷、《月峰居业》四卷《居业次编》五卷，明吕本校的《洪武宝训六卷》，明诸燮的《通鉴汇纂》二十八卷，清陈梓的《陈古铭删后诗存》十卷，清诸重光的《二研斋稿》四卷，清翁元圻撰、注的《困学纪闻注》二十卷、《广会稽风俗赋》，清劳史的《余山遗书》十卷，清高士奇的《扈从西巡日录》一卷、《松亭行纪》二卷、《江村销夏录》三卷、《金鳌退食笔记》二卷，清卢文弨撰、校刊的

---

⑮ 〔清〕黄百家：《续钞堂藏书目序》，载沈善洪主编：《黄宗羲全集》第十二册，杭州：浙江古籍出版社2005年版，第210页。

⑯ 〔清〕黄承乙：《重刊待访录跋》，载〔清〕黄承乙编：《椿荫轩笔记》正编一卷，民国九年聚珍本，国家图书馆藏。

《抱经堂经典释文考证》三十卷、《抱经堂丛书十七种》二百六十卷，清邵廷采的《思复堂集》十卷、《姚江书院志略》二卷、《东南纪事》十二卷《西南纪事》十二卷，清邵晋涵的《尔雅正义》廿三卷、《南江文钞》四卷，清倪继宗的《续姚江逸诗》十二卷，清张廷枚的《姚江诗存》十二卷等等。

同时，他对黄宗羲及其子弟的著述尤其注重搜求，仅书目所见就有：黄宗羲的《明儒学案》六十二卷、《南雷文定前集》十一卷《后集》四卷《附录》二十三叶《南雷诗历》三卷、《明夷待访录附思旧录》不分卷、《四明山志》九卷、《姚江逸诗》十五卷、《天一阁书目》十卷《附碑目》一卷、《明文海总目》四卷（诸如绥钞），清黄宗会的《四明山游录》一卷，清黄百家的《学箕初稿》二卷《附耳逆草》一卷，清黄千人的《希希集》二卷，清全祖望的《困学纪闻三笺》二十卷、《鲒埼亭集》三十八卷《经史问答》十卷《外集》五十卷，清万斯同的《历代史表》五十三卷、《石经考》一卷，清万斯大的《仪礼商》二卷、《周官辨非》一卷、《学春秋随笔》十卷、《学礼质疑》二卷、《礼记偶笺》三卷等。

显然，黄澄量亦受天一阁收藏大量明代文人文集的影响，但他更多地受到黄宗羲及其浙东学派的影响，以收藏明、清名臣文士文集和文献为重点，尤其是清朝当局禁止、销毁的明朝罕见文稿、文集等，他收藏的仅别集类和总集类就有近13000卷。同时，他还应用所藏，对搜集到的部分明代文集特别是禁毁书按文体分类拆装而辑成一部《明文类体》，该书保存有明代四百多家文集奏议，具有特别重要的文献资料价值。

第三，《姚江黄氏五桂楼书目》仅著录书名、卷数、作者、作者年代，并没有考证、记录版本，因此，后人对五桂楼藏书的版本众说纷纭。徐用仪云："归安陆氏仪顾堂藏书亦复不少，且多宋本书，为阮文达《研经室外集》所未载，足与兹相颉颃云。"⑰徐用仪把五桂楼与陆心源多宋版书的仪顾堂相提并论，想必他认为五桂楼亦颇多宋版书。对于版本问题，骆兆平先生在《重访五桂楼》中写道："有的说，五桂楼藏有'宋，元，明的善本'，有的说：'民国37年

---

⑰ 〔清〕黄澄量编，〔清〕黄肇震增补，〔清〕黄承乙重辑：《姚江黄氏五桂楼书目》"徐用仪跋"，清光绪二十一年姚江黄承乙刻本，梨洲文献馆藏。

5月住五桂楼中……稍加检查,知藏书最早版本止于康乾,并无宋、元、明刻本,偶有殿版,亦系清初翻刻者。书亦系寻常可见者,未有抄本或孤本等',有的说:'咸丰十一年社会动乱,民不聊生,五桂楼藏书部分散失,《明文类体》《余姚书画传》等黄澄量手稿也都毁于兵火'这些记载都不够确切。"⑱确实,这些说法都不确切,也不全面。

　　二十世纪三十年代整理过五桂楼藏书的黄云眉教授则说:"就版本论,似主人颇重实际,故所蓄无坊间罕见之本。其宋版书,则《广韵》《韩昌黎集》《范忠宣集》寥寥数种而已。"⑲类似的话黄云眉曾说过多次,他说"至版本方面,推主人蓄书宗旨,贵在实用,故通行者居多,绝无坊间罕有之本。大抵明版尚多,宋版则如《广韵》《范忠宣公集》(有项墨林印)、《白孔六帖》《韩昌黎集》寥寥数部而已。"⑳又说:"那里宋版书似乎只有《广韵》《韩昌黎集》《范忠宣集》等几种"㉑,一直到1963年,黄云眉与姜枝先讨论五桂楼藏书时还说《广韵》《韩昌黎集》《范忠宣集》等书似是宋版,比较珍贵。认为五桂楼藏书版本不很讲究,务在实用㉒。早在1930年黄云眉对五桂楼藏书的编目、价值和搜补整理等就有自己的看法:"查藏书至五万余卷,在私人诚为伙颐,然就研究学术而论,则该楼所藏,仅为基本需要之书,不敢即谓珍册秘籍之所在,足供专门学者之搜讨;且目录中浙省各县县志,搜罗略备,而独缺《上虞县志》,有《皇朝三通》而不置《续三通》,主人既有志蓄书,不应疏略若是,其殆编目所前佚去耶?(钞本、旧书目现已失去),然编目者既云曾搜补缺佚,而是等书乃不曾补入,则搜补之谓何?"㉓

　　笔者特意考查了黄云眉先生多次提到的疑似宋版书,发现《白孔六帖》《范

⑱　骆兆平:《重访五桂楼》,《图书馆杂志》1996年第4期。

⑲　黄云眉:《观五桂楼藏书记感》,《国学论衡》1935年第5期(下)。

⑳　黄云眉:《清理黄氏五桂楼图书》,载《余姚县政府县政汇编》,民国十九年,余姚市档案馆藏,档案号D693—0013。

㉑　黄云眉致姜枝先信件,1954年,黎洲文献馆藏。

㉒　黄云眉致姜枝先信件,1963年,黎洲文献馆藏。

㉓　苗启平、马启臣:《呈报查明黄氏五桂楼书籍版本经过情形》,《浙江教育行政周刊》1930年第2卷第14期。

忠宣集》应为明嘉靖刻本；《宋本广韵》应为清康熙四十三年（1704）张士俊泽存堂五种影宋刻本。对于"宋版《广韵》"，姜枝先在 1954 年 8 月 22 日的日记中也写道"宋版《广韵》已发见，恐非真宋版，系仿宋版，书本很大。"㉔。至于《韩昌黎集》则不见黄承乙所刻书目，黄云眉先生所见的或许是黄承乙刊刻书目后收藏的，惜现已无存。五桂楼藏书中到底有无宋版书，除徐用仪清光绪二年（1876）所书的跋中似是而非地提到和黄云眉先生的疑似外，没有其他确切的记述，而现存的五桂楼藏书中却绝无宋版书。唯一的一部经张良权、郑文彬鉴定的元刻本《玉海》，其实也是元至元六年（1340）庆元路儒学刻明清递修本。因此，从现存的藏书看，黄云眉先生所说的五桂楼主人蓄书宗旨，贵在实用，版本不很讲究，通行者居多，明版尚多，绝无坊间罕有之本的说法还是比较符合实际的。

㉔　《姜枝先 1954 年的日记》，余姚市档案馆藏，档案号 232—001—0019。

开放私藏　惠泽后学

今世藏書之家惟寧波天一閣為最久其制廚門樓

鑰子孫分房掌之非齊至不得開禁以書下樓梯及

私引親友擅升皆罰不與祭故歷久而書不零落余

既搆樓三間以藏此書益欲子姓守之後世能讀櫝

書可登樓展視或海內好事願窺祕冊者聽偕登焉

嘗見世之謀子孫者求田問舍計非不周至然數傳

之後不免竇貧重念簒贏金之教此余藏書之本意也

嘉慶辛未春仲石泉識

在我国漫长的藏书史中，古代私人藏书楼一经诞生似乎就贴上了秘而不宣、藏而不用的标签，但其实，愿意出借藏书甚至还代办食宿或免费供应食宿的私人藏书家虽然不多，但也不乏其人。如三国时显明亭侯向朗潜心典籍，孜孜不倦"积聚篇卷，于时最多。开门接宾，诱纳后进"①，并在开放藏书的同时，还指导阅读。东晋关内侯钱塘人范平，"有书七千余卷，远近读者，恒有百余人，（其子）蔚为办衣食"②。南朝齐清河东武城（今河北故城）人崔慰祖"好学聚书至万卷，邻里年少好事者来从假借，日数十帙，慰祖亲自取与，未尝为辞"③。五代后周时窦禹钧，"于宅南构一书院，四十间，聚书数千卷，礼文行之儒，延置师席。凡世方孤寒之士无供须者，公咸为出之。无问识不识，有志于学者，听其自至"④。五代后晋著名藏书家临淄人石昂"家有书数千卷。喜延四方之士，士无远近，多就昂学问，食其门下者或累岁，昂未尝有怠色"⑤。北宋著名的史地学

① 〔西晋〕陈寿：《三国志》卷四十一，载《二十五史》，上海：上海古籍出版社、上海书店出版社，1986年版，第1188页。
② 范凤书：《中国历代藏书家资料辑要（一）》，《河南图书馆季刊》1981年第3期。
③ 〔南朝梁〕萧子显：《南齐书》卷五十二《列传三十三》，载《二十五史》，上海：上海古籍出版社、上海书店出版，1986年版，第2004页。
④ 赵连稳：《北京的古代书院》，《文史知识》2007年第9期。
⑤ 〔北宋〕欧阳修：《新五代史》卷三十四《一行传第二十二》，载《二十五史》，上海：上海古籍出版社、上海书店出版，1986年版，第5110页。

家、藏书家宋敏求"藏书三万卷，皆经校三五遍者""家居春明坊，士大夫喜读书者多居其侧，以便借置善本。当时春明宅子，比他处僦置常高一倍"⑥。北宋藏书家胡仲尧家"其别业有华林山斋，聚书万卷，大设厨廪，以延生徒"⑦。北宋著名书画家、苏东坡挚友李公择，"藏书凡九千余卷……而书固自如也，未尝少损。将以遗来者，供其无穷之求，而各足其才分之所当得。是以不藏于家，而藏于其故所居之僧舍，此仁者之心也"⑧。南宋时期老儒闻人滋"多蓄书，喜借人。自言作门客牙，充书籍行"⑨。这些私人藏书家对藏书的开放思想和实践，积极推动了我国传统文化的传播传承，是私家藏书楼向近代图书馆嬗变的开端，对后世藏书文化的形成与发展起到积极的助推作用。

明清时期，私人藏书空前繁荣。这一时期，藏而致用的开放思想得到前所未有的发展，也是我国古代藏书开放实践非常丰富的时期。清朝晚期，满清政府已经积贫积弱，内忧外患，中国社会发生深刻变化，从传统封建主义社会转变为西方列强侵略和掠夺下的半封建半殖民地社会。随着西方学术和思想的传入，中国的传统文化受到了极大的冲击，西方先进的藏书开放思想也渐渐传入中国，那些具有开放意识的私人藏书家们普遍认为天下人能共同阅读是藏书普惠众人的最终目的。

明代藏书大家、红雨楼主人福建闽南人徐火勃主张"传布为藏"，他的藏书对读书人开放，并为阅书者提供茶水。他认为借书于人，是对自己和别人都有好处的事，怎么可以不借？他在《笔精》中言："书亦何可不借人也？贤哲著述，以俟知者。其人以借书来，是与书相知也。与书相知者，则亦与吾相知也，何可不借？来借者，或蓄疑难，或稽异同，或补异简，或搜奇秘。

---

⑥　江向东：《宋代藏书家宋敏求》，《图书与情报》1986 年第 3 期。

⑦　张文利：《论宋代吟咏书院诗—以华林书院和武夷精舍为重点考察》，《湖南大学学报》（社会科学版），2018 年第 2 期。

⑧　〔宋〕苏轼撰：《李氏山房藏书记》，载〔清〕王文浩辑，孔凡礼点校：《苏轼文集》卷十一《记》，北京：中华书局，2004 年版，第 359 页。

⑨　钱仲联、马亚中主编，钱锡生、薛玉坤校注：《老学庵笔记校注》卷一，载《陆游全集校注》，杭州：浙江教育出版社，2011 年版，第 177 页。

至则少坐，供茶毕，然后设几持帙，恣所观览，随其抄膳"[10]。

籍园主人、祖籍余姚的山东历城人周永年认为："自汉以来，购书藏书，其说綦详。官私之藏，著录亦不为不多，然未有久而不散者。则以藏之一地，不能藏于天下；藏之一时，不能藏于万世也……盖天下之物，未有私之而可以常据，公之而不能久存者。"同时还说："天下都会，所聚簪缨之族，后生资禀，少出于众，闻见必不甚固陋，以犹有流传储藏之书故也。至于穷乡僻壤，寒门窭士，往往负超群之姿，抱好古之心，欲购书而无从。故虽矻矻穷年，而限于闻见，所学迄不能自广。果使千里之内有《儒藏》数处，而异敏之士，或裹粮而至，或假馆以读，数年之间，可以略窥古人之大全，其才之成也岂不事半而功倍哉！"[11]他积极倡导书籍的流通与传借，提出"天下共读之"的公共儒藏思想，呼吁"愿与海内同人共肩斯任，务俾古人著述之可传者，自今日永无散失，以与天下万世共读之。"[12]他不仅积极倡导，而且躬身实践，建"借园"，"聚古今书籍十万卷，供人阅览、传抄，以广流传。"[13]他将藏书编为《儒藏未定目录》供天下读书人借阅传抄，希望为天下无书可读的贫寒之士提供资源，充分发挥"借园"的作用，真正实现书籍价值的流传与利用。

爱日精庐主人江苏常熟人张金吾更是"乐与人共，有叩必应"，他指出："书贵通假，不通假则扃锁固而传本绝，我之罪更甚""若不公诸同好，广为流布，则虽宝如球璧，什袭而藏，于是书何裨？于余又何裨？"[14]

玉海楼主人浙江瑞安人孙衣言曾向公众通告："乡里后生，有读书之才、读书之志，而能无谬我约，皆可以就我庐，读我书。天下之宝，我固不欲为

⑩ 唐曦：《北宋以来福建私家藏书的特点》，《图书与情报》2008年第6期。

⑪ 〔清〕周永年《儒藏说》，载王绍曾、沙嘉孙著：《山东藏书家史略》，济南：山东大学出版社，1992年版，第386-389页。

⑫ 袁咏秋、季光：《中国历代国家藏书机构及名家藏读叙传选》，北京：北京大学出版社，1997年版，第366页。

⑬ 王蕾：《论儒藏思想的发展》，《大学图书馆学报》2013年第1期。

⑭ 匡淑红、李云：《张金吾爱日精庐藏书简析》，《北京行政学院学报》2005年第2期。

一家之储也。"⑮还亲自编订藏书规约十六条，详细规定借阅手续。

共读楼主人内阁中书国英鉴于"版籍多毁于火，书价大昂，藏书家秘不示人，而寒儒又苦无书可读。"⑯提出与人共读、成己成人的观点，他说："其所以不自秘者，诚念子孙未必能读，即使能读，亦何妨与人共读。成己成人，无二道也。"⑰国英编有《共读楼书目》，制定系统的书籍流通借阅服务制度，为贫寒的读书人创造了良好的条件。

清代四大藏书家之一的陆心源，积极践行藏书开放的理念，为使藏书惠及大众，他"乃就潜园建守先阁，取明以后刊抄诸帖及近人著述之善者，藏庋阁中，许四方好古之士来读不禁"，并且"念自来藏书，未能垂远。今春，奏记太府，以守先阁所储，归之于公。"⑱他认为无论普本善本，所有书籍均可开放，并提出明确的书籍管理制度及开放借阅程序。守先阁的开放已经具有公共图书馆的基本特性，获得极高的社会赞誉。

这些私人藏书家对藏书开放借阅、流通的理念和实践，促使了我国古代的藏书观发生了根本性的变化，私家藏书被赋予更多的社会文化价值，私人藏书家的社会责任意识渐渐被唤醒，使更多的人投入到这队伍中，积极推动了藏书文化的进步。

⑮ 吴晗：《江浙藏书家史略》，北京：中华书局，1981年版，第58页。
⑯ 李希泌、张椒华：《中国古代藏书与近代图书馆史料》，北京：中华书局，1982年版，第59页。
⑰ 李希泌、张椒华：《中国古代藏书与近代图书馆史料》，北京：中华书局，1982年版，第58页。
⑱ 王绍仁：《守先阁的藏书及其社会开放价值》，《图书馆杂志》2008年第4期。

二 五桂楼藏书开放理念

余姚藏书家们一向注重书籍的利用，他们把读书当作修身养性、学术研究的最佳途径，并普遍存在着浓厚的尊崇文献和耕读传家的民风。同时，余姚的大多藏书家对自己的藏书采用比较开放的管理方法，一般允许读者阅览传抄，如清吴以照的晚香楼藏书，任人阅览。清邵叶槐"藏书甚富，多载至署，与诸生谈经史，广所未备，士风丕振。"[19] 清邵曾可"多贮明儒书，敬轩、康斋、白沙、阳明以下、横山、绪山、东廓、南野。坐卧北楼，手钩元要，常为后生开说，提撕本原。"[20] 不仅如此，余姚藏书家甚至无偿捐赠典籍。为修《四库全书》，清朝政府广征天下遗书，《四库全书总目》著录邵晋涵进呈书五种，一百二十卷。而二老阁进呈的八十二种图书中，也有相当部分来自于黄宗羲的续钞堂藏书。

黄澄量一生痴迷于购书、抄书、藏书、读书、教书，同时他交友广泛，得到不少建楼藏书、治学、读书育人的成功启示。他从黄氏家族的历史变迁和切身亲历体会到，建楼藏书教育子孙是传承家脉、光宗耀祖的根本。无疑，黄澄量藏书的首要目的与用途是自己读书治学、家族读书

---

⑲ 〔清〕周炳麟修，〔清〕邵友濂、孙祖德纂：《余姚县志》卷二十三《列传十五》，清光绪二十五年刻本，黎洲文献馆藏。

⑳ 姚江书院编：《姚江书院志略》卷下"〔清〕邵廷采：《姚江书院传》"，清乾隆五十九年刻本，黎洲文献馆藏。

并延师以教子孙，他依据儒家传统的道德观念，希冀子孙们好学上进，读圣贤书，达则兼济天下，穷则能善其身。五桂楼的藏书、读书活动得到了黄氏家族数代人的承继和发展，从中可以看出，基本实现了黄澄量的初衷。

阮元在《黄氏五桂楼书目序》中云："余姚黄君石泉，僻处深山之中，木石之与居，牧童樵竖之与往来，独有志津逮，缥囊缃帙……可谓有志者矣。"[21]他"截缣以购，鬻产而求"[22]"得古书善本，不惜重价购之"[23]。面对日渐充裕的家财，有人劝他多置买田地留给子孙，他不以为然，他认为子孙如果贤能，财产多了就会减损志气，如果愚蠢而多钱财只会增加其过失。他说道："尝见世之谋子孙者，求田问舍，计非不周至，然数传之后，不免窭贫。重念籝金之教，此余藏书之本意也。"[24]由此可见，黄澄量藏书的本意是"籝金之教"，出典于《汉书》："遗子黄金满籝，不如一经"，意思是说，即使装满一箱子黄金传给子孙，最终还是免不了贫穷，还不如留一部经书。黄澄量一生苦心孤诣购书、抄书、藏书也是为了子孙后代能够读书，他认为即使天资禀赋并不出众，只要努力学习，博览群书，修品行，扩见闻，增辨识，同样能够成才。其挚友诸开泉显然明白他的苦衷，曾教导其子黄肇震："尊公爱书如性命，岂有不爱其子读书如性命者乎！子能读书，掇科甲，显扬父母，幸矣。即不然，而闭户潜修，先求事亲克己之道而后遍读群书。子能读书，而后能教子孙读书，而子孙亦能教其子孙读书，是则尊公藏书之意也。"[25]

但"昔之聚书者，或赠知音，或遭火患，或以破家散失，或为子孙售卖。"[26]

——

[21] 〔清〕阮元：《黄氏五桂楼藏书目序》，载〔清〕黄澄量编，〔清〕黄肇震增补，〔清〕黄承乙重辑：《姚江黄氏五桂楼书目》，清光绪二十一年姚江黄承乙刻本，黎洲文献馆藏。

[22] 〔清〕顾文彬：《黄氏五桂楼藏书目序》，载〔清〕黄澄量编，〔清〕黄肇震增补，〔清〕黄承乙重辑：《姚江黄氏五桂楼书目》，清光绪二十一年姚江黄承乙刻本，黎洲文献馆藏。

[23] 〔清〕诸开泉：《五桂楼藏书记》，载〔清〕黄澄量编，〔清〕黄肇震增补，〔清〕黄承乙重辑：《姚江黄氏五桂楼书目》，清光绪二十一年姚江黄承乙刻本，黎洲文献馆藏。

[24] 〔清〕黄澄量编，〔清〕黄肇震增补，〔清〕黄承乙重辑：《姚江黄氏五桂楼书目》"黄澄量识"，清光绪二十一年姚江黄承乙刻本，黎洲文献馆藏。

[25] 〔清〕诸开泉：《五桂楼藏书记》，载〔清〕黄澄量编，〔清〕黄肇震增补，〔清〕黄承乙重辑：《姚江黄氏五桂楼书目》，清光绪二十一年姚江黄承乙刻本，黎洲文献馆藏。

[26] 孙星衍：《孙渊如先生全集》，上海：商务印书馆出版，1935年版，第25页。

五桂楼藏书史述

第六章 开放私藏 惠泽后学

174

今世藏書之家惟甯波天一閣爲最久其制廚門樓
鑰子孫分房掌之非齊至不得開禁以書下樓梯及
私引親友擅升皆罰不與祭故愿久而書不零落余
旣搆樓三間以藏此書益欲子姓守之後世能讀橧
書可登樓展視或海内好事願窺秘冊者聽偕登焉
嘗見世之謀子孫求田問舍計非不周至然數傳
之後不免篋貧重念篝金之教此余藏書之本意也
嘉慶辛未春仲石泉識
黄氏經籍子孫是教鬻與假人卽爲不孝石泉又識

黄澄量嘉庆辛未《识》

黄澄量有感于此，他从历代频繁的书厄或私家藏书楼历史兴衰以及自身体验中深刻地认识到，向社会公众开放才是提高藏书利用价值的唯一途径，他认为藏书楼的真正意义在于推进读书治学和文化传播，嘉惠家族后人、亲朋好友和海内学人。因此，对于五桂楼藏书，黄澄量豪迈地宣布："今世藏书之家惟宁波天一阁为最久。其制橱门楼钥子孙分房掌之，非齐至不得开。禁以书下楼梯用及私引亲友擅升，皆罚不与祭。故历久而书不零落。余既构楼三间以藏此书，盖欲子孙守之，后世能读橧书，可登楼展视。或海内好事愿窥秘

175

册者，听偕登焉。"㉗。

黄云眉对黄澄量藏书开放予以高度赞赏，他说"虽然诚令如先生者数家，能各公其所有于同好，则倍之，而为十万卷，再倍之，而为二十万卷……则好学若渴者，既可缘以为成学之梯，而子孙之有同好者，亦得以收攻玉之助而不复侈。"㉘黄澄量的藏书对所有读书人开放的做法是他藏书理念的亮点，闪耀着那个时代最耀眼的光芒。同时，为了保护书籍能世代流传，他告诫子孙："黄氏经籍，子孙是教，鬻与假人，即为不孝。"㉙对此，黄云眉并不认同，他直言道："其亦可谓不达也。已夫子孙岂不愿遵先人之遗戒哉！衣食之不给则且恨，煮字之不能为粮，而缥囊缃衮之与破纸同价也。其鬻也盖非得已也。以是而责其不孝，则将以抱蠹蚀鼠啮之余而僵卧而死者为孝乎？"㉚诚然，黄澄量的遗戒可谓严苛，不能"鬻与假人"也在一定程度上导致了藏书开放的局限性，但却能最大限度地保护书籍不受损毁和流失。事实也是如此，在以后的二百余年中，除了不可抗拒的原因，五桂楼书籍基本没有因为"鬻与假人"而散佚。

其子、孙、曾孙深受他藏书开放、重教育人的影响和代代相传的嘱托，在继承、弘扬五桂楼的藏书理念和价值观上不余遗力。其子黄肇震继承父志，继续搜集古籍，"府君（黄肇震）承先王父（黄澄量）之遗，增辑藏书，购旧所未备暨新出善本又不下万卷。"㉛临终重述其父黄澄量遗命，勉励子孙好好读书，并以所著《家训摘要六则》重申告诫。因"辛酉之难"，藏书稍稍散佚，黄澄量之孙黄联镳命黄承乙整理图书，黄承乙在祖父辈藏书的基础上致力于保存和弘扬，他"亲承庭诰，整理搜补，重加校编，渐复旧观。自

㉗　〔清〕黄澄量编，〔清〕黄肇震增补，〔清〕黄承乙重辑：《姚江黄氏五桂楼书目》"黄澄量嘉庆辛未识"，清光绪二十一年姚江黄承乙刻本，黎洲文献馆藏。

㉘　黄云眉：《观五桂楼藏书记感》，《国学论衡》1935年第5期（下）。

㉙　〔清〕黄澄量编，〔清〕黄肇震增补，〔清〕黄承乙重辑：《姚江黄氏五桂楼书目》"黄澄量又识"，清光绪二十一年姚江黄承乙刻本，黎洲文献馆藏。

㉚　黄云眉：《观五桂楼藏书记感》，《国学论衡》1935年第5期（下）。

㉛　〔清〕黄联镳述：《慈孝爱三世合传》，载〔清〕黄承乙编：《椿荫轩笔记》正编一卷，民国九年聚珍本，国家图书馆藏。

甲子（1864）迄甲戌（1874），积十年，纵览旧藏各要册，学识大进。"㉜藏书也恢复原有的规模。浙江巡抚卫荣光曾赞道："缥缃无恙，栋宇依然，黄巾亦解读书，不毁康成之室，玉府不遗珍籍，仍留曹氏之仓。保五世之芸编，终完赵璧，守百年之祖泽，不蠹羽陵。"㉝

㉜〔清〕黄承乙：《老尹自叙》，载〔清〕黄承乙编：《椿荫轩笔记》续编一卷，民国九年聚珍本，国家图书馆藏。

㉝〔清〕卫荣光：《敬三十四公七十寿序二》，载〔清〕黄承乙编：《椿荫轩笔记》正编一卷，民国九年聚珍本，国家图书馆藏。

三

开放致用　刊刻流布

五桂楼楼下即七十二峰草堂，是黄澄量讲学会文之所。黄澄量时期，"诸秋潭、胡白水两明经先后馆于家，几二十年。同学如胡尚海、吴友兰、万履周、诸笠飒、望云、姻世丈共相观摩，先王父皆期以伟器。后诸公笠飒成进士，历官刺史，其他亦为名诸生，人服其藻鉴之精。其栽培族子弟虽不中不才，亦不之弃，故多卒多成名"㉞。黄澄量子黄肇震在教书育人方面全盘继承黄澄量的做法，并利用五桂楼西侧的梦花书屋作为黄氏学堂，邀师为子孙们讲授，亲戚朋友中凡得黄肇震栽培者多成名。

自黄澄量开始，五桂楼藏书不仅对家族子侄、亲友开放，而且对社会上普通读者主动开放，"俾子姓与宇内嗜书之士得纵观焉，其贻留子孙与津逮后学之志参之。"㉟黄氏允许宇内学人登楼阅读，毋庸置疑，这是黄澄量祖孙四代对社会最大的贡献。

由于五桂楼僻处四明山深山腹地，交通食宿都很不容易，黄澄量和他的子孙们还免费提供食宿，且供应颇丰，这在当时几乎是独一份的。五桂楼不仅没有向外来异姓读书人收取任何费用，反而免费提供食宿，做到外来异姓读

㉞〔清〕黄联镳述：《慈孝爱三世合传》，载黄承乙编：《椿荫轩笔记》正编一卷，民国九年聚珍本，国家图书馆藏。

㉟〔清〕荣昌敖：《黄氏五桂楼藏书目序》，载〔清〕黄澄量编、〔清〕黄肇震增补、〔清〕黄承乙重辑：《姚江黄氏五桂楼书目》，清光绪二十一年姚江黄承乙刻本，黎洲文献馆藏。

书人与族人、亲友一样都能登楼入室、阅读，基本实现私人藏书与社会人士共享。黄联镳曾回忆道："先王父夙多文字交，馆师饷客座无虚日。先王母中馈亲操，供给丰腆，中外称之。"[36]。黄澄量子黄肇震延师馆宾全沿袭黄澄量的做法。黄肇震妻朱氏"且以府君好客广交，其馆餐之丰，供应之周，悉取法先王母"[37]。黎川也说："本楼主人并且负责供衣供食，收容天下好学之士，任其聚读研理其间，来去听其自便。"[38]

　　黄氏的这一举措得到读书人的积极响应，使得当时许多读书人为读五桂楼藏书不辞辛劳，翻山越岭来到梁弄。一时，梁弄小镇读书人络绎不绝，盛况空前，《姚江黄氏五桂楼书目》中留下了他们不少诗作，形象地描述了五桂楼丰富的藏书及士人学子们争相阅读的盛况。清嘉庆十七年（1812），翰林院编修、玉牒馆协修、国史馆纂修邵瑛回余姚省亲，特访五桂楼，曾赋诗道："总少人间未有书，洞天深处竟何如。名山盛业君都擅，不数琅嬛福地居。"[39]黄宗羲七世孙黄直垕对五桂楼藏书表达由衷的钦羡："羡君好书敌曹氏，我欲为君主书仓。羡君拥书等侯国，我欲为君校书郎。"[40]刘荃亦作诗道："六万缥缃富积储，长留孙子作苞苴。燃藜愧说传经后，未得楼中署校书。"[41]

　　许多藏书家认为刊刻能使古籍善本化身千万，是流传古籍、传播文化和服务大众的最佳方式。正如刻书大家张海鹏所说："藏书不如读书，读书不如刻书。藏书者好名非好学也。若刻书，则上，以寿作者；下，以惠后学，绵

㊱　〔清〕黄联镳述：《慈孝爱三世合传》，载黄承乙编：《椿荫轩笔记》正编一卷，民国九年聚珍本，国家图书馆藏。

㊲　〔清〕黄联镳述：《慈孝爱三世合传》，载黄承乙编：《椿荫轩笔记》正编一卷，民国九年聚珍本，国家图书馆藏。

㊳　黎川：《梁弄五桂楼参观记》，《宁绍新报》1947年第9期。

㊴　〔清〕邵瑛：《登五桂楼看藏书》〔清〕黄澄量编，〔清〕黄肇震增补，〔清〕黄承乙重辑：《姚江黄氏五桂楼书目》，清光绪二十一年姚江黄承乙刻本，黎洲文献馆藏。

㊵　〔清〕黄直垕：《赠五桂楼主人药溪先生》，载〔清〕黄澄量编，〔清〕黄肇震增补，〔清〕黄承乙重辑：《姚江黄氏五桂楼书目》，清光绪二十一年姚江黄承乙刻本，黎洲文献馆藏。

㊶　〔清〕黄澄量编，〔清〕黄肇震增补，〔清〕黄承乙重辑：《姚江黄氏五桂楼书目》"刘荃诗"，清光绪二十一年姚江黄承乙刻本，黎洲文献馆藏。

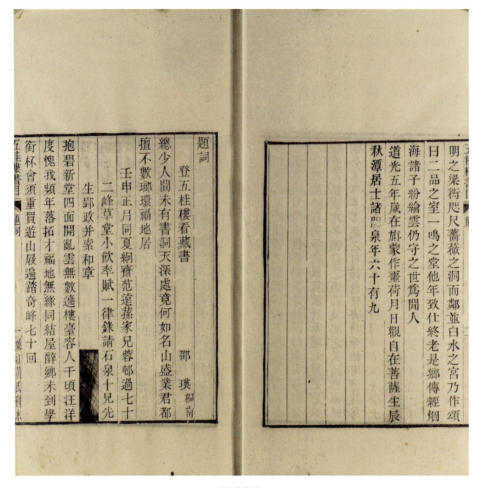

邵瑛题词

绵延延传之无极。"[42]张海鹏甚至把全部家产都用在了刻书事业上，刻成了《学津讨源》《墨海金壶》《借月山房汇钞》等等影响极大的书籍，对罕见文献的保存和流传，功不可没。

　　藏书广为流传的理念和强烈的家族文化传承意识，促使黄承乙如许多藏书家一样开始刻书，黄承乙建刻书印书工场，并刻印了五种书籍。黄承乙从

---

[42] 黄国光：《清代刻书大家张海鹏》，《四川图书馆学报》2002 年第 4 期。

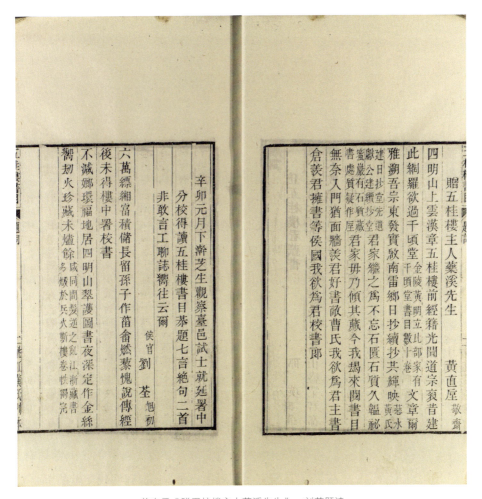

贈五桂樓主人藥溪先生　黃直垕 敬齋

四明山上雲漢章五桂樓前經籍光聞道宗袞昔建
此綱羅欲過千頃堂金陵黃明立此部家有文章爾
雅溯吾宗東發實敘南雷鄉日抄續抄其輝映黃氏水
建明日抄堂先遺君家繫之爲不忘石匱石質久輻秘
藏嚴公建續抄室石質抄室今我竭來閱書目
無奈入門猶面牆羨君敢曹氏我欲爲君主書
書處質有蜜處疑其處君家毋乃傾其書目
倉羨君擁書等侯國我欲爲君校書郎

辛卯元月下澣芝生觀察臺邑試士就延署中
分校得讀五桂樓書目恭題七言絕句二首
非敢言工聊誌嚮往云爾
　　　　　　　侯官劉荃旭初

六萬縹緗富積儲長留孫子作苗裔然藜愧說傳經
後未得樓中暑校書
不減娜嬛福地居四明山翠護圖書夜深定作金絲
鬱劫火珍藏未燼餘多燬於兵火斯樓卷帙獨完

黄直垕《赠五桂楼主人药溪先生》　刘荃题诗

政数十年，辗转各地，他曾把重新辑录的《姚江黄氏五桂楼书目》、刻印的《明夷待访录》放置在行囊中，以便随时与同好阅读交流，并积累了大量的资源和人脉，这从《姚江黄氏五桂楼书目》大量的序跋中可见一斑，他直接推动了五桂楼藏书的流通开放和弘扬。可以说，从五桂楼藏书的应用和传播来说，黄承乙甚至已经超出了其曾祖父黄澄量，进一步丰富、弘扬了五桂楼藏书理念和价值观。

四　五桂楼开放藏书的积极影响

为了自己读书的需要而聚书、藏书是古代私人藏书家的首要目的，私人藏书家们利用私家藏书也取得了令人瞩目的学术成就。在所有余姚藏书家中，学术成就最大的当数黄澄量的同宗族祖黄宗羲，正如郑性所评论的那样："先生之藏书，先生之学术所寄也。"[43]据统计，黄宗羲一生著作计一百十二种，至少一千三百卷，二千万字，现存五十五种，一千零七十七卷。可以毫不夸张地说，丰富的藏书成就了黄宗羲的学术成果，也成就了他伟大思想家的不朽声名。

五桂楼主人黄澄量不仅酷嗜藏书、读书，且著述颇丰。其中，以一百四十册的《明文类体》影响最大，这是一部"可以与黄黎洲编的《明文海》并传于世"的"一部稀有的好书"[44]，是研究明代版本目录学，保存明代文献的重要著作。可惜的是，除《明文类体》和少量歌咏梁弄优美风光的诗作外，黄澄量的其他著作已不见踪影。他的《瀑布》诗云："界道流飞瀑，遥知匹练拖，试看悬峭壁，疑是旧银河。"《白水宫》诗云："鸟道登危岫，延缘度石门，仙宫岩穴秀，

---

[43] 〔清〕全祖望：《二老阁藏书记》，载沈善洪主编：《黄宗羲全集》第十二册，杭州：浙江古籍出版社，2005年版，第212页。
[44] 谢国桢：《江浙访书记》，北京：生活·读书·新知三联书店，1985年版，第209页。

直道武陵源。"⑮

诚然，在中国古代，大多数私人藏书家秘惜所藏，唯恐别人知道自己的珍藏秘籍，但仍有部分有远见卓识的藏书家无偿提供借阅，与人共享私藏，并编印家藏书目传播藏书信息，或刻书以广传秘籍。更有些私人藏书家不仅开放藏书，并专门辟出读书场所，惠泽学人，黄澄量祖孙四代就是这种做法的典型代表。

五桂楼是我国古代千千万万藏书楼中的普通一员，无论是藏书历史、规模还是藏书质量并不特别出众，但他们这种开放私藏、惠及众人的实践，为我们留下了宝贵的精神财富，值得我们继承和发扬。黄氏五桂楼积极推动了藏书文化的发展，为推动浙江传统私家藏书文化近代化演进作出了重要贡献，在中国私家藏书楼史上，铸就了独有地位和独特价值。

---

⑮ 黄澄量：《西明纪游四十二首》，载黄日赞总修：《余姚四明黄氏谱》卷三《艺文·诗》，民国廿一年，季七房刊。

第七章

明文类体 缥缃遗珍

一
——
一部稀有的好书

五桂楼原藏有一部题名为《今文类体》的"《明文类体》"，1956年7月，调拨给浙江图书馆，现藏于浙江图书馆①。"《明文类体》，清黄澄量辑……此书由明刻本剪裁而成总集……书编于乾嘉之际，为避文字狱，不署编者，题托《今文类体》。"②

《明文类体》全书版式多样，正文首卷卷端板式为版框（高×宽）21.5cm×13.9cm，半页8行，字数不等，双行小字字数不等，白口，四周单边，单黑鱼尾。开本（高×宽）26.4cm×16.4cm。全书140册，现尚存138册。按文体分为：《目录》6册、《传》5册、《墓志铭》17册、《行状》5册、《祭文》6册、《墓表》3册、《碑》4册、《赞》1册、《议附公移》3册、《论》5册、《解附杂解》1册、《策》3册、《书》14册、《序》18册、《记》8册、《诗》35册、《题跋》1册、《说》1册、《考附杂考》1册、《辨附杂辨》1册。可辨认的藏书印有：其一封面题签处钤有一方形阴文印章，释文：人/间无价/是文章；其二正文首卷首叶有一方形阳文印章，释文：袁氏/家藏；其三《匡山社集五言律》首页有一长方形阳文印章，释文："听雨斋"。

---

① 浙江图书馆编：《接收余姚梁弄五桂楼图书清册》，抄件，1956年7月26日，黎洲文献馆藏。
② 林祖藻主编：《浙江图书馆馆藏珍品图录》，杭州：西泠印社出版社，2000年版，第101页。

《明文类体》正文首叶

　　《明文类体》是一部很奇怪的书，此书无目录、无序跋、无编纂者名氏、无编纂体例、无刊刻流传，十足的一部"五无"书籍，封页仅题"今文类体"书名，是编者对搜集到的明刻本按文体分类进行拆装而辑成的一部总集。《明文类体》一直湮没在五桂楼数万卷书籍中，之前的整理者除黄承乙偶有提及外，如黄肇震父子、黄云眉、姜枝先等人都没有特别注意。直至1956年7月，浙江图书馆、浙江省文管会派刘慎旃、张正夫到余姚五桂楼接收图书，才引起古籍专家刘慎旃先生的关注，他们的接收清单中就有该书。自此，《明文类体》才渐渐为人所知。

　　1979年初，史学家、版本学家谢国桢曾赴江浙一带访书，在浙江图书馆古籍部专门披阅了这部书，他在专著《江浙访书记》中写道："《今文类体》不分卷，一百三十八册，浙江省图书馆藏，用明代原刻各家文集辑录本。清余姚梁弄五桂楼黄澄量汇订。"③并说："这部书可以与黄黎洲编的《明文海》并传于世。目前研究明清史及明代社会经济、文学艺术、科技，首先应当注意到这部书。"④尔后，他在《江、浙、成都访书观感》一文中写到浙江图书馆时再次详细介绍此书："我尤其注意的是清代余姚黄澄量编纂《今文类体》一百三十八厚册，原稿本。黄氏是余姚的藏书家，编有《五桂楼书目》。这部书是效法黄宗羲《明文海》的体例而编纂的。他选辑明代诗文集和奏议等书，用原来的明代刻本，把它剪裁下来，分门别类予以编整，汇录成编。就保存明代四百多家文集奏议这一点来说，已经是难能可贵。余姚僻在山区，很少受到兵燹，此书一直保存到解放初期仍完好无损。一九五五年浙江图书馆请杭州大学张慕骞副教授到余姚取出了这部书籍，存到图书馆里。一九七二年上海图书馆顾廷龙同志到杭州访书，才发现这是一部稀有的好书。我建议社会科学院或有关单位应该以便应用。"⑤顾廷龙在《江浙访书记·序》中回忆谢国桢教授时谈及："某年先生游杭归来，为言曾在浙江图书馆获见《明文类体》一书，五桂楼主人自编未梓稿，极为珍贵。余先曾见及，颇有同感。鄙意此书皇皇巨编，刊印不易，似可编一细目注明其抄本刻本，已刻未刻，使读者见其目，如读其书。先生然之。"⑥可见，这部"稀有的好书"得到古籍专家的青睐和推崇。至于谢先生提到的"一九五五年浙江图书馆请杭州大学张慕骞副教授到余姚取出了这部书籍，存到图书馆里"则有误，该书是1956年7月由刘慎旃、张正夫接收到浙江图书馆的。

③ 谢国桢：《江浙访书记》，北京：生活·读书·新知三联书店，1985年版，第208页。
④ 谢国桢：《江浙访书记》，北京：生活·读书·新知三联书店，1985年版，第209页。
⑤ 谢国桢：《江浙访书记》，北京：生活·读书·新知三联书店，1985年版，第12-13页。
⑥ 顾廷龙：《回忆瓜蒂庵主谢国桢教授（代序）》，载谢国桢：《江浙访书记》，北京：生活·读书·新知三联书店，1985年版，第2页。

二 《明文类体》的编者之谜

《明文类体》既无编纂者姓名，亦无序跋，更无编纂体例和刊刻流传，为后人留下诸多谜团。首先，关于该书的编纂者问题，主要有两种说法，一为黄澄量，二为明末某人士，大多学者包括谢国桢、顾廷龙认为此书编纂者为黄澄量。童正伦更进一步指出："自古编书为建功流芳，此书作者却全然不留痕迹，题名《今文类体》，仅留有似乎某明末人所编信息。黄宗羲编纂明文总集《明文案》《明文海》时在清康熙间，既作序又署名，而此书编者若是明人则更无不署名之理。"⑦丁红却认为《明文类体》为明人所编，但并不是《明文海》在抄录之前的第一步工作原稿："每卷首端均经剪辑贴补过，剜去原刻书名，粘补上手写'今文类体'四字，故此书又名《今文类体》可证其是明人编辑的。刘慎旃先生曾据黄宗羲编辑《明文案》的方法，推测此书系《明文海》在抄录之前的第一步工作原稿。笔者把是书中凡手写字样一一与黄宗羲稿本墨迹核对，结果发现甚不相符，与宁波天一阁藏《明文海》《明文案》二书的稿本风格也不一致。"⑧

那么，《明文类体》到底为谁所编？其实，黄澄量之

⑦ 童正伦：《沧海有遗珠——〈明文类体〉考释》，《图书馆研究与工作》2013年第4期。

⑧ 丁红：《〈浙江图书馆古籍善本书目〉的编制与特点》，《国家图书馆学刊》2000年第3期。

曾孙黄承乙，早在清同治九年（1870）所编的稿本《五桂楼黄氏书目》和清光绪二十一年（1895）编订的《姚江黄氏五桂楼书目》中，明确记载"《明文类体》一百四十册，自编未梓稿本"⑨。并且，黄澄量之孙黄联镳在《慈孝爱三世合传》记述黄澄量时说道："（黄澄量）取明陈以勤以下数十家文，仿《文苑英华》例，分门别类，辑《明文类体》百四十册，稿今藏五桂楼。"⑩《慈孝爱三世合传》乃清光绪十七年（1891）由黄澄量之孙黄联镳所述，收录于黄承乙的《椿荫轩笔记》中。黄联镳、黄承乙在《椿荫轩笔记》和《姚江黄氏五桂楼书目》中都说到《明文类体》为黄澄量所编，这个说法应该比较可信。并且黄联镳、黄承乙在提到这部书时，一直是《明文类体》这个书名，说明这书名是一直存在的，至少在黄氏家族内部都认为《今文类体》就是《明文类体》。至于黄澄量为何不署名，却托名《今文类体》，最大的可能是由于清代早中期严密的文网，乾隆大兴文字狱，使大批文人人心惶惶，战战兢兢。清嘉庆时期，虽然文网稍有松弛，但作为乾隆时期的过来人，黄澄量不免心有余悸，托名《今文类体》也在情理之中。

---

⑨ 〔清〕黄澄量编，〔清〕黄肇震增补，〔清〕黄承乙重辑：《姚江黄氏五桂楼书目》卷四《集部三》，清光绪二十一年姚江黄承乙刻本，黎洲文献馆藏。

⑩ 〔清〕黄联镳述：《慈孝爱三世合传》，载〔清〕黄承乙编：《椿荫轩笔记》正编一卷，民国九年聚珍本，国家图书馆藏。

三　《明文类体》所收的书籍

据统计，《明文类体》全书共收录 68 家 89 部（种）书，分别是 19 部常见书、18 部稀见书、21 种禁毁书和 31 种孤本书。全书收编之书如下[⑪]：

第一类，禁毁书17家21部

1、《王槐野先生存笥稿前集》二十卷《续集》九卷，明王维桢撰，明万历七年尹应元徐学礼刻本

2、《新刻张太岳先生文集》四十七卷，明张居正撰，明万历四十年唐国达刻本

3、《居来先生集》六十五卷，明张佳胤撰，明万历二十二年张叔玺刻本

4、《由拳集》二十三卷，明屠隆撰，明万历八年冯梦祯刻本

5、《苍霞草》二十卷，明叶向高撰，明万历天启刻本

6、《苍霞草诗》八卷，明叶向高撰，明万历天启刻本

7、《合并黄离草》三十卷，明郭正域撰，明万历四十年史记事刻本

8、《歇庵集》十六卷，明陶望龄撰，明万历三十九年真如斋刻本

⑪　童正伦：《沧海有遗珠——〈明文类体〉考释》，《图书馆研究与工作》2013 年第 4 期。

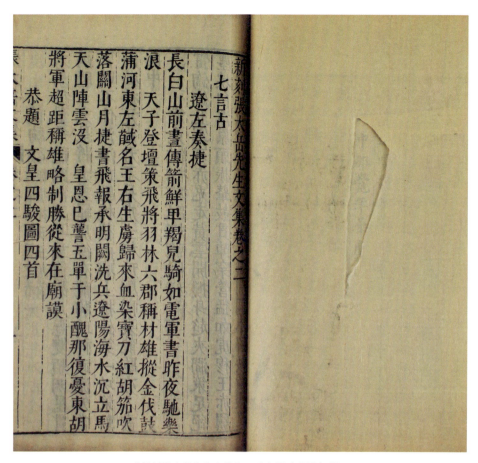

《新刻张太岳先生文集》四十七卷（禁毁）卷二

9、《睡庵文集初刻》四卷《二刻》六卷，明汤宾尹撰，明李曙寰刻本

10、《缑山先生集》二十七卷，明王衡撰，明万历刻本

11、《王文肃公文集》五十五卷，明王锡爵撰，明王时敏刻本

12、《邹南皋集选》七卷，明邹元标撰，明万历三十五年余懋衡刻本

13、《赐闲堂集》四十卷，明申时行撰，明万历刻本

14、《纶扉简牍》十卷，明申时行撰，明万历二十四年刻本

15、《徐文长文集》三十卷，明徐渭撰，明刻本

16、《碧山学士集》四卷，明黄洪宪撰，明万历刻本

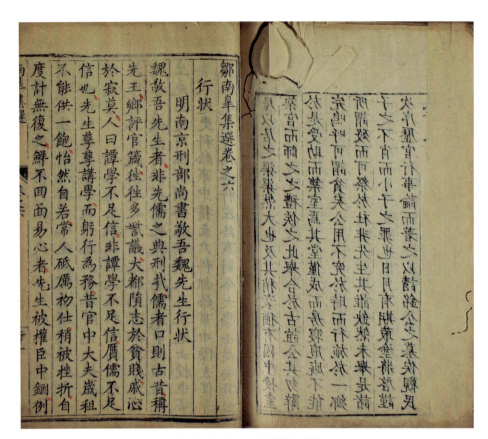

《邹南皋集选》七卷（禁毁）卷六

17、《王文端公尺牍》八卷《诗集》二卷，明王家屏撰，明万历四十四年至四十五年刻本

18、《长水先生文钞》二卷《四余编》四卷《贲园草》四卷《洛颂编》四卷《水云绪编》四卷，明沈懋孝撰，明万历刻本

19、《沈幼真太史滴露轩藏稿》一卷，明沈懋孝撰，明万历二十七年汪怀德刻本

20、《沈司成先生集》一卷，明沈懋孝撰，明刻本

21、《餐微子集》三十卷，明岳和声撰，明天启刻本

第二类，通常书（19部）

1、《方正学先生逊志斋集》二十四卷《外纪》二卷，明方孝孺撰，明万历四十年丁宾等刻本

2、《太史升庵文集》四十卷，明杨慎撰，明刻本

3、《崔氏洹词》十七卷《附录》四卷，明崔铣撰，明嘉靖三十三年周镐刻本

4、《唐荆川先生文集》十二卷，明唐顺之撰，明唐国达刻本

5、《王阳明先生集抄》十六卷，明王守仁撰，李腾芳辑，明汪孟朴等刻本

6、《空洞子集》六十六卷，明李梦阳撰，明万历三十年邓云霄刻本

7、《何大复先生集》三十八卷，明何景明撰，明万历五年陈堂胡秉性刻本

8、《弇州山人续稿》二百七卷《附录》十一卷，明王世贞撰，明刻本

9、《沧溟先生集》三十一卷《附录》一卷《附录补遗》一卷，明李攀龙撰，明万历二十六年刻本

10、《宗子相集》八卷《附录》一卷，明宗臣撰，明嘉靖二十九年林朝聘黄中等刻本

11、《遵岩先生文集》四十一卷，明王慎中撰，明嘉靖四十五年刘滂本

12、《太函集》一百二十卷，明汪道昆撰，明万历刻本

13、《茅鹿门先生文集》三十六卷，明茅坤撰，明万历刻本

14、《冯用韫先生北海集》四十六卷，明冯琦撰，明万历林有麟刻本

15、《郊居遗稿》十卷，明沈懋学撰，明万历三十年何乔远刻本

16、《刻李衷一先生清源洞文集》六卷，明李光潜撰，明万历十一年李洪宇刻本

17、《盛明十二家诗选》十二卷，明朱翊钶辑并批点，明万历三十三年益藩刻本

18、《玉茗堂集选》十五卷，明汤显祖撰、帅机辑，明万历四十二年周如滇刻本

19、《类编笺释国朝诗余》五卷，明钱允治辑、陈仁锡释，明刻本

1、《早朝诗》三卷，明杨子器撰，明杨守勤刻本

2、《历代宫词》一卷，明杨子器撰，明杨守勤刻本

3、《拟古排节宫词》一卷，明杨子器撰，明杨守勤刻本

4、《陈文端公青居山房稿》十六卷，明陈以勤撰，明刻本

5、《青居山房诗稿》四卷，明陈以勤撰，明刻本

6、《陈文宪公万卷楼稿》二十二卷，明陈于陛撰，明刻本

7、《万卷楼诗稿》四卷《拾遗》一卷，明陈于陛撰，明刻本

8、《赵大司马文集》四卷，明赵大佑撰，明尚志斋刻本

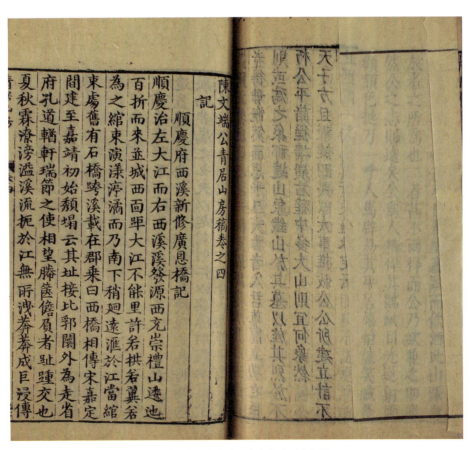

《陈文端公青居山房稿》十六卷（孤本）卷四

9、《太平山房文选续集》五卷，明邹元标撰，明周思孝、艾友芝等刻本

10、《洞阳子三续集》五卷，明万恭撰，明万信刻本

11、《循陔园集》四卷，明丘禾实撰，明周之纲、魏运开刻本

12、《艺葵园文草》二卷，明张应泰撰，明刻本

13、《白门草》十卷，明张应泰撰，明刻本

14、《馆阁试稿》一卷，明姜逢元辑，明刻本

15、《馆阁试草》不知卷，明姜逢元辑，明刻本

16、《云公诗集》四卷，明宋启明撰，明刻本

17、《云公文集》一卷，明宋启明撰，明刻本

18、《尘栖稿》三卷，明陈懋仁撰，明刻本

19、《止酒斋近草》一卷，明陈懋仁撰，明刻本

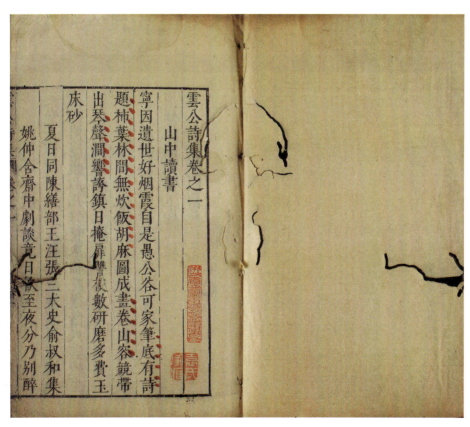

《云公诗集》一卷（孤本）卷一

197

20、《饥驱草》一卷，明戴九玄撰，明刻本

21、《匡山社集》一卷，明戴九玄撰，明刻本

22、《陆沉集》一卷，明戴九玄撰，明刻本

23、《落花诗》一卷，明戴九玄撰，明刻本

24、《酒人游》一卷，明戴九玄撰，明刻本

25、《玄岳山人咏物诗选》二卷，明姚兖撰，明项道民、黄惟楫等刻本

26、《玄岳山人诗选》八卷，明姚兖撰，明周天球、文嘉等刻本

27、《陈岩草堂诗集》二卷，明方攸跻撰，明陆万垓刻本

28、《猗兰堂诗集》二卷，明方沆撰，明何存教刻本

29、《灯市诗》一卷，明宋敏撰，明刻本

30、《容台小草》一卷，明赵琦美撰，明谢兆申刻本

31、《柏台草》一卷，明赵琦美撰，明谢兆申刻本

第四类，稀见书（存世三部以下，18种）：

1、《吴状元荣进集》三卷，明吴伯宗撰，明万历周文华刻本

2、《余学士集》三十卷《续集》不分卷，明余孟麟撰，明万历刻本

3、《吹剑斋文集》八卷，明邓宗龄撰，明邓修、邓必伟刻本

4、《庄学士集》八卷，明庄天合撰，明博古堂刻本

5、《黎阳王襄敏公疏议诗文辑略》二卷，明王越撰、王绍思辑，明嘉靖三十二年中山徐氏刻本

6、《问次斋稿》三十一卷，明公鼐撰，明万历刻本

7、《中秘读书稿》二卷，明黄洪宪撰，明万历刻本

8、《新刻甲辰科翰林馆课》十二卷，明李廷机、杨道宾辑，明万历刻本

9、《新刻甲辰科翰林馆课续》不分卷，明李廷机、杨道宾辑，明刻本

10、《新刻辛丑科翰林馆课》八卷，明曾朝节、敖文祯辑，明万历三十一年金陵周氏博古堂刻本

11、《新刻重校订丁未科翰林馆课》八卷，明万历三十七年金陵唐振吾广庆堂刻本

12、《新刻癸丑科翰林馆课》八卷，明顾秉谦撰，明万历四十三年金陵唐振吾广庆堂刻本

13、《罗山诗稿》三卷，明张聪撰，明万历刻本

14、《循陔园集（文）》八卷，明丘禾实撰，明万历四十一年刻本

15、《邓定宇先生文集》四卷，明邓以赞撰，明万历吴达可刻本

16、《新刻休征先生玉润轩摘稿》六卷，明李国祥撰，明万历三十四年周如溟刻本

17、《直州先生文集》十卷，明刘文卿撰，明万历唐睦刻本

18、《休夏十首》一卷《长安秋逸》一卷《游黄山诗》附一卷，明吴伯与撰，明刻本

四 编书的背景与目的

黄澄量一生"性嗜篇籍，租入之余，悉以市书。"⑫他在长年累月的搜书、抄书、藏书过程中，必定会遇到一些当局要求禁毁的书籍和一些现今已成为孤本的珍稀之书，依黄澄量嗜书的秉性，他是绝不愿舍弃或销毁的。黄澄量生于清乾隆三十三年（1768），卒于清嘉庆二十四年（1819），他的藏书活动应主要集中在清乾隆晚期至清嘉庆时期。清嘉庆时文网虽已稍弛，但文字狱之恐怖仍令诸多藏书家余悸犹存，黄澄量也不例外。黄澄量既舍不得销毁这些书籍，又不能明目张胆地对抗清廷，为了保护这些书籍，无奈之下只能以通常书为掩护，将其化整为零，拆散分类编排。将书名改为《今文类体》，伪托编者为明人，则是为了避免灾祸。

笔者曾把《明文类体》与《姚江黄氏五桂楼书目》对照，发现21部禁毁书中只有徐渭的《徐文长文集》三十卷在《姚江黄氏五桂楼书目》中有载，而其他禁书则未见，甚至那些禁毁书作者的其他作品亦罕见。在《姚江黄氏五桂楼书目》中见不到的禁毁书，却在《明文类体》中大量出现，如郭正域的《合并黄离草》、陶望龄的《歇庵集》、汤宾尹的《睡庵文集》、申时行的《纶扉简牍》、黄洪宪的《碧山学士集》、

---

⑫ 〔清〕黄澄量编，〔清〕黄肇震增补，〔清〕黄承乙重辑：《姚江黄氏五桂楼书目》"黄联镳识"，清光绪二十一年姚江黄承乙刻本，黎洲文献馆藏。

沈懋孝的《长水先生文钞》等等。从《明文类体》所收书籍版本看，基本在明万历之前，并以万历本为主，极个别在天启，无崇祯刻本，看起来该书似乎编于明万历前，可见黄澄量是十分小心谨慎的。黄澄量敢于冒大不韪，为后人留下了诸多文献资料，其中的胆识与智慧，不能不令人肃然起敬。

《明文类体》中有十九部通常书，大概率是为掩人耳目，如果都是禁毁书，任你怎么题"今文类体"，也不会有人相信是明人所编。再与《姚江黄氏五桂楼书目》对照，《明文类体》十九部通常书中有十二部近三分之二是五桂楼藏书的复本之书，想来即使被拆剪也不会太过可惜。同时，《明文类体》又掺入三十一种孤本书和十八种稀见书，超过全书的一半，除吴伯宗的《荣进集》四卷在《五桂楼书目》有载外，其他都不见于书目。这说明黄澄量一方面想保护禁毁书，另一方面也确有希望编一部总集。

五 《明文类体》与《明文海》的异同

黄澄量曾大量搜寻、抄录黄宗羲著作,据《姚江黄氏五桂楼书目》,黄澄量收藏有黄宗羲的《明儒学案》六十二卷、《南雷文定前集》十一卷《后集》四卷《附录》二十三页、《南雷诗历》三卷、《明夷待访录附思旧录》《四明山志》九卷、《姚江逸诗》十五卷、《天一阁书目》十卷附碑目一卷、《明文海目录》四卷(诸如绶钞)等,其收藏的由诸如绶整理的《明文海目录》四卷与四库全书本比较,篇目多1000余篇,而这1000余篇中包括"夷夏之防""敢为异论"的张居正、李贽等人的作品,都是清当局认为"抵触本朝之语"的文章。他大量收藏黄宗羲的著作特别是《明文海目录》,可能也与编《明文类体》有一定的关系。

清嘉庆二十二年(1817),黄澄量的好友诸如绶在编《明文海目录》后所作的"识"中称《明文海》"是编足称大观焉,向无刊本,今黄氏续钞堂所藏抄本无总目"且"多鲁鱼亥豕之误",并叙述了编辑《明文海目录》的缘由和黄澄量想得到《明文海》的愿望:"岁丁丑,予自金陵归至四明,一登其楼,见列大橱二十,分贮经史子集,其不惜资而手抄购得者已积有数千百卷,并谓余欲得《明文海》一书,以备一代之文。余谓卷帙浩繁,未易猝就。遂从黄氏录其各门篇目，厘为四卷，贻我石泉庋之楼中。"⑬可知清嘉庆二十二年时，《明文海》抄本尚在续钞堂，且是"黄宗羲原本"。⑭

　　绝大多数专家认为，《明文类体》仿黄宗羲的《明文海》例，可黄联镳明确说"仿《文苑英华》例"，乃"自编未梓稿本"。据诸如绶的《明文海目录》，《明文海》四百八十二卷，全书凡分二十七类，即赋、奏疏、诏表、碑、议、论、说、辨、考、颂、赞、铭、箴、戒、解、原、述、读、问答、文、书、序、记、传、墓文、哀文、稗文等。其搜罗广泛，有明朝各家文集2000多种，可以说，《明文海》保存有明一代政治、经济、文化、武备等各方面文献，填补历代总集的空缺。而《文苑英华》则是北宋三大部书之一，为古代卷帙浩繁的诗文总集。从《明文类体》的编纂体例和内容看，应更接近《明文海》，但是它比《明文海》更多的是大量收集诗词，这也可能是黄联镳、黄承乙认为其仿《文苑英华》例的原因。

　　《明文类体》和《明文海》的不同之处在于：首先，黄宗羲编纂《明文海》目的性明确，而黄澄量的《明文类体》最早的起因应该是保护那些禁毁书。其次，《明文海》仅仅收文，《明文类体》从体例上收集更广泛，同时收集大量诗词。再次，《明文海》收藏纵贯明代，收录七百余家，而《明文类体》则仅收六十八家文人作品，并且只是黄澄量自己所藏的明后期部分书籍。第四，《明文海》精选明代名士的代表作，《明文类体》只是分类编排并无精挑细选。因此，总体而言，《明文类体》尚难以与《明文海》相提并论，但弥足珍贵的是《明文类体》保存了70种禁毁书、孤本书和稀见书。无疑，黄澄量为保存明代珍贵典籍作出了巨大贡献。

⑬　〔清〕诸如绶辑：《明文海目录》卷四"诸如绶识"，抄本，黎洲文献馆藏。

⑭　〔清〕黄澄量编，〔清〕黄肇震增补，〔清〕黄承乙重辑：《姚江黄氏五桂楼书目》卷四《集部三》，清光绪二十一年姚江黄承乙刻本，黎洲文献馆藏。

六　《明文类体》的特点和价值

该书收书范围较广，对象较宽，时间跨度贯穿整个明代。《明文类体》收集的六十八家中，大多为名臣名士，也有部分名声不显的作者。全书采录明初至万历之文，但明初中期仅吴伯荣、方孝孺、杨子器、崔铣等为数不多的几家，其余如王守仁、杨慎、张居正、叶向高、王锡爵、王慎中、李梦阳、何景明、王世贞、李攀龙、汤宾尹、沈懋孝、郭正域、宗臣、屠隆、赵琦美、邹元标、陈以勤、陈于陛、赵大佑、万恭、丘禾实、张应泰、姜逢元、陈懋仁、戴九玄、方攸跻、方沆、宋启明、姚兖、宋敏等等大部分都是明中后期作者。因而，严格来讲，《明文类体》还算不上一部完整的明文总集。

与通常总集择精收录不同的是《明文类体》是整卷式的收录。它仅将原书拆开后按类别装订，原书几乎是全部照收。如果单从保存文献资料而言，这不加甄选的缺点反而成了优点，能最大程度保护书的原貌，不失其珍贵，价值重大。

黄澄量藏书宗旨贵在实用，明版尚多，无坊间罕有之本。《明文类体》收录的为嘉靖以后刻本，以万历本居多，占一半以上，这与五桂楼所藏书籍的版本还是比较符合的。对于那些特别注重宋元版本的人而言，这些书不能说是特别珍贵。但从稀有程度而言，竟有 49 种书为孤本书和稀见书，无疑是非常珍稀的。《明文类体》中的通常书存世较多，流传较广，价值一般。但想要把数量不少的禁毁书收藏保存下来则需要极大的勇气和智慧，在乾嘉之际严密文网中，黄澄量敢于搜集和保存明代历朝被禁毁的历史文化资料而编纂《明文类体》，充分体现了他过人的胆识和卓尔不群的政治、文化、学术勇气。

尤其值得重视与关注的是文献价值和版本价值巨大的孤本、稀见书。据童正伦先生考证：有的书《千顷堂书目》有载，而《四库全书总目》则已未见，有的甚至《千顷堂书目》也不载。如万恭《洞阳子三续集》五卷，《千顷堂书目》著录有《洞阳子集续集》，《三续集》则不见诸家目录记载；邹元标的《太平山房文选续集》亦不见诸家著录；陈懋仁著作《千顷堂书目》著录九种，《四库全书总目》著录六种，不见《尘栖稿》《止酒斋近草》录入其中；赵琦美文集仅见《千顷堂书目》载《容台草》，而《柏台草》则为世遗；《千顷堂书目》著录丘禾实《循陔园集（文）》、《循陔园集（诗）》，今文集尚且稀存，诗集已成孤孑，本书两种皆存；张应泰《白门草》，《千顷堂书目》不载，仅上海图书馆藏有一卷本，而本书收有十卷内容；吴伯宗《吴状元荣进集》、余孟麟《余学士集续集》、黄洪宪《中秘读书稿》大陆已不存，仅见海外有藏；刘文卿《直洲先生文集》原刻本亦为本书仅见[15]。

此外，著有《皇明吏部志》的宋启明，其《云公文集》和《云公诗集》已不见各家著录，《明文类体》却两种皆有收录。累官至南京兵部尚书、参赞机务的赵大佑性嗜读书，留下许多著作，《明文类体》收录了已不见各家著录的《赵大司马文集》四卷。官至礼部尚书的余姚人姜逢元擅长书法，著有《禹贡详节》和《宗伯公集选》等，其《馆阁试稿》、《馆阁试草》已成孤本。有意思的是在三十一种孤本书的十七位作者中，竟有两对是父子，一是有"终明世，父子为宰辅者，惟南充陈氏，世以比汉韦平焉"[16]之称的陈以勤、陈于陛父子；二是方攸跻、方沆父子。

《明文类体》还保留了大量明代历史文献资料，有外交、漕运、科举、对策、

---

⑮ 童正伦：《沧海有遗珠——〈明文类体〉考释》，《图书馆研究与工作》2013 年第 4 期
⑯ 〔清〕张廷玉等：《明史》卷二一七《王家屏等传》，载《二十五史》，上海古籍出版社、上海书店出版社，1986 年版，第 8386 页。

城堡、边防、讲学等等。如有现存最早的明代北京的上海会馆史料，据徐永明、钱礼翔考证：从宋启明《云公文集》中的《云间会馆记》一文推断，上海会馆最早创建时间可追溯到明万历十四年，会馆创建的方式，以及创建的目的即为联络乡谊。而《云公文集》中的《送王大行使琉球序》一文和《循陔园诗》中的《送琉球使夏鹤田给谏》《送琉球使王旭阳大行》二诗，是明代重要的中琉外交史料，它界定了"夏王使团"组建时间，同时推测明王朝在主、客观上对出使琉球抱持畏难心态。陈以勤《陈文端公青居山房稿》卷四《保宁堡修城记》、陈于陛《陈文宪公万卷楼稿》卷五《练兵议》和万恭《洞阳子三续集》卷三《贡市纪事序》，则在边防、练兵和贡市三个层面系统增补了"北虏边防"史料，具有重要价值。首先是纠偏重要的边防史地资料《九边图说》；其次是条陈针对北虏的"练兵十议"；三是描绘万历时期明、蒙贡市的历史细节[17]。

同时，《明文类体》的孤本书和稀见书中几乎一半是诗词，保存了明代中晚期文坛大量重要的文学史料。徐永明、钱礼翔认为：《明文类体》所收晚明宋启明《云公诗集》四卷和《云公文集》一卷留存了公安派等重要作家的文学史料。一是揭示袁宏道的吏治雄心，袁宏道作为公安派的领袖，他在文学上的地位已卓然独立，但官场并不得意，他虽有吏治雄心，还是分身无术，只能以编集之任委与宋启明。《云公文集》中《与袁吏部》一文，详细记录了袁宏道欲编修一部事皆可征的《吏部志》，从而挽救万历后期积弊已久的官场之雄心。二是增补公安派其他相关史料，如有关袁宗道的"白苏斋"、袁宏道祭文。三是丰富汤显祖、屠隆、臧懋循和陈继儒等著名文人的社会关系网络。《云公文集》中有作者寄赠汤显祖、屠隆、臧懋循和陈继儒的诗数首，对学界深入认识汤显祖、屠隆和臧懋循等著名文人的文坛活动、道德品质和文学影响具有重要参考价值[18]。

---

[17]　徐永明、钱礼翔：《孤本总集〈今文类体〉价值考论》，《浙江大学学报》（人文社会科学版）2021年第2期。

[18]　徐永明、钱礼翔：《孤本总集〈今文类体〉价值考论》，《浙江大学学报》（人文社会科学版）2021年第2期。

此外，《明文类体》收戴九玄《匡山社集》一卷，存录了万历间江西文人结社匡山的文学史料，《匡山社集》主要是戴九玄与诸社员之间的分韵唱和诗，可为还原匡山社集提供重要参考。

黄澄量可能也没有想到，他以保存禁毁书为目的，编纂成了一部独特的明文总集，更难能可贵的是保护了大量的孤本书和稀见书，由此推动后人对明代文学、史学、文献版本校勘、辑佚等多方面研究，黄澄量居功至伟。

第八章

众人接力　玉海乃成

一——五桂楼所藏《玉海》

五桂楼尚藏有一部元刻明清递修本《玉海》，是现存五桂楼藏书中最早的也是唯一的一部元刻本。

本书版框（高 × 宽）21.0cm×13.4cm，半叶 10 行，每行 20 字，双行小字 20 字，白口，四周双边，双对黑鱼尾，版心有本版字数，有书耳，开本（高 × 宽）26.3cm×15.8cm。补配版本版框（高 × 宽）20.5cm×13.0cm，半叶 10 行，每行 20 字，双行小字 20 字，白口，四周单边，单鱼尾，开本（高 × 宽）24.7cm×15.4cm。

正文前依次有序：

1、《补刊玉海序》，序末题"旹康熙二十六年岁次丁卯仲冬日南至后学吉水李振裕维饶甫识于澄江官舍"，并刻有"网罗 / 天下放失 / 旧闻""宗伯 / 学士 / 之章""李印 / 振裕"印三方。

2、《玉海序》，序末题"至元四年龙集戊寅四月初吉前翰林国史院编修官东阳胡助序"，并刻有"古 / 愚""东阳 / 胡助"印二方。

3、《玉海序》，序末题"婺郡文学中山李桓序"，并刻有"晋 / 仲""李 / 桓"印二方。

4、《玉海序》，序末题"至正十一年六月初吉嘉议大夫庆元路总管阿殷图埜堂谨序"。

5、《玉海序》，序末题"至正辛卯七月既望儒学正王介谨识"。

《玉海》

6、《玉海指挥》《戴镛序》，明戴镛识附于《玉海指挥》后，序末题"正德二年春二月望日南京国子监监丞太平戴镛允大识"。

7、《大明万历十一年重修玉海书》，为校刊名录。

8、《玉海引》，序末题"万历己丑秋七月朔日祭酒吴郡赵用贤识"，后附补刻职名。

9、《补刻玉海例言》，末题"门人宝应王式丹周铭谨识"，后附校刻名。

《玉海》是南宋著名文献学家王应麟的巨作，是类书类著作的佼佼者，在我国古文献学史上占有重要地位。王应麟（1223-1296），字伯厚，号深宁居士，学者又称厚斋先生，庆元府（今属宁波鄞州）人。宋淳祐元年（1241）进士，宋宝祐四年（1256）中博学宏词科。历官太常寺主簿、通判台州、秘书少监、权中书舍人、礼部尚书兼给事中等职。其为人正直敢言，屡次触犯权臣丁大全、贾似道而遭罢斥，后辞官回乡，专意著书二十年。其一生著述宏富，流传于世的著作除《玉海》外，尚有《困学纪闻》《汉艺文志考证》《诗地理考》《汉制考》《通鉴地理通释》《通鉴答问》《周易郑康成注》《小学绀珠》《践阼篇集解》《姓氏急就篇》《急就篇补注》《六经天文篇》等十余种，共计三百八十多卷。

《玉海》共二百卷附《辞学指南》四卷，分天文（1-5卷）、律历（6-13卷）、地理（14-25卷）、帝学（26-27卷）、圣文（28-34卷）、艺文（35-63卷）、诏令（64-67卷）、礼仪（68-77卷）、车服（78-84卷）、器用（85-91）、郊祀（92-102卷）、音乐（103-110卷）、学校（111-113卷）、选举（114-118卷）、官制（119-136卷）、兵制（137-151卷）、朝贡（152-154卷）、宫室（155-175卷）、食货（176-186卷）、兵捷（187-194卷）、祥瑞（195-200卷）二十一部，每部各分子目，共二百四十余类。

这部类书专为应博学鸿词科考而纂辑，相关典章制度及吉祥善事多录入其中，其"纂辑百家，博综众理，用功精深，有补后学。"[1] 各条目下录入的相关文献范围广泛，采辑丰富，可谓"网罗天下之见闻，包括古今之故实。"[2] 书中纪事，大致按年代先后顺序排列，"始于伏羲尧舜，终于宋之末年。"[3] "其撷集之书籍，则自六经、众史、百家子集、注疏、传记、谱牒、艺术、隐赜之书，靡有孑遗，纂次详备，博而有要，真足为名世之奇书。"[4] 录入的诸书及掌故、史事，多根据史实简要记叙，对于奇端异说，亦都注明或考证，反映了王应麟的学术认识及当时的学术领域概况，充分显示了私家类书包罗众有的特点，获誉甚多。胡助有云："《玉海》，天下奇书也。经、史、子、集、百家传记、稗官小说咸采撷焉。其为书也，至显而至微，至精而至密，至高而至深，至博而约。"[5] 李振裕在《补刊玉海序》亦道："浚仪王厚斋先生，博极群书，

① 〔宋〕王应麟：《玉海指挥》，载〔宋〕王应麟：《玉海》，元刻明清递修本，黎洲文献馆藏。
② 〔元〕李桓：《玉海序》，载〔宋〕王应麟：《玉海》，元刻明清递修本，黎洲文献馆藏。
③ 〔宋〕王应麟：《玉海指挥》，载〔宋〕王应麟：《玉海》，元刻明清递修本，黎洲文献馆藏。
④ 〔宋〕王应麟：《玉海指挥》，载〔宋〕王应麟：《玉海》，元刻明清递修本，黎洲文献馆藏。
⑤ 〔元〕胡助：《玉海序》，载〔宋〕王应麟：《玉海》，元刻明清递修本，黎洲文献馆藏。

受学于真文忠公前，后以制科显。当宋之末造，隐居四明，撰集类书二百卷，号曰《玉海》，凡二十一部，部各有门，通计为二百三十余门。门各以年代之先后为次，源流分合，了若指掌。观者如入建章之宫门，又如听钧天之乐，八音繁会，洋洋乎其盈耳也。好学者纵观而博取之，如游五都之市，环货鳞集……及先生是书出，而天下叹观止矣……先生以胜国遗老含英咀华，辑成是书，并为当世所重……先生之书又与《番阳通考》相为经纬，二者均有功于史学，缺一不可，是以兼行而并重也。"⑥清永瑢、纪昀在《四库全书总目》中亦赞誉该书："宋自绍圣置宏词科，大观改词学兼茂科，至绍兴而定为博学宏词之名，重立试格，于是南宋一代通儒硕学多由是出，最号得人。而应麟尤为博洽，其作此书，即为词科应用而设，故胪列条目，率巨典鸿章，其采录故实，亦皆吉祥善事，与他类书体例迥殊。然所引自经、史、子、集、百家传记，无不赅具，而宋一代之掌故，率本诸实录、国史、日历，尤多后来史志所未详。其贯串奥博，唐宋诸大类书未有能过之者。"⑦

---

⑥ 〔清〕李振裕：《补刊玉海序》，载〔宋〕王应麟：《玉海》，元刻明清递修本，黎洲文献馆藏。

⑦ 〔清〕永瑢、纪昀主编：《四库全书总目提要》卷一三五《子部四十五·类书类一》，海口：海南出版社，1999年版，第695页。

二 本书版本考略

《玉海指挥》记曰："但自公殁之后，其家族堂分争，书遂遗阙，缙绅韦布递相抄录，虽多寡不同，俱非全书。""虽尝传录于世，至今未曾刊行。"⑧以此可知《玉海》在宋代未刊刻，并已佚失不少。元至元四年（1338），宣慰都元帅也乞里不花开置府署，"嘉惠学者，于是力行前议，召工庀事，征费于浙东郡县学及书院，岁入之羡有差。郡守张公荣祖临莅提督，命教授王君弦、学正薛君元德董其役，凡二年而后成。"⑨又元李桓序云："至元六年岁在庚辰夏四月朔旦，庆元路儒学新刊《玉海》成。"⑩这是刊刻《玉海》最早的记录，可知《玉海》最早刊刻于元至元六年（1340）年。

元至正九年（1349），嘉议大夫庆元路总管阿殷图垫堂任职四明，阅《玉海》，"惜其间讹误者多，历十余年未有能正之者，余乃命公之孙厚孙重加校雠，得误漏六万字，鸠工修补，再阅月而成。""然则是书之成，固学者所共愿也。因刊其目于编首，又识其始末以告来者，俾敬守勿坏。"⑪

---

⑧ 〔宋〕王应麟：《玉海指挥》，载〔宋〕王应麟：《玉海》，元刻明清递修本，黎洲文献馆藏。

⑨ 〔元〕胡助：《玉海序》，载〔宋〕王应麟：《玉海》，元刻明清递修本，黎洲文献馆藏。

⑩ 〔元〕李桓：《玉海序》，载〔宋〕王应麟：《玉海》，元刻明清递修本，黎洲文献馆藏。

⑪ 〔元〕阿殷图垫堂：《玉海序》，载〔宋〕王应麟：《玉海》，元刻明清递修本，黎洲文献馆藏。

此为《玉海》首次修补，与"数位典藏"网站著录国家图书馆藏元至元六年庆元路儒学刊至正十一年修本相符。

到了明代，元板多次修补。最早的应该是明成化八年（1472），可惜无序跋记载，亦无书口刊刻年份，仅在卷二十一和卷一百五十三末尾有"成化捌年本监刊补玉海完日印制备用"十六字。明正德修版版心上镌"正德元年补刊""正德二年补刊"。明正德元年（1506）修补未见序跋，凡补刊之页，书口上方皆刻有年代，下方多记刻工。明正德二年（1507），戴镛任南京国子监监丞，识语云："右《玉海》凡二百四卷，合五千板，岁久曼漶残缺，观者病焉。镛董修群籍，次第及是，补遗易腐，新刻总四百三十五板，庶完其旧。将欲尽葺诸史，第无善本校雠而亦未暇及也"[12]。可知戴镛所修之板占近十分之一，但本书所存正德补版已不多。其字体仿原版赵孟頫体，比较古雅，但因无善本校勘，讹误不少。

明嘉靖二十九年（1550）、嘉靖三十一至三十六年南京国子监递有修补。该书版心刻有"嘉靖庚戌年（补）""嘉靖壬子年（补）""嘉靖癸丑年（补刊）""嘉靖乙卯年""嘉靖丙辰年""嘉靖丁巳年""嘉靖三十三年补刊"等补刊纪年。嘉靖补刊未见序跋，这些修补本修补字体与原本大相径庭，且校勘不精。

明万历十一年（1583）、万历十六年至十七年，又由南京国子监进行了两次大修。明万历修版版心上镌"万历癸未年（补）刊""万历十五年""万历丁亥年（刊）""万历丁亥年补刊""万历丁亥（刊）""万历十六年（刊）""万历戊子年""万历十七年""万历己丑年"等。万历十七年（1589），赵用贤序云："《玉海》一书，篇帙繁浩，独南雍自国初时有刻本，岁久朽蚀者过半，正德、嘉靖中累有补缉，而校勘未备，讹舛为多。万历乙酉，金华漱阳赵先生始议大加修刻，未几擢去，所属梓者仅四百余叶。丁亥秋，用贤亦谬得承乏，乃通核其文之漫灭者，尚四千有奇，而阙者五十八页。于是遍索白下及三吴藏书家，凡半岁所，几得其全，今所阙特二三而已。遂复以戊子之春仲，更为缮刻。越明年，己丑夏，凡得四千四百通，前刻盖几五千页，实居半矣。"[13]

---

⑫　〔明〕戴镛：《戴镛序》，载〔宋〕王应麟：《玉海》，元刻明清递修本，黎洲文献馆藏。
⑬　〔明〕赵用贤：《玉海引》，载〔宋〕王应麟：《玉海》，元刻明清递修本，黎洲文献馆藏。

明万历时，元刻旧本已不足一半，万历修本因选用校本较多，校勘尚属精良。明崇祯九年至十一年（1636—1638），本书又略有修补，但未见序跋。版心刻有"崇祯丙子""崇祯丁丑年""崇祯十一年"，板式和字体类明万历时期。

到了清代，本书的补刊主要在清康熙时期。李振裕在《补刊玉海序》中云："书刻于浙东，元至元六年始成，计五千板，号乃逾万。明初，南雍亦有刻本，岁久朽蚀者过半。万历中，祭酒赵公用贤鸠工补刊是书，赖以不泯。"又说"南雍废为县学，典守者遂溺其职，日销月铄，其朽蚀亦复过半，海内所藏又往往厄于兵火，士大夫欲购是书而不可得，喟焉惜之。"⑭为此，他勉力主持补刊工作，"于是谋诸郡邑，出学租节省之余，以给剞劂之费。计阙板三千一百六十，悉为补刊，其文之漫灭者，亦皆依善本填刻，多至每板数十字。是役也，创始于丙寅，历二载乃成。董其事者松江守朱雯乔三，鸠工庀具则上元训导陆襜也。是书苦无善本，上元明经周铭笃学嗜古，家藏《玉海》，视世所行者为最，又得及门诸子各分若干卷，互相校雠，十已得其六七，其不可知者，则考所自出之书以补之。其致力可谓勤，而用心可谓精矣。"⑮清康熙二十七年（1688），李振裕门人王式丹、周铭对此总结道："今南雍改为县学，典守无人，其存者十之三耳。幸遇吉水李夫子奉命视学江南，兴起文教，课士之暇，网罗旧闻，深惧是书失传，因捐学租补刊。总计全部九千余页，今补六千一百余页，刻成刷印，复得朽坏者一百五十余页，悉皆补完。附书十三种都无遗缺，较前代所刻，焕然改观。"⑯今见清康熙修版版心上镌"康熙丁卯年""康熙二十五年刊""康熙二十六年刊""康熙二十六(年)""康熙二六年刊""康熙二十七年（补）刊""康熙戊辰年（补）刊"，可印证李振裕序中所述补刊之举。清康熙间修版亦见少量"康熙庚戌年刊"。

清乾隆修版版心镌"乾隆三年刊"，本书卷56第30页首次出现，卷58、卷176也有补刊，补刻数量不多。本书有明确补刊时间的到清乾隆三年

---

⑭ 〔清〕李振裕：《补刊玉海序》，载〔宋〕王应麟：《玉海》，元刻明清递修本，黎洲文献馆藏。

⑮ 〔清〕李振裕：《补刊玉海序》，载〔宋〕王应麟：《玉海》，元刻明清递修本，黎洲文献馆藏。

⑯ 〔清〕王式丹、周铭《补刻玉海例言》，载〔宋〕王应麟：《玉海》，元刻明清递修本，黎洲文献馆藏。

（1738），但无乾隆三年补刊序。

本书卷 77 为抄本，卷 84–87、卷 177–180 大多未注明刊刻时间，但可见避讳"炫""弘""历"，不避"宁"，应为乾隆年间补配。其他各卷元刻与明清刻本夹杂，尤以明"嘉靖乙卯年""嘉靖丙辰年""嘉靖庚戌年""嘉靖丁巳年""万历癸未年""万历丁亥年""万历十五年""万历十六年""万历十七年"及清"康熙二十六年补刊"为主。本书确为元至元六年庆元路儒学刻元明清递修本。

本书元刻版与《中华再造善本》影印中国国家图书馆藏元至元六年庆元路儒学刻本对照，风格、字体及断版处均相同，应为元版。明修版多为四周双边，清修版多为四周单边，间有黑口、单鱼尾、三鱼尾。清康熙二十六年修版有墨钉。

三 —— 本书尚存元刻

元代官刻本以赵孟頫字体（元字体或软字体）取代了宋代官刻本中使用的欧体字，成为主要的刻书字体，赵体字优美流畅，形神兼备，写刻效率高。赵体字主要应用于浙江、江西、江苏、安徽一带，浙江主要是浙江行省以及各个地方的儒学刻书和书院刻书。本书使用赵体正楷刻书，但经过镌刻后变得跟书法原件不大一致，可从总体上看，体现了赵体字的审美特点。

本书元版版心上镌本版字数，中刻卷数页数，下记刻工姓名，字为赵孟頫体，夹行镌圈点、句读，但版面漫漶，多有修补，幸尚存四百多页。

尚存元刻

序号	卷次	页码	序号	卷次	页码
1	目次	25	2	卷1	19，20
3	卷4	1，2	4	卷9	13,14
5	卷12	1,2,35,36	6	卷13	42，43
7	卷14	21,21	8	卷16	2,5~8
9	卷19	2,5,11,12	10	卷22	22,27
11	卷23	12,34	12	卷25	13,14,25
13	卷28	15	14	卷29	17
15	卷30	35~37	16	卷39	23~26
17	卷40	7,8,22,39,40	18	卷41	1,14
19	卷42	19,20	20	卷46	41
21	卷49	11	22	卷50	8,9
23	卷52	1~4	24	卷54	3,5,12,23,26,28,37,38,42
25	卷55	8,14~16,21,29	26	卷59	2,5,6,12,17~19,32
27	卷60	17,18,22,23,26~28	28	卷61	3~7,9~12,16~18,23,24,26~28
29	卷62	6,15,16,25,26	30	卷63	13,14
31	卷64	4,5,15,16,18~20,22~24,26	32	卷65	3,4,10,19,20,45
33	卷66	4,10,17,25,27,28,41	34	卷67	2,5,6,8,11,12,14,17,18,27
35	卷68	1,2，4,19,22,29	36	卷69	3,11,12,14,23,24,26,27
37	卷70	4,7,8,10,11,24,27~30	38	卷71	1,3,4,6,11,18,19
39	卷72	1,2,7,8,17,18	40	卷73	9,10,14,19~22
41	卷74	1~3,5,6,11~14,17	42	卷75	1,7,12,14~16,25,26,29,33,35~38
43	卷76	1,15,19,20	44	卷78	25,26
45	卷79	12~14,25,26	46	卷80	22
47	卷88	17	48	卷89	17,18,21,22
49	卷90	1,13,14	50	卷92	1,2,24
51	卷93	1	52	卷95	1,2
53	卷96	7,8,20,21	54	卷97	29,30

序号	卷次	页码	序号	卷次	页码
55	卷100	9,10	56	卷101	5,6,10~12,24
57	卷102	11,12,27,28,47,48	58	卷103	21,22
59	卷105	42	60	卷109	9
61	卷110	31	62	卷112	35
63	卷116	9,10	64	卷117	16
65	卷120	11,12	66	卷122	9,10,18
67	卷124	17,18	68	卷125	5,6
69	卷127	3,4	70	卷129	15,23,24
71	卷131	26,29	72	卷133	35,36
73	卷135	33,34	74	卷136	8
75	卷138	36,45,46	76	卷140	9~12,21
77	卷141	7,8	78	卷146	3,4
79	卷150	9,10	80	卷154	11,12
81	卷155	1,5,7,15,17~19,29,30	82	卷156	2,9,15,16,18,27,29
83	卷157	13,24	84	卷158	3,4,13,26
85	卷159	3,5~8,11,112,23,24,37,38	86	卷160	5,6,14,25,38,45,46,50
87	卷161	3,9~12,28	88	卷162	1~4,29,30
89	卷163	23,28,31~33	90	卷165	13
91	卷167	26	92	卷168	14
93	卷169	5,12~14	94	卷170	25
95	卷171	3,4,35	96	卷172	27,29,30
97	卷174	1,2	98	卷181	9,10
99	卷182	12~14	100	卷183	17,18,21
101	卷185	5,6,23,24	102	卷186	4
103	卷187	31	104	卷188	4,21,22
105	卷189	1,2,7,8,10	106	卷191	30
107	卷193	13,14	108	卷194	29,30
109	卷197	11	110	卷200	23,24
第58-59册为《辞学指南》：					
111	卷201	19	112	卷202	4~9,11,12,19~29,31,32,36~40
113	卷203	1,3~15,17~24,29~32			

四　本书刻工

　　古籍的成书经过了定稿、校勘、书写、刻版、印刷、装订等环节，后四个环节多是由刻工完成。由于文人学士不屑于大量雕镌诸事，就委于社会地位低下的刻工们，刻工们往往名不见经传，但许多古籍版面中还是留下了刻工们的姓名。这一方面可能是由于古人刻书参加人数众多，为了便于计算报酬，板面多镌上刻者姓名；也有一些技术高超的刻工，所刻图书，舛误少，质量较高，保持了书写的风格，镌上刻者姓名亦是自愿负责之意。

　　大多数刻工能写又能刻，有些人甚至能把写、刻、印、装四项工作全部兼起来。刻工们的姓名绝大多数刻在书口下方，也有刻在序跋、目录、凡例后的。刻工们在署名时，姓名记全的不多，为了节省刀力，他们往往只求表明刻者，有记姓的，有记名的，有漏字的，有记笔画较少之字的，有漏笔画的，还有随手转换字的结构位置的，有不仅单署，而且还把单署的字，又拆做两部分镌记的。据辨认和统计，本书主要刻工如下：

玉海刻工

序号	年代	刻工（首次出现）	卷数页码
1	万历癸未年	黄斡	序4
2	万历十七年	彭元	玉海引1
3	万历癸未年	钦	目录1
4	万历癸未年	邓秦	目录3
5	万历癸未年	武	目录4
6	万历癸未年	戴谷	目录8
7	万历癸未年	邓和	目录9
8	康熙二十六年	雪舟	目录12
9	万历癸未年	刘钦	目录20
10	万历癸未年	宗寅	目录26
11	万历癸未年	付崇礼	目录31
12	万历丁亥年	同	卷一6
13	万历十六年	薛京	卷一21
14	万历癸未年	昱	卷一26
15	万历丁亥年	易文	卷一37
16	正德二年	梁	卷二9
17	万历十六年	巳	卷四24
18	万历丁亥年	兹	卷四36
19	万历十六年	刘同	卷四47
20	万历癸未	舟	卷五18
21	万历丁亥年	育	卷五33
22	万历十六年	刘卜	卷五36
23	万历丁亥年	黄一林	卷七4

序号	年代	刻工（首次出现）	卷数页码
24	万历癸未年	徐	卷七19
25	万历丁亥年	刘隆	卷八5
26	万历十六年	庆	卷八21
27	万历丁亥年	杨懃	卷八25
28	万历十六年	邢	卷九11
29	万历十六年	才	卷九12
30	元刻	胡三	卷九13
31	万历十六年	王应龙	卷九24
32	万历十七年	刘中	卷十11
33	元刻	徐	卷第十二1
34	万历癸未年	付魁	卷十二26
35	万历十六年	郭文	卷十二29
36	万历十六年	仁	卷十二37
37	万历十六年	彭中	卷十三19
38	万历十七年	郭孛	卷十三21
39	万历十七年	序	卷十三35
40	元刻	之	卷十三44
41	万历十七年	张玉	卷十五15
42	万历丁亥年	孛	卷十五32
43	万历十七年	童峇	卷十六1
44	元刻	王	卷十六2
45	元刻	旻	卷十六5
46	万历丁亥年	胡荣	卷十六11
47	万历癸未年	洪改	卷十六27

序号	年代	刻工（首次出现）	卷数页码
48	万历十六年	佑	卷十七19
49	万历十六年	谷	卷十七37
50	万历十七年	恭	卷十八20
51	万历十六年	晏	卷十八28
52	万历十六年	彭	卷十九7
53	万历丁亥年	周三	卷二十10
54	正德二年	胡颙	卷二十38
55	元刻	仲裕	卷二十二22
56	元刻	任	卷二十二27
57	万历十七年	胡孪	卷二十二35
58	万历丁亥年	叚佑	卷二十二45
59	万历丁亥年	佑三	卷二十二46
60	万历丁亥年	俞元	卷二十三5
61	万历十七年	焦芳	卷二十三6
62	万历丁亥年	罗六	卷二十三27
63	万历十六年	薛	卷二十五2
64	万历十六年	刘茂	卷二十五9
65	元刻	坚	卷二十五13
66	万历癸未年	付高	卷二十五18
67	万历十六年	秦	卷二十六10
68	万历十六年	戴亭	卷二十六30
69	万历十六年	世	卷二十六36
70	万历丁亥年	继恩	卷二十八2
71	元刻	王德明	卷二十八15

序号	年代	刻工（首次出现）	卷数页码
72	元刻	茅修	卷二十九17
73	万历十六年	郭才	卷三十11
74	万历十七年	罗相	卷三十14
75	万历十七年	迁	卷三十38
76	万历十七年	式	卷三十一14
77	万历丁亥年	刘	卷三十一18
78	正德二年	公羽	卷三十二10
79	万历丁亥年	刘士	卷三十四18
80	万历十七年	戴序	卷三十六23
81	万历丁亥年	杨育	卷三十六24
82	万历十七年	邦	卷三十七22
83	万历十六年	李珤	卷三十七28
84	万历十六年	京	卷三十七31
85	万历十七年	里巳	卷三十七32
86	万历十一年	术	卷三十八7
87	万历丁亥年	杨玉	卷三十八16
88	万历丁亥年	刘任	卷三十八20
89	万历十六年	刘懋	卷三十九18
90	元刻	克	卷三十九23
91	万历丁亥年	刘高	卷四十37
92	万历十六年	鲁宥	卷四十41
93	万历十六年	里	卷四十一6
94	万历十七年	刘恭	卷四十一12
95	万历十六年	祯	卷四十一13

序号	年代	刻工（首次出现）	卷数页码
96	万历十六年	南	卷四十一22
97	万历十六年	世明	卷四十二6
98	万历十六年	刘仕	卷四十二7
99	万历十六年	刘月	卷四十二14
100	万历十六年	吾	卷四十二24
101	万历十六年	相	卷四十四17
102	万历十六年	科	卷四十四31
103	万历丁亥年	黄林	卷四十五3
104	万历十六年	焦	卷四十五15
105	万历十六年	洪某	卷四十五27
106	万历十六年	月	卷四十五29
107	万历丁亥年	林时	卷四十六7
108	万历丁亥年	裴魁	卷四十六27
109	万历十六年	潘相	卷四十六38
110	万历丁亥年	琛	卷四十七3
111	万历十六年	丙	卷四十七4
112	万历丁亥年	幹	卷四十七22
113	万历丁亥年	林	卷四十七23
114	万历十七年	胡宣	卷四十八3
115	万历十七年	明	卷四十八8
116	万历十六年	淮	卷五十二14
117	万历十六年	志	卷五十三4
118	万历十七年	黄隆	卷五十三10
119	万历丁亥年	刘忠	卷五十三11

序号	年代	刻工（首次出现）	卷数页码
120	万历丁亥年	黄迁	卷五十三17
121	万历十六年	黄	卷五十三18
122	万历丁亥年	和	卷五十三25
123	万历十七年	裴龙	卷五十四9
124	万历丁亥年	一林	卷五十四11
125	万历十六年	方	卷五十四31
126	万历十六年	子洪	卷五十四32
127	万历十七年	张美	卷五十四35
128	万历丁亥年	吴立	卷五十四39
129	万历十七年	晏述	卷五十四41
130	元刻	昌	卷五十五29
131	万历丁亥年	俞允顺	卷五十五33
132	癸未	圭	卷五十五35
133	乾隆三年	田易校对	卷五十六30
134	万历十六年	杨	卷五十七25
135	万历十六年	罗钦	卷五十九3
136	万历丁亥年	陈文	卷五十九7
137	万历癸未年	用	卷五十九14
138	万历丁亥年	胡文	卷五十九27
139	万历十六年	华	卷五十九36
140	万历丁亥年	陈言	卷六十7
141	万历丁亥年	黄明	卷六十20
142	元刻	仁	卷六十一10
143	元刻	舟	卷六十一11

序号	年代	刻工（首次出现）	卷数页码
144	元刻	大	卷六十二26
145	万历丁亥年	同文	卷六十三12
146	万历丁亥年	胡宗	卷六十三24
147	万历丁亥年	胡祖	卷六十四13
148	元刻	祥	卷六十四15
149	万历癸未	古八	卷六十四17
150	正德二年	翁	卷六十四30
151	万历丁亥年	潘淮	卷六十四31
152	万历十七年	吴廷	卷六十四37
153	万历丁亥年	刘在	卷六十五2
154	万历丁亥年	邬	卷六十五17
155	万历十七年	刘仁	卷六十五27
156	万历十七年	黄武	卷六十五28
157	万历十六年	曼	卷六十五39
158	万历丁亥年	王朋	卷六十五42
159	万历癸未	沅	卷六十五47
160	元刻	安	卷六十六10
161	万历十六年	大式	卷六十六18
162	万历十六年	洪谋	卷六十六26
163	万历十六年	洪	卷六十六29
164	万历十六年	杨佑	卷六十六30
165	万历己丑年	陈邦	卷六十六33
166	万历十六年	文	卷六十七1
167	万历丁亥年	玉	卷六十七3

序号	年代	刻工（首次出现）	卷数页码
168	万历十七年	王才	卷六十九4
169	万历十七年	刘位	卷六十九8
170	万历十七年	黄里	卷六十九15
171	万历丁亥年	王辛	卷六十九16
172	元刻	壬	卷六十九23
173	万历丁亥年	孜	卷七十5
174	万历十六年	礼	卷七十12
175	万历十七年	戴式	卷七十17
176	万历十七年	幹	卷七十19
177	万历十七年	宣	卷七十25
178	万历丁亥年	王接	卷七十36
179	万历丁亥年	胡辛	卷七十一9
180	万历丁亥年	周淇	卷七十一15
181	万历十六年	渼	卷七十二20
182	万历丁亥年	吴升	卷七十三3
183	万历丁亥年	葛其	卷七十三4
184	万历十七年	廷	卷七十四16
185	万历十六年	陈	卷七十四18
186	万历十六年	王庆	卷七十四22
187	万历丁亥年	郑和	卷七十五13
188	元刻	明	卷七十五14
189	万历丁亥年	葛辛一	卷七十五23
190	万历丁亥年	周林	卷七十五24
191	万历十六年	毛有光	卷七十五28

序号	年代	刻工（首次出现）	卷数页码
192	正德元年补刊	陈铳	卷七十9
193	万历十六年	刘科	卷七十六16
194	万历癸未年	葛羍	卷七十八13
195	元刻	仲一	卷七十八26
196	万历癸未年	刘羍	卷七十九2
197	万历癸未年	杨由	卷七十九4
198	万历癸未年	刘应科	卷七十九24
199	万历丁亥年	凤	卷七十九30
200	万历癸未年	胡珥	卷七十九35
201	万历癸未	杨干	卷八十1
202	万历癸未年	邓汉	卷八十6
203	万历丁亥年	戴羍	卷八十17
204	万历癸未年	邓钦	卷八十18
205	万历癸未年	杨钦	卷八十二24
206	万历癸未年	付礼	卷八十二28
207	万历丁亥年	易同文	卷八十三4
208	万历丁亥年	刘上	卷八十三20
209	万历癸未年	叚锦	卷八十五22
210	万历丁亥年	承	卷八十七10
211	万历癸未年	易兹	卷八十七39
212	正德二年	梁乔	卷九十一15
213	万历癸未年	李登春	卷九十二4
214	万历丁亥年	祖	卷九十二16
215	万历丁亥年	何华	卷九十四13

序号	年代	刻工（首次出现）	卷数页码
216	万历十七年	黄春	卷九十五11
217	万历癸未年	余赞	卷九十五20
218	万历癸未年	许高	卷九十五22
219	万历丁亥年	刘丹	卷九十六5
220	万历癸未年	吴廷桂	卷九十六6
221	元刻	齐	卷九十六7
222	万历丁亥年	付机	卷九十七7
223	万历丁亥年	吴科	卷九十七8
224	万历癸未年	杨继善	卷九十七14
225	万历丁亥年	黄麟	卷九十七34
226	万历丁亥年	郭文宰	卷九十九39
227	万历癸未年	吴庆	卷一百4
228	万历丁亥年	罗廷相	卷一百20
229	万历癸未年	吴承恩	卷一百30
230	万历丁亥年	朱名	卷一百一13
231	万历癸未年	陈先	卷一百一27
232	万历癸未年	吴金	卷一百一35
233	万历癸未年	吴渊	卷一百二13
234	元刻	太	卷一百三22
235	万历丁亥年	笔	卷一百三1
236	万历丁亥年	周	卷一百三3
237	万历十七年	戴	卷一百五35
238	元刻	木	卷一百五42
239	万历丁亥年	舒桥	卷一百六12

序号	年代	刻工（首次出现）	卷数页码
240	万历十六年	王明	卷一百七1
241	万历丁亥年	黄壬	卷一百七2
242	万历丁亥年	洪仁	卷一百七28
243	康熙二十六年	罗厢	卷一百九4
244	万历十六年	宗	卷一百九17
245	万历丁亥年	甘尚文	卷一百十13
246	万历丁亥年	罗	卷一百十18
247	元刻	宋	卷一百十31
248	万历丁亥年	孙辛	卷一百十32
249	万历十六年	朱	卷一百十40
250	万历丁亥年	吕士忠	卷一百十47
251	万历丁亥年	元	卷一百十50
252	万历十六年	炳	卷一百十51
253	万历丁亥年	吴序	卷一百十一20
254	万历丁亥年	升	卷一百十一24
255	万历十六年	应聘	卷一百十一27
256	万历丁亥年	龚	卷一百十一34
257	万历丁亥年	丘	卷一百十二39
258	万历十七年	刘寿	卷一百十三22
259	万历戊子年	汝	卷一百十四3
260	万历十六年	李孝	卷一百十四10
261	万历丁亥年	正	卷一百十四24
262	万历丁亥年	时	卷一百十五25
263	万历十六年	大辛	卷一百十五29

序号	年代	刻工（首次出现）	卷数页码
264	万历十六年	汉	卷一百十五35
265	万历丁亥年	邢昱	卷一百十六3
266	万历十六年	卜	卷一百十八2
267	万历丁亥年	昇	卷一百十九9
268	万历丁亥年	黄迁	卷百二十二26
269	万历丁亥年	干	卷百二十三48
270	万历丁亥年	改	卷百二十五1
271	万历丁亥年	罗四	卷百二十五3
272	万历十六年	陈山	卷一百二十六18
273	万历丁亥年	毛	卷一百二十八9
274	万历丁亥年	刘十	卷一百二十九17
275	万历丁亥年	潘	卷一百二十九18
276	万历丁亥年	胡峰	卷一百三十40
277	万历十六年	吴	卷一百三十一10
278	万历十六年	山	卷一百三十三30
279	万历丁亥年	李明	卷一百三十四23
280	万历丁亥年	彭仁	卷一百三十四25
281	元刻	先	卷一百三十五33
282	万历十六年	刘佐	卷一百三十六7
283	万历十六年	杨吾	卷一百三十七2
284	万历丁亥	何	卷一百三十七42
285	万历十六年	茂	卷一百三十九19
286	万历十六年	钟惠	卷一百三十九40
287	元刻	行	卷一百四十21

序号	年代	刻工（首次出现）	卷数页码
288	万历十六年	中	卷一百四十一—5
289	万历十六年	銮	卷一百四十一—9
290	万历丁亥年	黄江	卷一百四十二3
291	万历十六年	李时	卷一百四十三3
292	万历丁亥年	林玉	卷一百四十五27
293	万历十六年	毛行	卷一百四十七4
294	正德二年	乔	卷一百四十九34
295	康熙二十六年	白	卷一百五十一19
296	康熙二十六年	坤	卷一百五十一47
297	万历丁亥年	刑昱	卷一百五十三21
298	万历丁亥年	李	卷一百五十四19
299	万历十六年	胡	卷一百五十五20
300	万历十六年	童	卷一百五十五21
301	万历丁亥年	丘陵	卷一百五十五22
302	元刻	珪	卷一百五十六15
303	万历十六年	文忠	卷一百五十七1
304	万历丁亥年	叚	卷一百五十七3
305	元刻	子安	卷一百五十七13
306	万历癸未年	易同	卷一百五十八29
307	元刻	奇	卷一百五十九3
308	万历癸未年	唐章	卷一百五十九22
309	元刻	修	卷一百五十九23
310	万历十六年	贞	卷一百五十九28
311	万历十六年	王良	卷一百六十30

序号	年代	刻工（首次出现）	卷数页码
312	万历十六年	全	卷一百六十31
313	万历十六年	劳	卷一百六十一2
314	万历十六年	权	卷一百六十一19
315	万历丁亥年	郭	卷一百六十一31
316	万历十六年	王奉	卷一百六十二9
317	万历十六年	大峯	卷一百六十二25
318	万历丁亥年	许可文	卷一百六十二31
319	万历十六年	谈志达	卷一百六十三2
320	万历丁亥年	胡荧	卷一百六十三25
321	万历十六年	毛荣	卷一百六十五21
322	万历丁亥年	余	卷一百七十一47
323	万历癸未年	易先	卷一百七十三14
324	万历丁亥年	言	卷一百七十四14
325	万历十六年	孙可权	卷一百七十四17
326	万历十六年	裴	卷一百七十五5
327	万历十六年	鲁省	卷一百八十二24
328	万历丁亥年	辛	卷一百八十二33
329	万历十六年	张荣	卷一百八十三19
330	元刻	章	卷一百九十三下13
331	元刻	三	卷一百九十七11
332	万历十六年	亦金	卷一百九十八19
333	正德二年补刊	陈	卷二百0—13

本书由于经过自元至清的多次修补，留下了很多修补、刊刻的信息。据统计，版心留有的信息多达七千余条，有修补刊刻年代、监生、刻工、字数等，甚至还有刊刻单位。剔除完全重复的尚有 2548 条，其中元刻 220 条，明正德 86 条，明嘉靖 664 条，明万历 1511 条，明崇祯 33 条，清康熙 15 条，清乾隆 3 条。补刊主要集中在明嘉靖、明万历和清康熙时期。

尚存的元刻板，版式为黑口，雕镌刻工姓名者不很多，刻工姓名省文的现象比较严重，且由于版面漫漶，有些已经无法辨认，本书尚存的 400 多页元刻板中能辨认的仅有："王""罗""仲裕""任""坚""克""王德

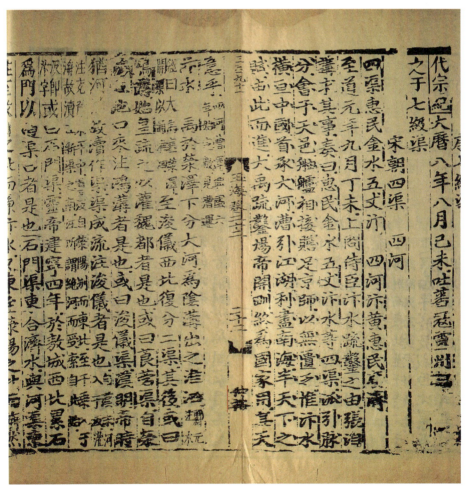

"仲裕"

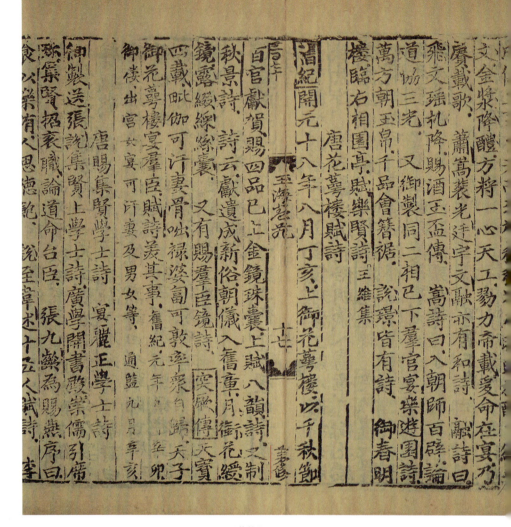

"茅修"

明""茅修""克""昌""大""祥""安""壬""仁""舟""仲
一""齐""太""木""先""瑞""行""旻""徐""珪""子安""奇""修""章""明""仲
圭"等。据张振铎《古籍刻工名录》，其中的"仲裕""王德明""茅修""仲

"王德明"

圭""子安"等为元《玉海》主要刻工[17]。

[17] 张振铎：《古籍刻工名录》，上海：上海书店出版社，1996年版，第82页。

"子安"

　　本书明正德元年（1506）和正德二年的补刻版，仍然沿袭元末刻书遗风，书体、版式如出一辙。监生和刻工主要有易韦经、盛俨、朱宾、翁宠、陈铣、胡颐、梁乔、公羽等，其雕镌监生、刻工姓名不全，如易韦经就有"监易韦经""监生易韦""监生易"等。

云言天者有三家宣言夜之學絕

渾天體者有三家宣夜之學絕

無師法焉周髀術數具存考驗天狀多所違失唯渾天

近得其情史官所用候臺銅儀則其法也蔡邕志注云

日立八尺圓體之度具天地之象以正黃道察發歛

行日月步五緯官有其器而無本書前志亦略求

其舊文連年不得未及奏書欲寮伏其事下案度成數

宣愽問羣臣下及巖穴知渾天之意者使述其義以

狀之殊有六等

神天文志　晉志　宋志同上

一曰蓋天文見周髀如蓋在上　晉志周髀即蓋天

月令正義凡言天地形

正德元年補刊

王海卷十一

也其本庖犧氏立周天歷度所傳則周公受於殷

商周人志之故曰周髀趙也股其言天似蓋笠地

法覆槃天地各中高外下比極之下爲天地之宇

三光隱映以爲晝夜日所行道爲七衡六間而隕

召天如磨而左行日月右行隨天如蟻行磨石之

上磨疾蟻遲隨磨以左迴天之形如荷蓋依算術

用句股重差推晷景極游爲遠近之數得於表股

故曰周髀　漢王仲任㩀蓋天之說以駁渾

明正德（1506）元年补刻版

241

撰到九章鉤股測驗渾天書一卷并造到木樣機輪
一座臣觀其器範雖不盡如古人之說然水運輪亦
有巧思若令造作必有可取遂具奏陳乞先創木樣
尺十六日詔如臣所請置局差官及專作材料等遂
奏差壽州州學教授王沇之充專監造作太史局夏
官正周日嚴秋官正干太古冬官正張仲宣等與韓
公廉同充製度官局生袁惟幾苗景張端節劉仲景

正德二年補刊　　玉海卷四　明士

學生侯允和于湯臣測驗器景刻漏等至三年先造
成小樣有旨赴都堂呈驗造大木樣至十二月工畢
閏十二月二日甲辰得旨置於集英殿臣謹按歷代
天文之器制範頗多法亦小異至於激水運機其用
則一蓋天者運行不息水者注之不竭以不竭之流
逐不息之運茍注㧞均調則參校旋轉之勢無有差
舛也故張衡渾天則云室中以漏水轉之令司之者
閉戶唱之以告靈臺之觀天者璇璣所加某星始見
某星始中其星今没皆如符合唐開元中詔浮圖一
行與率府兵曹梁令瓚及諸術士更造鑄銅渾篇之

明正德二年（1507）补刻版

明嘉靖时期，一改黑口、元字之风，而去摹仿宋时风格，多为白口。版心多镌记监生而不记刻工，一般刻有"监生某某某（刊）（补刊）"。监生有数十个，主要有陆径、朱邦隽、杨持献、饶斗南、王九思、赵祖易、赵祖绂、谷易恒、缪可贞、徐应坤、刘梦阳等。

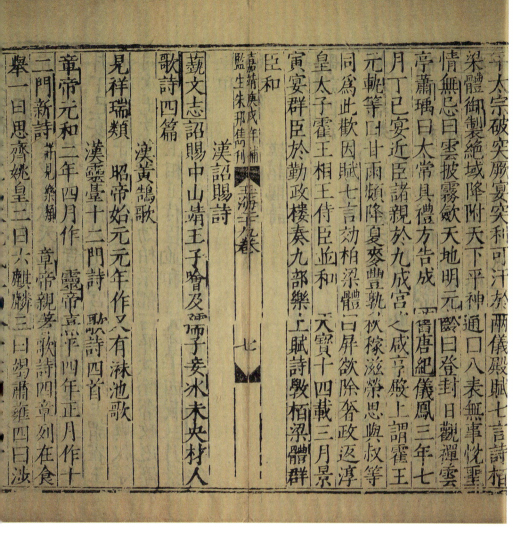

明嘉靖庚戌年（1550）补刻版

到了明万历时期，版心镌刻内容较为详细，刊刻时间、监生、刻工姓名、字数都有记录，并盛行直粗横细的匠体字。有部分万历丁亥年修补的镌有"都察院补刊"，但不刻监生姓名。明万历时主要监生有施可光、于光烈、盛世霖、黄汝极、朱益儁、冯鲁可、华师甫、姚士瞻、叶正昇、贺本昌、吴公亮、包植、

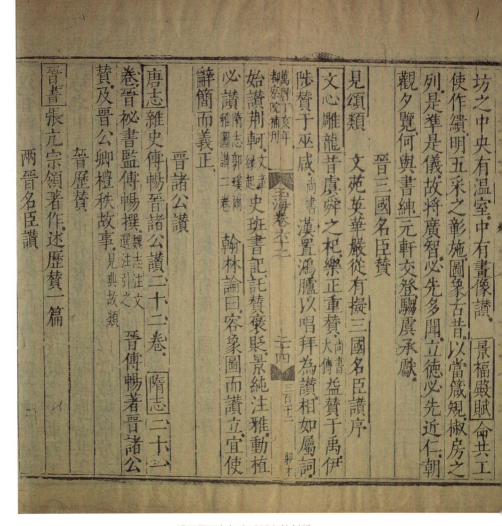

明万历丁亥年（1587）补刻版

翟春和、刘一化、程应科、孙继衡、成友贤董成策、孙国纲等近百人。明万历时期的补刊中，刻工出现最多的有刘任、郭文、刘卜、杨育、罗相、郭才、邓和、薛京、刘钦、胡荣、刘仁、胡祖、黄明、黄里、黄武、裴魁、戴序、黄迁、晏述、胡孝、童峦、杨佑以及钦、育、才、仁、佑、谷、晏、彭、孝、刘、邦、京、南、相、科、明、和、杨、华、洪、文、陈、周、戴、罗、朱、元、卜、昇、吴、李、胡等等。

有些刻工还参与过其他书籍的刻印，如刘仁、刘卞曾刻过元马端临撰、明嘉靖蕲阳冯天驭刊万历重修本、万历三年补刊本《文献通考》五百四十八卷[18]；刘钦、刘卞、胡学、郭才、杨育、黄明、黄里、裴魁、戴序参与了明万历四年（1576）刊本《子汇》二十四种的刊刻[19]；刘仁、刘钦、刘卞、胡学、郭文、晏述、黄武、黄里又刻了汉史游撰、宋刊明万历十六年（1588）补刊本《急就篇》三卷[20]；郭文和晏述还参加明冯梦祯校、明万历二十四年（1596）南京国子监刊本《史记》一百三十卷的镌刻[21]。此外，郭才还参与镌刻明嘉靖间仿宋刊本《元包经传》五卷、《元包数总义》二卷[22]，明万历三十八年（1610）刊本《皇明开天玉律》四卷[23]，明翻宋本《稽古录》二十卷[24]。彭元参与刻了明穆文熙撰、明万历十五年（1587）刊本《春秋左传评苑》三十卷[25]、明万历十六年世德堂刊本《春秋经传集解》三十卷[26]、明万历十九年（1591）清凉山妙德禅院刊本《法苑珠琳》一百二十卷[27]。

刻工黄明还参与了明谢廷桂编、苏乾续、明嘉靖二十七年（1548）刊《隆庆志》十卷附录一卷[28]，与黄春一起刻了宋李芳撰、明隆庆元年（1567）胡维新、戚继光刊本《文苑英华》一千卷[29]，宋司马光撰、明万历十五年（1587）十六世孙祉辑刊《司马太师温国文正公传家集》八十卷目录二卷[30]；与黄里一起刻了北齐刘书撰、明万历二十年（1592）刊本《刘子》十卷[31]；与黄一

⑱ 张振铎：《古籍刻工名录》，上海：上海书店出版社，1996年版，第158-159页。
⑲ 张振铎：《古籍刻工名录》，上海：上海书店出版社，1996年版，第164页。
⑳ 张振铎：《古籍刻工名录》，上海：上海书店出版社，1996年版，第169页。
㉑ 张振铎：《古籍刻工名录》，上海：上海书店出版社，1996年版，第172页。
㉒ 张振铎：《古籍刻工名录》，上海：上海书店出版社，1996年版，第160页。
㉓ 张振铎：《古籍刻工名录》，上海：上海书店出版社，1996年版，第176页。
㉔ 张振铎：《古籍刻工名录》，上海：上海书店出版社，1996年版，第186页。
㉕ 张振铎：《古籍刻工名录》，上海：上海书店出版社，1996年版，第169页。
㉖ 张振铎：《古籍刻工名录》，上海：上海书店出版社，1996年版，第169页。
㉗ 张振铎：《古籍刻工名录》，上海：上海书店出版社，1996年版，第171页。
㉘ 张振铎：《古籍刻工名录》，上海：上海书店出版社，1996年版，第150页。
㉙ 张振铎：《古籍刻工名录》，上海：上海书店出版社，1996年版，第160页。
㉚ 张振铎：《古籍刻工名录》，上海：上海书店出版社，1996年版，第169页。
㉛ 张振铎：《古籍刻工名录》，上海：上海书店出版社，1996年版，第171页。

明崇祯丙子年（1636）补刻版

调一起刻了明许天增撰明万历刊本《诗经正义》二十七卷[32]。黄一林曾参加明瞿佑撰、明黄正位刊本《剪灯新话》四卷的镌刻[33]。

　　明崇祯时期的补刊不多，版心往往镌时间，如"崇祯十一年""崇祯丙子""崇祯丁丑"，以及"助厅韦校刊／东厢王南厢周同补""韦调鼎校刊／东厢王南厢周同补""署籍厅赖补刊""南厢管查刊"等，不记刻工和字数。

㉜　张振铎：《古籍刻工名录》，上海：上海书店出版社，1996 年版，第 187 页。
㉝　张振铎：《古籍刻工名录》，上海：上海书店出版社，1996 年版，第 170 页。

清康乾时期，由于大兴文字狱，株连广泛，造成了本书清刻板鲜见刻工姓名的现象，但几乎每页都镌有字数。康熙时期，仅见"雪舟""王""监生谷有恒""监生史济裳／罗厢""刘任""周林""监生贺本昌／白""坤"等寥寥数条。乾隆时期，只见"田易校对""知州龚懋勋补刊""州同彭文舆补刊"等。

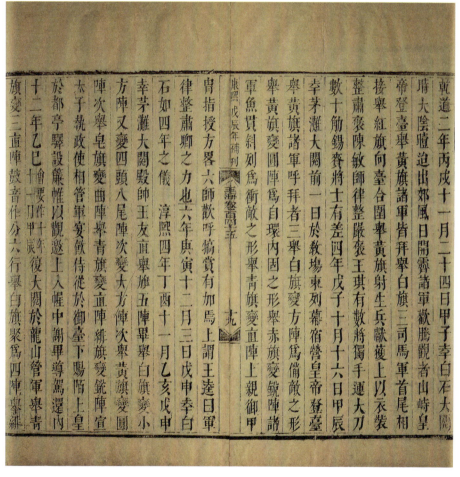

清康熙戊辰年（1688）补刻版

清乾隆三年（1738）补刻版

　　自元至元六年（1340）初次刊刻至清乾隆三年（1738）的四百多年里，该书修补不绝，参与刊刻、补刊的上至各级官吏、监生，下至书写、刻版、印刷、装订的刻工，人数众多，成千上万。他们为我们留下的《玉海》，对研究元明清时期书籍版本、风格、刻工、雕版印刷技术水平提供了宝贵的实证，也为我国传统文化的传承和交流作出了不可磨灭的贡献。

第九章

州府县志 搜罗略备

地方志，是我国特有的一种地方文献，是由史、书、志、记、录、传、图、经等各种不同体裁的书籍，互相渗透和逐渐融合而来的一种特定体裁的著作。地方志内容包罗万象，包括自然文化、物质文化、思想文化、社会文化等各个层面，具有相当大的开放性和包容性，其"纪地理则有沿革、疆域、面积、分野，纪政治则有建置、职官、兵备、大事记，纪经济则有户口、田赋、物产、关税，纪社会则有风俗、方言、寺观、祥异，纪文献则有人物、艺文金石、古迹。"①反映了一个地区自然、政治、经济、文化和社会的历史与现状，可以说是一个地方的百科全书。

我国地方志主体类型主要是按行政区划而定，全国性的叫"一统志"，如《大明一统志》《大清一统志》；各省的叫"通志"，如《浙江通志》等；州、府、县、乡、镇也各有州志、府志、县志、乡志和里镇志等。也有以自然对象分，按人文对象而分的。

无论是省、府、县等综合志，还是专业志，都有一定的明确的地域范围，但其内容却极为广泛。历代修志强调史料真实可靠，如实记述，述而不论。同时，记载大量普通民众的历史和下层社会的风土民情，从而保存大量社会史资料，为史学研究提供丰富而广泛的史料来源。也正如此，

---

① 顾颉刚：《中国地方志综录序一》，载朱士嘉：《中国地方志综录（增订本）》，上海：商务印书馆，1935年版。

地方志成为史家取材、地方行政领导资政辅治的参考材料，具有"补史之缺、参史之错、详史之略、续史之无"的存史价值。

我国具有编修地方志的悠久文化传统，"一方之志，始于《越绝》"，《越绝书》记载着春秋战国秦汉时吴越的山川、城郭、冢墓和纪传等，可称是我国现存最早的一部地方志。《越绝书》开创地方志编撰史，已被大多数学者认作是中国方志的鼻祖。傅振伦认为："《越绝书》先记山川、城郭、冢墓；次及记传，独传于今，后世方志，实仿此"[②]。

地方志的体例自宋代趋于定型以来，由于政府的大力提倡，各地修志数量显著增加。明代修志更盛，明永乐十六年（1418），朝廷颁布了"《纂修志书凡例》，凡例可分二十二条。"[③]主要是对各门类大体编纂内容的规定。这一诏令，对全国上下编纂方志的内容及体例有了统一规定，起到质量标准要求的作用，是方志发展史上的一个重要标志。明嘉靖初年，又诏修志书，因此全国各地修志的积极性普遍高涨，方志数量激增，在我国古代史籍中占有重要的地位。

浙江一地经济发达，文风鼎盛，编修方志的优良传统绵延不绝，一直走在全国的前列，可谓修志之翘楚。"现存宋代方志全国总数不过28部，其中属浙江的就有15部。"[④]"据不完全统计，自汉代至民国浙江省一地共编有各类方志2064种，其中省、府、州、县志1028种；《中国地方志联合目录》收录国内现存方志8269种，其中浙江的有595种，占7.2%，可见，浙江的方志无论是编刊还是存世，均十分了得。这些珍贵方志的存世，很大程度上正是得益于浙江先贤识士重视保存乡土文献的普遍而远见的观念。"[⑤]

余姚一邑，明清时期亦是多次修志。据《余姚市志》载，最早的《余姚县志》在《文渊阁书目》有著录，该志可能成书于明正统（1436–1449）前，但已无存，卷数、编修人情况不详。

---

② 傅振伦：《中国方志学通论》，上海：商务印书馆，1935年版，第21页。

③ 黄苇：《中国地方志辞典》，合肥：黄山社，1986年版，第677页。

④ 刘平平：《馆藏浙江通志述略》，《中国地方志》2005年第5期。

⑤ 袁逸：《百年沧桑征典籍———浙江省公共图书馆地方文献事业百年概述（1901—2005）》，《图书馆研究与工作》2007年第2期。

第二种《余姚县志》十七卷，外记一卷，明顾存仁修，杨抚、岑原道等纂，明嘉靖二十一年（1542）刻本。清光绪年间，会稽徐氏铸学斋抄本。上海图书馆有存，内蒙古自治区图书馆存十一卷、天一阁存十三卷。

第三种《新修余姚县志》二十四卷，明史树德修，沈应文、杨文焕纂，明万历三十一年（1601）刻本。北京图书馆等有存。

第四种《余姚县志》卷未详，清李成化修，修于清康熙二十二年（1683）。康如琏《余姚县志序》："夫姚之志，癸亥间前李令尝修之。"已无存。

第五种《新修余姚县志》二十五卷，清康如琏修，清康熙三十二年（1693）刻本，北京图书馆有存。

第六种《余姚志》四十卷，清唐若瀛修，施毓晖、邵晋涵纂，清乾隆四十六年（1781）刻本，有存。

第七种《余姚县志》四十卷，存二十八卷，编修人不详，清光绪十九年（1893）稿本，存卷一、二、四，六至卷十二，卷二十至卷三十一，卷三十六，卷三十八至四十。上海图书馆有存。

第八种《余姚县志》二十七卷首一卷末一卷，清周炳麟修，邵友濂、孙德祖纂，清光绪二十五年（1899）刻本。有存。

第九种《民国余姚县新志稿》26卷，干人俊纂，修于民国36年（1947），未刊印，余姚地方志办公室藏有手稿本六册。⑥。

---

⑥　余姚市地方志编纂委员会：《余姚市志》·附录，杭州，浙江人民出版社，1993年版，第1121—1123页。

二　五桂楼藏地方志

黄澄量经过十余年的辛勤搜访与积累，藏书与日俱增，地方志作为地方文献中十分珍贵的资料，也是黄澄量藏书的重要组成部分，他收藏的地方志近百部，现选部分地方志简单介绍如下：

1.嘉泰《会稽志》二十卷

又名《会稽志》，宋沈作宾修，宋施宿等纂。牌记：乾隆戊辰重镌／嘉泰会稽志／采鞠轩藏板。版框（高×宽）18.3cm×13.8cm，半页10行，每行20字，双行小字20字，白口，左右双边，单黑鱼尾。开本（高×宽）27.1cm×17.5cm，6册。录有宋陆游于嘉泰元年（1201）作《会稽志序》。正文首卷卷端有方形阴文"石泉／珍玩"、方形阳文"余姚黄氏／五桂楼／藏书印记"两印章。清嘉庆十三年（1808）采鞠轩刻本。

2.〔雍正〕敕修《浙江通志》二百八十卷首三卷

清李卫、嵇曾筠、郝玉麟、程元章、嵇曾筠、王国安、王紘、张若震等修，沈翼机、陆奎勋、傅王露纂。牌记：乾隆元年刊刻进／呈／敕修浙江通志／本司藏板。版框（高×宽）20.0x15.0cm，半页10行，每行22字，双行小字22字，白口，四周双边，单黑鱼尾。开本（高×宽）

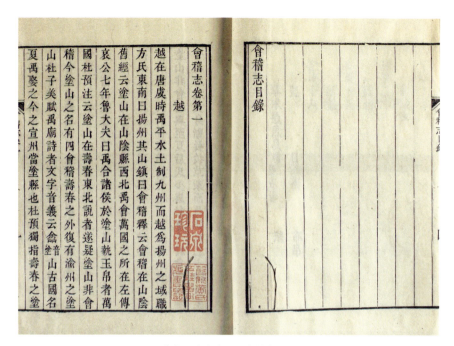

嘉泰《会稽志》正文首卷卷端

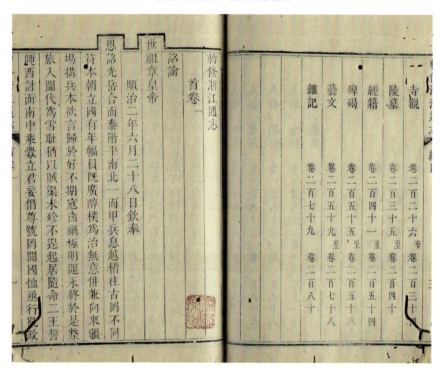

敕修《浙江通志》正文首卷卷端

26.1cm×17.1cm，23 册。直隶总督李卫、吏部尚书嵇曾筠、两江总督郝玉麟、淮扬总督程元章、浙江布政使张若震于清乾隆元年（1736）分别作《敕修浙江通志序》。部文卷端有方形阴文"黄氏/石泉"、方形阳文"余姚黄氏/五桂楼/藏书印记"两印章。清乾隆元年刻本。

3.〔嘉靖〕《山东通志》四十卷

明陆钺等纂修。版框（高×宽）22.3cm×16.8cm，半页 10 行，每行 20 字，双行小字 20 字，白口，左右双边，单黑。开本（高×宽）32.4cm×19.2cm，11 册，缺 1–3 卷。张寅、王应槐、陆钺分别作序，陆钺《山东通志叙》云："越明年，癸巳，志成。"明嘉靖十二年（1533）刻本，白棉纸本。

4.〔雍正〕《宁波府志》三十六卷首一卷

清曹秉仁修，万经纂。版框（高×宽）21.4cm×14.5cm，半页 9 行，字数 22 字，双行小字 22 字，白口，四周双边，单黑鱼尾。开本（高×宽）24.9cm×16.1cm，14 册，缺 14–16 卷。李卫、孙诏、曹秉仁、王溯维、万经、色超于清雍正十一年（1733）、清乾隆六年（1741）分别作《宁波府志序》。曹秉仁序有"雍正七年六月余由此直顺德，蒙恩调守是邦……孙公以庚戌季秋开局，延荐绅万九沙太史董其事，而余与观察公亲雠校焉，越岁书成寿之梓"句，且"弘""祯""历"避讳，均系剜改或直接挖去。清雍正九年（1731）刻本乾隆六年补刻本。

5.〔康熙〕《温州府志》三十二卷图一卷

清汪灏总裁，李璋、金大起、胡燝纂修。版框（高×宽）21.1cm×15.3cm，半页 9 行，每行 20 字，双行小字 20 字，白口，左右双边，单黑鱼尾。开本（高×宽）28.1cm×17.6cm，10 册。康熙二十三年（1684）、二十四年，王国泰、汪灏、魏裔愨、任右君、诸定远分别撰《温州府志序》。汪灏序云："予不佞以甲子冬来领郡事，时摄篆郡丞魏君正谋付梓，则遂以斯事归予……帙成凡十册，为卷三十有二。"魏裔愨序云："付梓无几，会郡伯汪公履任，遂以其事牒还统于所尊也。明年乙丑当辑瑞而此书剞劂告竣。"清康熙二十四年刻本。

6. 〔康熙〕《金华府志》三十卷

又名《金华郡志》，清张苌鉴定，刘德新等参定，王治国等校阅，郑濂等订正，沈麟趾纂辑。版框（高 × 宽）22.2cm × 15.0cm，半页 9 行，每行 20 字，双行小字 20 字，白口，四周双边，单黑鱼尾。开本（高 × 宽）26.0cm × 16.4cm，12 册。录有宋洪遵、元瞻思、明商辂、王世贞撰序，张苌于清康熙二十二年（1683）撰《重修金华郡志序》。张苌序中有"始于癸亥之四月，告竣于本年之九月"之语。清康熙二十二年刻本。

7. 〔康熙〕《衢州府志》四十卷

清杨廷望纂修。版框（高 × 宽）19.8cm × 12.5cm，半页 9 行，每行 22 字，双行小字 22 字，上下黑口，四周单边，双对黑鱼尾。开本（高 × 宽）24.8cm × 15.2cm，12 册。清康熙四十九年（1710）、五十年，金玉衡、杨廷望分别撰《重修衢州府志序》。杨廷望序中有"越己丑春告竣，乃捐俸庀材，付之剞劂……今年秋聿观厥成"之语。"丘"避讳作"邱"，书中时见断版，文字补刻较多；加之"弘""历"剜改避讳，当是乾隆间修补本。清康熙五十年（1711）刻乾隆修补本。

8. 〔雍正〕《处州府志》二十卷

清曹抡彬修，清朱肇济等纂。版框（高 × 宽）20.0cm × 14.3cm，半页 10 行，每行 21 字，双行小字 21 字，白口，左右双边，单黑鱼尾。开本（高 × 宽）22.7cm × 15.2cm，16 册。曹抡彬清雍正十一年（1733）书《处州府志序》，序有"今年春，幸政有余 …… 余复加综核之，阅十月而书成"语。清雍正十一年刻本。

9.〔万历〕《续修严州府志》二十四卷

明杨守仁、吕昌期修，明徐楚、俞炳然纂。其他题名为《严州府志》。版框（高 × 宽）20.9cm×14.2cm，半页 10 行，每行 20 字，双行小字 20 字，白口，左右双边，单白间黑鱼尾。开本（高 × 宽）23.2cm×15.7cm，14 册。胡拱辰明弘治六年（1493）撰《旧志序》，徐楚明万历六年（1578）撰《旧志引》，清顺治六年（1649）钱广居撰《重刻严州府志书序》。钱广居序曰："严州郡志自万历年续修于平陵吕公，迄今三十余载，后……原板半毁……因与诸同寅及六邑令长谋新之。"明万历六年刻四十一年续修清顺治六年补刻本。

10.〔乾隆〕《杭州府志》一百十卷首六卷

清郑沄修，清邵晋涵等纂。版框（高 × 宽）20.2cm×14.1cm，半页 10 行，每行 24 字，双行小字 24 字，白口，左右双边，单黑鱼尾。开本（高 × 宽）24.2cm×15.6cm，40 册。清乾隆四十九年（1784），郑沄撰序。《杭州府志前后修辑姓氏》镌有"乾隆四十九年续修"字样。清乾隆四十九年刻本。

11.〔康熙〕《松江府志》五十四卷《图经》一卷

清郭廷弼修，周建鼎、包尔赓纂。版框（高 × 宽）22.6cm×15.1cm，半页 10 行，每行 22 字，双行小字 22 字，白口，四周单边，单黑鱼尾。开本（高 × 宽）25.6cm×16.6cm，20 册。清康熙二年（1663），韩世琦、宋征舆、孙丕承、郭廷弼、佟彭年、卢纮分别撰《松江府志序》《重修松江府志序》《新修松江郡志序》，周建鼎撰跋。郭廷弼序有"余复节省月俸，俾付剞劂梓成"语。清康熙二年刻本。

12. 〔康熙〕《河南府志》二十八卷

清李辉祖等总裁，张圣业等纂修，董正等参阅。版框（高 × 宽）20.5cm×14.3cm，半页 9 行，每行 22 字，双行小字 22 字，白口，四周双边，单黑鱼尾。开本（高 × 宽）24.0cm×16.0cm，20 册。清康熙三十四年（1695），袁拱、张圣业、孙居湜、朱作舟分别撰《河南府志序》《重修河南府志序》，清雍正五年（1727），张汉撰《河南郡志序》。张圣业序云："因为之序而命之梓"。"玄""胤"缺笔，"弘""历"不避讳。清康熙三十四年（1695）刻雍正重修本。

13. 〔乾隆〕《湖州府志》四十八卷首一卷

清李堂纂修。版框（高 × 宽）19.4cm×14.0cm，半页 11 行，每行 25 字，双行小字 37 字，白口，左右双边，单黑鱼尾。开本（高 × 宽）24.9cm×15.8cm，24 册。清乾隆四年（1739），胡承谋书《湖州府志原序》，清乾隆二十三年（1758），李堂撰序。李堂序有"堂则遵守旧册，略采近闻……第此二十年来之所增刊"语。清乾隆二十三年刻本。

14. 〔乾隆〕《绍兴府志》八十卷首一卷

清李亨特修，平恕、徐嵩纂。牌记：乾隆五十七年新镌/绍兴府志/本衙藏板。版框（高 × 宽）19.2cm×13.7cm，半页 10 行，每行 23 字，双行小字 23 字，白口四周双边，单黑鱼尾。开本（高 × 宽）25.5cm×16.3cm，46 册。清乾隆五十七年（1792），李亨特撰《重修绍兴府志序》。刻工王凤仪、刘恒卿等。清乾隆五十七年刻本。

15. 〔康熙〕《台州府志》十八卷首一卷

清张联元修，方景濂等纂。版框（高 × 宽）22.1cm×15.3cm，半页 9

行，每行 20 字，双行小字 20 字，白口，四周单边，单黑鱼尾。开本（高 ×
宽）25.0cm×16.2cm，18 册。卷四《灾变》记载至康熙六十年。录有清康熙
二十二年（1683）鲍复泰、冯甦撰《旧序》，清康熙六十一年（1722），张
联元撰序，方景濂题跋。刻工郑士章、柳超。清康熙六十一年刻本。

16.〔乾隆〕《通州志》十卷首一卷末一卷

清高天凤修，金梅纂。版框（高 × 宽）20.1cm×14.9cm，半页 10 行，
每行 22 字，双行小字 22 字，白口，四周双边，单黑鱼尾。开本（高 × 宽）
28.6cm×17.3cm，6 册。清乾隆四十六年至四十八年（1781—1783）高天凤、
李调元、英廉、金士松、蒋赐棨、虞鸣球、郎若伊、李汝琬、李宏照分别撰
序。李宏照清乾隆四十八年（1783）序有"南至前十日，梓人以新志告竣"语。
清乾隆四十八年刻本。

17.〔乾隆〕广德州志三十卷舆图一卷

清李国相等纂修。版框（高 × 宽）21.5cm×15.0cm，半页 9 行，每行 23 字，
双行小字 23 字，白口，四周单边，单黑鱼尾。开本（高 × 宽）26.6cm×
16.8cm，8 册。清乾隆四年（1739），晏斯盛、李国相分别撰《广德州志序》。
李国相序曰："参集众思，三月成书，为纲九，为目二十有九，其附载众目者，
又十余条"。有刻工题"桐川濮阳桂写"。清乾隆四年刻本。

18.〔康熙〕《沂州志》八卷

清邵士修，王壋、尚天成纂。版框（高 × 宽）19.4cm×13.7cm，半页 10 行，
每行 20 字，双行小字 20 字，白口，四周双边，单黑鱼尾。开本（高 × 宽）
25.0cm×15.9cm，8 册。康熙十三年（1674），邵士、王壋分别撰《沂州志序》。
王壋序有"今沂志告竣"语。清康熙十三年刻本。

19.〔乾隆〕《亳州志》十二卷首一卷

清郑交泰修，王云万纂。版框（高 × 宽）20.1cm×15.0cm，半页9行，每行20字，双行小字20字，白口，四周双边，单黑鱼尾。开本（高 × 宽）26.4cm×17.1cm，7册。书中纪事至清乾隆三十八年（1773），"祯"作"正"，"弘"作"宏"并缺笔，"琰"不讳。清乾隆三十九年刻本。

20.〔康熙〕《新昌县志》十八卷

清刘作梁、吕曾柟等纂。版框（高 × 宽）21.6cm×15.2cm，半页9行，

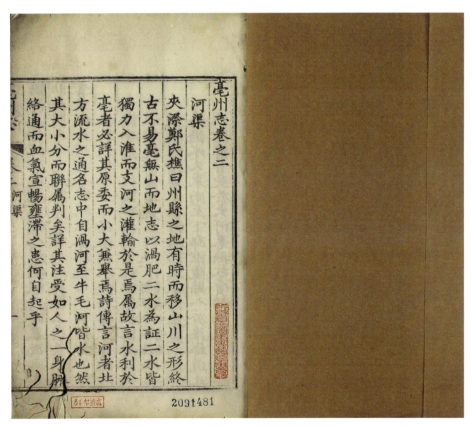

《亳州志》卷二卷端

每行 20 字，双行小字 20 字，白口，四周双边，单黑鱼尾。开本（高 × 宽）24.5cm × 16.4cm，4 册。清康熙十年（1671），刘作梁撰《重修新昌县志序》。刘作梁序有云"告竣草草"。清康熙十年刻本。

21.〔乾隆〕永嘉县志二十六卷

清崔锡修，清齐召南、汪沆纂。版框（高 × 宽）19.7cm × 14.4cm，半页 10 行，每行 22 字，双行小字 22 字，白口，四周双边，单黑鱼尾。开本（高 × 宽）26.4cm × 16.8cm，8 册。清乾隆二十六年（1761），徐绵、李琬、崔锡撰序，清乾隆三十年（1765）施廷灿撰《永嘉县志序》，序有"郡尊李公命邑志宜速告成……俾先刷印一部，以供批阅"语。清乾隆三十年施廷灿刻本。

22.〔雍正〕《续修嘉善县志》十二卷

清戈鸣岐纂，钱元佑等编辑。各卷编辑者不一，卷二卷端题"邑人支期品山、孙霖颂年同编辑"，卷十二卷端题"邑人支江梁源、钱宸英紫令、沈鸿猷荆威、钱源来清许同编辑"。版框（高 × 宽）21.4cm × 14.7cm，半页 10 行，每行 22 字，双行小字 22 字，白口，左右双边，单黑鱼尾。开本（高 × 宽）25.7cm × 16.4cm，4 册。清雍正十一年至十二年（1733—1734），戈鸣岐、罗绪分别撰《续修嘉善县志序》。戈鸣岐序曰："越岁仲冬，予又以计典澄叙，谬登荐牍，将次入都，而剞劂适成，随弁数言，自此珍重。"罗绪序曰："因取所已刊者数卷，披阅再过，则宜简宜详，斟酌尽善，不下于丁巳之编，迨至春王二月，而是书遂成，诸绅士问序于余"。清雍正十二年刻本。

23.〔顺治〕青阳县志六卷

清杨梦鲤纂修。其他题名为《重修青阳县志》。版框（高 × 宽）21.6cm × 13.4cm，半页 9 行，每行 22 字，双行小字 22 字，白口，四周单边，单黑鱼尾。开本（高 × 宽）24.9cm × 15.9cm，2 册。清顺治十四年（1657）

杨梦鲤撰《重修县志序》，且书中内容涉及康熙时事。清顺治十四年刻康熙增刻本。

24.〔乾隆〕《汤溪县志》十卷首一卷

清陈钟灵修，冯宗城等纂。牌记：乾隆四十八年重修/汤溪县志/本衙藏板。版框（高 × 宽）19.2cm × 14.7cm，半页10行，每行22字，双行小字22字，白口，四周双边，单黑鱼尾。开本（高 × 宽）25.2cm × 16.2cm，6册。清乾隆四十八年（1783），张思振、陈钟灵、张宗诚分别撰《重修汤溪县志序》《新修汤溪县志后序》。清乾隆四十八年刻本。

25.〔康熙〕《西安县志》十二卷首一卷

清陈鹏年、徐之凯纂修。版框（高 × 宽）20.1cm × 14.1cm，半页9行，每行20字，双行小字20字，白口，左右双边，单黑鱼尾。开本（高 × 宽）24.4cm × 15.3cm，10册。清康熙三十八年至康熙三十九年（1699—1700），陈刍年、赵良璧、张敏、于准、郭世隆撰序。康熙三十九年，胡承祖序云："陈令锐意于此，延邑之绅士，搜罗参计，鉴古证今，芟繁芜，尚简核，集为若干卷，不数月而告竣"。张敏序云："余抚浙之初年，西安陈令以捐俸修《县志》，具文请可否，余允之。阅岁而书成，展读之，为卷凡十有二。"书中"弘""历"皆挖改避讳，清康熙三十九年刻乾隆重修本。

26.〔乾隆〕《淳安县志》十六卷首一卷

清刘世宁、方桼如纂修，版框（高 × 宽）19.6cm × 13.8cm，半页10行，每行22字，双行小字22字，白口，四周双边，单黑鱼尾。开本（高 × 宽）23.5cm × 15.7cm，8册。清乾隆二十年至乾隆二十一年（1755—1756），刘世宁、马文炳分别撰《重修淳安县志序》。刘世宁序曰："邑之人，以余参订、校雠亦破费日力于兹也，来问序……而朴山方先生邑之袁伯业也，遂属之撰著，董厥成焉。"马文炳序有"而其乡朴山方老先生绪正之也，经营于癸酉，刘君敷政之始，断手于乙亥，刘君化洽之余也，余来时，则已杀青，可缮写付之梓人矣"语。清乾隆二十一年刻本。

27.〔乾隆〕歙县志二十卷首一卷

清张佩芳修，刘大櫆等纂。版框（高×宽）29.5cm×14.6cm，半页9行，每行24字，双行小字24字，白口，四周双边，单黑鱼尾。开本（高×宽）26.0cm×16.2cm，7册，缺首卷、1-3卷。据《中国古籍总目》史部4329，清乾隆三十六年（1771）刻本。

28.〔康熙〕《贵池县志略》八卷图一卷

清李愈昌定，梁国标重辑。版框（高×宽）20.4cm×14.8cm，半页9行，每行20字，双行小字20字，白口，四周单边，单黑鱼尾。开本（高×宽）22.4cm×15.3cm，6册。清顺治十四年（1657），周体观撰《贵池县志序》，清康熙三十一年（1692），梁国标撰《续修贵池县志序》。梁国标序有"予以何敢胜任乎，抑仍其旧，而借手于刘氏之拾遗，兼询诸学博以共襄告成。而剞劂之费，则捐俸从事，不闻之里民以滋扰云"语。版心下镌"乾隆九年补刊"。清康熙三十一年刻乾隆九年（1744）增修本。

29.〔康熙〕《石埭县志》八卷图一卷

清姚子庄总裁，重辑，周体元编纂。版框（高×宽）20.2cm×14.8cm，半页9行，每行20字，双行小字20字，白口，左右双边，单黑鱼尾。开本（高×宽）23.7cm×16.7cm，6册。清康熙十四年至康熙十五年（1675—1676），姚子庄、周体元、苏汝霖撰序。书前有旧序、《重修石埭县志书征事引》《石埭县志书凡例》。姚子庄序云："乃择吉告于先师庙，开局城南古刹……阅二期乃讫厥功。"苏汝霖序云"阅二载而志乃成"。周体元序云："梁化姚侯下车十年来，扶风改俗……行将编次成帙，越一岁奉圣天子诏天下郡县修葺通志……复遵所颁式精核完善，历五载而成书八卷……侯捐俸锓刻。"且"炫"缺末笔，"丘""胤"不避讳，"弘""历"多被挖去，"琰"不避讳。清康熙十五年刻乾隆印本。

30.〔康熙〕《巢县志》二十卷

清于觉世总裁，陆龙腾纂订。版框（高 × 宽）22.4cm×15.8cm，半页 10 行，每行 22 字，双行小字 22 字，白口，四周单边，单黑鱼尾。开本（高 × 宽）26.2cm×17.1cm，6 册。清康熙十二年（1673），颜尧揆、于觉世、车之坦、陆龙腾分别撰序、跋。车之坦序云："既已属稿，而剞劂则由初春抵仲夏始获告竣。"一卷内有刻工题"次颖张平写""邑人陆龙腾画""张灿写""张绍翰写"。清康熙十二年刻本。

《巢县志》册 1 封面

31.〔雍正〕《来安县志》十二卷首一卷

清伍斯琪、项世荣等纂修。正文前有《修志公约》《凡例》。版框（高 × 宽）20.5cm×14.9cm，半页 10 行，每行 22 字，双行小字 22 字，白口，四周单边，单黑鱼尾。开本（高 × 宽）24.0cm×16.3cm，4 册。清雍正十三年（1735），孔传櫄、伍斯琪、项世荣、杨大勋分别撰《来安县志序》。项世荣序有"于是新令孔侯来，伍侯旋调任去，越数日，孔侯过访志局，既徧观其弁首序文及诸目次，而特授余阙里常行之仪节，俾得补其遗漏，余因并付梓人，而志以成云"语。清雍正十三年刻本。

32.〔乾隆〕《含山县志》十六卷

清梁栋、唐焯等纂修。牌记：乾隆戊辰新刊 / 含山县志 / 本衙藏板。版框（高 × 宽）19.9cm×14.2cm，半页 9 行，每行 21 字，双行小字 21 字，白口，左右双边，单黑鱼尾。开本（高 × 宽）24.3cm×15.4cm，5 册。清乾隆十三年（1748），梁栋撰《含山县志序》、唐焯撰《重修含山县志序》。卷前有《原序》《县志缘起》《新修县志姓氏》《例义》《图考》。清乾隆十三年刻本。

33.〔乾隆〕《英山县志》二十六卷首一卷

清张海、姚之琅纂修，方超、李治隆协编，程光廉、马世钦监修，金序珽等校订。牌记：乾隆丙子春镌 / 各宪鉴定 / 板藏学宫。版框（高 × 宽）19.3cm×14.8cm，半页 10 行，每行 20 字，双行小字 20 字，白口，左右双边，单黑鱼尾。开本（高 × 宽）26.3cm×18.7cm，5 册。清康熙二十三年（1684）至乾隆二十一年（1756），刘五珑、李治隆、张海、方超分别撰序。清乾隆二十一年刻本。

34. 〔康熙〕《虹县志》二卷

又名《虹邑志》，清龚起翚辑，吉天赍校，彭翼宸增补。版框（高 × 宽）19.9cm×13.0cm，半页 8 行，每行 20 字，双行小字 20 字，白口，四周单边，单黑鱼尾。开本（高 × 宽）24.3cm×16.1cm，2 册。清康熙十一年（1672）龚起翚题《订虹县志叙》；清康熙十七年，彭翼宸题《虹邑志叙》。彭翼宸序曰："《虹邑志》前此散漫无所考，华川龚君纂辑而成帙，寿以剞劂，予于丙辰畅月受事兹土，展而读之……予故妄赘一词，以备观风者采择焉。"版心下镌"心水堂"。多有修版，"祯""弘""历"被剜。清康熙十一年龚起翚心水堂刻十七年增刻重修本。

35. 〔康熙〕《铅山县志》八卷

清潘士瑞修，詹兆泰等撰，刘荣秀、傅国用监梓，詹兆泰补订。版框（高 × 宽）20.8cm×15.1cm，半页 8 行，每行 21 字，双行小字 21 字，白口，四周双边，单黑鱼尾。开本（高 × 宽）24.9cm×16.7cm，8 册。孙世昌撰《铅山县志序》；清康熙二十二年（1683），潘士瑞题《重修铅山县志叙》。潘士瑞叙有"康熙十二年，前令徐奉部文修辑，而其旧本已多缺略，虽费经营传梓不旋踵，而兵燹重毁其木。十八年春二月，士瑞奉简命承乏兹土……今夏六月……乃集绅衿耆旧，谀其往事今俗可备纪载者，用辑成书"之语。清康熙二十二年刻本。

36. 〔乾隆〕《彭泽县志》十六卷图一卷

清吴会川、何炳奎辑。有《旧序》《条例总要》《凡例》《纂修姓氏》《图说》。牌记：乾隆二十一年重修 / 彭泽县志。版框（高 × 宽）20.3cm×14.1cm，半页 11 行，每行 22 字，双行小字 22 字，白口，左右双边，单黑鱼尾。开本（高 × 宽）24.7cm×16.9cm，8 册。清乾隆二十一年（1756），董榕、吴会川、何炳奎分别撰《重修彭泽县志序》，邹炌撰序。邹炌序曰："而邑之缙绅先生方从事编辑，剞劂将竣，因授简于余，并属以序。"清乾隆二十一年刻本。

37.〔康熙〕《南丰县志》十六卷

清郑钺督修，刘凝纂修。版框（高×宽）18.6cm×12.8cm，半页10行，每行24字，双行小字24字，白口，四周单边，无鱼尾。行间镌句读，有图。开本（高×宽）21.9cm×14.1cm，10册。清康熙二十三年（1684），郑钺撰《南丰县志叙》，次年撰跋。郑钺跋云："余新任而奉修志之行，刻日限成，催檄如雨，因从绅衮之言，委之刘凝。"本书记载至康熙二十四年。清康熙二十四年（1685）刻本。

38.〔乾隆〕《顺昌县志》十卷

清陈镆修，吕天芹等编辑，另有协修、分缉等数人。牌记：乾隆三十年镌 / 顺昌县志 / 本衙藏板。版框（高×宽）21.3cm×14.5cm，半页10行，每行20字，双行小字20字，白口，四周双边，单黑鱼尾。开本（高×宽）27.3cm×17.1cm，4册。清乾隆三十年（1765），陈镆撰《顺昌县志序》，序曰："是役也，以甲申之十一月而戒事，乙酉之五月而竣事。"序后有纂修姓氏、舆图、凡例。清乾隆三十年刻本。

39.〔乾隆〕《连城县志》十卷

清李龙官、徐尚忠纂修。册1为序、凡例、目录、旧序、绘图。版框（高×宽）22.4cm×14.9cm，半页8行，每行22字，双行小字22字，白口，左右双边，单黑鱼尾。开本（高×宽）28.8cm×16.7cm，8册。清乾隆十六年至乾隆十七年（1751—1752），曾曰瑛、李龙官、徐尚忠、单德谟、张相时、杨廷儒、高绍圆撰序。高绍圆序曰："辛未冬……徐君为予言曰：'连旧有志，历年久，版且漶漫，爰不揣固陋，与邦之人士议新之，窃幸同心协力，付梓者什且五六，其未刻者，俱已成稿，兹猝去连，未竟之业，君之责也'……

其诸未竟之业，予亦惟是，谨守成规，寿之梨枣焉。"杨廷儒曰："徐静斋先生莅任之二年，慨然任之，去秋集人士议修志……走数百里请其乡太史李先生同为总裁……且先生矢公矢慎，勤采访，严请托，务归至当，然后付之梓。"有刻工题写"童能材写""邑人童能材绘图、新建刘品章镌刻"等。清乾隆十六年刻本。

40.〔乾隆〕《衡阳县志》十四卷首一卷

清陶易修，李德等纂。版框（高 × 宽）21.0cm×14.8cm，半页 10 行，每行 20 字，双行小字 20 字，白口，四周双边，单黑鱼尾。开本（高 × 宽）25.0cm×16.6cm，13 册。清乾隆二十六年（1761），陶易撰序，序有"于是年之二月，阅十月而志成，凡一十四卷"之语。清乾隆二十六年刻本。

41.〔乾隆〕《杞县志》二十卷首一卷

清硕色、蔡新总裁，王之卫纂修，韩仪等编次。版框（高 × 宽）19.4cm×14.7cm，半页 10 行，每行 21 字，双行小字 21 字，白口，四周双边，单黑鱼尾。开本（高 × 宽）24.7cm×15.9cm，7 册。清乾隆十年（1745），王之卫撰《续修杞县志序》，清乾隆十二年（1747），沈青崖撰《杞县志序》。沈青崖序"弘"缺末笔，或作"宏"，"历"写作"曆"，"琰"不避讳。清乾隆十二年刻本。

42.〔乾隆〕《太康县志》八卷

清武昌国纂修，胡彦升、宋铨编辑。版框（高 × 宽）19.8cm×13.2cm，半页 9 行，每行 20 字，双行小字 20 字，白口，四周单边，单黑鱼尾。开本（高 × 宽）24.2cm×15.0cm，8 册。清乾隆二十六年（1761），秦百里、欧阳永祫、陈辉祖、武昌国分别撰序。武昌国序有"属稿既定，将付剞劂，为序其颠末如此"语。清乾隆二十六年刻本。

43. 〔乾隆〕《重修伊阳县志》四卷首一卷

清李章垍纂修，王煜校订，张施仁、赵先第搜辑，曹建绘图，各卷卷端题"知伊阳县吴门李章垍编"，版心题名《伊阳县志》。版框（高 × 宽）18.0cm×14.2cm，半页 9 行，每行 24 字，双行小字 24 字，白口，四周单边，单黑鱼尾。开本（高 × 宽）24.0cm×15.3cm，4 册。清乾隆三十一年（1766），李宗宝、欧阳永裪、李章垍分别撰序。李章垍序中有"付梓之日，爰记其重修之缘起如此"之语。清乾隆三十一年刻本。

44. 〔乾隆〕《蒲县志》十卷首一卷

清巫慧修，王居正纂。版框（高 × 宽）21.0cm×14.9cm，半页 9 行，每行 22 字，双行小字 22 字，白口，四周双边，单黑鱼尾。开本（高 × 宽）26.9cm×16.7cm，4 册。清乾隆十八年（1753），巫慧、王居正分别撰《蒲县志序》。巫慧序有"越五月，而志成……书成，余走笔序之"之语。清乾隆十八年刻本。

45. 〔康熙〕《西充县志》十二卷

清李棠、李昭治等纂修，李申等编次。版框（高 × 宽）20.6cm×14.9cm，半页 10 行，每行 20 字，双行小字 20 字，白口，四周单边，单黑鱼尾。开本（高 × 宽）27.4cm×17.1cm，4 册。清康熙六十一年（1722），孔毓珣、程梦星、李昭治分别撰《西充县志序》。李昭治序有"乃于公暇，取箧笥所抄，锐意编摩，阙疑传信，付之开雕，共若干卷"语。清康熙六十一年刻本。

46. 〔康熙〕《长乐县志》八卷

清孙胤光重修，温如璠、屈宋订，李逢祥、罗师元、颜翼卿校，李斐然、叶琼阁、张世韩等辑。版框（高 × 宽）22.9cm×16.3cm，半页 9 行，每行 20 字，双行小字 20 字，白口，四周双边，单黑鱼尾。开本（高 × 宽）

29.3cm×20.0cm，5 册。首卷卷端镌"典史浦城余廷芳董刻"。明崇祯十一年（1638）、清康熙十二年（1673），黄景明、孙胤光分别撰序、跋。清康熙刻本。

47.［康熙］《西宁县志》十卷

清赵震阳续编，钟光斗等纂辑，何其遇等校订，陆邦彦绘图。又题名：《罗定州西宁县志》。前有《旧序》《姓氏》《图考》。版框（高 × 宽）21.0cm×13.9cm，半页九行，每行十八字，白口，四周单边，单黑鱼尾。开本（高 × 宽）26.6cm×16.8cm，2 册。清康熙六年（1667），尹源进、赵震阳、区孟贤、钟光斗分别撰序。赵震阳序中有"近已鸠工膳匠，刊勒成书"之语。清康熙六年刻本。

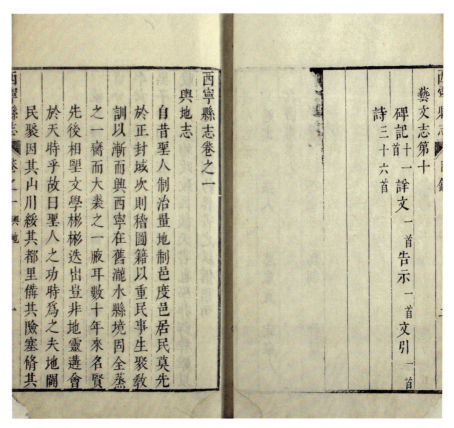

《西宁县志》正文首卷卷端

48.〔崇祯〕《吴县志》五十四卷首一卷

明牛若麟修，王焕如纂。版框（高 × 宽）20.9cm×14.6cm，半页 9 行，每行 23 字，双行小字 23 字，白口，左右双边，单白。开本（高 × 宽）24.0cm×16.1cm，20 册。明崇祯十五年（1642），徐汧项、宋学显、项煜、陆康稷、王心一、李模、郑敷教、牛若麟、杨廷枢分别撰《吴县志序》《重修吴县志序》。《重修吴县志衔名》末页有"纂修经始于崇祯辛巳孟春之朔……鸠工雕板则昉于壬午季春之朔，竣于八月既望"之语。明崇祯十五年刻本。

49.〔乾隆〕《蒲台县志》四卷首一卷

严文典修，任相纂。内封：乾隆二十八年重修 / 蒲台县志 / 本衙藏板。版框（高 × 宽）19.3cm×14.0cm，半页 9 行，每行 20 字，双行小字 20 字，白口，左右双边，单黑鱼尾。开本（高 × 宽）25.1cm×16.6cm，4 册。清乾隆二十八年（1763），张至学、严文典、任相分别撰序。清乾隆二十八年刻本。

50.〔乾隆〕《嵊县志》十八卷首一卷末一卷

清李以琰修，田实租等纂。版框（高 × 宽）19.5cm×14.4cm，半页 10 行，每行 21 字，双行小字 21 字，白口，左右双边，单黑鱼尾。开本（高 × 宽）25.3cm×16.2cm，6 册。清乾隆七年（1742），常安、张若震、周范莲、李以琰、田实租分别撰序。张若震序有"而嵊令李君以邑志开雕"之语。清乾隆七年刻本。

51.〔乾隆〕《砀山县志》十四卷

清刘王瑷纂修。牌记：砀山县志 / 乾隆丁亥冬镌。版框（高 × 宽）18.3cm×13.7cm，半页 9 行，每行 21 字，双行小字 21 字，白口，四周双边，单黑鱼尾。开本（高 × 宽）25.4cm×14.7cm，5 册。清乾隆三十二年（1767），刘王瑷撰《重修砀山县志序》。清乾隆三十二年刻本。

52.〔乾隆〕《凤阳县志》十六卷首一卷

清于万培纂修。版框（高 × 宽）20.9cm×14.4cm，半页 10 行，每行
21 字，双行小字 21 字，白口，四周双边，单黑鱼尾。开本（高 × 宽）
25.3cm×15.9cm，8 册。清乾隆三十九年至乾隆四十年（1774—1775），狄咏篪、
荆如棠、于万培、秦潮分别撰序。荆如棠乾隆四十年序有"付之剞劂，以垂永久"
语。清乾隆四十年刻本。

53.〔康熙〕《乐安县志》十卷

清方湛纂修，詹相廷等同修。版框（高 × 宽）22.7cm×16.5cm，半页 9 行，
每行 20 字，双行小字 20 字，白口，四周双边，单黑鱼尾。开本（高 × 宽）
27.8cm×18.1cm，6 册。清康熙二十三年（1684），方湛撰序。方湛序有"计
日一年，为书十卷，于以付之剞劂，饰以装潢"语。清康熙二十三年刻本。

54.〔乾隆〕《黔阳县志》四十二卷首一卷

清姚文起修，危元福、唐廷佐、潘尚清等纂。版框（高 × 宽）20.2cm×
13.2cm，半页 9 行，每行 22 字，双行小字 22 字，白口，四周双边，单黑鱼尾。
开本（高 × 宽）23.5cm×15.7cm，8 册。清乾隆五十四年（1789），姚文起、
向达礼、唐廷佐、危元福分别撰序。向达礼叙有"付诸剞劂……故乐其成而
为之叙"语。清乾隆五十四年刻本。

55.〔乾隆〕《鄢陵县志》二十一卷首一卷

清施诚纂修。版框（高 × 宽）20.1cm×13.8cm，半页 9 行，每行
21 字，双行小字 21 字，白口，四周双边，单黑鱼尾。开本（高 × 宽）

27.1cm×16.1cm，8册。清乾隆三十七年（1772），何焴、施诚分别撰《重修鄢陵县志序》。施诚序有"爰取旧志而更新之，创立义例，稽经据史，厘为二十二卷"语。清乾隆三十七年刻本。

56.〔康熙〕《南阳县志》六卷首一卷

清张光祖纂修，徐永芝等编次。版框（高 × 宽）19.9cm×13.0cm，半页9行，每行20字，双行小字20字，白口，左右双边，单黑鱼尾。开本（高 × 宽）25.4cm×15.0cm，6册。清康熙三十年（1691），张光祖撰《南阳县志序》，清康熙三十二年（1593），徐永芝撰跋。徐永芝跋有"因编纪完，以数言自述，厥衷于末"语。清康熙三十二年刻本。

57.〔乾隆〕盱眙县志二十四卷首一卷

清郭起元修，清秦懋绅、徐方高纂。版框（高 × 宽）18.7cm×13.4cm，半页9行，每行20字，双行小字20字，白口，左右双边，单黑鱼尾。开本（高 × 宽）22.8cm×15.9cm，6册。郭起元撰《重修盱眙县志序》，序有"余乾隆癸亥夏至邑迄今丁卯春，岁至五稔……自夏迄冬，阅八月而工竣"语。清乾隆十二年（1747）刻本。

据《姚江黄氏五桂楼书目》记载，五桂楼所藏史部地理类 168 种书籍中，省、府州郡县志达近百部，搜罗的范围较广，分布在浙江、安徽、江苏、江西、山东、山西、北京、上海、河北、河南、湖南、湖北、福建、广东、四川等 15 个省份，其中浙江 36 部（黄云眉整理时，独缺《上虞县志》），安徽 18 部，江苏 4 部，江西 4 部，山东 4 部，山西 1 部，北京 2 部，上海 2 部，河北 1 部，河南 7 部，湖南 2 部，湖北 1 部，福建 2 部，广东 6 部，四川 1 部。除陆釴纂修的《山东通志》（明嘉靖十二年刻本）、程坤舆纂修的《兰溪县志》（明万历刻本）、牛若麟纂的《吴县志》（明崇祯十五年刻本）外，绝大多数为清康熙、乾隆刻本。在交通、信息还不发达的年代，五桂楼能收藏如此数量和质量的地方志，对于黄澄量这样一个长期居住生活在余姚的读书人而言是难能可贵的，尤其值得一提的是有些方志已经稀见或存世不多甚至已成为孤本。万历《兰溪县志》、崇祯《吴县志》、顺治《严州府志》、顺治《青阳县志》、康熙《西安县志》、康熙《巢县志》、康熙《温州府志》、康熙《余姚县志》、康熙《铅山县志》、康熙《永康县志》、康熙《龙游县志》、康熙《贵池县志》、康熙《长乐县志》、康熙《南丰县志》、康熙《乐安县志》、雍正《嘉善县志》、雍正《来安县志》、雍正《合肥县志》、乾隆《广德州志》、乾隆《含山县志》、乾隆《颍上县志》、乾隆《芜湖县志》、乾隆《杞县志》、乾隆《伊阳县志》、乾隆《兴宁县志》等等，都是值得关注的志书，但五桂楼所藏全部地方志在 1956 年 7 月已由浙江图书馆和浙江省文管会调走[⑦]。

雍正敕修《浙江通志》二百八十卷首三卷，编自雍正七年（1729）至雍正十三年（1735）成稿，乾隆元年（1736）刊印。主修者先后有总督李卫、郝玉麟、程元章、嵇曾筠及巡抚王国安、布政使王纮、张若震等人。编纂者有沈翼机、陆奎勋、傅玉露等人负责。

雍正《浙江通志》，卷首有淮扬总督程元章、浙江布政使张若震、直隶总督李卫、江南安徽巡抚王国安、吏部尚书嵇曾筠等作序。全志五十四门，即：诏谕、圣制、图说、星野、疆域、建置、山川、形胜、城池、学校、公署、关梁、古迹、水利、海塘、田赋、户口、蠲恤、积贮、漕运、盐法、榷税、钱法、驿传、兵制、海防、风俗、物产、祥异、封爵、职官、选官、名宦、名臣、忠臣、循吏、武功、儒林、文苑、孝友、义行、介节、隐逸、寓贤、文技、仙释、烈女、祠祀、寺观、陵墓、经籍、碑碣、艺文、杂记等。其中人物一门又分十个子目，经籍、碑碣两门，内容尤为详细。各门分府立目，分县叙述，排列井然。安排内容因地制宜，浙江为东南屏障，海洋辽阔，关梁、城池、海防等叙述甚详。又因浙江历代为朝廷漕粮主要供给地，对经济部分如田赋、漕运、榷说、钱法、盐法、积贮、物产等门类记述更为详尽[⑧]。《四库全书总目》卷六十八《地理类》称该志："总为五十四门，视旧志增目一十有七。所引诸书皆具列原文，标列出典。其近事未有记载者，亦具列其案牍，视他志体例特善。其有见闻异辞者，则附加考证于下方。虽过求赅备，或不无繁复丛冗，然信而有征之目，差为不愧矣"[⑨]。体例佳善、采集广博、规模宏富、考订严密的雍正《浙江通志》被业界公认为方志中的臻品，可称为浙江古代最完备的一部通志，是省志中的翘楚。

再如，康熙《西宁县志》十卷，钟光斗等纂辑，何其遇等校订，陆邦彦绘图，

---

⑦　浙江图书馆编：《接收余姚梁弄五桂楼图书清册》，抄件，1956 年 7 月 26 日，余姚黎洲文献馆藏。

⑧　刘平平：《馆藏浙江通志述略》，《中国地方志》2005 年第 5 期。

⑨　〔清〕永瑢、纪昀主编：《四库全书总目提要》卷六十八《史部二十四·地理类一》，海口：海南出版社，1999 年版，第 377 页。

已是国内孤本。赵震阳，号鹤洲，浙江上虞人（现属余姚，为箭山赵氏裔），拔贡，康熙四年（1665）任西宁知县。钟光斗，字一韩，号随斋，广州南海人，岁贡，康熙四年任西宁县儒学训导。此志为西宁历史上第二部《西宁县志》，记事止于康熙六年，据《中国地方志联合目录》，仅浙江图书馆有藏[10]。

又如，由于觉世总裁编纂、陆龙腾纂订的康熙《巢县志》二十卷，已比较稀见。于觉世（1619-1691），字子先，号赤山，别号铁樵山人，明末清初山东新城县（今桓台）人，清顺治十六年（1659）进士，授归德府推官，康熙七年（1668）改任巢县知县，历迁广东学政，擢布政使司参议。工诗，有《居巢》《使越》《岭南》诸集。陆龙腾，字招雯，原字少文，安徽巢县人。康熙元年（1662）贡士，廷试第一名，有《云楼集》。此志草创于清康熙十一年（1672）冬，告成于康熙十二年六月，为现存较早、内容较完整的《巢县志》。卷一图考后有康熙二十二年（1683）《督抚两院永革里排碑记》一篇，字体略方略小，刻印不同前后文，应为增刻。又部分书页漫漶，艺文中有增页，故此本为清康熙十二年刻康熙二十二年增刻本。据《中国地方志联合目录》，清康熙十二年（1673）刻本，仅国家图书馆和浙江图书馆有藏[11]。

此外，还有刘慎旃先生1956年鉴定的唯二的两种善本方志，即明嘉靖十二年（1533）《山东通志》和清乾隆三十九年（1774）《亳州志》，据《中国地方志联合目录》，明嘉靖十二年《山东通志》，上海图书馆、山东省图书馆、中国科学院南京地理研究所图书馆、南京大学图书馆、宁波市天一阁博物院、台湾图书馆、湖北省图书馆、重庆市图书馆等单位有完整的收藏，但漏了浙江图书馆有藏[12]。清乾隆三十九年《亳州志》北京大学图书馆、故宫博物院图书馆、上海图书馆、南京大学图书馆、浙江图书馆有藏[13]。

---

[10] 中国科学院北京天文台主编：《中国地方志联合目录》，北京：中华书局，1985年版，第712页。

[11] 中国科学院北京天文台主编：《中国地方志联合目录》，北京：中华书局，1985年版，第445页。

[12] 中国科学院北京天文台主编：《中国地方志联合目录》，北京：中华书局，1985年版，第255页。

[13] 中国科学院北京天文台主编：《中国地方志联合目录》，北京，中华书局，1985年版，第455页。

第十章

剞劂枣梨　传文流布

一

——

黄承乙刻书渊源

我国古代刻书大约起源于唐五代时期，由于雕版印刷技术在北宋时期的推广应用，到南宋时期，私人刻书活动已较为常见。到明清时期，私人藏书家刻书已司空见惯，成为非常普遍的现象。在我国古代，刻印书籍是重要的文化活动之一，一定程度上反映了当时社会的政治、经济状况和文化风尚。刻书和藏书往往互相促进，彼此影响，有不少藏书家爱好刻书，渐渐出现了一个独特的藏书家兼刻书家的群体。藏书家参与刻书活动后，私刻书籍不仅数量大大增加，质量上也都达到了空前未有的高度。可以毫不夸张地说，私人藏书家们在古代私人刻印书籍活动中居功至伟，功不可没。

有"东南最名邑"之称的余姚，两宋时经济文化繁荣，造纸业发达，所产姚黄纸为纸中之冠，闻名于世。关于姚黄纸，刘仁庆介绍道："宋·施宿（1164—1222）《嘉泰会稽志》称'今独竹纸名天下，竹纸上品有之，曰姚黄，曰学士，曰邵公，三等皆佳，惟工书者犹喜之。'宋·欧阳修（1007—1072）《绿竹堂独饮》诗云：'姚黄魏紫开次第，不觉成恨俱零凋。'诗中的姚黄之意：千叶黄花牡丹，出于姚氏民家；而魏紫：千叶肉红牡丹，出于魏仁溥家。原指宋代洛阳两个名贵的牡丹品种。后泛指名贵的花卉。姚黄一有多个释义，此纸选择借用牡丹花卉之品种名，以形容它为纸中之冠，名列榜首。"①

因社会安定、茶盐税赋较为充沛，以及发达的造纸业，司马光的鸿篇巨著《资治通鉴》于"绍兴二年（1132）七月初一日在两浙东路提举茶盐司公使库下绍兴府余姚县刊板，绍兴三年十二月二十日毕工，印造进入。"此版纸墨莹润，刀法规整，字体方整端重，校勘精审，版刻精良，为现存最早版本的《资治通鉴》，中国国家图书馆有藏。主持校勘监督的官员是左奉议郎签书镇东军节度判官厅公事张九成，其他从事校勘工作的有余姚知县徐端礼、县丞冯荣叔、晏敦临、主簿王絪，以及余姚籍进士叶汝士、杜邦彦、钱移哲、陆公式、顾大冶、吕克勤、张彦衡、朱国辅、杜绂、孙彬等十人。光绪《余姚县志》附记："《嘉靖志》：绍兴三年余姚刻《资治通鉴》，有校勘进士叶汝士等十人，皆姚人，而郡学题名止列钱移哲，又在绍兴十二年，其余九人皆不著，今亦莫考其岁月，姑附记焉。"②

《资治通鉴》在余姚的刻印，对余姚藏书文化影响深远，明清之际，余姚文风鼎盛，藏书、刻书兴盛。余姚的清代私人藏书家中，有许多人兼刻书籍，尤以黄宗羲、卢文弨、邵晋涵等人成果显著。黄宗羲作为清代浙东私人藏书家的第一人，他的续钞堂藏书"总合若干万卷"③。他于"康熙间，刊刻自编《姚江逸诗》15卷，还与姜西辙一起刻印明刘宗周撰《子刘子学言》3卷。"④卢文弨藏书楼名抱经堂，他所刻之书都经过精心校勘，绝少讹误，且刻印俱佳。其"《抱经堂丛书》《群书拾补》《北梦琐言》《韩诗外传》《吕氏外传》等均是其精刻的佳作。""其所刻的《抱经堂丛书》20种263卷校勘甚密，讹伪绝少，刻印俱佳，人称善书。"⑤卢文弨选校要籍三十八种刻印成的《群

---

① 刘仁庆：《古纸纸名研究与讨论之七——宋代纸名（下）》，《中华纸业》2017年第3期。
② 〔清〕周炳麟修，〔清〕邵友濂、孙祖德纂：《余姚县志·选举表十》卷十九，孙彬条，清光绪二十五年刻本。
③ 〔清〕黄百家：《续草堂藏书目录序》，载〔清〕黄宗羲著、吴光主编：《黄宗羲全集》第十二册附录，杭州：浙江古籍出版社，2012年4月版，第210页。
④ 徐益波、万湘容：《宁波历代私人刻书述略》，《图书馆研究与工作》2017第2期。
⑤ 潘文年：《清代中前期的民间刻书及其文化贡献》，《安徽大学学报》（哲学社会科学版）2008年第2期。

书拾补》三十九卷，以严谨精当著称，被梁启超誉为"最精善之校勘家著作"。著名经史学家邵晋涵亦在"乾隆间刊刻《杭州府志》110卷首6卷、《尔雅正义》20卷附《释文》3卷"⑥。

黄澄量曾藏有《孔子家语》一书，极得诸开泉、黄云眉等推崇，黄云眉云："（其）为齐次风先生据吴本手订之本，滴露研朱，蝇头细缀，前辈用心之细，致力之勤，可识也。其跋已为先生割赠友人诸开泉矣。据开泉跋，曾怂恿惠先生以是书付剞劂，而迄未果。惜哉！"⑦可惜的是诸开泉怂恿未果，黄澄量始终未曾刊刻书籍。

而黄承乙在清晚期和民国时曾有刻书活动。清光绪初年，黄联镳、黄承乙父子在五桂楼东侧紧邻东山墙处，增建了九间平房，专门为工匠雕版刻印所用，藏书楼有东大门与之相通。骆兆平在《重访五桂楼》中云："经初步检阅，除《五桂楼书目》版片外，尚有黄宗羲著作《明夷待访录》和《思旧录》，版心均刻五桂楼刊本，又有医书《小儿医证直诀》，版心刻五桂楼藏板，共计4种，77块，观其板式，似均为光绪时所刻。"又云："葛先生对我说：原藏两间屋的书板，后被无知者当作木柴烧掉了，只烬余这一箱。"⑧骆兆平提到的这个葛先生原为梁弄中学校长，曾义务管理五桂楼数十年，他说的话可信度还是比较高的。除骆先生看到的几种书板外，黄承乙还用木活字刊刻了《山上集》《椿荫轩笔记》等。五桂楼板片大多被毁，现尚存板片139块，其中《明夷待访录》35块，《思旧录》20块，《钱氏小儿药证直诀》12块，《姚江黄氏五桂楼书目》72块，板片均为单面。

黄承乙刻书数量不多，目前可查的仅为《明夷待访录》一卷和《思旧录》一卷；《钱氏小儿药证直诀》三卷，附《董氏小儿斑疹备急方论》一卷；《姚江黄氏五桂楼书目》四卷；《山上集》二卷，附白水山人《藉草图题词》一卷；《椿荫轩笔记》正编一卷，《续编》一卷。

黄承乙对刊刻五桂楼藏书原本应该有较大的计划，他在清光绪五年

⑥ 徐益波、万湘容：《宁波历代私人刻书述略》，《图书馆研究与工作》2017第2期。
⑦ 黄云眉：《观五桂楼藏书记感》，《国学论衡》1935年第5期（下），第16页
⑧ 骆兆平：《重访五桂楼》，《图书馆杂志》1996年第4期。

五桂楼部分板片

（1879）《重刊待访录跋》中曾说："曩年与朱镇夫孝廉商，将虞世南《北堂书钞》、赵考古《六书本义》及黎洲公著述，集资汇刻，藏板书院，会镇夫殁而止。"⑨事实上黄承乙的刻书计划确实"会镇夫殁而止"，在《明夷待访录》和《思旧录》刊印后长长的十多年里，五桂楼没再刊印书籍。遗憾的是，他计划刊印的《北堂书钞》《六书本义》等书到最后都没能刻印。

这一方面可能是因为朱镇夫去世而缺失强有力的经济支持，更因为黄承乙自己长年在外任职，尘网羁牵，仕途烦扰。黄承乙提到的朱镇夫即朱衍绪，字镇夫，号壶庐，朱舜水十世族孙，清道光九年（1829）探花朱兰季子，清同治丁卯（1867）举人，幼颖异，性沉默，工诗，能篆隶，尤癖于山水，著有《大椿山房诗集》等。

---

⑨　〔清〕黄承乙：《重刊待访录跋》，载〔清〕黄承乙编：《椿荫轩笔记》正编一卷，民国九年聚珍本，国家图书馆藏。

黄宗羲七世孙黄炳垕的留书种阁也刻印图书，现藏余姚黎洲文献馆的部分留书种阁藏书中，发现有"同治癸酉秋刊留书种阁藏版""光绪己亥冬雕留书种阁藏版""光绪己亥雕留书种阁藏版"等字样。黄炳垕在《黄黎洲先生年谱·叙》中云："今春，朱镇夫孝廉过'留书种阁'，怂恿付梓，且愿助赀焉。既而，林君祥纯、谢生高树谓公实海内百师之师，谱岂黄氏一家之书哉；出赀各梓一卷。"⑩可见，朱镇夫是一个热爱乡贤文化传播也有一定经济实力的文化人，对黄宗羲又极为景仰，余姚黎洲文献馆尚藏有其父朱兰撰写的《黎洲先生年谱》手稿本，他愿集资汇刻黄宗羲遗书也在情理之中。

---

⑩　〔清〕黄炳垕编：《黄黎洲先生年谱》"黄炳垕叙"，清同治十二年刻本，黎州文献馆藏。

二

《明夷待访录》和《思旧录》的刊印

据查，自清光绪五年（1879）至民国九年（1920），黄承乙共刻书五种。

清光绪五年（1879），黄承乙最早刊刻的是黄宗羲的《明夷待访录》和《思旧录》。《明夷待访录》和《思旧录》，清光绪五年（1879）黄氏五桂楼刊本。版框（高 × 宽）16.0cm×11.8cm，半页 10 行 20 字，双行小字 20 字，白口，左右双边，单黑鱼尾。开本（高 × 宽）26.8cm×15.3cm，2 册。内封首行题"黄梨洲先生遗著"，次行题"明夷待访录"，第三行为"俞樾署检"。正文卷端题"余姚黄宗羲梨洲著，族孙承乙校梓"，版心下镌"五桂楼刊本"，有顾宁人跋。同年冬，由于该书大受欢迎，又进行加印，除序跋，其他没什么区别，新版加了傅怀祖《重刻黄梨洲先生明夷待访录序》和黄承乙《重刊待访录》跋。

黄梨洲为明清之际杰出的思想家、史学家、文学家、教育家，他著作等身，所著《明夷待访录》批判封建君主专制，提出"天下为主，君为客"的主张，开民主启蒙思想之先河，是最能体现黄梨洲"民本"思想的代表性著作。《思旧录》则是黄梨洲为忠明抗清志士作传，并以此表达自己的忠明节操。黄承乙尊黄宗羲为族祖，自称族孙，非常敬仰黄宗羲，赞其"抱经世才"，对其著作《明夷待访录》推崇备至，认为其"尤平生经济所寄"。有关黄宗羲和黄承乙的渊源，《余姚四明黄氏谱》明确记载："四明九

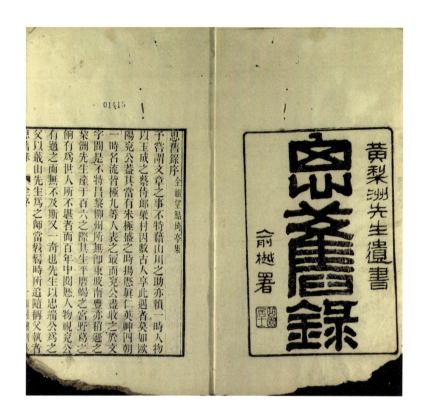

黄梨洲先生遺書

思舊録

俞樾署

思舊録序 全祖望結埼亭集

予嘗謂文章之事不特藉山川之助亦賴一時人物
以玉成之蔡侍郎粲村因數古人享此遇者莫如歐
陽充公蓋其當有朱極盛之時揚歷真仁英神四朝
一時名流皆極九等人表之最而充公盡收之於文
字間是不特昌黎柳州所無卽東坡南豐亦遜之
梨洲先生産于百六之際其生平磨蜴之宮野葛之
儞有爲世人所不甚者而百年中閱歷人物視充公
有過之而無不及斯又一奇也先生以忠端公爲之
父以蕺山先生爲之師當騂馨時所追隨稱父執者
思舊録

《思旧录》及板片

黃棃洲先生遺書

明夷待訪錄

俞樾署檢

重刻黃棃洲先生明夷待訪錄序

餘姚黃別乘芝生棃洲先生之族孫也同仕吳門以
兵後先生遺集多散軼明夷待訪錄僅彙刻潘氏海
山仙館無單本行世謀重刊之旣成屬序其端固辭
不敏不獲嗟乎先生忠孝人也其書內聖外王之學
布帛菽粟之言也余生晚又私淑末由幸同郡去姚
氏之墟不遠耳故老傳逃久日先生以童年孤露跋
涉數千里訟冤魏闕椎鋒諸獄天子動容憫惻忠
端公墓糾集死瑠難諸詔逮黨之賞歸祭忠
稱孝然平對日然厥後兩都覆沒越中多士擁戴魯

《明夷待访录》及板片

世，万二，讳伯通，迁居竹桥，是为竹桥宗。"⑪又据《余姚竹桥黄氏宗谱》：
"屏山先生，竹桥为十三世。屏山先生，讳骥，字德良，四明宪副肃之子也。
通志孝义传：七岁丧母，画像事之，感时悲恸，见者恻然……骥学于王守仁
……"⑫竹桥黄氏的黄宗羲和四明黄氏的黄承乙可谓同宗同源，黄承乙遵黄
宗羲为族祖理所应当，并非黄承乙刻意攀附。黄承乙在《重刊待访录》中写道：
"族祖梨洲公，抱经世才，鲁王监国授左都副御史，国朝征遗献不就。著书
数十种，其中《明夷待访录》尤平生经济所寄。"⑬因此，他首先刊刻黄梨
洲先生遗书二种：《明夷待访录》和《思旧录》。而首选刊刻该书的直接原因，
黄承乙在跋中也说得很清楚："当时有二老阁梓本，后又刊入《海山仙馆丛书》。
迩来，二老阁板片久不存，丛书刻于粤东，卷帙繁重，购之颇艰。承乙曾祖
石泉公考藏书籍至五万余卷，筑五桂楼储之，而于邑人著述尤加意搜求。逮
承乙四世保守弗失。"⑭

　　因为这两部书在黄承乙的时候，流传已不多，亦无单行本传世，一般读
书人取之不易，读之不便，因此"永惟先人聚书之意，取《待访录》先行校
梓……公是书成于康熙癸卯，迄今己卯，历二百十六年。二老阁本附刊公所
著《思旧录》，可以考见当时盍簪之盛，全谢山撰有序文一首，载《鲒埼亭集》，
今并抄附梓焉。"⑮该书刊印后大受文人士大夫的欢迎，对此盛况，黄承乙又说：
"己卯（1879）秋，需次吴门，是书随带行箧，交游索观，传抄不暇应接，
加跋重付剞劂，希冀同好。"⑯该书重刊后，请序于傅怀祖，傅怀祖慨然赠序，
书《重刻黄梨洲先生明夷待访录序》，序云："余姚黄别乘芝生，梨洲先生之

---

⑪　黄日赞总修：《余姚四明黄氏谱》卷十八《迁居录》，民国廿一年，季七房刊。

⑫　黄坤良续编：《余姚竹桥黄氏宗谱》卷十一《各支》，民国十五年，惇伦堂刻本。

⑬　〔清〕黄承乙：《重刊待访录跋》，载〔清〕黄承乙编：《椿荫轩笔记》正编一卷，民国
九年聚珍本，国家图书馆藏。

⑭　〔清〕黄承乙：《重刊待访录跋》，载〔清〕黄承乙编：《椿荫轩笔记》正编一卷，民国
九年聚珍本，国家图书馆藏。

⑮　〔清〕黄承乙：《重刊待访录跋》，载〔清〕黄承乙编：《椿荫轩笔记》正编一卷，民国
九年聚珍本，国家图书馆藏。

⑯　〔清〕黄承乙：《老尹自叙》，载〔清〕黄承乙编：《椿荫轩笔记》续编一卷，民国九年
聚珍本，国家图书馆藏。

族孙也。同仕吴门，以兵后先生遗集多散轶，《明夷待访录》仅汇刻潘氏海山仙馆，无单本行世，谋重刊之。既成，属序其端，固辞不敏，不获。……芝生之重付剞劂氏，有心哉。将百世以俟圣人乎？庶亦旦莫遇之也。"⑰《明夷待访录》一书为许多藏书家所珍视，朱赞卿先生亦云："余蓄书40年，始见此帙，以善价收之，庶与原刊《南雷文约》为侣，虽非双璧，堪称异书矣。"⑱

在黄承乙之前，《明夷待访录》至少曾经四次镌板，首为康雍间慈溪郑氏二老阁本，郑性订、郑大节校，宁波天一阁博物院、绍兴市图书馆、余姚黎洲文献馆均有藏。次为清道光二十七年（1847）刻《海山仙馆丛书》本，内封题为"道光丁未镌/明夷待访录/海山仙馆丛书"，卷端自左至右刻"明夷待访录/国朝/黄宗炎黎洲著"（黄宗羲误为黄宗炎），卷尾刻"番禺孟鸿光校"，卷末附录顾亭林先生书，杭州师范大学图书馆等有藏。三为清同治五年（1876）文江官廨刻本，有顾炎武、黄宗羲、夏燮的序跋，浙江图书馆、宁波天一阁博物院等有藏。四为清同治十三年（1874）《小石山房丛书》本。

清光绪五年（1879），黄承乙以黄宗羲族孙身份首次刊刻，意义尤其重大。刊成后，即成为该书版本系统中的佼佼者。尔后，"变法议起，新刊本风行，海内外嗣迭有缩本翻刻，广为流传，便携带者，嘉惠后学"⑲。此后陆续出现的清光绪二十三年（1897）上海鸿文书局石印本、清光绪二十四年（1898）湖南新学书局刻本、清光绪二十四年绍兴奎照楼石印本、成都官书局本、清末达成书局本，以及民国石印本、铅印本，均以五桂楼黄承乙校本为底本。

<hr/>

⑰　〔清〕傅怀祖：《重刻黄黎洲先生明夷待访录序》，载〔清〕黄宗羲：《明夷待访录》，清光绪五年，五桂楼刊本。

⑱　骆兆平：《重访五桂楼》，《图书馆杂志》1996年第4期。

⑲　〔清〕黄承乙：《老尹自叙》，载〔清〕黄承乙编：《椿荫轩笔记》续编一卷，民国九年聚珍本，国家图书馆藏。

三

《钱氏小儿药证直诀》的刊印

《钱氏小儿药证直诀》三卷，宋钱乙撰，附方一卷，宋阎孝忠集，附《董氏小儿斑疹备急方论》一卷，宋董汲撰。朱荣棣题笺：钱氏小儿直诀 / 董氏小儿斑疹论附后，牌记为："光绪壬辰仲秋重校刊 / 钱氏小儿直诀 / 姚江黄氏五桂楼藏本"。版心下镌"五桂楼藏板"。清光绪十八年（1892）姚江黄氏五桂楼刻本。版框（高 × 宽）16.1cm×11.9cm，半页 8 行 16 字，小字双行字数不等，白口，左右双边，单黑鱼尾。开本（高 × 宽）26.4cm×15.3cm，2 册。正文前有汝辑《重刻钱氏小儿药症直诀序》。其后有阎孝忠附方，述小儿病症病例、治疗方法和药方。附有《董氏小儿斑疹备急方论序》《董氏小儿斑疹备急方论》，附方前有河间刘跂撰《钱仲阳传》。《董氏小儿斑疹备急方论》一卷末刻"上洋普育堂刻字处刊"。最后附宋元祐癸酉（1093）钱乙题的后序以及清光绪壬辰（1892）仲秋黄承乙题识。

刊刻医学典籍，不仅可以促进医学知识的广泛传播，使医学在民间得到更大范围的普及和应用，也是民生之需、惠民之举，于刻印者而言更是积德行善之举，因此，中国古代无论官刻、私刻都热衷刊刻医书。黄承乙云："《钱氏小儿药证直诀》三卷，宋太医丞东平钱乙仲阳撰。大梁宣教郎阎孝忠集上卷言证，中卷叙尝所治病，下卷为方孝忠亦颇附以己说，且以刘跂斯立所作仲阳传附以末。附《董氏小儿斑疹备急方论》一卷，宋东平董汲及之撰，元祐癸

巧也蓋亦熟張文而神明之者八味金匱

醫之聖而仲陽乃幼科祖然錢非實有繆

近代妄庸論著悉屏不觀嘗論仲景書爲

精通禁方而其讀書也必自源達委深惡

難與仲陽之術之工閻序詳矣吾兄懷三

著同時宣教郎閻孝忠所次也治小兒之

小兒藥症直訣三卷宋太醫丞錢仲陽所

重刻錢氏小兒藥症直訣序

《钱氏小儿药证直诀》及板片

西钱乙题其末。"⑳黄承乙又云："壬辰（1892）秋，庐墓读礼，查北宋太医丞钱仲阳以治小儿得名《药证直诀》一书，参究鞠育保抱之法，备臻神妙。惜久佚，无传本。《四库》书目未著录，叹为不可得见。因检书楼旧藏重校刊行，稗广流传，亦诚求保赤之一助""今此书附刊《钱氏直诀》之后，乃前明仿宋刊本……世医之能读素问难经者，佥谓此书久佚，无传本，恨不得见。"㉑

　　1892年正月初七，黄承乙父亲黄联镳去世，黄承乙丁忧在家。在此期间，他在整理、阅读五桂楼藏书时，发现此仿宋刻本，认为该书内容非常实用，而《四库全书》未收，就刊刻之以广传播。该书虽然未被收入《四库全书》，但并非"久佚，无传本"，明万历《薛氏医案》中有收录四卷本；清康熙五十八年（1679）又有影宋刻本三卷，浙江图书馆有藏；《武英殿聚珍版书》中有收录三卷本。甚至在黄承乙刊印此书之前的一年，就有清光绪辛卯（1891）刻本，浙江省中医药研究院有藏。

⑳　〔清〕黄承乙：《重刊钱仲阳〈小儿药证直诀〉跋》，载〔清〕黄承乙编：《椿荫轩笔记》正编一卷，民国九年聚珍本，国家图书馆藏。
㉑　〔清〕黄承乙：《老尹自叙》，载〔清〕黄承乙编：《椿荫轩笔记》续编一卷，民国九年聚珍本，国家图书馆藏。

四 《姚江黄氏五桂楼书目》的刊印

《姚江黄氏五桂楼书目》四卷,黄澄量编,黄肇震增补,黄承乙重辑。牌记刻"姚江黄氏五／桂楼书曲园题"并刻有"樾"印一方。"光绪乙未／孟夏开雕"。版框(高×宽)16.2cm×12cm,半页10行20字,小字双行20字,左右双边,白口,单黑鱼尾。开本(高×宽)26.7cm×15.6cm,2册。书口上刻"五桂楼书目",版心下镌"姚江黄氏刊本"。清光绪二十一年(1895)姚江黄承乙刻本。

《姚江黄氏五桂楼书目》四卷,为黄澄量、黄肇震、黄联镳、黄承乙四代藏书最为完备的目录。书首和书尾附以阮元为首,有顾文彬、蒋清翊、黄直垕、邵瑛、诸开泉、胡芹、徐用仪、王甲荣、诸允治等名士和黄澄量祖孙题写的序、跋、诗、后记等十余篇。黄承乙把藏书亦按经、史、子、集四部整理,按书名、卷数、作者年代、作者等分类著录。据该《书目》统计,彼时五桂楼收藏图书3637种,53973卷及不分卷的一千余种。著录藏本大多为明、清代刻本。该书目分类明确,著录较为详尽,是研究五桂楼藏书文化的重要资料。

黄承乙在"识"中写道:"右《五桂楼书目》四卷,系先王父药溪公手编……承乙曩承庭诰,重加辑录,曾手抄一编,随置行箧。频年尘鞅相牵,奔走薄宦,交游索观,

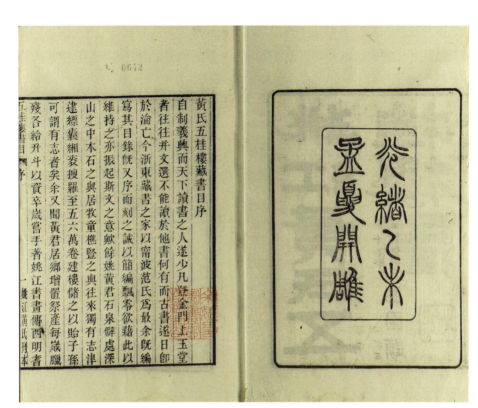

黃氏五桂樓藏書目序

自制義興而天下讀書之人遂少凡登金門上玉堂
者往往并文選不能讀於他書何有而古書遂日即
於淪亡今浙東藏書之家以甯波范氏為最余既編
寫其目錄旣又序而刻之誠以簡編飄零欲藉此以
維持之亦振起斯文之意歟餘姚黃君石泉辟處深
山之中木石之與居牧童樵豎之興往來獨有志
建標藝細裒搜羅至五六萬卷建樓儲之以貽子孫
可謂有志者矣余又聞黃君居鄉增置祭產每歲贍
殘各給升斗以資卒歲嘗手著姚江書畫傳西明者
一姚江黃氏刊本

五桂樓書目 序

光緒乙未孟夏開雕

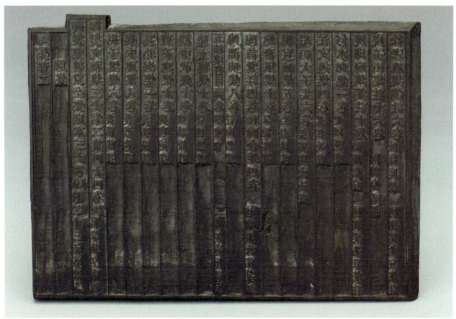

《姚江黃氏五桂樓書目》及板片

295

殊费钞胥。爰检箧中钞本校刊之，冀便同好者取阅焉。"[22] 他又说："书楼旧藏乱后多散失。亲承庭诰，整理搜补，重加校编，渐复旧观。自甲子（1864）迄甲戌（1874），积十年，纵览旧藏各要册，学识大进。新刊五桂楼书目正其时手编……己卯夏，遵例晋引，分发苏省……"[23] 这是黄承乙丁忧期间刊刻的第二部书，他续编、刊刻了《姚江黄氏五桂楼书目》，超额完成了先祖遗命，使五桂楼更加声名远播，影响深远。

---

[22] 〔清〕黄承乙："识"，载〔清〕黄澄量编，〔清〕黄肇震增补，〔清〕黄承乙重辑：《姚江黄氏五桂楼书目》，清光绪二十一年姚江黄承乙刻本，黎洲文献馆藏。

[23] 〔清〕黄承乙：《老尹自叙》，载〔清〕黄承乙编：《椿荫轩笔记》续编一卷，民国九年聚珍本，国家图书馆藏。

五

《山上集》的刊印

《山上集》二卷，附《白水山人藉草图题词》一卷，1册，清胡芹撰。版框（高×宽）19.3cm×13.7cm，半页9行21字，白口，四周单边，单黑鱼尾。书口上刻"山上集"，下刻"五桂楼刊本"。封面题签"秀野草堂诗稿"，题"胡芹楚葵"。民国五年（1916）五桂楼木活字印本。

《山上集》分上、下两卷，封面书签及黄承乙序，均题"秀野草堂诗稿"。上下卷卷端均题："山上集/白水诗草/古今体诗"。上卷收诗五十九首，下卷收诗四十六首。所收多为日常游山玩水吟咏，以及朋友间唱和所作诗文，其中也有一些题画诗。

胡芹，"字吾真，号白水，诸生。善诗工画，隐居南山，自署所居曰'秀野草堂'。吕迪、张廷枚、朱文治、诸开泉辈交重之。"[24]黄承乙在《秀野草堂诗稿序》介绍道："邻村前哲胡白水先生，清乾嘉时名诸生，与曾王父石泉公幼同研习，尚友论文，襟期高旷。馆五桂楼，先王父药溪公亲承提命，经师入师，备资观摩，重闱庭诰，耳熟能详。书法遒劲，宗阳明，别树汉帜。怡情山水，兴至，辄写以寄意。喜绘兰，仙姿逸品，百本无一重复者。遇穷诗工造句，尤清奇绝俗。"[25]清光绪三十二年（1906），黄承乙卸任，

---

[24] 〔清〕周炳麟修，〔清〕邵友濂、孙祖德纂：《余姚县志》卷二十三《列传十六》，清光绪二十五年刻本。

[25] 〔清〕黄承乙：《秀野草堂诗稿序》，载〔清〕黄承乙编：《椿荫轩笔记》续编一卷，民国九年聚珍本，国家图书馆藏。

清宣统三年（1911），回梁弄老家。此书刻于民国五年（1916），应是黄承乙晚年闲居余姚梁弄家中时所刊刻。

胡芹为浙东著名书画家，与黄承乙曾祖黄澄量为同学知交，相互敬慕，"五桂楼"匾额即为胡芹所书，并撰有《五桂楼藏书目录记》，且胡芹"馆先生家最久。先生衮聚群籍，山人赞襄之力居多"㉖。黄澄量聘胡芹执教七十二峰草堂，做其子黄肇震的业师，两家至黄承乙辈仍过从甚密。黄承乙本就有保存乡邦乡贤之文献、传播余姚学子学风的愿望，刊刻曾祖好友的著述，也在情理之中。黄承乙又说："是稿乃先生暮年手自删定，文孙品三茂才昔曾举以见饷。吉光片羽，冀寿枣梨，尘网羁牵，储之行箧久矣。迩来山居息影，展诵清芬，倍深景企。编纂谱事告竣，用聚珍板排印之，裸潜德饷同好，先生在天之灵，当亦默邀许可欤。"㉗遗憾的是，《山上集》已难见踪影，1954年8月姜枝先在整理五桂楼图书时曾查找过，他在8月25日的日记中写道："与黄子初谈话，问他家藏《山上集》一书，他说忘却，现要求他找回。"㉘可最终未能找回。

一般来说，黄承乙应该先刊刻其曾祖黄澄量的著作，但他却刊刻了胡芹的诗作，这是由于黄承乙在整理五桂楼藏书时，发现黄澄量的诗文在"辛酉之难"中散佚。黄承乙在同治十二年（1873）所作的《石泉公遗诗跋》中云："曾王父石泉公讳澄量，乾隆间受知窦东皋侍郎光鼐，为邑庠名诸生。公生当嘉乾承平之时，与诸麓泉、胡白水诸先生游，所交皆一时名士，吟咏颇丰。尝建五桂楼，藏书五万余卷。手辑《明文类体》百四十册，编《余姚书画传》、《西明耆旧传》等书。辛酉之难，诗稿散佚。承乙于旧箧中搜得零稿十余纸，汇录成卷。片羽吉光，籍赡先泽。"㉙

㉖ 黄云眉：《观五桂楼藏书记感》，《国学论衡》1935年第5期（下），第16页。

㉗〔清〕黄承乙：《秀野草堂诗稿序》，载〔清〕黄承乙编：《椿荫轩笔记》正编一卷，民国九年聚珍本，国家图书馆藏。

㉘《姜枝先1954年的日记》，余姚市档案馆藏，档案号232—001—0019。

㉙〔清〕黄承乙：《石泉公遗诗跋》，载〔清〕黄承乙编：《椿荫轩笔记》正编一卷，民国九年聚珍本，国家图书馆藏。

胡芹《墨兰图》

六 《椿荫轩笔记》的刊印

《椿荫轩笔记》正编一卷，续编一卷，黄承乙撰。牌记刻"庚申仲夏聚珍版印"。版框（高×宽）18.6cm×12.9cm，9行20字，白口，四周单边，单黑鱼尾。版心下镌"黄氏五桂楼藏书"。民国九年（1920）聚珍本。

该书乃黄承乙笔记汇编，分黄氏家乘世系、先祖传略、自叙及任职各地自题、遗迹考述题记、生活杂记、读书、任官笔记等。刻于民国九年（1920），正值黄承乙晚年致仕回梁弄老家之时。梁弄正蒙学堂的创办人、同族黄廷范曰："右《椿荫轩笔记》，吾族芝老先生手稿也。先生雄于才，甫弱冠，慨然有经世志。编辑先世旧藏，精抉择。服膺阳明良知之学，务言行实践；嗜梨洲遗录，择要重梓，饷同好。中年学成致用，筮仕海内外。""是编追述先德及自叙、筹议，各稿列之儒林、名宦传记中，诚当仁不让。鼎革后，息影洞天，年逾古稀，神光之炯，脑筋之强，思想之健达，独冠侪辈。每下笔累数千百言，风发泉涌不可遏。题咏小品，简而腴，典而新，盎然得春夏气，若不知其为高年手笔也者。吁！伟矣，足以传矣。笔记两编不足以概先生，而先生之盛德伟抱即此略见一斑。怂恿付梓，俾后之览者，读先生之文，得考察先生之行，且籍是以卜先生之寿，年衰而气盛，寿征也。愿以是书券之。"⑩虽说"笔记两编不足以概先生"，

⑩〔清〕黄承乙编：《椿荫轩笔记》续编一卷"黄廷范跋"，民国九年聚珍本，国家图书馆藏。

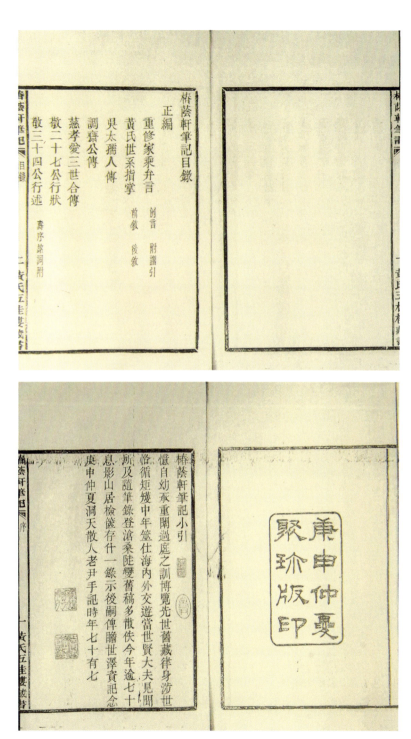

《椿荫轩笔记》书影

但我们还是可以通过此书全面了解黄承乙的家族渊源、个人履历功绩、学识学风文风等。

七　黄承乙刻书的目的和意义

黄承乙幼承庭诰，读书于五桂楼，深受五桂楼偏重于收藏当地学者的书籍和地方志书并且积极面向读书人开放的藏书理念的影响，但与其祖、父辈不同的是，黄承乙处于中国社会近代化的根本转变过程之中，处于近代资本主义经济关系和启蒙文化不断渗透的大时代背景下。他曾入仕近三十年，辗转海内外，不仅从地域上跳出了梁弄这个封闭的山区小镇，同时也跳出了传统家族文化的藩篱，他更多地接受了近代资本主义经济关系和启蒙文化的影响和熏陶。

和许多私人藏书家一样，黄承乙也深受张海鹏"藏书不如读书，读书不如刻书，读书只以为己，刻书可以泽人"思想的影响，他认为藏书应该惠及读书人和普通百姓，刊刻古籍是流布藏书的最佳形式，也是服务社会、惠及民众、流芳百世的至高境界，他刊刻五桂楼藏书就是一个普惠大众的重要举措。他不仅遵父命整理图书，完成并且刻印最为完备的五桂楼藏书目录，还刻印了五桂楼的重要藏书，他为进一步丰富、弘扬、深化五桂楼私家藏书文化的内涵作出重要贡献，他不愧是五桂楼的中兴者。

古代私人藏书家刻书，主要刊刻的书籍大致有四类：一是刊刻祖上的著述、本地名人著述或自著；二是刊刻所收藏的珍稀典籍，以求流传后世；三是为造福大众，刊刻名医医书；四为家族子孙教育，刊刻科举应试教材和儒家经典名篇。黄承乙刊刻的书籍在选题上就呈现出这样的特点，并且底本、校勘较精。他在刊刻过程中选择精良的底本进行刻印，并聘请能工巧匠精雕细刻，采用上等纸墨印制装帧。再者，黄承乙本身家学渊源，学识深厚，亲自审定校勘，保证了书籍的内容质量。

黄承乙刻书不以盈利为目的，只是为传承文化，克绍家声，留名后世。综观黄承乙的五种刻书，在选题上大抵与其他刻书家相仿。《钱氏小儿药证直诀》三卷附《董氏小儿斑疹备急方论》一卷的刊刻，使医学典籍化身千百造福万民，显示出其作为藏书家刻书惠及百姓的社会责任。其他四种，作者或为本人或与黄家关系密切，对黄宗羲黄承乙自称族孙，胡芹则为黄澄量挚友。这些刻书从一个侧面反映出黄承乙心怀传承文化遗产的热切愿望。这些刻书的流传，必将使五桂楼更加声名远播，千古流芳。

五桂楼自黄澄量建楼以来，黄承乙开创性地刊刻自家藏书。这五部书分别为黄承乙初入仕时（《明夷待访录》和《思旧录》）、丁忧时（《钱氏小儿药证直诀》三卷，附方一卷，附《董氏小儿斑疹备急方论》一卷；《姚江黄氏五桂楼书目》四卷）和致仕回家时（《山上集》二卷，附《白水山人藉草图题词》一卷；《椿荫轩笔记正编》一卷，《续编》一卷）所刊刻，可见他自而立起一直怀有刻书愿景。由于五桂楼自建成起就对外开放，书籍阅读率较高，反复翻阅易损坏书籍；也因五桂楼地处山区，读书人到此读书又很不便利，这多种因素，促使黄承乙像许多藏书家一样实行刻书，即便在外居官的三十年里，只要有空闲，他便立即着手刻书。黄承乙入仕近三十年，政绩斐然，鞠躬尽瘁，屡得嘉奖，备受赞誉。但遗憾的是数十年在外为官，影响了其刻书计划的实现，其曾祖父黄澄量、祖父黄肇震的著作以及五桂楼收藏的诸多珍贵典籍如虞世南《北堂书钞》、赵考古《六书本义》及黄宗羲其他著述都未能刊刻。

诚然，与其他刻书大家相比，黄承乙刻书不多显得不值一提，但对五桂楼而言，黄承乙的刻书活动是开创性的、独一无二的，给后人留下了宝贵的文化财富，也使五桂楼的影响更加深远。

附录一——姚江黄氏五桂楼书目（光绪乙未）

黄氏五桂楼藏书目序

自制义兴而天下读书之人遂少，凡登金门、上玉堂者，往往并文献不能读，于他书何有，而古书遂日即于沦亡。今浙东藏书之家，以宁波范氏为最。余既编写其目录，既又序而刻之，诚以简编飘零，欲籍此以维持之，亦振起斯文之意欤。余姚黄君石泉，僻处深山之中，木石之与居，牧童樵竖之与往来，独有志津逮，缥囊缃帙，搜罗至五六万卷，建楼储之，以贻子孙，可谓有志者矣。余又闻黄君，居乡增置祭产，每岁腊残，各给升斗，以资卒岁。尝手著《姚江书画传》《西明耆旧传》等书。其敦睦宗族，奋兴乡里，所谓隐君子者，如黄君非欤？好学之士诚能造庐而读其书，规其行，为异日赓扬之具，勿囿于制义焉，是余之所深望也。扬州阮元

黄氏五桂楼藏书目序

浙东故乡，多积书岩，金庭玉笥诸山珍秘琅嬛，灵钟宛委。自昔津逮之士，莫不涵茹漆字，经纬珠囊，是以康乐有齐，稚川留井。日记传于东发，手钞肇自北堂。至近时，四明天一阁、萧山湖海楼，洋洋乎大观也。余姚黄氏石泉先生，储藏尤富。疏峰插架，叠石成仓，袭以革柜十重，贮以井干百尺，海气朝润，静室闻炫，天精夜观，琅函积

玉，呼龙守钥，领鹤开关，扇厥宗风，自成馨逸。始其截缣以购，鬻产而求，倒箧倾筐，搜岩剔穴，斋四尺之油素，载十乘之瑶华，龙威之洞毕搜，鸡次之典大备。遂乃泛珠湖而游玉海，综丝圃而篡华林，膜拜肃陈，蒸瓣香之一炷，篝灯细校，扫落叶之半林，总计所收五万余卷，森然炳然，茂矣美矣。若夫郑樵世产，流泽孔长；杜孟宝田，贻谋斯在。顾或一瓻借去，三箧云亡。甚至取《论语》以代薪，卖《汉书》而充食。则有叹案萤之乾死，伤札蠹之徽销者已。尔乃一经传德，五树留芳。玉躞金题，守青箱而罔替；缥囊缃帙，积芸阁以逾多。盖传至药溪先生，又增万卷。部居鳞次，门绪蝉嫣。此则媲刘式之墨庄，长垂海录；遵延年之庭诰，能读楹书。述祖德而堪钦，诵清芬而无忝者也。自昆明历劫，武库飞灰，海内典坟，半沦煨烬。取文章而覆酱瓿，连缣帛以制胜囊。而通德高明，书带依然蕃植；河间故里，玉杯宛尔延年。今石泉先生之孙方轩司马，命其仲子芝生茂才补辑散亡，重加扃锲，佩遗言于韦相，不羡籯金；仰先业于范乔，长留石砚。珍兹手泽，索我弁言。所顾燕翼既昌，凤毛更盛，典型在望，子孙永宝而已。

同治十二年六月十二日，元和顾文彬识于玉几山馆

黄氏五桂楼藏书目序

阳明先生，余姚人也。其教人以致良知为本，直截了当。惟吾心是求，亦于古今书策可印证者也。而误会其旨者，或束书不观，流为禅学，此非先生教人意也。今其邑石泉黄君，征俗学空疏之弊，积书六万卷，构楼三楹藏之。俾子姓与宇内嗜书之士得纵观焉，其贻留子孙与津逮后学之志参之。先生教人之旨，下学上达，互相印证，则谓黄君为先生功臣可也。

光绪五年六月立秋日荣昌敖册贤

五桂楼藏书记

西明黄君石泉，予总角友也。生平酷爱藏书，于故居之前，拓其地为高楼三间，藏书二十大橱，其中经史子集亦略备矣。辛未冬，延予课其子伯器，

今已七年矣。予将告辞而去，乃进伯器而勖之，曰："尊公爱书如性命，岂有不爱其子读书如性命者乎！子能读书，掇科甲，显扬父母，幸矣。即不然，而闭户潜修，先求事亲克己之道，而后遍读群书。子能读书，而后能教子孙读书，而子孙亦能教其子孙读书，是则尊公藏书之意也。嗟乎！吾见世之持筹握算者，日逐逐于求田问舍，以读书为无用，视载籍为可厌，不数年而家业萧条，子孙沦落者岂其少哉？抑或留连花鸟，亦云雅矣，寄情字画，亦不可厚非，而尊公一切不之顾，得古书善本，不惜重价购之。子试思尊公年逾五旬矣，犹思遍读四库书乎？不过为子孙计。与其多置田园，常诵疏广之言曰：贤而多财，则损其志；愚而多财，则益其过。尊公之识之学，实超寻常万万。况四明近接古虞，虞之人唯知择吉地为身家计，以祖宗之骸骨冀子孙之科名，不惜数千金以求之。而尊公岂不能解囊？乃鄙之而不讲，其不囿于乡论也，又过人远矣。"昔苏文忠公作《李君藏书房记》，谓其不藏于家，藏于故所居之僧舍，此仁者之心。伯器苟不能读书，是并不能私诸一已也。邵瑶圃太史尝谓余曰：石泉蓄书甚富，君课其子，何不令读古书，以薪至于古人乎？科举何贵焉！愧余浅学，不能讲求古义，其负于伯器也多矣。且数年间，悠悠忽忽，不得如东坡所谓尽读李氏未见之书。而过云石窗固所愿游而不得，此皆私愿，不能无憾者也。石泉屡促予作藏书记，临行姑作数语呈石泉，意在劝伯器也，即谓藏书记也可。

嘉庆二十有二年岁在疆圉赤奋若冬日观空道人诸开泉

五桂楼藏书目录记

石泉目其所藏书，种计者若干，册计者若干，卷计者若干。录而请余，曰：何记？曰：记目也。目何记？曰：记书也。家之一物一器，号列件分，纤屑记注，备遗忘也。书目亦然。余曰：嘻！是诚然矣。有目矣，有书矣。记目矣，记书矣。不遗忘于目而遗忘于心，可奈何？凡人少见则情疏，惯见则情亲。倘有目矣，有书矣，曰某人某书，某书某人。从目求书，从书而求读其书。因而得一书，添一目，即读一书，而十而百而千而万。记于目者记于心，是亦博闻强识之一助也，岂独不遗忘而已。若夫纵览而贯串之，则又存乎其人。石泉曰：若是，则书目之所系者大矣，请书之为记。

嘉庆十五年岁在庚午夏六月白水山人胡芹

五桂楼藏书记

原夫白图启瑞，荣光泄天地之奇；苍水陈符，宝箓发山川之奥。弇州西鹜，肆马迹于羽陵；震泽东浮，探龙威于包岭。溯太初而远览，仙牒罕存；历中古而暇稽，圣经间出。微言既绝，犹藏鲁壁之书；逸礼旁求，幸免秦坑之火。百家腾跃，兢作述以相高；四部纵横，事搜罗以为富。或石渠郑重，或金匮辉煌，或削柿以晨书，或爇菅以夜读。莫不晏楹共纳，苏箧争陈，人尊延阁之藏，家重高斋之学矣。余姚五桂楼者，黄氏石泉先生筑以藏书之所也。先生讳澄量，字石泉，器度融和，风神渊穆，整躬比于圭璧，好学甚于丹青。执卷庭中，雅同高风；带经陇畔，有类倪宽。托白纻以高歌，缄青箱而劝学。以为得闻者教，诗书胥载道之文；不朽者言，糟粕亦康时之具。古者下帷不辍，阅市无荒。囊车允之萤，辨终军之鼠，咸资稽古，不惮穷年。先生思宏传研之心，永念遗籝之教。留心缥素，肆力丹铅。过秦相之门，便求《吕览》；入蔡邕之帐，试索《论衡》。搜坠简于荒陵，受异书于神石。巨编既辑，不遗安石之碎金；小道可观，兼采寒山之片石。举凡鹿洞谈经之作，龙门纪史之文，漆园藏室之言，唐勒景差之制，以至九章算术、五垒兵图、星宫风角之渊微，王相握奇之隐奥。三乘密藏，衍香象于元宗；九龠仙经，刊飞龟于丹帙。网罗略备，囊括无遗。凡聚书五万余卷，别本重复者又数万卷。既于宅南创楼三间，庋藏卷轴。尔其抗梁烟道，置臬星衢，反宇临风，层甍转汉。鱼鳞比瓦，纳云气于重檐；雀目开窗，延山光于曲槛。柳条拂砌，低萦文宝之编；草色铺阶，近袭康成之带。嚣尘不到，比谭易之鸡窗；湫隘无虞，殊校书之马队。至于春晨烟霁，秋李初华，秋夕霜飞，疎梧半脱。引清风于夏簟，耿寒焰于冬缸。箫局犹温，琴音甫歇。试探宝轴，缓引金绳。搴枝叶于词林，酌波澜于学海。丛编栉比，密册环周。如升悬圃之三成，琳琅满目；若涉明堂之九室，彝鼎生光。高情与日月齐悬，奇气共青霞竞爽。是惟精舍足擅名山，洵可以媲美书严先鸣翰苑者矣。清翙一官拓落，卑其马曹；三载栖迟，暇翻蠹简，与先生之孙方轩司马暨其仲子芝生秀才，幸托纪群之末契，获申孔李之深交。属于命笔之余，为作藏书之记。余维庚申扰乱，吴会播迁，慨文武之道消，值衣冠之迹熄。大波振壑，并艺圃以沈沦；烈火炎昆，鞠词场为灰烬。凡所藏弄，咸致飘零。兹楼历劫能存，经兵犹峙。毗风动地，不坏须弥；洪水襄陵，莫移底柱。虽盈虚之有数，亦呵护之可凭。余也多愧笔精，未臻墨妙，学惭麟角，幸窥玉架之奇，誉窃凤毛；轻叙石仓之富。聊陈端末，式备流传。

同治辛未七月吴县蒋清翊记

七十二峰草堂赋并序

石泉先生作此堂，俾予为赋，已十余稔矣。兹其子伯器请登诸屏，老腕木强，属友人吕迪书之。二百八十峰兮四明山，七十二峰尤幽潺，就中缥缈结飞楼，石为壁兮岩为龛，窗中兮岫列，门外兮溪湾。有谢公之水月，历杜老之乾坤，牖修于月斧，阶斩于云根，华榱直矗于天汉，藻室高列其墙垣，无南家之路雠于侧，无西邻之潦绕其门。岂惟数椽以辟湿，一尘以围寒，岂必承以青琐，络以玉阑，不丰不俭，拟元龙之百尺，几一握之去天。北岭南峰，东岩西谷，秀嶂玲珑，翠浪起伏，或如榆而如几，亦一幅而而一角。层崖罗于户外，群峰窥其牖前，因丹霞以颒楣，附碧云以翠椽，开楹木末，架橑厂巅。风传响于青林之下，猿留声于白云之上。飞泉春涧，桃花自开，小山秋风，桂树长往，则见兰菊丛生，知其德行之感焉。乌鸟亦好，知为间旅所善焉。百万买宅，千万买邻，是居处之慎选焉。三分水，二分竹，又经营之惨淡焉。主人或携双屐，尤爱三余，手订四部之籍，富逾二酉之书。穷年跌宕，坐雨安居。萧萧天籁，矻矻经畬。或邀宾客，或咏诗歌。琳琅密挂，金石抚摩。硬黄字拓，古绿文多。相与考证于图书之府，俯仰夫云水之窝，则夫春之朝也。屋角晴哢，觉呼晓梦，井干游丝，牵引孤讽，夏之日也。绿阴幂乎帘旌，岚气凝于篆缕，北窗更足以听凉，高卧窃比乎羲皇之侣。而飞鸿之又送也，挥丝桐兮不停手，落叶之可扫也。校书籍兮如用帚，其为秋士愁何有焉。若夫岁暮深岩，层层粉黛，其苏学士之雪堂耶。夜阑冷月，花影离离，其吴仲圭之梅窗耶。冬日可爱，曝背亦何妨乎？乃知福地斯在，仙境不同，三三径曲，六六峰重。彼渔澄洞天之僻于云北，雪窦方丈之远于鄞东。鹿亭樊榭之界夫嵊郭，曷若兹西明之梁弄，咫尺蔷薇之洞，而邻并白水之宫。乃作颂曰：二品之室，一鸣之堂。他年致仕，终老是乡。传经烟海，诸子纷纶。云仍守之，世为闻人。道光五年岁在旃蒙作噩荷月日观自在菩萨生辰秋潭居士诸开泉，年六十有九。

题词

登五桂楼看藏书　　　　邵瑛 桐南

总少人间未有书，洞天深处竟何如。名山盛业君都擅，不数琅嬛福地居。

壬申正月同夏絅斋范远荪家兄蓉村过七十二峰草堂小饮，率赋一律，录请石泉十兄先生郢政，并索和章

抱碧新堂四面开，乱云无数绕楼台。容人千顷汪洋度，愧我频年落拓才。福地无缘同结屋，醉乡未到学衔杯。会须重买游山屐，遍踏奇峰七十回。

赠五桂楼主人药溪先生　　　　黄直垕 敬斋

四明山上云汉章，五桂楼前经籍光。闻道宗衮昔建此，网罗欲过千顷堂。（金陵黄明立比部家有千顷堂书目数十卷）文章尔雅溯吾宗，东发实启南雷乡。日抄续抄共辉映，（慈水建日抄堂先遗献黄氏公建续抄堂）君家继之为不忘。石匮石质久韫秘，（密岩有石质藏书处质疑作厔）君家毋乃倾其藏。今我揭来阅书目，无奈入门犹面墙。羡君好书敌曹氏，我欲为君主书仓。羡君拥书等侯国，我欲为君校书郎。

辛卯元月下浣芝生观察台邑试士九延署中

分校得读五桂楼书目恭题七言绝句二首

非敢言工聊志向往云尔

侯官 刘荃 旭初

六万缥缃富积储，长留孙子作菑畲。燃藜愧说传经后，未得楼中署校书。

不减琅嬛福地居，四明山翠护图书。夜深定作金丝响，劫火珍藏未烬余。

（咸同间发逆之乱，江浙藏书多毁于兵火，斯楼卷帙独完）

今世藏书之家，惟宁波天一阁为最久。其制厨门楼钥，子孙分房掌之，非齐至不得开。禁以书下楼梯及私引亲友擅开，皆罚不与祭，故历久而书不零落。余既构楼三间以藏此书，益欲子姓守之。后世能读楹书，可登楼展视。或海内好事愿窥密册者，听偕登焉。尝见世之谋子孙者，求田问舍，计非不周至，然数传之后，不免窭贫。重念籯金之教，此余藏书之本意也。

嘉庆辛未春仲石泉识

黄氏经籍，子孙是教，鬻与假人，即为不孝。石泉又识。

五桂楼书目卷一　经部一

易

1、御纂周易折中二十二卷　康熙五十四年奉　敕撰

2、子夏易传十一卷　周　卜子夏撰

3、周易郑康成注一卷　汉　郑元撰

4、新本郑氏周易三卷　汉　郑元撰　国朝　惠栋编

5、陆氏易解一卷　吴　陆绩撰

6、周易注十卷　魏　王弼撰

7、周易正义十卷　唐　孔颖达撰

8、周易集解十七卷　唐　李鼎祚撰

9、周易举正三卷　唐　郭京撰

10、易数钩隐图三卷附遗论九事一卷　宋　刘牧撰

11、温公易说六卷　宋　司马光撰

12、横渠易说三卷　宋　张载撰

13、易学一卷　宋　王湜撰

14、易传四卷　宋　程颐撰

15、东坡易传九卷　宋　苏轼撰

16、紫岩易传十卷　宋　张浚撰

17、易小传六卷　宋　沈该撰

18、汉上易集传十一卷卦图三卷丛说一卷　宋　朱震撰

19、易璇玑三卷　宋　吴沆撰

20、易原八卷　宋　程大昌撰

21、郭氏传家易说十一卷　宋　郭雍撰

22、周易义海撮要十二卷　宋　李衡删定

23、复斋易说六卷　家赵彦肃撰

24、杨氏易传二十卷　宋　杨简撰

25、周易玩词十六卷　宋　项安世撰

26、易图说三卷　宋　吴仁杰撰

27、古周易一卷　宋　吕祖谦编

28、易传灯四卷　宋　徐总幹撰

29、周易裨传二卷　宋　林至撰

30、童溪易传三十卷　宋　王宗传撰

31、丙子学易编一卷　宋　李心传撰

32、易象意言一卷　宋　蔡渊撰

33、东谷翼易传二卷　宋　郑汝谐撰

34、朱文公易说二十三卷　宋　朱鉴编

35、易学启蒙小传一卷　宋　锐与权撰

36、周易辑闻六卷附易雅一卷筮宗一卷　宋　赵汝楳撰

37、周易传义附录十四卷　宋　董楷撰

38、易学启蒙通释二卷　宋　胡方平撰

39、三易备遗十卷　宋　朱元昇撰

40、水村易镜一卷　宋　林光世撰

41、周易辑说十卷　宋　王申子撰

42、易图通变五卷　元　雷思齐撰

43、读易私言一卷　元　许衡撰

44、大易集说十卷　元　俞琬撰

45、周易本义附录纂注十五卷　元　胡一桂撰

46、周易启蒙翼传三篇外篇一篇　元　胡一桂撰

47、易纂言十三卷　元　胡澄撰

48、易学滥觞一卷　元　黄泽撰

49、周易本义通释十二卷　元　胡炳文撰

50、周易本义集成十二卷　元　熊良辅撰

51、大易象数钩深图三卷　元　张理撰

52、易象图说三卷　元　张理撰

53、学易记九卷　元　李简撰

54、周易会通十四卷　元　董真卿撰

55、周易参义十二卷　元　梁寅撰

56、周易集注十六卷　明　来知德撰

57、易象正十六卷　明　黄道周撰

58、古周易订诂十六卷　明　何楷撰

59、易宪四卷　明　沈泓撰

60、桂林点易丹十六卷　明　顾懋樊撰

61、周易说统十二卷　明　张振渊撰

62、仲氏易三十卷　国朝　毛奇龄撰

63、推易始末四卷　国朝　毛奇龄撰

64、春秋占筮书三卷　国朝　毛奇龄撰

65、易小帖五卷　国朝　毛奇龄撰

66、周易通论四卷　国朝　李光地撰

67、周易观象十二卷　国朝　李光地撰

68、易图明辨十卷　国朝　胡渭撰

69、合订删补大易集义粹言八十卷　国朝　成德撰

70、周易传义合订十二卷　国朝　朱轼撰

71、易说六卷　国朝　惠士奇撰

72、周易洗心九卷　国朝　任启运撰

73、周易述二十三卷　国朝　惠栋撰

74、易汉学八卷　国朝　惠栋撰

75、周易本义辨证五卷　国朝　惠栋撰

76、周易拾遗十四卷　国朝　徐文靖撰

77、易图解一卷　国朝宗室德沛撰

78、周易虞氏义九卷虞氏消息二卷　国朝　张惠言撰

79、周易义传合订十五卷　国朝　张道绪撰

80、周易本义阐旨四卷　国朝　胡方撰

81、周易通义二十二卷　国朝　苏秉国撰

附录

乾坤凿度二卷

周易乾凿度二卷

易纬稽览图二卷

易纬辨终备一卷

易纬乾元序制记一卷

易纬是类谋一卷

易纬通卦验二卷

易纬坤灵图一卷

经部二

书

1、钦定书经传说汇纂二十四卷　康熙六十年　大学生王顼龄等奉　敕撰

2、尚书正义二十卷　汉　孔安国传　唐　孔颖达疏

3、东坡书传十三卷　宋　苏轼撰

4、尚书全解四十卷　宋　林之奇撰

5、郑敷文书说一卷　宋　郑伯熊撰

6、禹贡指南四卷　宋　毛晃撰

7、书古文训十六卷　宋　薛季宣撰

8、禹贡论四卷　宋　程大昌撰

9、尚书解二十六卷　宋　夏僎撰

10、禹贡集解二卷　宋　傅寅撰

11、尚书说七卷　宋　黄度撰

12、增修东莱书说三十五卷　宋　时澜撰

13、书疑九卷　宋　王柏撰

14、融堂书解二十卷　宋　钱时撰

15、洪范统一一卷　宋　赵善湘撰

16、尚书集传或问二卷　宋　陈大猷撰

17、尚书详解十三卷　宋　胡士行撰

18、尚书表注二卷　宋　金履祥撰

19、书纂言四卷　元　吴澄撰

20、尚书集传纂疏六卷　元　陈栎撰

21、书传六卷　元　董鼎撰

22、尚书通考十卷　元　黄镇成撰

23、书蔡传旁通六卷　元　陈师凯撰

24、读书管见二卷　元　王充耘撰

25、尚书纂传四十六卷　元　王天舆撰

26、定正洪范一卷　元　胡一中撰

27、尚书水月六卷　明　周士茂撰

28、洪范明义四卷　明　黄道周撰

29、书经注疏大全合纂五十九卷　明　张溥撰

30、古文尚书冤词八卷　国朝　毛奇龄撰

31、禹贡广听录五卷　国朝　毛奇龄撰

32、禹贡锥指二十卷图一卷　国朝　胡渭撰

33、舜典补亡一卷　国朝　毛奇龄撰

34、尚书解义一卷　国朝　李光地撰

35、禹贡会笺十二卷　国朝　徐文靖撰

36、尚书私学四卷　国朝　江昱撰

37、书经纂要六卷　国朝　吴莲撰

38、尚书后案三十卷后辨一卷　国朝　王鸣盛撰

39、尚书纂义一卷　国朝　关涵撰

40、禹贡指掌一卷　国朝　关涵撰

41、附录

42、尚书大传四卷补遗一卷　汉　伏胜撰　郑元注

经部三

诗

1、钦定诗经传说汇纂二十卷序二卷　康熙六十年　户部尚书王鸿绪等奉　敕撰

2、诗序一卷　卫　卜商撰

3、毛诗正义四十卷　汉　毛亨传　郑元笺　唐孔颖达疏

4、毛诗草木鸟兽虫鱼疏二卷　吴　陆玑撰

5、毛诗陆疏广要二卷　明　毛晋撰

6、毛诗指说一卷　唐　成伯瑜撰

7、毛诗本义十五卷附郑氏诗谱一卷　宋　欧阳修撰

8、毛诗名物解二十卷　宋　蔡卞撰

9、毛诗集解四十二卷　宋　李樗黄櫄同编

10、逸斋诗补传三十卷　宋　范处义撰

11、诗说一卷　宋　张耒撰

12、吕氏家塾读诗记三十二卷　宋　吕祖谦撰

13、续吕氏家塾读诗记三卷　宋　戴溪撰

14、絜斋毛诗经筵讲义四卷　宋　袁燮撰

15、诗辑三十六卷　宋　严粲撰

16、诗疑二卷　宋　王柏撰

17、诗传疑说六卷　宋　朱鉴撰

18、诗考一卷　宋　王应麟撰

19、诗地理考六卷　宋　王应麟撰

20、毛诗明物钞八卷　元　许谦撰

21、诗经疑问七卷　宋　朱倬撰

22、毛诗解颐四卷　明　朱善撰

23、诗经说通十三卷　明　沈守正撰

24、诗经注疏大全合纂三十四卷　明　张溥撰

25、毛诗稽古编三十卷　国朝　陈启源撰

26、诗所八卷　国朝　李光地撰

27、毛诗写官记四卷　国朝　毛奇龄撰

28、诗扎二卷　国朝　毛奇龄撰

29、诗传诗说驳议五卷　国朝　毛奇龄撰

30、续诗传鸟兽名三卷　国朝　毛奇龄撰

31、白鹭洲主客说诗一卷　国朝　毛奇龄撰

32、国风省篇一卷　国朝　毛奇龄撰

33、诗说三卷　国朝　惠周惕撰

34、诗沈二十卷　国朝范家相撰

35、诗序广义二十四卷　国朝　姜炳璋撰

附录

韩诗外传十卷　汉　韩婴撰

经部四

三礼

1、钦定周官义疏四十八卷　乾隆十三年奉　敕撰

2、钦定仪礼义疏四十八卷　乾隆十三年奉　敕撰

3、钦定礼记义疏八十二卷　乾隆十三年奉　敕撰

4、周礼注疏四十二卷　汉　郑元注　唐　贾公彦疏

5、礼经会元四卷　宋　叶时撰

6、太平经国之书十一卷　宋　郑伯谦撰

7、周礼订义八十卷　宋　王与之撰

8、考工记解二卷　宋　林希逸撰

9、周官述注二十四卷　国朝　李光坡撰

10、周官集注十二卷　国朝　方苞撰

11、周官辨八卷　国朝　方苞撰

12、周官析疑四十一卷　国朝　方苞撰

13、礼说十四卷　国朝　惠士奇撰

14、周官辨非一卷　国朝　万斯大撰

15、周官精义十二卷　国朝　连叔度撰

16、仪礼注疏十七卷　汉　郑元注　唐　贾公彦疏

17、仪礼识误三卷　宋　张淳撰

18、仪礼图十七卷　宋　杨复撰

19、仪礼逸经传二卷　元　吴澄撰

20、仪礼集说十七卷　元　敖继公撰

21、经礼补逸九卷　元　汪克宽撰

22、仪礼商二卷　国朝　万斯大撰

23、仪礼述注十七卷　国朝　李光坡撰

24、仪礼析疑十七卷　国朝　方苞撰

25、丧礼或问二卷　国朝　方苞撰

26、补飨礼一卷　国朝　诸锦撰

27、仪礼节略二十卷　国朝　朱轼撰

28、仪礼易读十七卷　国朝　马駉撰

29、礼记正义六十三卷　汉　郑元注　唐　孔颖达疏

30、礼记集说一百六十卷　宋　卫湜撰

31、礼记纂言三十六卷　元　吴澄撰

32、礼记大全三十卷　明永乐中翰林学士胡广等奉　敕撰

33、谭弓原二卷　明　姚广仁撰

34、月令明义四卷　明　黄道周撰

35、表记集传二卷　明　黄道周撰

36、坊记集传二卷　明　黄道周撰

37、缁衣集传四卷　明　黄道周撰

38、儒行集传二卷　明　黄道周撰

39、礼记陈氏集说补正三十八卷　国朝　成德撰

40、礼记述注二十八卷　国朝　李光坡撰

41、礼记纂编　卷　国朝　李光地撰

42、礼记析疑四十八卷　国朝　方苞撰

43、曾子问讲录四卷　国朝　毛奇龄撰

44、礼记偶笺三卷　国朝　万斯大撰

45、校补礼记纂言三十六卷　国朝　朱轼重订元吴澄本

46、礼记章句十卷　国朝　任启运撰

47、三礼图集注二十卷　宋　聂崇义撰

48、夏小正解四卷

49、书仪十卷　宋　司马光撰

50、仪礼经传通解三十七卷续二十九卷　宋　朱子撰

51、家礼八卷　宋　朱子撰

52、礼书一百五十卷　宋　陈祥道撰

53、四礼纂要　不分卷　明　王皞撰

54、学礼质疑二卷　国朝　万斯大撰

55、朱子礼纂五卷　国朝　李光地撰

56、郊社禘祫问一卷　国朝　毛奇龄撰

57、辨定祭礼通俗谱五卷　国朝　毛奇龄撰

58、昏礼辨证一卷　国朝　毛奇龄撰

59、庙制折衷三卷　国朝　毛奇龄撰

60、大小宗通释一卷　国朝　毛奇龄撰

61、学校问一卷　国朝　毛奇龄撰

62、明堂问一卷　国朝　毛奇龄撰

63、礼书纲目八十五卷　国朝　江永撰

64、五礼通考二百六十二卷　国朝　秦蕙田撰

65、三礼约编十九卷　国朝　汪基撰

66、弁服释例八卷　望贤家塾刊本

附录

大戴礼记十三卷　汉　戴德撰

夏小正戴氏传四卷　宋　傅崧卿撰

读礼通考一百二十卷　国朝　徐乾学撰

经部五

春秋

1、钦定春秋传说汇纂三十八卷　康熙三十八年奉　敕撰

2、御纂春秋直解十六卷　乾隆二十三年　大学士傅恒等奉　敕撰

3、春秋左传正义三十六卷　周　左邱明撰　晋　杜预注

4、春秋公羊传注疏二十卷　周　公羊高撰　汉　何休注　唐　徐彦疏

5、春秋榖梁传注疏二十卷　周　榖梁赤撰　晋　范宁注　唐　杨勋疏

6、箴膏肓一卷起废疾一卷发默守一卷　汉　郑元撰

7、春秋微旨三卷　唐　陆淳撰

8、春秋名号归一图二卷　宋　冯继先撰

9、春秋尊王发微十二卷　宋　孙复撰

10、春秋皇纲论五卷　宋　王晳撰

11、春秋权衡十七卷　宋　刘敞撰

12、春秋传十五卷　宋　刘敞撰

13、春秋意林二卷　宋　刘敞撰

14、春秋传说例一卷　宋　刘敞撰

15、春秋辨疑四卷　宋　萧楚撰

16、春秋列国臣传三十卷　宋　王当撰

17、春秋本例二十卷　宋　崔子方撰

18、石林春秋传二十卷　宋　叶梦得撰

19、春秋集解三十卷　宋　吕祖谦撰

20、春秋胡传三十卷　宋　胡安国撰

21、春秋后传十二卷　宋　陈傅良撰

22、春秋左氏传说二十卷　宋　吕祖谦撰

23、详注东莱博义二十五卷　宋　吕祖谦撰

24、春秋集注十一卷　宋　张洽撰

25、春秋王霸列国世纪编三卷　宋　李琪撰

26、春秋通说十三卷　宋　黄仲炎撰

27、春秋经筌十六卷　宋　赵鹏飞撰

28、春秋或问二十卷　宋　吕大圭撰

29、春秋五论一卷　宋　吕大圭撰

30、春秋详说三十卷　宋　家铉翁撰

31、春秋类对赋一卷　宋　徐晋卿撰

32、春秋左氏传事始末五卷　宋　章冲撰

33、春秋提纲十卷　宋　陈则通撰

34、读春秋编十二卷　元　陈深撰

35、春秋集传释疑大成十二卷　元　俞皋撰

36、春秋诸国统纪六卷　元　齐履谦撰

37、春秋本义三十卷　元　程端学撰

38、春秋或问十卷　元　程端学撰

39、春秋诸传会通二十四卷　元　李廉撰

40、春秋集传十五卷　元　赵汸撰

41、春秋师说三卷　元　赵汸撰

42、春秋属辞十五卷　元　赵汸撰

43、春秋左氏传补注十卷　元　赵汸撰

44、春秋金锁匙一卷　元　赵汸撰

45、春王正月考二卷　明　张以宁撰

46、春秋胡传考误一卷　明　袁仁撰

47、左传杜林合注五十卷　明　王道焜　赵如源同编

48、麟旨明微十二卷　明　吴希哲全弟希敏撰

49、左传杜解补正三卷　国朝　顾炎武撰

50、左传事纬十二卷附录八卷　国朝　马骕撰

51、春秋毛氏传三十六卷　国朝　毛奇龄撰

52、春秋简书刊误二卷　国朝　毛奇龄撰

53、春秋属词比事记四卷　国朝　毛奇龄撰

54、春秋阙如编八卷　国朝　焦袁熹撰

55、春秋通论四卷　国朝　方苞撰

56、春秋比事目录四卷　国朝　方苞撰

57、春秋直解十二卷　国朝　方苞撰

58、左传义法举要一卷　国朝　方苞撰

59、春秋钞十卷　国朝　方苞撰

60、半农春秋说十五卷　国朝　惠士奇撰

61、春秋大事表五十卷舆图一卷附录一卷　国朝　顾栋高撰

62、春秋识小录九卷　国朝　程廷祚撰

63、左传补注六卷　国朝　惠栋撰

64、左传统笺三十五卷　国朝　姜希辙撰

65、春秋正义经传删本十二卷　国朝　徐金瓯撰

66、春秋指掌三十卷附二卷　国朝　储欣　蒋景祁同撰

67、学春秋随笔十卷　国朝　万斯大撰

68、春秋通论五卷　国朝　关涵撰

69、春秋经传类求十二卷　国朝　孙从添　过临汾同编

70、春秋经传集解三十卷附名号归一图二卷　不著撰人名氏

附录

春秋繁露十七卷　汉　董仲舒撰

经部六

孝经

1、御注孝经一卷　顺治十三年　世祖章皇帝御撰

2、古文孝经孔氏传一卷附宋本古文孝经一卷　汉　孔安国撰

3、孝经正义三卷　唐元宗明皇帝御注　宋　邢昺疏

4、孝经注解一卷　唐元宗　宋　司马光　范祖禹合编

5、古文孝经指解一卷　宋　司马光撰

6、孝经刊误一卷　宋　朱子撰

7、孝经大义一卷　宋　董鼎撰

8、孝经定本一卷　元　吴澄撰

9、孝经句解一卷　元　朱申撰

10、孝经问一卷　国朝　毛奇龄撰

11、孝经类解十八卷　国朝　吴之騄撰

经部七

总义

1、武英殿重刻十三经注疏附考证三百四十六卷　乾隆四年奉　敕撰

2、汲古阁刊本十三经注疏三百二十三卷　明　毛晋校

3、永怀堂十三经古注二百八十八卷　明　葛鼐撰　金蟠校

4、十三经解诂四十二卷　明　陈深撰

5、新刻十三经注疏三百二十三卷　国朝　席世宣重校刊

6、阮氏宋本十三经校勘记二百十七卷又附释文校勘记二十六卷　国朝阮元撰

7、经籍纂诂一百六卷　国朝　阮元撰

8、驳五经异议一卷补遗一卷　汉　郑元撰

9、郑志三卷补遗一卷　魏　郑小同撰

10、经典释文三十卷　唐　陆德明撰　通志堂校勘

11、抱经堂经典释文考证三十卷　国朝　卢文弨撰

12、七经小传三卷　宋　刘敞撰

13、六经正误六卷　宋　毛居正撰

14、九经三传沿革例一卷　宋　岳珂撰

15、六经奥论六卷　宋　郑樵撰

16、五经说七卷　元　熊朋来撰

17、十一经问对五卷　元　何异孙撰

18、五经蠡测六卷　明　蒋梯生撰

19、七经孟子考文补遗二百六卷　日本国原板西条掌书记山井鼎撰

20、经问十八卷经问补三卷　国朝　毛奇龄撰

21、九卷古义十六卷　国朝　惠栋撰

22、古经解钩沈三十卷　国朝　余萧客撰

23、九经补注八十七卷　国朝　姜兆锡撰

24、经义杂记三十卷杂录一卷　国朝　臧玉琳撰

25、汉魏廿一家易三十三卷　国朝　孙堂编

附录

古微书三十六卷　明　孙毂编

经部八

四书

1、钦定日讲四书解义二十六卷　康熙十六年　大学士库勒纳等奉敕撰

2、钦定四书驳吕九卷　雍正九年　大学士朱轼等奉　敕撰

3、论语正义二十卷　魏　何晏等注　宋　邢昺疏

4、论语义疏十卷　魏　何晏等注　梁　皇侃疏

5、孟子正义十四卷　汉　赵岐注　其疏旧题　宋　孙奭撰

6、孟子音义二卷　宋　孙奭撰

7、癸巳论语解十卷　宋　张栻撰

8、大学章句一卷论语集注十卷孟子集注七卷中庸章句一卷　宋　朱子撰

9、四书或问三十九卷　宋　朱子撰

10、四书集编二十六卷　宋　真德秀撰

11、论语集说十卷　宋　蔡节撰

12、孟子集疏十四卷　宋　蔡模撰

13、四书纂疏二十六卷　宋　赵顺孙撰

14、大学疏义论孟考证四卷　宋　金履祥撰

15、四书辨疑十五卷　元　陈天祥撰

16、四书通二十六卷　元　胡炳文撰

17、四书通证六卷　元　张存中撰

18、四书纂笺二十六卷　元　詹道传撰

19、四书通旨六卷　元　朱公迁撰

20、学庸启蒙一卷　元　景星撰

21、四书大全三十六卷　明永乐中翰林学士胡广等奉　敕撰

22、四书讲义困勉录三十七卷　国朝　陆陇其撰

23、三鱼堂四书大全四十卷　国朝　陆陇其撰

24、四书朱子异同条辨三十八卷　国朝　李沛霖　仝弟祯订

25、张南轩论语孟子说四卷语录二卷评语一卷　国朝　俞公昕校刊

26、大学古本说一卷中庸章段一卷中庸余论一卷读论语扎记二卷读孟子扎记二卷　国朝　李光地撰

27、榕村讲授三卷　国朝　李光地撰

28、论语稽求篇七卷　国朝　毛奇龄撰

29、四书剩言四卷补二卷　国朝　毛奇龄撰

30、大学证文四卷　国朝　毛奇龄撰

31、四书索解四卷　国朝　毛奇龄撰

32、大学问一卷　国朝　毛奇龄撰

33、逸讲笺三卷　国朝　毛奇龄撰

34、中庸说五卷　国朝　毛奇龄撰

35、圣门释非录五卷　国朝　毛奇龄撰

36、四书改错二十二卷　国朝　毛奇龄撰

37、四书释地一卷续一卷又续一卷三续二卷　国朝　阎若璩撰

38、大学说一卷　国朝　惠栋撰

39、大学本文一卷大学古文一卷中庸本文一卷　国朝　王澍撰

40、大学困学录一卷中庸困学录一卷　国朝　王澍撰

41、汪氏四书大全四十卷　国朝　汪份撰

42、四书反身录六卷续补一卷　国朝　李颙撰

43、四书本义汇参四十五卷　国朝　王步青撰

44、四书约旨十九卷　国朝　任启运撰

45、乡党图考十卷　国朝　江永撰

经部九

乐书

1、御纂律吕正义五卷　康熙五十二年　圣祖仁皇帝御撰

2、御纂律吕正义后编一百二十卷　乾隆十一年　高宗纯皇帝御撰

3、皇祐新乐图记三卷　宋　阮逸　胡瑗奉勅撰

4、苑洛志乐二十卷　明　韩邦奇撰

5、乐律全书四十二卷　明　郑王世子朱载堉撰

6、对音琴谱合璧捷要六卷　明　杨表正撰

7、古乐经传五卷　国朝　李光地撰

8、圣谕乐本解说二卷　国朝　毛奇龄撰

9、皇言定声录八卷　国朝　毛奇龄撰

10、竟山乐录二卷　国朝　毛奇龄撰

11、李氏学乐录二卷　国朝　李塨撰

12、学律表微八卷　国朝　胡彦昇撰

13、德音堂琴谱八卷　国朝　吴之振撰

14、自远堂琴谱十二卷　国朝　吴灯辑　李廷敬订

经部十

小学

1、御定康熙字典四十二卷　康熙五十五年　大学士张玉书等奉　敕撰

2、尔雅二卷　晋　郭璞注

3、尔雅注疏十卷　晋　郭璞注　宋　邢昺疏

4、尔雅注三卷　宋　郑樵撰

5、方言十三卷　汉　杨雄撰

6、释名四卷　汉　刘熙撰

7、广雅十卷　魏　张揖撰

8、匡谬正俗八卷　唐　颜师古撰

9、埤雅二十卷　宋　陆佃撰

10、尔雅翼三十二卷　宋　罗原撰

11、越语肯綮录一卷　国朝　毛奇龄撰

12、续方言二卷　国朝　杭世骏撰

13、尔雅正义廿三卷　国朝　邵晋涵撰

14、尔雅直音二卷　国朝　孙侃撰

15、小尔雅疏八卷　国朝　王煦撰

16、急就篇四卷　汉　史游撰

17、说文解字三十卷　汉　许慎撰

18、重修玉篇三十卷　梁　顾野王撰

19、干禄字书一卷　唐　颜元孙撰

20、五经文字三卷　唐　张参撰

21、九经字样一卷　唐　唐元度撰

22、汗简三卷目录叙略一卷　宋　郭忠恕撰

23、佩觿三卷　宋　郭忠恕撰

24、钟鼎款识二十卷　宋　薛尚功撰

25、复古编三卷　宋　张有撰

26、字通一卷　宋　李从周撰

27、六书故三十三卷　宋　戴侗撰

28、龙龛手镜四卷　辽　僧行均撰

29、六书统二十卷　元　杨桓撰

30、六书本义十二卷　明　赵㧑谦撰

31、奇字韵五卷　明　杨慎撰

32、古音骈字一卷续编五卷 明 杨慎撰 续编 国朝 庄履丰 庄鼎铉同撰

33、隶辨八卷 国朝 顾霭吉撰

34、积古斋钟鼎彝器款识十卷 国朝 阮元撰

35、正字通三十八卷 国朝 廖文英撰

36、草韵汇编二十六卷 国朝 陶南望撰

37、草韵字汇十二卷 国朝 石梁撰

38、隶韵十卷附考证一卷碑目一卷 宋 刘球纂

39、六书分类十二卷 国朝 傅世尧撰

40、钟鼎字源五卷 国朝 汪立名编

41、恕堂篆隶考异三种 国朝 徐朝俊编

42、说文五翼八卷 国朝 王煦撰

43、原本广韵五卷

44、重修广韵五卷 宋大中祥符四年 陈彭年等奉 敕撰

45、集韵十卷 宋 丁度等撰

46、韵补五卷 宋 吴棫撰

47、九经补韵一卷 宋 杨伯岩撰

48、五音编海十五卷 金 韩道昇撰

49、洪武正韵十五卷 明洪武中翰林学士乐韶凤奉 敕撰

50、古音丛目五卷猎要五卷古音余五卷附录一卷 明 杨慎撰

51、古音略例一卷 明 杨慎撰

52、转注古音略五卷 明 杨慎撰

53、毛诗古音考四卷 明 陈第撰

54、屈宋古音义三卷 明 陈第撰

55、韵谱本义十卷 明 茅溁撰

56、音论三卷 国朝 顾炎武撰

57、诗本音十卷 国朝 顾炎武撰

58、易音三卷 国朝 顾炎武撰

59、唐韵正二十卷 国朝 顾炎武撰

60、古音表二卷　国朝　顾炎武撰

61、韵补正一卷　国朝　顾炎武撰

62、古今通韵十二卷　国朝　毛奇龄撰

63、易韵四卷　国朝　毛奇龄撰

64、韵歧四卷　国朝　江昱撰

附录

六艺流别二十卷　明　黄佐撰

五桂楼书目卷二　史部

正史

1、钦定明史三百三十六卷　国朝　张廷玉等奉　敕撰

2、史记一百三十卷　汉　司马迁撰

3、汉书一百二十卷　汉　班固撰

4、班马异同三十五卷　宋　倪思撰

5、后汉书一百二十卷　宋　范晔撰

6、两汉刊误补遗十卷　宋　吴仁杰撰

7、三国志六十五卷　晋　陈寿撰

8、晋书一百三十卷　唐　房乔等撰

9、宋书一百卷　梁　沈约撰

10、南齐书五十九卷　梁　萧子显撰

11、梁书五十六卷　唐　姚思廉撰

12、陈书三十六卷　唐　姚思廉撰

13、魏书一百十四卷　北齐　魏收撰

14、北齐书五十卷　唐　李百药撰

15、周书五十卷　唐　令狐德棻等撰

16、隋书八十五卷　唐　魏征等撰

17、南史八十卷　唐　李延寿撰

18、北史一百卷　唐　李延寿撰

19、新唐书二百二十五卷　宋　欧阳修　宋祁同撰

20、新唐书纠谬二十卷　宋　吴缜撰

21、旧五代史一百五十卷目录二卷　宋　薛居正等撰

22、新五代史七十五卷　宋　欧阳修撰

23、五代史记纂误三卷　宋　吴缜撰

24、宋史四百九十六卷　元　托克托等撰

25、辽史一百十六卷　元　托克托等撰

26、辽史拾遗二十四卷　国朝　厉鹗撰

27、金史一百三十五卷　元　托克托等撰

28、元史二百十卷　明　宋廉等撰

29、明史稿三百十卷　国朝　王鸿绪奉　敕撰

史部二

编年

1、御批通鉴辑览一百十六卷附明唐桂二王本末三卷　乾隆三十三年奉敕撰

2、御定通鉴纲目三编四十卷　乾隆四十年奉　敕撰

3、竹书纪年二卷　梁　沈约注

4、竹书纪年统笺十二卷　国朝　徐文靖撰

5、竹书纪年集证五十一卷　国朝　陈逢衡撰

6、汉纪三十卷　汉　荀悦撰

7、后汉纪三十卷　晋　袁宏撰

8、元经十卷　隋　王通撰

9、大唐创业起居注三卷　唐　温大雅撰

10、资治通鉴二百九十四卷　宋　司马光撰

11、资治通鉴考异三十卷　宋　司马光撰

12、通鉴释例一卷　宋　司马光撰

13、资治通鉴目录三十卷　宋　司马光撰

14、通鉴地理通释十四卷　宋　王应麟撰

15、资治通鉴释文辨误十二卷　元　胡三省撰

16、通鉴胡注举正一卷　国朝　陈景云撰

17、稽古录二十卷　宋　司马光撰

18、通鉴外纪十卷目录五卷　宋　刘恕撰

19、纲目订误四卷　国朝　陈景云撰

20、续宋编年资治通鉴十五卷　宋　刘时举撰

21、宋季三朝政要六卷　不著撰人名氏

22、通鉴前编十八卷举要三卷　宋　金履祥撰

23、宋元资治通鉴一百五十七卷　明　薛应旂撰

24、宪章录四十七卷　明　薛应旂撰

25、昭代典则二十八卷　明　黄光昇撰

26、纲鉴全史七十卷　明　汤宾尹撰

27、通鉴汇纂二十八卷　明　诸燮撰

史部三

纪事本末

1、通鉴纪事本末四十二卷　宋　袁枢撰

2、宋史纪事本末二十六卷　明　陈邦瞻撰

3、元史纪事本末四卷　明　陈邦瞻撰

4、鸿猷录十六卷　明　高岱撰

5、绥寇纪略十二卷　国朝　吴伟业撰

6、明史记事本末八十卷　国朝　谷应泰撰

7、三藩纪事本末四卷　国朝　杨陆荣撰

8、绎史一百六十卷　国朝　马骕撰

9、东南纪事十二卷西南纪事十二卷　国朝　邵廷采撰

史部四

别史

1、东观汉纪二十四卷

2、通志二百卷　宋　郑樵撰

3、东都事略一百三十卷　宋　王偁撰

4、路史四十七卷　宋　罗泌撰

5、契丹国志二十七卷　宋　叶隆礼撰

6、大金国志四十卷　宋　宇文懋昭撰

7、藏书六十八卷　明　李贽撰

8、续藏书二十七卷　明　李贽撰

9、函史上编八十一卷下编二十一卷　明　邓元锡撰

10、南宋书六十八卷　明　钱士升撰

11、宏简录二百五十四卷续四十二卷　明　邵经邦撰

12、元史类编四十二卷　国朝　邵远平撰

13、历代史表五十三卷　国朝　万斯同撰

14、历代帝王年表　不分卷　国朝　齐召南撰

史部五

杂史

1、国语二十一卷　吴　韦昭注

2、战国策注三十三卷　汉　高诱注

3、鲍氏战国策注三十三卷　宋　鲍彪撰　元　吴师道校

4、重刊姚氏本国策三十三卷附国策札记三卷　国策　汉　高诱注
宋　姚宏补札记　国朝　黄丕烈撰　读未见书斋校刊本

5、东观奏记三卷　唐　裴庭裕撰

6、五代史补五卷　宋　陶岳撰

7、北狩见闻录一卷　宋　曹勋撰

8、松漠纪闻一卷续一卷　宋　洪皓撰

9、燕翼贻谋录五卷　宋　王栐撰

10、典故纪闻十八卷　明　余继登撰

11、洪武宝训六卷　明　大学士吕本恭校

史部六

诏令奏议

1、钦定明臣奏议二十卷　乾隆四十六年奉　敕编

2、陆宣公奏议二十二卷　唐　陆贽撰

3、李忠定奏议六十九卷附录九卷　宋　李纲撰

4、周中丞中州疏稿五卷　明　周孔教撰

5、汪中丞奏议十二卷　明　汪应蛟撰

6、历代名臣奏议三百五十卷　明永乐十四年　黄淮杨士奇等奉　敕编

7、皇明疏议辑略三十七卷　明　张瀚编

8、右编补十卷　明　姚文蔚编

9、南台遗疏　不分卷　国朝　何元英撰

史部七

传记

1、钦定胜朝殉节诸臣录十二卷　乾隆四十一年奉　敕撰

2、阙里志二十四卷　明　陈镐撰　孔允植重纂

3、阙里文献考一百一卷　国朝　孔继汾撰

4、晏子春秋八卷

5、别本晏子春秋七卷附音义二卷　国朝　孙星衍校刊

6、魏郑公谏续录二卷　元　翟思忠撰

7、诸葛忠武书十卷　明　杨时伟编

8、诸葛忠武志八卷　国朝　张鹏翮撰

9、古列女传七卷续列女传一卷　汉　刘向撰　续传一卷不知谁作

10、高士传三卷　晋　皇甫谧撰

11、卓异记一卷

12、名臣言行录前集十卷后集十四卷续集八卷别集二十六卷外集十七卷前集后集　宋　朱子撰　续集别集外集　李幼武补

13、钱塘先贤传赞一卷　宋　袁韶撰

14、庆元党禁一卷　不著撰人名氏

15、唐才子传八卷　元　辛文房撰

16、别本唐才子传十卷附考异一卷　国朝　陆芝荣校刊

17、浦阳人物记二卷　明　宋濂撰

18、近代名臣言行录十卷　明　徐咸撰

19、逸民史二十二卷　明　陈继儒撰

20、分省人物考一百十五卷　明　过庭训撰

21、明儒学案六十二卷　国朝　黄宗羲撰

22、史传三编五十六卷　国朝　朱轼撰

23、国朝名人传　不分卷　不著编辑者名氏

24、守令垂范十四卷　国朝　屈天成订

25、姚江三祠传辑四卷附贞节阐幽录二卷　国朝　吴大本编

26、越女表微录五卷附双节堂赠言集录三十卷　国朝　汪辉祖纂

27、骖鸾录一卷　宋　范成大撰

28、吴船录二卷　宋　陆游撰

29、西使记一卷　元　刘郁撰

30、松亭行纪二卷　国朝　高士奇撰

31、扈从西巡日录一卷　国朝　高士奇撰

32、词科掌录十七卷词科余话七卷　国朝　杭世骏撰

史部八

史钞

1、通鉴总类二十卷　宋　沈枢撰

2、史纂左编一百二十四卷　明　唐顺之撰

3、廿一史文选五十八卷　明　周钟辑

4、廿一史纬三百三十卷　国朝　陈允锡删修

5、宋稗类钞八卷　国朝　潘永因编辑

史部九

载记

1、吴越春秋十卷　汉　赵煜撰

2、越绝书十五卷　汉　袁康撰

3、华阳国志十二卷附录一卷　晋　常璩撰　附录一卷　张佳允所补

4、邺中记一卷　晋　陆翙撰

5、别本十六国春秋十六卷　魏　崔鸿撰

6、钓矶立谈一卷　南唐　史虚白撰

7、江南余载二卷

8、锦里耆旧传四卷　宋　句延庆撰

9、五国故事二卷

10、蜀梼杌二卷　宋　张唐英撰

11、南唐书十八卷音释一卷　宋　陆游撰　元　戚光音释

12、吴越备史四卷补遗一卷　宋　钱俨撰

13、十国春秋一百十四卷　国朝　吴任臣撰

史部十

时令

1、御定月令辑要二十四卷图说一卷　康熙五十四年李光地等奉　敕撰

2、月令粹编二十四卷　国朝　秦嘉谟编

3、古今类传岁时部四卷　国朝　董毂士　董炳文同编

史部十一

地理

1、大清一统志五百卷　乾隆二十九年奉　敕撰

2、御制盛京赋满汉字二卷　高宗纯皇帝御撰

3、三辅黄图六卷

4、禁扁五卷　元　王士点撰

5、元和郡县志四十卷　唐　李吉甫撰

6、太平寰宇记一百九十三卷　宋　乐史撰

7、元丰九域志十卷　宋　王存等奉　敕撰

8、今古舆地图三卷　明　吴国辅撰

9、天下名山记四十六卷附图一卷　明　何镗纂　慎蒙续

10、广舆记二十四卷　国朝　蔡方炳撰

11、方舆类纂二十八卷　国朝　温汝能撰

12、山河两戒考十四卷　国朝　徐文靖撰

13、吴郡图经续记三卷　宋　朱长文撰

14、嘉泰会稽志二十卷续志八卷　宋　施宿等撰　续志张淏撰

15、姑苏志六十卷　明　王鏊撰

16、日下旧闻四十二卷　国朝　朱彝尊撰

17、浙江通志二百八十卷　国朝　嵇曾筠等监修

18、山东通志四十卷　明　陆釴撰

19、杭州府志一百一十卷　乾隆四十九年　知府郑沄续修

20、嘉兴府志八十三卷　嘉庆五年　知府伊汤安修辑

21、湖州府志四十八卷　乾隆二十三年　知府胡承谋原辑　李堂增修

22、宁波府志三十六卷　乾隆六年　知府曹秉仁纂

23、绍兴府志八十一卷　乾隆五十七年　知府李亨特纂

24、台州府志十八卷　康熙六十年　知府张联元纂

25、温州府志三十二卷　康熙乙丑　知府汪爌纂

26、处州府志二十卷　雍正十一年　知府曹抡彬纂

27、金华府志十八卷　康熙二十二年　知府张荩纂

28、衢州府志四十卷　康熙辛卯　知府杨廷望纂

29、严州府志二十四卷　顺治六年　知府钱广居纂

30、松江府志五十四卷　康熙二年　知府郭廷弼等纂

31、河南府志二十八卷　康熙三十四年　知府张圣业等纂修

32、河南府续志四卷　雍正六年　知府张汉纂

33、山阴县志三十卷　嘉庆八年　知县徐元梅辑

34、会稽县志二十八卷　康熙二十二年　知县王元臣纂

35、余姚县志二十五卷　康熙三十二年　知县康如琏撰

36、新修余姚县志四十卷　乾隆四十年　知县唐若瀛纂

37、新昌县志十八卷　康熙十年　知县刘作樑纂

38、嵊县志二十卷　乾隆七年　知县李以琰纂

39、昌化县志二十卷　乾隆十三年　知县甘文蔚纂

40、秀水县志十卷　康熙二十四年　知县任之鼎纂

41、嘉善县志十二卷　雍正十一年　知县戈鸣岐纂

42、孝丰县志十卷　康熙十二年　知县罗为庚纂

43、鄞县志三十卷　乾隆五十二年　知县钱维乔纂

44、天台县志十五卷　康熙甲子　知县李德耀　黄执中同纂

45、仙居县志三十卷　康熙十七年　知县郑录勋纂

46、兰溪县志七卷　明万历丙午　知县程坤舆纂

47、义乌县志二十二卷　嘉庆七年　知县诸自穀纂

48、永康县志十六卷　康熙三十七年　知县沈藻纂

49、汤溪县志十卷　　乾隆四十八年　　知县陈钟炅纂

50、西安县志十二卷　　康熙三十八年　　知县陈鹏年纂

51、龙游县志十二卷　　康熙十二年　　知县卢灿纂

52、淳安县志十六卷　　乾隆二十年　　知县刘世宁纂

53、永嘉县志二十六卷　　乾隆三十年　　知县施廷灿纂

54、景宁县志十二卷　　乾隆四十三年　　知县张九华纂

55、直隶通州志二十二卷　　乾隆乙亥　　知州王继祖纂

56、通州新志十二卷　　乾隆四十八年　　知州高天凤纂

57、广德州志三十卷　　乾隆四年　　知州李国相纂

58、唐县志十八卷　　康熙十一年　　知县王政纂

59、吴县志五十四卷　　明崇祯十五年　　知县牛若麟纂

60、砀山县志十四卷　　乾隆三十二年　　知县刘王瑷纂

61、崇明县志二十卷　　乾隆二十五年　　知县赵廷健纂

62、歙县志二十卷

63、祁门县志四卷

64、绩溪县志十卷　　乾隆二十一年　　知县陈锡纂

65、贵池县志八卷　　康熙壬申　　知县梁国标纂

66、青阳县志六卷　　顺治十四年　　知县杨梦鲤纂

67、石埭县志八卷　　康熙十四年　　知县姚子莊纂

68、当涂县志三十三卷　　乾隆庚午　　知县张海纂

69、芜湖县志二十六卷　　乾隆甲戌　　知县刘瓒纂

70、合肥县志二十四卷　　雍正八年　　知县赵良墅纂

71、巢县志二十卷　　康熙十二年　　知县于觉世纂

72、凤阳县志十六卷　　乾隆四十年　　知县于万培纂

73、颍上县志十二卷　　乾隆十七年　　知县许晋纂

74、亳州志十二卷

75、来安县志十二卷　　雍正十三年　　知县伍斯瑸纂

76、含山县志十六卷　　乾隆戊辰　　知县梁栋纂

77、英山县志二十六卷　　乾隆二十一年　　知县张海纂

78、盱眙县志二十五卷　乾隆丁卯　知县郭起元纂

79、虹县志二卷　康熙十一年　知县龚起翚纂

80、铅山县志八卷　康熙二十二年　知县潘士瑞纂

81、彭泽县志十六卷　乾隆二十一年　知县吴会川　何炳奎同纂

82、南丰县志十六卷　康熙二十二年　知县郑釴纂

83、乐安县志十卷　康熙甲子　知县方湛纂

84、顺昌县志十卷　乾隆三十年　知县陈锳纂

85、连城县志十卷　乾隆十六年　编修李龙官　知县徐尚忠同撰

86、衡阳县志十五卷　乾隆二十六年　知县陶易纂

87、黔阳县志四十三卷　乾隆五十四年　知县姚文起纂

88、杞县志二十卷　乾隆十年　知县王之卫纂

89、鄢陵县志二十二卷　乾隆三十七年知县施诚纂

90、太康县志八卷　乾隆二十六年　知县武昌国纂

91、南阳县志七卷　康熙三十年　知县张光祖纂

92、伊阳县志五卷　乾隆三十一年　知县李章埥纂

93、平原县志十一卷　乾隆十三年　知县黄怀祖纂

94、蒲台县志四卷　乾隆二十八年　知县严文典纂

95、沂州志八卷　康熙十三年　知州邵士纂

96、蒲县志十一卷　乾隆癸酉　知县巫慧纂

97、西充县志十二卷　康熙六十一年　邑人李昭治纂

98、三水县志十六卷　康熙四十九年　知县郑玫纂

99、长乐县志八卷　康熙二年　知县孙胤光纂

100、兴宁县志十卷　乾隆四年　知县施念曾纂

101、高明县志十九卷　康熙二十八年　知县于学纂

102、西宁县志十卷　康熙六年　知县赵震阳纂

103、西宁县新志十四卷　道光十年　知县诸豫宗纂

104、萧山县志刊误三卷　国朝　毛奇龄撰

105、河套志六卷　国朝　陈履中撰

106、水经注四十卷　汉　桑钦撰　后魏　郦道元注

107、水经注释四十卷刊误十二卷　国朝　赵一清撰

108、行水金鉴一百七十五卷　国朝　傅泽洪撰

109、水道提纲二十八卷　国朝　齐召南撰

110、太镇海塘纪略四卷　国朝　宋楚望编

111、山东运河备览十二卷　国朝　陆燿编

112、治修河渠农田书三册　国朝　俞集撰

113、筹海图编十三卷　明　胡宗宪撰

114、庐山记三卷附庐山纪略一卷　宋　陈圣俞撰

115、武夷山志略四卷　明　徐表然撰

116、明州阿育王山志十卷续志六卷　明　郭子章撰　续志释畹荃撰

117、四明山志九卷　国朝　黄宗羲撰

118、岳麓志八卷　国朝　赵宁撰

119、庐山志十五卷　国朝　毛德琦撰

120、茅山志十四卷　康熙八年　笪蟾光重刊本

121、龙虎山志十六卷　乾隆庚申重刊本

122、天台山全志十八卷　国朝　台州知府张联元辑

123、九华山志十二卷　国朝　池州知府喻成龙　李灿重辑

124、嵩山志二十卷　国朝　知县叶封重修

125、博山志四卷　国朝　释传鹏撰

126、山东灵岩志六卷　康熙丙子重刊本

127、盤山志二十一卷　国朝　蒋溥等奉　敕撰

128、盤山旧志十卷补遗四卷　国朝　释智朴原辑

129、西湖志纂十五卷　国朝　梁诗正撰

130、西湖旧志四十八卷　国朝　傅王露撰

131、洛阳伽蓝记五卷　后魏　杨炫之撰

132、吴地记一卷附后集一卷　唐　陆广微撰

133、长安志二十卷　宋　宋敏求撰

134、洛阳名园记一卷　宋　李格非撰

135、长安志图三卷　元　李好文撰

136、金鳌退食笔记二卷　国朝　高士奇撰

137、鼎湖山庆云寺志八卷　国朝　释成鹫撰

138、雪窦寺志十卷　顺治己亥刊本

139、平山堂图志十卷　国朝　赵之璧编

140、羊城古钞八卷　国朝　仇池石辑

141、南方草木状三卷　晋　稽含撰

142、荆楚岁时记一卷　梁　宗懔撰

143、岭表录异三卷　唐　刘恂撰

144、益部方物略记一卷　宋　宋祁撰

145、东京梦华录十卷　宋孟元老撰

146、会稽三赋三卷　宋　王十朋撰

147、桂海虞衡志一卷　宋　范成大撰

148、岭外代答十卷　宋　周去非撰

149、都城纪胜一卷　耐得翁撰

150、梦梁录二十卷　宋　吴自牧撰

151、武林旧事十卷　宋　周密撰

152、岁华纪丽谱一卷附笺纸谱一卷蜀锦谱一卷　元　费著撰

153、增补武林旧事八卷　明　朱廷焕撰

154、广会稽风俗赋　不分卷　国朝　陶元藻撰　翁元圻注

155、闽中海错疏三卷　明　屠本畯撰

156、越风初编十五卷二编十五卷　国朝　商盘辑

157、虞山书院志十五卷　明万历戊申刊本

158、姚江书院志略二卷　国朝　邵廷采辑

159、徐霞客游记十二卷　明　徐宏祖撰

160、四明山游录一卷　国朝　黄宗会撰

161、佛国记一卷　宋　释法显撰

162、宣和奉使高丽图经四十卷　宋　徐兢撰

163、诸蕃志二卷　宋　赵汝适撰

164、海语三卷　明　黄衷撰

165、东西洋考十二卷　明　张燮撰

166、赤雅三卷　明　邝露撰

167、朝鲜志二卷

168、海国闻见录二卷　国朝　陈伦炯撰

史部十二

职官

1、唐六典三十卷　唐元宗明皇帝御撰　李林甫奉　敕注

2、麟台故事五卷　宋　陈俱撰

3、翰苑群书十二卷　宋　洪遵编

4、玉堂杂记三卷　宋　周必大撰

5、州县提纲四卷　宋　陈襄撰

6、官箴一卷　宋　吕本中撰

7、昼帘绪论一卷　宋　胡太初撰

8、臣鉴录二十卷　国朝　蒋伊撰

史部十三

政书

1、钦定大清会典一百卷　乾隆二十六年奉　敕撰

2、钦定皇朝文献通考二百六十六卷　乾隆十二年奉　敕撰

3、钦定皇朝通典一百卷　乾隆三十二年奉　敕撰

4、钦定皇朝通志二百卷　乾隆三十二年奉　敕撰

5、钦定学政全书八十卷　乾隆五十七年　大学士王杰等奉　敕纂修

6、钦定康济录六卷　乾隆四年　倪国琏奉　敕撰

7、钦定大清律例四十七卷　乾隆五年　三泰等奉　敕撰

8、钦定武英殿聚珍版程式一卷　乾隆三十八年　侍郎金简奉　敕编

9、通典二百卷　唐　杜佑撰

10、唐会要一百卷　宋　王溥撰

11、宋朝事实二十卷　宋　李攸撰

12、东汉会要四十卷　宋　徐天麟撰

13、汉制考四卷　宋　王应麟撰

14、文献通考三百四十八卷　元　马端临撰

15、明会典一百八十卷　明弘治十年　徐溥等奉　敕撰

16、重修明会典二百二十八卷　万历十五年纂修

17、皇明通纪三十卷　明　陈建辑　岳元声订

18、汉官旧仪一卷补遗一卷　汉　卫宏撰

19、明宫史五卷

20、大明典礼志二十卷　明　郭正域撰

21、幸鲁盛典四十卷　康熙二十三年袭封衍圣公孔毓圻恭辑

22、琉球入太学始末一卷　国朝　王世祯撰

23、北郊配位议一卷　国朝　毛奇龄撰

24、辨定嘉靖大礼议二卷　国朝　毛奇龄撰

25、淮醢本论二卷　国朝　胡文学撰

26、浒墅关志二十卷　康熙十二年　孙佩辑

27、淮关统志十四卷　乾隆四十三年　伊龄阿等修

28、两浙盐法志十四卷　嘉庆六年　盐政延丰修辑

29、山东盐法志十四卷　国朝巡盐御史莽鹄立等修

30、两广盐法志二十四卷　国朝　李侍尧修辑

31、黑盐井志八卷　国朝　沈懋介纂修

32、补汉兵志一卷　宋　钱文子撰

33、唐律疏义三十卷　唐　长孙无忌等撰

34、大清律例集注三十三卷　国朝　万枫江原本　王又槐增订

35、驳案新编三十二卷　乾隆辛丑　全士潮等修

目录

1、钦定四库全书总目二百四卷　乾隆四十六年多罗质郡王等奉　敕撰

2、钦定四库全书简明目录二十卷

3、钦定校正淳化阁帖释文十卷　乾隆三十四年　侍郎金简恭录

4、御刻三希堂石渠宝笈法帖释文十六卷　陈焯恭刊

5、郡斋读书志十卷后志二卷考异一卷附志一卷　读书志后志　宋　晁公武撰　考异附志　赵希弁续

6、子略四卷目录一卷　宋　高似孙撰

7、直斋书录解题二十二卷　宋　陈振孙撰

8、文渊阁书目四卷　明　杨士奇撰

9、千顷堂书目三十二卷　国朝　黄虞稷撰

10、天一阁书目十卷附碑目一卷　书目　国朝　黄宗羲编　碑目　范懋敏编

11、经义考三百卷　国朝　朱彝尊撰

12、国朝采集遗书目录十三卷　浙江巡抚王亶望等编

13、禁书目录一卷

14、明文海总目四卷　国朝　黄宗羲原本　诸如绶钞

15、隶释二十七卷　宋　洪适撰

16、隶续二十一卷　宋　洪适撰

17、绛帖平六卷　宋　姜夔撰

18、石刻铺叙二卷　宋　曾宏父撰

19、兰亭考十二卷　宋　桑世昌撰

20、兰亭续考二卷　宋　俞松撰

21、古刻丛钞一卷　明　陶宗仪撰

22、金薤琳琅二十卷　明　都穆撰

23、石墨镌华六卷附录二卷　明　赵崡撰

24、金石史二卷　明　郭宗昌撰

25、原刻淳化阁帖释文十卷　国朝　罗森撰

26、金石文字记六卷　国朝　顾炎武撰

27、石经考一卷　国朝　顾炎武撰

28、石经考一卷　国朝　万斯同撰

29、淳化秘阁法帖考证十二卷附释文二卷　国朝　王澍撰

30、竹云题跋四卷　国朝　王澍撰

31、石经考异二卷　国朝　杭世骏撰

32、潜研堂金石跋尾六卷续七卷又续六卷三续六卷　国朝　钱大昕撰

33、金石文字辨异十二卷　国朝　邢澍撰

34、东巡金石录八卷

35、金石萃编一百六十卷　国朝　王昶撰

史部十五

史评

1、唐鉴二十四卷　宋　范祖禹撰　吕祖谦注

2、唐史论断三卷　宋　孙甫撰

3、通鉴问疑一卷　宋　刘羲仲编

4、涉史随笔一卷　宋　葛洪撰

5、史义拾遗二卷　元　杨维桢撰

6、史取十二卷　明　贺祥纂

7、史怀十七卷　明　钟惺编

8、诗史十五卷　明　顾正谊撰

9、历代史论一编四卷二编十卷　明　张溥撰

10、晋书钩元二卷　明　陈与郊撰

11、前汉书七十卷　明　孙鑛评

12、史记一百三十卷附褚先生附余一卷　明　孙鑛评

13、史记评林一百三十卷　明　凌稚隆纂

14、前汉书评林一百卷　明　凌稚隆纂

15、后汉书一百二十卷　明　陈仁锡评

16、宋元通鉴一百五十七卷　明　陈仁锡评

17、通鉴纲目前编二十五卷正编五十九卷附五代史补编一卷续编二十七卷　明　陈仁锡评

五桂楼书目卷三　子部一

儒家

1、圣谕广训一卷

2、御纂朱子全书六十六卷　康熙五十二年　李光地等奉　敕撰

3、御纂性理精义十二卷　康熙五十六年　李光地奉　敕撰

4、御定孝经衍义一百卷　国朝　张英等奉　敕撰

5、孔子家语十卷　魏　王肃注

6、别本孔子家语二卷　国朝　孔毓圻编　齐召南朱笔手校

7、荀子二十卷　周　荀况撰　唐　杨倞注

8、孔丛子三卷　陈胜博士孔鲋撰

9、新语二卷　汉　陆贾撰

10、新书十卷　汉　贾谊撰

11、盐铁论十卷　汉　桓宽撰

12、新序十卷　汉　刘向撰

13、说苑二十卷　汉　刘向撰

14、法言十卷　汉　刘雄撰　宋　司马光集注

15、潜夫论十卷　汉　王符撰

16、中鉴五卷　汉　荀悦撰

17、中论二卷　汉　徐幹撰

18、朱子一卷　晋　傅元撰

19、中说十卷　隋　王通撰　宋　阮逸注

20、帝范四卷　唐太宗文皇帝御撰

21、圣续孟子二卷　唐　林慎思撰

22、御伸蒙子三卷　唐　林慎思撰

23、御家范十卷　宋　司马光撰

24、御周子全书二十卷　宋　周敦颐撰　国朝　董榕辑

25、张子全书十四卷附录一卷　宋　张载撰

26、注解正蒙二卷　国朝　李光地撰

27、二程遗书二十五卷附录一卷　程子门人记

28、二程外书十二卷　程子门人记

29、二程粹言二卷　宋　杨时编

30、公是先生弟子记四卷　宋　刘敞撰

31、上蔡语录三卷　宋　曾恬　胡安国同撰

32、袁氏世范三卷　宋　袁采撰

33、延平答问三十二叶后录八叶　宋　朱子撰

34、别本延平答问二卷　二十一代孙元璋家藏本

35、近思录十四卷　宋　朱子　吕祖谦同撰

36、杂学辨三十三叶附记义七叶　宋　朱子撰

37、小学集注三卷　宋　朱子编

38、朱子语录一百四十卷　宋　黎靖德编

39、胡子知言六卷附录八叶知言疑义十四叶　宋　胡宏撰

40、明本释三卷　宋　刘荀撰

41、大学衍义四十三卷　宋　真德秀撰

42、读书记六十一卷　宋　真德秀撰

43、黄氏日钞九十五卷　宋　黄震撰

44、性理大全书七十卷　明永乐十三年胡广等撰

45、读书录十卷续录十二卷　明　薛瑄撰

46、大学衍义补一百六十卷　明　邱濬撰

47、居业录十二卷　明　胡居仁撰

48、世纬一卷　明袁袠撰

49、呻吟语六卷　明　吕坤撰

50、呻吟语摘二卷　明　吕坤撰

51、会语二卷讲学二卷　明　邹元标撰

52、性理会通七十卷续编四十二卷　明　钟人杰撰

53、理学录四册　不著撰人名氏

54、家训二卷　不著撰人名氏

55、圣学宗要一卷学言三卷　明　刘宗周撰

56、人谱一卷人谱类记二卷　明　刘宗周撰

57、明夷待访录附思旧录　俱不分卷　国朝　黄宗羲撰

58、性理汇解六卷　国朝　王熙祖撰

59、理学宗传二十六卷　国朝　孙奇逢撰

60、读朱随笔四卷　国朝　陆陇其撰

61、榕村语录三十卷　国朝　李光地撰

62、小学纂注六卷　国朝　高愈撰

63、余山遗书十卷　国朝　劳史撰

64、圣宗集要八卷　国朝　费纬祹辑

65、养正遗规二卷　国朝　陈弘谋辑

66、鳌峰书院讲学录一卷　国朝　姜顺龙编

子部二

兵家

1、握奇经一卷　风后撰　汉　公孙宏解　晋　马隆述赞

2、六韬六卷　周　吕望撰

3、孙子一卷　周　孙武撰

4、吴子一卷　周　吴起撰

5、司马法一卷　齐　司马穰苴撰

6、尉缭子五卷　周　尉缭撰

7、三略三卷　黄石公撰

8、素书一卷　黄石公撰

9、李卫公问对三卷　唐　李靖撰

10、虎钤经二十卷　宋　许洞撰

11、纪效新书十八卷　明　戚继光撰

12、武备秘书五卷　明　施永图撰

13、参筹秘书五卷　明　汪三益撰

14、城守筹略五卷　明　钱栴撰

15、武编十二卷　明　唐顺之撰

子部三

法家

1、管子二十四卷　周　管仲撰

2、韩子二十卷　周　韩非撰

子部四

农桑

1、钦定授时通考七十八卷　乾隆二年奉　敕撰

2、齐民要术十卷　后魏　贾思勰撰

3、农书三卷附蚕书一卷　宋　陈旉撰

4、农桑辑要七卷　元至元十年官撰

子部五

医家

1、御定医宗金鉴九十卷　乾隆四年鄂尔泰奉　敕撰

2、黄帝素问二十四卷　唐　王冰注

3、灵枢经十二卷

4、素问注证发微九卷　明　马莳撰

5、灵枢注证发微九卷补遗一卷　明　马莳撰

6、巢氏诸病源候论五十卷　隋大业中巢元芳等奉　敕撰

7、千金要方九十三卷　唐　孙思邈撰

8、千金方衍义三十卷　国朝　张璐撰

9、颅囟经二卷

10、苏沈良方八卷　宋　沈括撰

11、钱氏小儿药证直诀三卷阎孝忠附方一卷刘跂钱乙传一卷　宋　钱乙撰

12、董氏小儿斑疹备急方论一卷　宋　董汲撰

13、太平惠民和剂局方十卷附药性总论三卷

14、产育宝庆方二卷　宋　郭稽中纂

15、扁鹊心书三卷神方一卷　宋　窦材录撰

16、脉诀一卷　宋　崔嘉言撰

17、内外伤辨惑论三卷　金　李杲撰

18、脾胃论三卷　金　李杲撰

19、兰室秘藏六卷　金　李杲撰

20、医垒元戎十二卷　元　王好古撰

21、此事难知二卷　元　王好古撰

22、汤液本草三卷　元　王好古撰

23、癍论萃英一卷　元　王好古撰

24、格致余论一卷　元　朱震亨撰

25、局方发挥一卷　元　朱震亨撰

26、外科精义二卷　元　齐德之撰

27、医经溯回集一卷　元　王履撰

28、伤寒金镜录一卷　元　敖氏撰

29、丹溪心法附余二十四卷　明　方广撰

30、薛氏医案一百七卷　明　薛己撰

31、证治准绳一百二十卷　明　王肯堂撰

32、本草纲目五十二卷　明　李时珍撰

33、奇经八脉考一卷　明　李时珍撰

34、濒湖脉学一卷　明　李时珍撰

35、保命歌括三十五卷伤寒摘锦二卷养生四要五卷妇人秘科三卷幼科发挥二卷片玉心书五卷育婴秘诀四卷痘疹心法二十三卷片玉痘疹十三卷广嗣纪要十六卷　明　万全撰

36、易氏医案一卷　明　易大艮撰

37、芷园臆草存案一卷　明　卢复撰

38、景岳全书六十四卷　明　张介宾撰

39、质疑录一卷　明　张介宾撰

40、温疫论二卷补遗一卷　明　吴有性撰

41、痎疟论疏一卷　明　卢之颐撰

42、学古诊则四帙　明　卢之颐撰

43、东医宝鉴二十五册　明　东医许浚奉教撰

44、尚论篇八卷　国朝　喻昌撰

45、医门法律六卷附寓意草一卷　国朝　喻昌撰

46、医通十六卷　国朝　张璐撰

47、本经逢原四卷　国朝　张璐撰

48、诊宗三昧一卷　国朝　张璐撰

49、伤寒缵论绪论四卷　国朝　张璐撰

50、伤寒舌鉴一卷　国朝　张登撰

51、伤寒兼证析义一卷　国朝　张倬撰

52、达生编一卷

53、侣山堂类辨二卷　国朝　张志聪撰

54、本草崇原三卷　国朝　张志聪撰　高世栻续

55、医月真传一卷　国朝　高世栻撰

56、医家心法一卷　国朝　高鼓峰撰

57、推拿秘书五卷　国朝　骆如龙撰

58、临证指南医案十卷　国朝　叶桂撰

59、本草从新六卷　国朝　吴仪洛撰

60、本草万方针线八卷　国朝　蔡烈先辑

天文算法

1、御定历象考成四十二卷　康熙十三年　御撰

2、御定历象考成后编十卷　乾隆二年奉　敕撰

3、御定仪象考成三十二卷　乾隆九年奉　敕撰

4、御制数理精蕴五十三卷　康熙十三年　御撰

5、周髀算经二卷音义一卷

6、六经天文编二卷　宋　王应麟撰

7、圣寿万年历八卷附律历融通四卷　明郑王世子朱载堉撰

8、天问略一卷　明　西洋阳玛诺撰

9、天步真原一卷　国朝　薛凤祚撰

10、天学会通一卷　国朝　薛凤祚撰

11、勿菴历算书记一卷　国朝　梅文鼎撰

12、天文大成八十卷　国朝　黄鼎撰

13、高厚蒙求初集一卷二集一卷三集四卷　国朝　徐朝俊撰

14、孙子算经三卷　不著撰人名氏

15、述书记遗一卷　汉　徐岳撰

16、海岛算经一卷　晋　刘徽撰

17、五曹算经五卷　不著撰人名氏

18、夏侯阳算经三卷　夏侯阳撰

19、张邱建算经三卷　张邱建撰

20、五经算术五卷　北周　甄鸾撰

21、缉古算经一卷　唐　王孝通撰

22、测圆海镜十二卷　元　李冶撰

23、益古演段二卷　元　李冶撰

24、弧矢算术一卷　明　顾应祥撰

子部七

术数

1、钦定协纪辨方书三十六卷　乾隆四年　庄亲王允禄等奉　敕撰

2、太元经十卷　汉　杨雄撰

3、元包五卷附元色数总义二卷　后周　卫元嵩撰

4、潜虚一卷附潜虚发微论一卷　宋　司马光撰

5、皇极经世十二卷　宋　邵雍撰

6、三易洞玑十六卷　明　黄道周撰

7、宅经二卷　黄帝撰

8、葬书一卷　晋　郭璞撰

9、撼龙经一卷疑龙经一卷葬法倒杖一卷　唐　杨筠松撰

10、青囊奥语一卷青囊序一卷　唐　杨筠松撰

11、催官篇二卷　宋　赖文俊撰

12、发微论一卷　宋　蔡元定撰

13、灵棋经二卷　汉　东方朔撰

14、易林十六卷　汉　焦延寿撰

15、京氏易传三卷　汉　京房撰

16、六壬大全十二卷　不著撰人名氏

17、珞琭子三命消息赋注二卷　宋　释昙莹撰

18、三命通会十二卷　不著撰人名氏

19、月波洞中记二卷　吴　张仲远传本

子部八

艺术

1、御定佩文斋书画谱一百卷　康熙四十七年　孙岳颁等奉　敕撰

2、书品一卷　梁　庾肩吾撰

3、书谱一卷　唐　孙过庭撰

4、书断三卷　唐　张怀瓘撰

5、述书赋二卷　唐　窦臮撰

6、法书要录十卷　唐　张彦远撰

7、历代名画记十卷　唐　张彦远撰

8、益州名画录三卷　宋　黄休复撰

9、图画见闻志六卷　宋　郭若虚撰

10、墨池编二十卷　宋　朱长文撰

11、画史一卷　宋　米芾撰

12、书史一卷　宋　米芾撰

13、宣和画谱二十卷　不著撰人名氏

14、宣和书谱二十卷　不著撰人名氏

15、山水纯全集一卷　宋　韩拙撰

16、画继十卷　宋　邓椿撰

17、宝真斋法书赞二十八卷　宋　岳珂撰

18、竹谱十卷　元　李衎撰

19、画鉴一卷　元　汤垕撰

20、图绘宝鉴五卷续编一卷　图绘宝鉴　元　夏文彦撰　续编　明　韩昂撰

21、墨池琐录四卷　明　杨慎撰

22、一览知书二卷　明　董其昌撰

23、读画录四卷　国朝　周亮工撰

24、江村销夏录三卷　国朝　高士奇撰

25、芥舟学画编四卷　国朝　沈宗骞撰

26、琴史六卷　宋　朱长文撰

27、学古编一卷　元　吾邱衍撰

28、印人传三卷　国朝　周亮工撰

29、印典八卷　国朝　朱象贤撰

谱录

1、御定广群芳谱一百卷　康熙四十七年　汪灏等奉　敕撰

2、古今刀剑录一卷　梁　陶宏景撰

3、鼎录一卷　梁　虞荔撰

4、考古图十卷　宋　吕大防撰

5、宣和博古图三十卷　宋大观中王黼等奉敕撰

6、泉志十五卷　宋　洪遵撰

7、古玉图二卷　元　朱德润撰

8、歙州砚谱一卷　宋　唐积撰

9、砚史一卷　宋　米芾撰

10、端溪砚谱一卷　不著撰人名氏

11、砚笺四卷　宋　高似孙撰

12、墨经一卷　宋　晁季一撰

13、墨史二卷　元　陆友撰

14、香谱二卷　不著撰人名氏

15、云林石谱三卷　宋　杜绾撰

16、茶经三卷　唐　陆羽撰

17、茶录二卷　宋　蔡襄撰

18、宣和北苑贡茶录一卷附北苑别录一卷　宋　熊蕃撰

19、北山酒经三卷　宋　朱翼中撰

20、酒谱一卷　宋　窦苹撰

21、糖霜谱一卷　宋　王灼撰

22、竹谱一卷　晋　戴凯之撰

23、笋谱一卷　宋　释赞宁撰

24、群芳谱三十卷　明　王象晋撰

25、禽经七卷　师旷撰　晋　张华注

26、异鱼图赞四卷　明杨慎撰

杂家

1、鹖冠子三卷　宋　陆佃注

2、吕氏春秋二十六卷　秦　吕不韦撰　汉　高诱注

3、淮南子二十一卷　汉　刘安撰　高诱注

4、人物志三卷　魏　刘邵撰　北魏　刘昞注

5、金楼子六卷　梁　孝元皇帝撰

6、颜氏家训二卷　隋　颜之推撰

7、化书六卷　南唐　谭峭撰

8、学道纪言五卷补遗附录一卷　明　周思兼撰

9、古言二卷附今言四卷　明　郑晓撰

10、白虎通义四卷　汉　班固撰

11、独断二卷　汉　蔡邕撰

12、古今注三卷附中华古今注三卷　古今注　晋　崔豹撰　中华古今注五代　马缟撰

13、资暇集三卷　唐　李匡乂撰

14、东观余论三卷　宋　黄伯思撰

15、靖康缃素杂记十卷　宋　黄朝英撰

16、猗觉寮杂记二卷　宋　朱翌撰

17、能改斋漫录十八卷　宋　吴曾撰

18、云谷杂记四卷　宋　张淏撰

19、西溪丛语三卷　宋　姚宽撰

20、学林十卷　宋　王观国撰

21、容斋随笔十六卷续笔十六卷三笔十六卷四笔十六卷五笔十卷　宋洪迈撰

22、考古编十卷　宋　程大昌撰

23、演繁露十六卷续演繁露六卷　宋　程大昌撰

24、瓮牖闲评八卷　宋　袁文撰

25、芦浦笔记十卷　宋　刘昌诗撰

26、野客丛书三十卷附野老记闻一卷　宋　王楙撰

27、芥隐笔记一卷　宋　龚颐正撰

28、考古质疑六卷　宋　叶大庆撰

29、学斋占毕四卷　宋　史绳祖撰

30、鼠璞一卷　宋　戴埴撰

31、朝野类要五卷　宋　赵昇撰

32、困学纪闻二十卷　宋　王应麟撰　国朝　阎若璩　何焯评注

33、困学纪闻三笺二十卷　国朝　全祖望辑

34、困学纪闻五笺集证二十卷　国朝　万希槐辑

35、困学纪闻注二十卷　国朝　翁元圻辑

36、爱日斋丛钞五卷　不著撰人名氏

37、丹铅余录十七卷续录十二卷摘录十三卷总录二十七卷

38、明　杨慎撰

39、谭苑醍醐九卷　明　杨慎撰

40、通雅五十二卷　明　方以智撰

41、日知录三十二卷　国朝　顾炎武撰

42、潜邱札记六卷附左汾近稿一卷　国朝　阎若璩撰　左汾近稿　阎泳撰

43、义门读书记五十八卷　国朝　何焯撰

44、管城硕记三十卷　国朝　徐文靖撰

45、博雅录十二卷　国朝　傅学沆撰

46、十三经札记二十二卷群书札记十六卷　国朝　朱亦栋撰

47、扎朴十卷　国朝　桂馥撰

48、论衡三十卷　汉　王充撰

49、风俗通义十卷附录一卷　汉　应劭撰

50、封氏闻见记十卷　唐　封演撰

51、春明退朝录三卷　宋　宋敏求撰

52、笔记三卷　宋　宋祁撰

53、王氏谈录一卷　宋　王钦臣撰

54、文昌杂录七卷　宋　庞元英撰

55、梦溪笔谈二十六卷补笔二卷续笔一卷　宋　沈括撰

56、仇池笔记二卷　宋　苏轼撰

57、东坡志林五卷　宋　苏轼撰

58、师友谈记一卷　宋　李廌撰

59、冷斋夜话十卷　宋　释惠洪撰

60、曲洧旧闻十卷　宋　朱弁撰

61、嬾真子五卷　宋　马永卿撰

62、春渚纪闻十卷　宋　何薳撰

63、石林燕语考异十卷　石林燕语　宋　叶梦得撰　考异　宇文绍奕撰

64、避暑录话二卷　宋　叶梦得撰

65、却扫编三卷　宋　徐度撰

66、五总志一卷　宋　吴垌撰

67、墨庄漫录四卷　宋　张邦基撰

68、寓简十卷　宋　沈作喆撰

69、云麓漫钞十五卷　宋　赵彦卫撰

70、示儿编二十三卷　宋　孙奕撰

71、游宦纪闻十卷　宋　张世南撰

72、梁溪漫志十卷　宋　费衮撰

73、涧泉日记三卷　宋　韩淲撰

74、老学庵笔记十卷续笔记二卷　宋　陆游撰

75、愧郯录十五卷　宋　岳珂撰

76、祛疑说一卷　宋　储泳撰

77、鹤林玉露十六卷　宋　罗大经撰

78、贵耳集一卷二集一卷三集一卷　宋　张端义撰

79、吹剑录外集一卷　宋　俞文豹撰

80、佩韦斋辑闻四卷　宋　俞德邻撰

81、齐东野语二十卷　宋　周密撰

82、隐居通义三十一卷　元　刘壎撰

83、湛渊静语二卷　元　白珽撰

84、敬斋古今黈八卷　元　李冶撰

85、庶斋老学丛谈三卷　元　盛如梓撰

86、研北杂志二卷　元　陆友撰

87、北轩笔记一卷　元　陈世隆撰

88、闲居录一卷　元　吾邱衍撰

89、履雪斋笔记一卷　元　郭翼撰

90、蠡海集一卷　明　王逵撰

91、画禅室随笔四卷　明董其昌撰

92、异林十卷　明　支允坚撰

93、居易录三十四卷　国朝　王士祯撰

94、池北偶谈二十六卷　国朝　王士祯撰

95、香祖笔记十二卷　国朝　王士祯撰

96、古夫子亭杂录六卷　国朝　王士祯撰

97、分甘余话四卷　国朝　王士祯撰

98、洞天清录一卷　宋　赵希鹄撰

99、格古要论十三卷　明　曹昭撰　王佐续

100、遵生八笺十九卷　明　高濂撰

101、韵石斋笔谈二卷　国朝　姜绍书撰

102、七颂堂识小录一卷　国朝　刘体仁撰

103、意林五卷　唐　马总撰

104、学范二卷　明　赵扬谦撰

105、初潭集三十卷　明　李贽撰

106、续自敬编十六卷　明　黄希宪撰

107、玉芝堂谈荟三十六卷　明　徐应秋编

108、古今名喻八卷　明　王仕期编

109、经世环应编八卷　明　钱继登编

110、昨非庵日纂二十卷　明　郑瑄撰

111、寄园寄所寄十二卷　　国朝　赵吉士撰

112、范家集略六卷　　国朝　秦坊撰

113、十驾斋养新录二十三卷　　国朝　钱大昕撰

子部十一

类书

1、御定渊鉴类函四百五十卷　　康熙四十九年奉　　敕撰

2、御定骈字类编二百四十卷　　康熙五十八年奉　　敕撰

3、御定分类字锦六十四卷　　康熙六十年奉　　敕撰

4、御定子史精华一百六十卷　　康熙六十年奉　　敕撰

5、御定佩文韵府四百四十四卷　　康熙四十三年奉　　敕撰

6、御定韵府拾遗一百十二卷　　康熙五十九年奉　　敕撰

7、艺文类聚一百卷　　唐　欧阳询等奉　　敕撰

8、北堂书钞一百六十卷　　唐　虞世南撰

9、龙筋凤髓判四卷　　唐　张鷟撰

10、初学记三十卷　　唐　徐坚等奉　　敕撰

11、白孔六帖一百卷　　唐　白居易　宋　孔传合撰

12、小名录二卷　　唐　陆龟蒙撰

13、蒙求集注二卷　　晋　李瀚撰

14、事类赋三十卷　　宋　吴淑撰

15、太平御览一千卷　　宋　李昉等奉　　敕撰

16、册府元龟一千卷　　宋　王钦若等奉　　敕撰

17、锦绣万花谷前集四十卷后集四十卷续集四十卷　　不著撰人名氏

18、事文类聚前集六十卷后集五十卷续集二十八卷别集三十二卷新集三十六卷外集十五卷遗集十五卷　　前后续别四集皆宋祝穆撰　　新集外集元富大用撰　　遗集元祝渊撰

19、玉海二百卷附词学指南四卷　　宋　王应麟撰

20、荆川稗编一百二十卷　　明　唐顺之撰

21、万姓统谱一百二十六卷　明　凌迪知撰

22、姓氏谱纂七卷　明　李日华撰

23、唐类函二百卷　明　俞安期撰

24、天中记六十卷　明　陈耀文撰

25、刘氏鸿书一百八卷　明　刘仲达撰

26、尚友录二十二卷　明　廖用贤撰

27、考古类编十二卷　国朝　柴绍炳撰

28、古事苑十二卷　国朝　邓志谟撰

29、格致镜原一百卷　国朝　陈元龙撰

30、五经类编二十八卷　国朝　周世樟撰

31、广事类赋四十卷　国朝　华希闵撰

32、读书记数略五十四卷　国朝　宫梦仁撰

33、类林新咏三十六卷　国朝　姚之骃撰

34、穀玉类编五十卷　国朝　汪兆舒辑

35、事物异名录四十卷　国朝　厉荃原辑　关槐增纂

36、史姓韵编六十四卷　国朝　汪辉祖撰

37、记事珠十卷　国朝　张以谦撰

子部十二

小说家

1、西京杂记六卷　汉　刘歆撰

2、世说新语三卷　宋　临川王刘义庆撰　梁　刘孝标注

3、国史补三卷　唐　李肇撰

4、大唐新语十三卷　唐　刘肃撰

5、次柳氏旧闻一卷　唐　李德裕撰

6、因话录六卷　唐　赵璘撰

7、云溪友议三卷　唐　范摅撰

8、玉泉子一卷　不著撰人名氏

9、云仙杂记十卷　唐　冯贽撰

10、唐摭言十五卷　五代　王定保撰

11、金华子二卷　南唐　刘崇远撰

12、鉴戒录十卷　蜀　何光远撰

13、南唐近事一卷　宋　郑文宝撰

14、北梦琐言二十卷　宋　孙光宪撰

15、洛阳缙绅旧闻记五卷　宋　张齐贤撰

16、南部新书十卷　宋　钱易撰

17、王文正笔录一卷　宋　王曾撰

18、儒林公议二卷　宋　田况撰

19、涑水纪闻十六卷　宋　司马光撰

20、渑水燕谭录十卷　宋　王辟之撰

21、归田录二卷　宋　欧阳修撰

22、嘉祐杂志一卷　宋　江休复撰

23、青箱杂记十卷　宋　吴处厚撰

24、后山谈丛四卷　宋　陈师道撰

25、孙公谈圃三卷　宋　刘延世撰

26、孔氏谈苑四卷　宋　孔平仲撰

27、画墁录一卷　宋　张舜民撰

28、甲申杂记一卷闻见近录一卷随手杂录一卷　宋　王巩撰

29、湘山野录三卷续录一卷　宋　释文莹撰

30、玉壶野史十卷　宋　释文莹撰

31、侯鲭录八卷　宋　赵令畤撰

32、东轩笔录十五卷　宋　魏泰撰

33、泊宅编三卷　宋　方勺撰

34、铁围山丛谈六卷　宋　蔡绦撰

35、国老谈苑一卷　夷门隐叟王君玉撰

36、道山清话一卷　不著撰人名氏

37、墨客挥犀十卷　宋　彭乘撰

38、枫窗小牍二卷　不著撰人名氏

39、南窗记谈一卷　不著撰人名氏

40、过庭录一卷　宋　范公偁撰

41、默记三卷　宋　王铚撰

42、挥尘前录四卷后录十一卷第三录三卷余话二卷　宋　王明清撰

43、玉照新志六卷　宋　王明清撰

44、张氏可书一卷　宋　张知甫撰

45、闻见前录二十卷　宋　邵伯温撰

46、清波杂志十二卷别志二卷　宋　周辉撰

47、闻见后录三十卷　宋　邵博撰

48、程史十五卷　宋　岳珂撰

49、独醒杂志十卷　宋　曾敏行撰

50、四朝闻见录五卷　宋　叶绍翁撰

51、癸辛杂识前集一卷后集一卷续集二卷别集二卷　宋　周密撰

52、随隐漫录五卷　宋　陈世崇撰

53、归潜志十四卷　元　刘祁撰

54、山房随笔　元　蒋子正撰

55、山居新语四卷　元　杨瑀撰

56、遂昌杂录一卷　元　郑元祐撰

57、辍耕录三十卷　明　陶宗仪撰

58、世说新语补四卷　明　何良俊撰补　王世贞删定

59、今世说八卷　国朝　王晫撰

60、世说补二十卷　国朝　黄汝琳撰

61、山海经十八卷　晋　郭璞注

62、山海经杂述一卷图五卷广注十八卷　国朝　吴任臣撰

63、山海经笺疏十八卷订伪一卷　国朝　西椵（栖霞）郝懿行撰

64、穆天子传六卷　晋　郭璞撰

65、神异经一卷　汉　东方朔撰

66、海内十洲记一卷　汉　东方朔撰

363

67、汉武帝内传一卷　汉　班固撰

68、汉武洞冥记四卷　汉　郭宪撰

69、拾遗记十卷　秦　王嘉撰

70、搜神记二十卷　晋　干宝撰

71、搜神后记十卷　晋　陶潜撰

72、异苑十卷　宋　刘敬叔撰

73、续齐谐记一卷　梁　吴均撰

74、还冤志三卷　隋　颜之推撰

75、集异记一卷　唐　薛用弱撰

76、博异记一卷　唐　谷神子撰

77、杜阳杂编三卷　唐　苏鹗撰

78、前定录一卷续录一卷　唐　钟辂撰

79、剧谈录三卷　唐　康骈撰

80、宣室志十卷补遗一卷　唐　张读撰

81、唐阙史二卷　五代　高彦休撰

82、甘泽谣一卷　唐　袁郊撰

83、开天传信记一卷　唐　郑棨撰

84、稽神录六卷　宋　徐铉撰

85、江淮异人录二卷　宋　吴淑撰

86、太平广记五百卷　宋　李昉等奉　敕撰

87、茅亭客话十卷　宋　黄休复撰

88、睽车志六卷　宋　郑象（郭象）撰

89、博物志十卷　晋　张华撰

90、述异记二卷　梁　任昉撰

91、酉阳杂俎二十卷续集十卷　唐　段成式撰

92、续博物志十卷　宋　李石撰

子部十三

释家

1、释迦如来成道记一卷　唐　王勃撰

2、五灯会元二十卷　宋　释普济撰

3、罗湖野录四卷　宋　释晓莹撰

4、三佛传一卷　不著撰人名氏

5、指月录三十卷　明　瞿汝稷撰

6、金刚经宗通二卷　明　曾凤仪撰

7、金刚经五释一卷　国朝　盛符升纂辑

8、楞严经十卷　明　凌濛初校

9、维摩经十四卷　明　凌濛初校

10、圆觉经二卷　明　凌濛初校

子部十四

道家

1、阴符经解一卷　黄帝撰

2、阴符经考异一卷　宋　朱子撰

3、阴符经注一卷　国朝　李光地撰

4、老子注二卷　河上公撰

5、道德指归论六卷　汉　严遵撰

6、列子八卷　周　列御寇撰　晋　张湛注

7、冲虚至德真经解八卷　宋　江遹撰

8、庄子注十卷　晋　郭象撰

9、南华真经新传二十卷　宋　王雱撰

10、南华真经影史九卷　国朝　周拱辰撰

11、南华简钞四卷　国朝　徐廷槐撰

12、文子十二卷

13、周易参同契通真义三卷　汉　魏伯阳撰　后蜀　彭晓注

14、周易参同契考异一卷　宋　朱子撰

15、参同契章句一卷　国朝　李光地撰

16、古文参同契集解三卷　明　蒋一彪撰

17、神仙传十卷　晋　葛洪撰

18、真诰二十卷　梁　陶宏景撰

19、元真子一卷附天隐子一卷　唐　张志和撰

20、云笈七签一百二十二卷　宋　张君房撰

五桂楼书目卷四　集部一

楚辞

1、楚辞章句十七卷　汉　王逸撰

2、楚辞集注八卷辨证二卷后语八卷　宋　朱子撰

3、别本楚词二卷　明　闵齐伋校刊

4、离骚草木疏四卷　宋　吴仁杰撰

5、离骚经注一卷九歌注一卷　国朝　李光地撰

6、离骚草木史十卷附拾细一卷　国朝　周拱辰撰

集部二

别集

1、御制乐善堂全集定本三十卷　乾隆二十三年　蒋溥等奉　敕撰

2、御制文初集三十卷二集四十四卷　高宗纯皇帝御制

3、扬子云集六卷　汉　扬雄撰

4、蔡中郎集八卷　汉　蔡邕撰

5、孔北海集一卷　汉　孔融撰

6、曹子建集十卷　魏　曹植撰

7、嵇中散集十卷　魏　嵇康撰

8、陆士龙集十卷　晋　陆云撰

9、陶渊明集八卷　晋　陶潜撰

10、陶诗汇评四卷和陶合笺四卷　国朝　温汝能纂订

11、鲍参军集十卷　宋　鲍昭撰

12、谢宣城集五卷　齐　谢朓撰

13、昭明太子集六卷　梁　昭明太子撰

14、江文通集四卷　梁　江淹撰

15、何水部集一卷　梁　何逊撰

16、庾开府集笺注十卷　周　庾信撰　国朝　吴兆宜笺注

17、庾子山集注十六卷　国朝　倪璠撰

18、徐孝穆集笺注六卷　陈　徐陵撰　国朝　吴兆宜笺注

19、骆子集注四卷　唐　骆宾王撰　明　陈魁士注

20、骆丞集补注四卷　唐　骆宾王撰　明　颜文选注

21、曲江集十二卷千秋金鉴录五卷附录一卷　唐　张九龄撰

22、李太白文集注三十六卷　唐　李白撰　国朝　王琦注

23、评点李诗选五卷　明　张禹光评选

24、杜工部全集六十六卷　唐　杜甫撰　明　刘少彝编

25、杜工部集笺注二十卷　国朝　钱谦益撰

26、杜诗详注二十五卷附编二卷　国朝　仇兆鳌撰

27、杜诗解四卷　国朝　金喟撰

28、王右丞集注二十八卷附录二卷　唐　王维撰　国朝　赵殿成笺注

29、颜鲁公集十五卷补遗一卷年谱一卷附录一卷　唐　颜真卿撰

30、东雅堂韩昌黎集注四十卷外集十卷　宋　廖莹中撰

31、韩昌黎诗集编年笺注十二卷　国朝　方世举考订

32、韩集点堪四卷　国朝　陈景云撰

33、诂训柳先生文集四十五卷别集二卷外集二卷附录一卷　唐　柳宗元
撰　刘禹锡编

34、林绍州遗集一卷附录一卷　唐　林蕴撰

35、欧阳四门集八卷附录一卷　唐　欧阳詹撰

36、评点李长吉歌诗四卷外集一卷　唐　李贺撰　宋　刘辰翁评点　明凌濛初校刊

37、评点李卫公文集二十卷别集十卷外集四卷　唐　李德裕撰　明　韩敬评点

38、元氏长庆集六十卷补遗六卷　唐　元稹撰

39、白氏长庆集七十一卷　唐　白居易撰

40、白香山诗集四十卷附录年谱二卷　国朝　汪立名编

41、李义山集三卷　唐　李商隐撰

42、玉溪生诗意八卷　唐　李商隐撰　国朝　屈复解意

43、温飞卿集笺注九卷　唐　温庭筠撰　明　曾益注　国朝　顾子咸补其子嗣立又重订

44、麟角集一卷附录一卷　唐　王棨撰

45、翰林集四卷附录一卷　唐　韩偓撰

46、香奁集三卷附录一卷　唐　韩偓撰

47、徐正字集四卷附录一卷　唐　徐寅撰

48、黄御史集八卷附录一卷　唐　黄滔撰

49、逍遥集一卷　宋　潘阆撰

50、南阳集六卷　宋　赵湘撰

51、文恭集五十卷补遗一卷　宋　胡宿撰

52、范文正文集二十卷别集四卷政府奏议二卷尺牍三卷年谱一卷年谱补遗一卷言行拾遗事录　（监簿忠宣附）　四卷鄱阳遗事录一卷遗迹一卷义庄规矩一卷褒贤集五卷文集补编五卷　宋　范仲淹撰　年谱　宋楼匙编年谱补遗　元　文正八世孙国俦补编　言行拾遗遗迹义庄规矩褒贤集俱范氏后裔编　鄱阳遗事　宋　陈贻范编　文集补编　国朝　文正裔孙能潜辑

53、祠部集三十五卷　宋　强至撰

54、华阳集四十卷　宋　王珪撰

55、伐檀集二卷　宋　黄庶撰

56、司马温公文集八十二卷　宋　司马光撰

57、清献集十卷　宋　赵抃撰

58、元丰类稿五十卷　宋　曾巩撰

59、忠肃集二十卷　宋　刘挚撰

60、文忠集一百五十三卷附录五卷　宋　欧阳修撰

61、忠宣文集二十卷　宋　范纯仁撰

62、嘉祐集十五卷　宋　苏洵撰

63、临川集一百卷　宋　王安石撰

64、东坡全集一百三十卷　宋　苏轼撰

65、东坡诗集注三十二卷　宋　王十朋撰

66、施注苏诗四十二卷东坡年谱一卷王注正讹一卷苏诗续补遗一卷　宋　施元之撰　国朝　邵长蘅　李必恒补　冯景续注

67、补注东坡编年诗五十卷　国朝　查慎行撰

68、苏文忠诗合注五十卷　国朝　冯应榴辑

69、栾城集五十卷栾城后集二十四卷栾城第三集十卷应诏集十二卷　宋　苏辙撰

70、斜川集六卷附录二卷　宋　苏过撰

71、山谷内集三十卷外集十四卷别集二十卷词一卷简尺二卷年谱三卷　宋　黄庭坚撰　内集　其甥洪炎编　外集　李彤编　别集及年谱　其孙𢥠编　词及简尺不知谁编

72、山谷内集注二十卷外集注十七卷别集注二卷外集补四卷别集补一卷年谱十四卷　内集　宋　任渊注　外集　宋　史容注　别集　容孙季温注

73、宛邱集五十卷　宋　张耒撰

74、淮海集四十卷后集六卷长短句三卷　宋　秦观撰

75、白玉蟾集残本两册　宋　白玉蟾撰

76、画墁集八卷　宋　张舜民撰

77、陶山集十六卷　宋　陆佃撰

78、游廌山集四卷游氏附集一卷　宋　游酢撰

79、西台集二十卷　宋　毕仲游撰

80、浮沚集九卷　宋　周行巳（己）撰

81、明道文集五卷　宋　程颢撰

82、伊川文集八卷附录二卷　宋　程颢撰

83、龟山集四十二卷　宋　杨时撰

84、梁溪集一百八十卷附录六卷　宋　李纲撰

85、浮溪集三十二卷　宋　汪藻撰

86、灊山集三卷　宋　朱翌撰

87、岳忠武王集八卷　宋　岳飞撰

88、茶山集八卷　宋　曾几撰

89、夹漈遗稿三卷　宋　郑樵撰

90、鄮峰真隐漫录五十卷附史子朴语七卷　宋　史浩撰

91、晦庵集一百卷续集五卷别集七卷　宋　朱子撰

92、雪山集十六卷　宋　王质撰

93、东莱诗集一卷外集一卷　宋　吕祖谦撰　弟祖俭校刊

94、双溪集十二卷　宋　王炎撰

95、象山集二十八卷外集四卷附语录四卷　宋　陆九渊撰

96、絜斋集二十四卷　宋　袁燮撰

97、剑南诗稿八十五卷　宋　陆游撰

98、渭南文集五十卷逸稿二卷　宋　陆游撰

99、颐庵居士集二卷　宋　刘应时撰

100、南湖集十卷　宋　张镃撰

101、烛湖集二十卷附编二卷　宋　孙应时撰

102、洺水集三十卷　宋　程泌撰

103、龙川文集三十卷　宋　陈亮撰

104、蒙斋集二十卷　宋　袁甫撰

105、文山集二十一卷　宋　文天祥撰

106、文信公集杜诗四卷　宋　文天祥撰

107、西湖百咏二卷　宋　董嗣杲撰

108、百正集三卷　宋　连文凤撰

109、伯牙琴一卷　宋　邓牧撰

110、拙轩集六卷　金　王寂撰

111、遗山诗集二十卷　金　元好问撰

112、归田类稿五十卷附录一卷　元　张养浩撰

113、金渊集六卷　元　仇远撰

114、湛渊集一卷　元　白珽撰

115、渊颖集十二卷附录一卷　元　吴莱撰

116、雁门集六卷　元　萨都剌撰

117、栲栳山人集三卷　元　岑安卿撰

118、丁鹤年集一卷　元　丁鹤年撰

119、九灵山房集三十卷　元　戴良撰

120、玉山璞稿一卷　元　顾瑛撰

121、庸庵集十四卷　元　宋禧撰

122、闻过斋集四卷　元　吴朝宗撰

123、宋学士全集三十二卷　明　宋濂撰

124、诚意伯文集二十卷　明　刘基撰

125、考古遗集六卷续集一卷　明　赵㧑谦撰

126、青邱诗集注十八卷遗诗一卷扣舷集一卷　明　高启撰　国朝　金檀注

127、凫藻集五卷　明　高启撰

128、荣进集四卷　明　吴伯宗撰

129、练中丞集二卷附录一卷　明　练子宁撰

130、逊志斋集二十四卷拾补一卷外纪一卷　明　方孝孺撰

131、吴竹坡文集五卷诗集二十八卷　明　吴节撰

132、刘文安策略十卷　明　刘定之撰　云孙作注释

133、白沙集九卷附录一卷　明　陈献章撰

134、何文肃文集三十四卷外集一卷　明　何乔新撰

135、重编琼台会稿二十四卷　明　丘濬撰

136、医闾集九卷　明　贺钦撰　其子士谞编

137、罗圭峰文集十八卷续集十五卷　明　罗玘撰

138、胡文敬公集三卷　明　胡居仁撰　其门人余祐编

139、郑勉斋遗稿三卷　明　郑满撰

140、空同集六十六卷　明　李梦阳撰

141、王文成全书三十八卷　明　王守仁撰

142、别本王阳明全集二十二卷　国朝　俞嶙撰

143、评点阳明先生集要三编十五卷　明　施邦曜评辑

144、倪小野全集八卷　明倪宗正撰

145、秘图遗诗一卷　明　杨珂撰

146、大复集三十八卷　明　何景明撰

147、洹词十二卷　明　崔铣撰

148、升庵集八十一卷　明　杨慎撰

149、读升庵集二十卷　明　李贽评选

150、甫田集三十五卷附录一卷　明　文征明撰

151、溪堂集二卷　明　恽釜撰

152、林居集十二卷考槃集四卷　明　恽绍芳撰

153、天马山房遗稿八卷　明　朱浙撰

154、遵严集二十五卷　明　王慎中撰

155、浚川集四十卷内台集六卷慎言十三卷雅述二卷　明　王廷相撰

156、荆川集十二卷　明　唐顺之撰

157、沧溟集三十卷附录一卷　明　李攀龙撰

158、杨忠愍集四卷　明　杨继盛撰

159、程文恭遗稿三十二卷　明　程文德撰

160、葛端肃文集十八卷　明　葛守礼撰

161、方山文录二十二卷　明　薛应旂撰

162、白华楼稿十一卷吟稿十卷续稿十五卷　明　茅坤撰

163、石龙庵诗草四卷附刻二卷　明　徐学诗撰

164、曹太史文集十六卷　明　曹大章撰

165、东武山人诗集七卷　明　朱公节撰

166、弇州山人续稿二百七卷　明　王世贞撰

167、元美文选二十六卷　明　王世贞撰　乔时敏选刻

168、甔甀洞稿五十四卷　明　吴国伦撰

169、云山堂集六卷　明　魏裳撰

170、大泌山房集一百三十四卷　明　李维桢撰

171、六如居士全集六卷附录一卷全集补遗一卷画谱三卷外集六卷制义一卷墨亭新赋一卷花坞联吟四卷　全集制义　明唐寅撰　画谱寅辑　附录外集　其族裔仲冕编　新赋联吟皆后人题咏诗

172、徐文长文集三十卷　明　徐渭撰

173、元敏天池集十一卷　明　冯时可撰

174、宗子相集十五卷　明　宗臣撰

175、震川文集三十卷别集十卷　明　归有光撰

176、五岳山人后集十一卷　明　陈文烛撰

177、董司寇文集二十卷　明　董裕撰

178、喻中卿稿八卷　明　喻安性撰

179、快雪堂集六十四卷　明　冯梦祯撰

180、袁中郎集四十卷　明　袁宏道撰

181、杨忠烈文集三卷　明　杨涟撰

182、朱文懿文集十二卷　明　朱庚撰

183、李卓吾文集二十卷　明　李贽撰

184、岳归堂集二十三卷　明　谭元春撰

185、北海集四十六卷　明　冯琦撰

186、澹然轩集八卷　明　徐继登撰

187、刘蕺山集二十四卷　明　刘宗周撰

188、吴忠节遗集四卷年谱一卷　明　吴麟征撰　年谱其子繁昌述

189、刘文烈全集十二卷　明　刘理顺撰

190、几亭全书六十二卷附录一卷　明　陈龙正撰

191、倪文正遗稿三卷　明　倪元璐撰

192、陶庵全集二十二卷补遗一卷附伟恭诗一卷　明　黄淳耀撰

193、王季重游唤一卷历游记一卷　明　王思任撰

194、侣鹤堂诗集八卷　明　祝彦撰

195、月峰居业四卷居业次编五卷　明　孙鑛撰

196、丛青轩集六卷　明　许獬撰

197、金太史文集辑略九卷　明　金声撰　邵鹏程辑

198、己吾集十四卷　明　陈际泰撰

199、西墅草堂遗集五卷　明　吴沛撰

200、石臼前集九卷后集七卷　明　邢昉撰

201、晃岩集十五卷　明　池显方撰

202、陈岩野文集四卷　明　陈邦彦撰

203、芜园诗集六卷　明　葛征奇撰

204、杨园全集　五卷数　明　张履祥撰

205、梅村集四十卷　国朝　吴伟业撰

206、赖古堂集二十四卷　国朝　周亮工撰

207、栖云阁集十六卷拾遗三卷　国朝　高珩撰

208、南雷文定前集十一卷后集四卷附录二十三叶南雷诗历三卷　　国朝　黄宗羲撰

209、白茅堂集四十六卷　国朝　顾景星撰

210、虎溪渔叟集十卷　国朝　刘命清撰

211、壮悔堂集十卷　国朝　侯方域撰

212、顾亭林文集六卷　国朝　顾炎武撰

213、祝子坚集　不分卷　国朝　祝石撰

214、汤子遗书十卷　国朝　汤斌撰

215、安雅堂诗　无卷数　安雅堂拾遗文二卷附二乡亭词四卷　国朝　宋琬撰

216、徧行堂正集四十九卷续集十六卷　国朝　释澹归撰

217、金介山集　不分卷　国朝　金张撰

218、孙宇台集四十卷　国朝　孙治撰

219、顾侍御集十卷　国朝　顾如华撰

220、道援堂诗集十三卷　国朝　屈大均撰

221、尤西堂全集七十七卷　国朝　尤侗撰

222、巢青阁诗钞二卷　国朝　何纶锦撰

223、秀濯堂集十二卷　国朝　吴启元撰

224、高户部集　不分卷　国朝　高以永撰

225、观澜堂文集八卷诗集九卷　国朝　曹章撰

226、柯庭余习十二卷　国朝　汪文柏撰

227、南厓集五卷　国朝　陆豹雯撰

228、陶云诗钞十五卷　国朝　张大绪撰

229、说安堂集八卷　国朝　卢震撰

230、近思堂诗顾曲亭词俱不分卷　国朝　周在建撰

231、思绮堂文集注十卷　国朝　章藻功撰

232、空石斋文集三卷诗剩二卷　国朝　汪国撰

233、卢白云集八卷　国朝　卢存心撰

234、玉华堂全集十八卷　国朝　赵宏恩撰

235、审时斋诗钞一卷　国朝　杨知撰

236、大愚稿二十卷　国朝　褚凤翔撰

237、宝纶堂集五卷　国朝　许缵撰

238、精华录十卷　国朝　王士祯撰

239、尧峰文钞五十卷　国朝　汪琬撰

240、宁都三魏集七十二卷　国朝　魏祥弟禧礼撰

241、听嘤堂笥存一卷　国朝　黄始撰

242、原学堂集二十卷　国朝　周灿撰

243、曝书亭集八十卷附录一卷　国朝　朱彝尊撰

244、曝书亭诗集二十四卷　国朝　朱彝尊撰

245、西河文集一百八十九卷　国朝　毛奇龄撰

246、陈检讨四六二十卷　国朝　陈维崧撰

247、湛园集十卷　国朝　姜宸英撰

248、榕村集四十卷　国朝　李光地撰

249、呆堂文钞六卷　国朝　李邺嗣撰

250、北墅绪言五卷　国朝　陆次云撰

251、赵恭毅剩稿八卷附裘荸剩稿三卷　国朝　赵申乔撰　裘荸剩稿申乔子熊诏撰

252、邵子湘集三十二卷　国朝　邵长蘅撰

253、思复堂集十卷　国朝　邵廷采撰

254、野香亭集十三卷　国朝　李孚青撰

255、饴山堂文集六卷诗集十七卷　国朝　赵执信撰

256、怀清堂集二十卷　国朝　汤右曾撰

257、粤游草一卷　国朝　俞嶙撰

258、黄山行脚草一卷　国朝　黄正谊撰

259、学箕初稿二卷附耳逆草一卷　国朝　黄百家撰

260、酿川集十三卷　国朝　许尚质撰

261、在陆草堂文集六卷　国朝　储欣撰

262、梦月岩诗集二十卷　国朝　吕履恒撰

263、冶古堂文集五卷　国朝　吕履恒撰

264、菀青集　无卷数　国朝　陈至言撰

265、青要集十二卷　国朝　吕谦回撰

266、秋塍文钞十二卷　国朝　鲁曾煜撰

267、萤照阁集十六卷　国朝　车腾芳撰

268、醉愚堂集四卷　国朝　朱维熊撰

269、敬业堂集五十卷　国朝　查慎行撰

270、望溪集八卷　国朝　方苞撰

271、希希集二卷　国朝　黄千人撰

272、樊榭山房集二十卷　国朝　厉鹗撰

273、西林遗稿六卷　国朝　鄂尔泰撰

274、陆堂文集二十卷　国朝　陆奎勋撰

275、桐乳斋诗集十二卷　国朝　梁文濂撰

276、王已山文集十卷别集四卷　国朝　王步青撰

277、绛跗阁集十一卷　国朝　诸锦撰

278、赐书堂文稿　卷　国朝　曹秀先撰

279、桑弢甫集八十四卷　国朝　桑调元撰

280、泊鸥山房集三十八卷　国朝　陶元藻撰

281、紫竹山房全集三十二卷　国朝　陈兆仑撰

282、道古堂文集四十八卷诗集二十六卷　国朝　杭世骏撰

283、苍岘山人诗集五卷附诗余　不分卷　国朝　秦松龄撰

284、戴东原文集十二卷　国朝　戴震撰

285、鲒埼亭集三十八卷经史问答十卷外集五十卷　国朝　全祖望撰

286、赐书堂诗钞八卷　国朝　周长发撰

287、沈归愚全集五十卷　国朝　沈德潜撰

288、袁简斋全集十八种　国朝　袁枚撰

289、玉芝堂集九卷　国朝　邵齐焘撰

290、凝斋遗集八卷　国朝　陈道撰

291、冯梦亭文稿五卷诗稿四卷　国朝　冯浩撰

292、睫巢集六卷　国朝　李锴撰

293、潜研堂文集五十卷诗集二十卷　国朝　钱大昕撰

294、二研斋稿四卷　国朝　诸重光撰

295、郑板桥集四卷　国朝　郑燮撰

296、陈古铭删后诗存十卷　国朝　陈梓撰

297、清绮轩初集四卷　国朝　夏秉衡撰

298、在璞堂吟稿一卷　国朝　方芳佩撰

299、无不宜斋稿四卷　国朝　翟灏撰

300、楼山诗集六卷　国朝　王恕撰

301、今雨堂诗墨注四卷续编四卷　国朝　金姓撰

302、萝村诗选六卷　国朝　余懋棅撰

303、十诵斋集六卷　国朝　周天度撰

304、叶又庵诗钞三卷　国朝　叶声闻撰

305、清献堂全集六十四卷　国朝　赵佑撰

306、虚白斋存稿十集　不分卷　国朝　吴寿昌撰

307、传经堂诗钞十二卷　国朝　韦谦恒撰

308、铜鼓书堂遗稿三十二卷 国朝 查礼撰

309、王梦楼诗集四卷 国朝 王文治撰

310、赵瓯北全集五十卷 国朝 赵翼撰

311、南江文钞四卷 国朝 邵晋涵撰

312、洪稚存全集四十八卷 国朝 洪亮吉撰

313、茗柯文编五卷 国朝 张惠言撰

314、有正味斋全集七十三卷 国朝 吴锡麒撰

315、窥园诗钞五卷 国朝 王梦篆撰

316、五研斋诗集二十卷古文十卷寄傲轩随笔十卷续笔六卷三笔六卷
国朝 沈赤然撰

317、独学庐初稿八卷二稿九卷 国朝 石韫玉撰

318、李歉夫集十五卷 国朝 李梦松撰

319、九曲山房诗钞十六卷 国朝 宗圣垣撰

320、借树山房诗钞八卷 国朝 陈庆槐撰

321、巢云阁诗钞二卷 国朝 何纶锦撰

322、停云轩古诗钞二卷 国朝 何经愉撰

323、爱莲诗钞七卷 国朝 徐佩钺撰

324、灵芬馆集二十六卷 国朝 郭麐撰

325、一尊酒轩诗钞八卷 国朝 涂日耀撰

326、自怡集二十四卷 国朝 程景傅撰

327、雨簚集一卷醉雨楼白鸡吟一卷 国朝 王灏撰

328、南畦赋钞 卷 国朝 曹祖俵撰

329、雪窦诗集二卷 国朝 景云撰

330、漱石诗钞九卷 国朝 宋廷桓撰

331、息园唱和诗一卷 国朝 叶栶撰

332、樗庵存稿八卷 国朝 蒋学镛撰

总集

1、御选古文渊鉴六十四卷　康熙二十四年徐乾学等奉　敕撰

2、御定历代赋汇一百四十卷外集二十卷逸句二卷补遗二十二卷　康熙四十五年　陈元龙奉　敕编

3、御定全唐诗九百卷　康熙四十六年奉　敕编

4、御定佩文斋咏物诗选四百八十二卷　康熙四十五年奉　敕编

5、御定历代题画诗类一百二十卷　康熙四十六年　陈邦彦奉　敕编

6、御定全金诗七十四卷　康熙五十年奉　敕编

7、御选唐宋文醇五十卷　乾隆三年　御定

8、御选唐宋诗醇四十七卷　乾隆十五年　御定

9、钦定全唐文一千四卷　大学士董诰等奉　敕编

10、钦定四书文四十一卷　乾隆元年　方苞奉　敕编

11、文选注六十卷　梁昭明太子萧统编　唐李善注

12、六臣注文选六十卷　不著编辑者名氏

13、箧中集一卷　唐　元结撰

14、河岳英灵集三卷　唐　殷璠编

15、国秀集三卷　唐　芮挺章编

16、御览诗一卷　唐　令狐楚编

17、中兴间气集二卷　唐　高仲武编

18、极元集二卷　唐　姚合编

19、才调集十卷　蜀　韦縠编

20、搜玉小集一卷　不著编辑者名氏

21、文苑英华一千卷　宋太平兴国七年　李昉等奉　敕编

22、唐文萃一百卷　宋　姚铉编

23、乐府诗集一百卷　宋　郭茂倩编

24、文章正宗二十卷续集二十卷　宋　真德秀编

25、文章轨范七卷　宋　谢枋得编

26、瀛奎律髓四十九卷　元　方回编

27、圭塘欸乃集二卷　元　许有壬及其弟有孚其子桢仝编

28、元文类七十卷目录三卷　元　苏天爵编

29、文编六十四卷　明　唐顺之编

30、诗纪匡谬一卷　国朝　冯舒撰

31、唐宋八家文钞一百六十四卷　明　茅坤编

32、汉魏六朝一百三家集一百十八卷　明　张溥编

33、三家宫词三卷　明　毛晋编

34、二家宫词二卷　明　毛晋编

35、唐贤三昧集三卷　国朝　王士祯编

36、二家诗选二卷　国朝　王士祯编

37、唐人万首绝句选七卷　国朝　王士祯编

38、明诗综一百卷　国朝　朱彝尊编

39、宋诗钞一百六卷　国朝　吴之振编

40、元诗选卷首一卷初集六十八卷二集二十六卷三集十六卷　国朝　顾嗣立编

41、全五代诗一百卷　国朝　李调元编

42、郑氏奕叶吟集四卷　明　郑克贤辑

43、金氏诒翼堂集十一卷　国朝　金渭师辑

44、唐氏三易集八卷

45、姚江逸诗十五卷　国朝　黄宗羲编

46、续姚江逸诗十二卷　国朝　倪继宗编

47、姚江诗存十二卷　国朝　张廷枚编

48、滕王阁集十三卷　国朝　周歧辑

49、明文类体一百四十册　自编未梓稿本

50、平昌诗钞四卷　国朝　石门陈世秀钞

集部四

诗文评

1、文心雕龙十卷　梁　刘勰撰

2、文心雕龙辑注十卷　国朝　黄叔琳撰

3、诗品三卷　梁　钟嵘撰

4、诗品一卷　唐　司空图撰

5、后山诗话一卷　宋　陈师道撰

6、临汉隐居诗话一卷　宋　魏泰撰

7、优古堂诗话一卷　宋　吴开撰

8、彦周诗话一卷　宋　许顗撰

9、藏海诗话一卷　宋　吴可撰

10、碧溪诗话十卷　宋　黄彻撰

11、四六谈尘一卷　宋　谢伋撰

12、娱书堂诗话一卷　宋　赵与虤撰

13、浩然斋雅谈三卷　宋　周密撰

14、对床夜语五卷　宋　范晞文撰

15、怀麓堂诗话一卷　明　李东阳撰

16、诗话补遗三卷　明　杨慎撰

17、渔洋诗话三卷　国朝　王士禛撰

18、声调谱一卷　国朝　赵执信撰

19、谈龙录一卷　国朝　赵执信撰

20、宋诗纪事一百卷　国朝　厉鹗撰

集部五

词曲

1、东坡词一卷　宋　苏轼撰

2、山谷词一卷　宋　黄庭坚撰

3、淮海词一卷　宋　秦观撰

4、放翁词一卷　宋　陆游撰

5、蜕岩词二卷　元　张翥撰

6、花间集十卷　蜀　赵崇祚编

7、花庵词选二十卷　宋　黄昇编

8、词综三十四卷　国朝　朱彝尊编

9、碧鸡漫志一卷　宋　王灼撰

10、词话二卷　国朝　毛奇龄撰

11、词律二十卷　国朝　万树撰

丛书附录

1、武英殿聚珍版书五十八种四百八十七卷　乾隆三十八年奉　敕编刊

2、武英殿聚珍版书重刻袖珍本十八种二百五十六卷　乾隆年间编刊

3、秘书二十一种九十二卷　康熙七年　汪士汉编刊

4、汉魏丛书八十六种　国朝　王谟编刊

5、唐宋丛书六十八种　明　钟人杰　张遂辰编刊

6、稗海七十种四百四十九卷　明　商濬刊

7、知不足斋丛书二十七集一百八十六种七百八卷　国朝　鲍廷博编刊

8、学津讨源二十集一百七十二种一千四十五卷　国朝　张海鹏编刊

9、昭代丛书二集一百种　国朝　张潮编刊　分甲乙二集

10、檀几丛书三集一百五十七种　国朝　王晫编刊　分初二余三集

11、棟亭十二种六十九卷　国朝　曹寅校刊

12、抱经堂丛书十七种二百六十卷　国朝　卢文弨校刊

13、经训堂丛书二十三种一百四十六卷　国朝　毕沅校刊

14、函海四十函一百六十六种　国朝　李调元校刊　弟鼎元续

15、岱南阁丛书六种二十一卷　国朝　孙星衍编刊

16、艺海珠尘五集一百三种　国朝　吴省兰编刊　分甲乙丙丁戊五集

17、别本艺海珠尘八集一百六十四种　国朝　吴省兰编刊　分金石丝竹

匏土革木八集

　　曩余官京师，与余姚朱肯甫太史友善。肯甫沈酣经籍，因言其乡人黄石泉先生插架甚富，药溪先生继之，积书至六万余卷，为越中藏书最，余心窃慕之。去年衔恤家居，石泉先生之曾孙芝生茂才以五桂楼藏书目录寄视，展阅一过如入琅嬛。慨自粤匪之乱，吾浙藏书家如范氏天一阁、陈氏湖海楼俱遭兵火，而五桂楼独存。书籍间有散佚，芝生复搜补而整理之，得还旧观。岂非有数存耶？近时归安陆氏仪顾堂藏书亦复不少，且多宋本书，为阮文达研经室外集所未载，足与兹相颉颃云。

　　光绪二年岁在丙子春三月海盐徐用仪跋

姚江黄氏五桂楼藏书跋

　　曩予岭表归道沪上，闻人啧啧称黄君芝生观察，官华洋同知，能庇民，不为夷酋屈。上台虽心善之而弗能袒也，乃徙君权他篆。予其时固已欣慕焉，而以不得见为憾。后十年，予佐邵中丞于台湾，观察已先数年移官于此，谓可以见矣。而观察以忧去官，又不即见。今年秋，观察复来，一见如平生欢。知其家祖遗五桂楼藏书六万卷，遭兵燹间有散佚者，其先人复搜捕之，依然完好。旋示予书目四卷，经史子集部居别白，皆观察手编也，然后知观察能举其职有异乎！寻常俗吏之所为者，盖寝馈于此，非一日矣。予独愧夫奔走衣食，数去其乡，竟不知五桂楼藏书若此之富。往年舟过姚江，不得披帷纵览，失之眉睫之间。又愧吾家涉园藏书三万卷，尽为兵火所毁，不能如观察之克承先业，辄令予掩卷有余慕已。

光绪十八年壬辰十月中浣嘉兴王甲荣拜跋

跋

余既渡海而东，郁郁居此，深苦见闻多陋。芝生观察出其曾祖石泉先生五桂楼书目相示。呜呼！制义作，经籍废，后有兴者，必起其衰。斯楼历众劫而岿然独存，或有待欤。吾闻昔贤有言，读书以明道，又曰通经以致用，观察之治有以夫。

珠湖后学王廷忠敬跋

黄氏五桂楼藏书记后

涑水有言，积书以贻子孙，子孙未必能守，能守未必能读。然亦顾其子孙之贤，何如耳？子孙诚贤，非惟能守且能读。能使子孙之友无力能读者，亦使之读。为子孙之友者，纵未能读，而使之时一披阅数万卷，纵横其前，眉睫间曤焉如电，胸次渊然浩然，是则先人之泽长矣。五桂楼者，乡先辈石泉黄先生藏书处也。先生归道山久，后生小子未及执贽其下，而犹得交其孙方轩先生，并方轩喆嗣明经芝生、茂才蓉生，皆素车笠雅好。然欲登斯楼，窥琅嬛之秘，探璧府之藏，顾以青衫憔悴，残杯冷炙，到处依人，未遑偿愿也。夫不读五千卷，不得入崔儦之室，末学肤受何敢妄言秘籍。然而浙东自黔匪东讧，藏书家如传是楼、赐书堂、天一阁、鲒埼亭，暨高梁郑氏、九沙万氏、祈氏毛氏、商氏卷轴，皆散亡略尽。楼独岿然耸峙，高出云霞之表。四明鹿亭，樊榭诸峰，万点飞岚回带；栋楣藻井，不可谓非彼苍之阴相也，不可谓非鬼神之呵护也。是石泉先生之泽长也，是方轩先生之荫厚也，是明经兄弟能守而又能读也，是能使无力能读者而使之读也，是诚子孙之贤也。夫允何能读先生手泽，俱付兵燹，间存一二，以不能忍饿易米矣，旋以代薪矣。而徒西抹东涂，剽盗稗贩，益滋惧焉。今年夏，克登斯楼，欣愧交并，茂才以序见嘱。夫允何能读，且何敢言读！窃喜登斯楼之上，随明经茂才之后有余华也，谨记私愿如右。若夫经籍淆乱，制度文章羼杂，秦汉宋儒魏了翁记，李氏言之綦详。与夫毛西河言藏刘诚意手札诸弊，明经诸昆季谅久稔，此无烦赘述也已。

同治阏逢阉茂且月后学诸允治谨识

先王父石泉公，性嗜篇籍。租入之余，悉以市书，历十余年，积卷五万有奇。列柜二十，筑五桂楼藏弄其中。先大父药溪公，裒聚增益又不下万卷，楹书之富甲越中。辛酉之难，稍稍散佚。联镳念手泽之存，命仲儿安澜谨为整理。部次之紊者，更之；卷叶之乱者，序之；其阙佚者，随补之。自乙丑秋季，迄今庚午冬仲，历五寒暑，仍还旧观，藉承先志并勖后人焉。

同治九年联镳方轩甫谨识

右《五桂楼书目》四卷，系先王父药溪公手编，从徐氏《初学记》例，首列国朝御制诸书，尊尊也。每书只录撰人、时代、名氏，取便检视。承乙曩承庭诰，重加辑录，曾手抄一编，随置行箧。频年尘鞅相牵，奔走薄宦，交游索观，殊费钞胥。爰检箧中钞本校刊之，冀便同好者取阅焉。

光绪乙未春三月承乙原名安澜谨识

附录二

接收余姚梁弄五桂楼旧书清册

1、资治通鉴纲目前编外纪　善本　6 册

2、历朝纲鉴全史　善本　20 册

3、元史纪事本末　善本　4 册

4、鸿猷录　6 册

5、通鉴纪事本末　善本　60 册

6、宋元通鉴　善本　　40 册

7、五代史　善本　10 册

8、宋史纪事本末　善本　10 册

9、宪章录　善本　10 册

10、廿一史约编　8 册

11、昭代典则　善本　24 册

12、辽史拾遗　善本　　12 册

13、后汉纪　善本　10 册

14、前汉纪　善本　3 册

15、前汉书　善本　24 册

16、元史　善本　80 册

17、金史　善本　20 册

18、乐律表微　4 册

19、韵谱本义　善本　　10 册

20、韵补　善本　5 册

21、广韵　善本　10 册

22、佩觿　善本　2 册

23、禹贡檀弓考工记　善本　　1 册

24、说文五翼　1 册

25、唐诗归　18 册

26、唐诗三集合编　善本　8 册

27、艺林伐山　善本　3 册

28、艺文备览　11 册

29、六艺流别　10 册

30、同音字鉴　5 册

31、王充论衡　9 册

32、古今韵略　5 册

33、正字通　19 册

34、唐雅　善本　4 册

35、围棋谱　1 册

36、乡饮诗乐谱　2 册

37、郑世子乐书　2 册

38、洪武正韵　5 册

39、真音　1 册

40、苑洛志乐　善本　6 册

41、博物典汇　善本　4 册

42、唐文粹、元文类、宋文鉴　8 册

43、千金谱、等均元均　7 册

44、大学翼真　2 册

45、朱子异同条辨　24 册

46、困勉录　16 册

47、关氏经学五书　5 册

48、画（惠）半农易说　2 册

49、研溪先生说诗　1 册

50、半农先生礼说　7 册

51、万氏经学五书　6 册

52、十三经解诂　24 册

53、古文尚书考　2 册

54、五经同异　2 册

55、九经古义　1 册

56、五经绎　8 册

57、七经孟子考文补遗　善本　32 册

58、诗沈　2 册

59、书经注疏大全　12 册

60、春秋什案　6 册

61、读春秋存稿　2 册

62、周易说统　善本　6 册

63、点易丹　3 册

64、古周易订诂　善本　16 册

65、诗缉　12 册

66、易宪　3 册

67、草木疏校正　3 册

68、春秋经传类求　12 册

69、诗经大全　24 册

70、毛诗纪古篇　4 册

71、杨氏易传　善本　4 册

72、易图解　1 册

73、汉魏廿一家易注　10 册

74、麟旨明微　6 册

75、四礼纂要　善本　8 册

76、仪礼经传通解　24 册

77、尚书水月集注　2 册

78、礼书纲目　24 册

79、宋本广韵　3 册

80、孝经类解　2 册

81、诗经说通　4 册

82、宋元通鉴   20 册

83、满汉盛京赋   2 册

84、读书引   6 册

85、王之绩   2 册

86、杨铁崖史义拾遗   1 册

87、稽古日钞   2 册

88、古今史略   12 册

89、后汉书   善本   20 册

90、通志略   16 册

91、顾仲方诗史   善本   6 册

92、史记   16 册

93、史怀   5 册

94、同文广汇全书   5 册

95、唐荆川文编   善本   20 册

96、史记评林   32 册

97、汉书评林   28 册

98、今文类体   善本   138 册

99、宰莘退食录   2 册

100、浙江采集遗书总目   18 册

101、竹云题跋   2 册

102、淳化释文   1 册

103、钦定淳化释文   2 册

104、禁书总目   1 册

105、文献通考纪要   2 册

106、三希堂释文   4 册

107、金石萃编   64 册

108、经世名编   善本   12 册

109、典故纪闻   6 册

110、皇明典故纪闻   善本   6 册

111、金薤琳琅　4册

112、两广盐法志　18册

113、淮关通志　6册

114、两浙盐法志　24册

115、黑盐井志　6册

116、浒墅关志

263、万氏丹溪心法　4册

117、淮鹾本论　2册

118、山东盐法志　8册

119、皇明典礼志　善本　4册

120、皇明通纪　12册

121、东汉会要　善本　8册

122、大明会典　12册

123、余姚嘉庆志　16册

124、余姚书院志略　2册

125、余姚六仓志　8册

126、名山记　48册

127、羊城古钞　6册

128、虞山书院志　6册

129、砀山乾隆志　5册

130、凤阳乾隆志　8册

131、唐县康熙志　6册

132、贵池康熙志　6册

133、衡阳乾隆志　13册

134、巢县康熙志　6册

135、英山县志　5册

136、孝丰康熙志　2册

137、西宁康熙志　2册

138、西宁道光志　6册

139、连城乾隆志　8 册

140、顺昌乾隆志　4 册

141、乐安康熙志　6 册

142、鼎湖山志　4 册

143、西湖志纂　8 册

144、芜湖乾隆志　8 册

145、彭泽乾隆志　8 册

146、平山堂图志　3 册

147、长乐康熙志　5 册

148、雍正西湖志　20 册

149、武夷志　4 册

150、水经注释　20 册

151、会稽山赋　1 册

152、灵岩志　4 册

153、岳麓康熙志　8 册

154、广德州志　8 册

155、筹海图编　8 册

156、龙虎山乾隆志　6 册

157、九华山康熙志　4 册

158、嵩山志　8 册

159、茅山康熙志　4 册

160、水道提纲　8 册

161、博山康熙志　3 册

162、直隶通州志　12 册

163、通州志　8 册

164、沂州志　8 册

165、盘山志　4 册

166、天台山康熙志　6 册

167、育王山志　6 册

168、庐山志　12 册

169、亳州志　善本　7 册

170、山东运河备览　6 册

171、海塘纪略　4 册

172、盱眙县志　6 册

173、颖上乾隆志　4 册

174、青阳顺治志　2 册

175、蒲台乾隆志　4 册

176、西充康熙志　4 册

177、兴宁乾隆志　10 册

178、景宁志　4 册

179、昌化县志　6 册

180、石埭县志　6 册

181、泰康县志　8 册

182、西安康熙志　10 册

183、兰溪县志　4 册

184、杞县乾隆志　7 册

185、蒲县县志　4 册

186、平原县志　4 册

187、来安县志　4 册

188、虹县康熙志　2 册

189、合肥雍正志　6 册

190、新昌康熙志　4 册

191、仙居县志　5 册

192、高明县志　6 册

193、义乌嘉庆志　10 册

194、含山乾隆志　5 册

195、会稽康熙志　8 册

196、铅山康熙志　8 册

197、南阳县志　6 册

198、崇明乾隆志　10 册

199、黔阳县志　8 册

200、当涂县志　10 册

201、永嘉县志　8 册

202、歙县志　7 册

203、龙游县志　10 册

204、吴县志　20 册

205、伊阳永康乾隆志　8 册

206、南丰康熙志　10 册

207、嘉善雍正志　4 册

208、汤溪乾隆志　6 册

209、鄢陵县志　8 册

210、浙江通志　100 册

211、杭州府志　40 册　全

212、绍兴乾隆志　46 册

213、温州府志　10 册

214、金华康熙志（文管会提去）　12 册

215、会稽嘉泰志　8 册

216、湖州乾隆志（文管会提去）　24 册

217、松江府志　20 册

218、衢州康熙志　12 册

219、元和郡县志　8 册

220、山东通志　善本　11 册

221、元丰九域志　4 册

222、台州康熙志　18 册

223、河南康熙志　20 册

224、嘉兴嘉庆志　40 册

225、处州雍正志（文管会提）　16 册

226、严州顺治志　14 册

227、宁波乾隆志　14 册

228、鄞县乾隆志（文管会提去）　16 册

229、淳安县志　8 册

230、嵊县志　6 册

231、行水金鉴　18 册

232、今古舆地图　3 册

233、治修河渠农田书　5 册

234、武林增补旧事　4 册

235、皇朝疏义辑略　善本　16 册

236、五代史补　善本　1 册

237、人物考　善本　48 册

238、史纂左编　40 册

239、逸民史　善本　8 册

240、通鉴总类　20 册

241、宋名臣言行录　7 册

242、贞节阐幽录　2 册

243、三祠传　4 册

244、国朝名人传　善本　6 册

245、南台遗疏　2 册

246、唐才子传　2 册

247、中州疏稿　善本　2 册

248、明名臣言行录　善本　2 册

249、诸葛忠武志　8 册

250、今言　4 册

251、战国策　3 册

252、战国策札记　1 册

253、抚畿奏书　善本　12 册

254、李忠定公奏议　善本　8 册

255、施永图心略 6 册

256、薛氏医案儿科 善本 9 册

257、薛氏医案内科 善本 10 册

258、薛文清公读书录 4 册

259、薛氏医案妇科 善本 7 册

260、薛氏医案外科 善本 10 册

261、诊宗三昧 1 册

262、伤寒兼症析义 1 册 12 册

264、唐荆川武编 善本 12 册

265、推拿秘书 1 册

266、幼科秘书 1 册

267、王琦医林指月 10 册

268、东垣十书 16 册

269、吴氏瘟疫论 2 册

270、鳌峰书院讲学录 1 册

271、理学录 4 册

272、武经七书 善本 6 册

273、孔子家语 4 册

274、补刻延平答问 2 册

275、李光地注释正蒙 2 册

276、大学衍义 39 册

277、城守筹略 2 册

278、医宗全鉴 46 册

279、南皋合编 善本 4 册

280、圣宗集要 8 册

281、钱氏小儿直诀 8 册

282、性理会通 善本 24 册

283、地理 24 册

284、薛氏历学会通 12 册

285、杨氏丹铅总录　善本　5 册

286、御定七政四余万年历　2 册

287、佩文斋书画谱　61 册

288、学道纪言　善本　4 册

289、江村消夏录　3 册

290、皇极经世　善本　32 册

291、参筹秘诀　善本　8 册

292、古言　2 册

293、赏奇轩四种　2 册

294、墨池编　8 册

295、札朴　4 册

296、初潭集　善本　4 册

297、经世环应编　善本　4 册

298、天机会元　善本　12 册

299、一览知书　善本　2 册

300、对音琴谱合璧　善本　6 册

301、梅花渡异林　善本　8 册

302、画笑扒砂经　5 册

303、昨非庵日纂　善本　12 册

304、袁氏甕牖　2 册

305、韩氏涧泉日记　1 册

306、博雅录　2 册

307、博古图　天都黄晟亦刊本　20 册

308、芥舟字画编　2 册

309、群芳谱　16 册

310、德音堂琴谱　善本　3 册

311、学范　2 册

312、续自警编　善本　15 册

313、宝真斋法书　5 册

314、三才揭要 3 册

315、图绘宝鉴 4 册

316、格古要论 6 册

317、王彦宾学林 4 册

318、范家集略 2 册

319、太平御览 善本抄本 198 册

320、北堂书钞 16 册

321、尚友录 8 册

322、白孔六帖 29 册

323、刘氏鸿书 善本 20 册

324、册府元龟 善本抄本 114 册

325、新编古今事文类聚 2 册

326、古今疏 7 册

327、事文类聚 38 册

328、唐荆川裨编 善本 36 册

329、唐类函 40 册

330、记事珠 10 册

331、谷玉类编 10 册

332、考古类编 4 册

333、山海经广注 6 册

334、南华真经影史 2 册

335、离骚草木史 4 册

336、事物异名录 10 册

337、类林新咏 16 册

338、指日录 善本 12 册

339、五灯会元 善本 12 册

340、唐摭言 2 册

341、净土诀 1 册

342、金刚经会通 2 册

343、法华击节 1 册

344、楞严经结心解 3 册

345、南华经简钞 4 册

346、金刚三昧经注 1 册

347、三佛传 善本 1 册

348、圆觉经 善本 1 册

349、维摩诘经 善本 2 册

350、楞严经 善本 5 册

351、楞伽经注疏 善本 2 册

352、阿弥陀经 4 册

353、文昌玉局心忏延嗣真经 1 册

354、唐诗韵汇 10 册

355、诗体明辨 10 册

356、诗所 善本四册 18 册

357、广文选 善本 16 册

358、诗归 善本 10 册

359、元文类 19 册

360、鸿案珠围集 7 册

361、唐诗韵汇 27 册

362、五砚斋诗钞 8 册

363、花间集 善本 4 册

364、虎溪渔叟集 6 册

365、金岕山诗集 善本 2 册

366、赵忠毅公剩稿 5 册

367、诒翼堂集 善本 2 册

368、穸石斋诗文 5 册

369、孙宇台集 6 册

370、乐善堂全集 8 册

371、青要集 2 册

372、独学庐初稿　7 册

373、白茅堂集　19 册

374、弢夫五岳集　6 册

375、骆丞集注　善本　2 册

376、徧行堂集　28 册

377、桐乳斋诗集　4 册

378、王巳山文集　4 册

379、怀清堂集　2 册

380、归田类稿　4 册

381、石龙庵全集　2 册

382、何文肃公文集　16 册

383、恽氏三集　善本　8 册

384、程文恭公遗稿　善本　6 册

385、升庵集　善本　4 册

386、白沙子全集　10 册

387、琼台会稿　6 册

388、东武山人集　2 册

389、遗山诗集　4 册

390、晃岩集　善本　5 册

391、曹太史文集　6 册

392、九灵山房集　善本　2 册

393、丛青轩集　善本　2 册

394、罗圭峰文集　8 册

395、云山堂集　善本　6 册

396、白华楼稿　善本　10 册

397、葛端肃全集　善本　8 册

398、甋甄洞稿　善本　20 册

399、方山先生文集　善本　4 册

400、练中丞金川集　2 册

401、己吾集　4册

402、杨升庵文集　善本　10册

403、春星堂诗集　2册

404、宋学士全集　16册

405、刘文安策略　4册

406、王浚川全集　善本　4册

407、大泌山房全集　善本　48册

408、吴竹坡集　6册

409、石臼集　6册

410、雁门集　2册

411、陈岩野集　4册

412、高青邱集　8册

413、北海集　善本　10册

414、刘文烈公全集　6册

415、快雪堂集　善本　20册

416、朱文懿公文集　8册

417、谭友夏合集　5册

418、金太史集　4册

419、西墅草堂集　2册

420、吴忠节公遗集　2册

421、吴忠节公年谱　1册

422、董司寇全集　4册

423、侣鹤堂诗集　2册

424、王元美文选　善本　6册

425、王弇州续稿　善本　78册

426、苏氏嘉祐集　善本　5册

427、文文山集　善本　7册

428、林邵州集　欧阳四门集　黄御史集

　　王郎中集　韩翰林集　徐正字集　10册

429、淮海集　善本　12 册

430、东坡诗集注　善本　10 册

431、元敏天池集　善本　8 册

432、白玉蟾集　善本　8 册

433、五岳山人后集　善本　2 册

434、喻中卿抚蓟疏稿　善本　6 册

435、临川集　善本　16 册

436、杜诗解　2 册

437、几亭全集　善本　16 册

438、蔡中郎集　善本　4 册

439、韩文起　6 册

440、刘向编楚辞　善本　4 册

441、洺水文集　善本　6 册

442、李诗选　善本　2 册

443、元白长庆集　18 册

444、柳文　善本　9 册

445、杜工部集　善本　5 册

446、栾城集　善本　20 册

447、范忠宣集　善本　4 册

448、朱子论定文钞　善本　10 册

449、李长吉歌诗　善本　1 册

450、李文贞公解义　1 册

451、南丰文集　善本　9 册

452、李忠定公集　10 册

453、鄮峰真隐漫录　12 册

454、文苑英华　181 册

455、学津讨原　238 册

456、古文奇赏　14 册

457、古文续赏　14 册

458、古文三四赏　27 册

459、诗林广记　善本　4 册

460、文苑英华　16 册

461、诸子奇赏　20 册

462、南越笔记　1 册

463、龙龛手鉴　1 册

464、千叟宴诗　36 册

465、文苑英华赋选　2 册

466、西江风雅　5 册

467、孙瑞人骚选　4 册

468、奇门秘窍　2 册

469、石经考　1 册

470、春秋阙如篇　4 册

471、通鉴目录（误钩会纂）　13 册

472、四书汇参　1 册

473、睫巢集　1 册

474、醉雨楼白鹤吟　1 册

475、游鹰山集　4 册

476、辞品　1 册

477、梅州舆颂　5 册

478、谢康乐集　1 册

479、冶古堂文集　3 册

480、象山先生全集　7 册

481、淡然轩集　善本　6 册

482、古今名喻　1 册

483、冶古堂文集　3 册

以上普本善本合计伍仟贰佰捌拾玖册

经部/丛编

1、九经补注 （清）姜兆锡撰 清雍正至乾隆寅清楼刻本 26册 存五种

2、省吾堂四种二十五卷 （清）蒋光弼辑 清常熟蒋氏省吾堂刻本 2册 存一种

3、十三经古注二百九十卷 （明）葛鼐 （明）金蟠校 明崇祯十二年金蟠刻清同治八年浙江书局重修本 64册

4、十三经注疏三百三十三卷 （明）□□辑 明崇祯毛氏汲古阁刻清乾隆四十年虞山席世宣补刻本 100册 缺十卷（周易兼义三至九、周易略例一、尚书注疏一至二）

5、十三经注疏三百三十三卷 （明）□□辑 清乾隆四年武英殿刻本 100册

6、十三经注疏三百三十三卷 （明）□□辑 明崇祯元年至十二年毛氏汲古阁刻本 9册 存二种

7、十三经注疏三百三十三卷 （明）□□辑 清乾隆四十二年刻本 101册 存十一种

8、石斋先生经传九种 （明）黄道周撰 清康熙三十二年晋安郑肇刻本 36册

9、宋本十三经注疏并经典附释文校勘记 （清）阮元撰 清刻本 36册

10 、通志堂经解一百四十种一千八百六十卷 （清）

纳兰成德辑　清康熙十九年通志堂刻本　320 册　存一百三十九种

11、味经斋遗书十二种　（清）庄存与撰　清道光庄绥甲宝研堂刻本　2册　存二种

12、五经旁训　（清）徐立纲撰　清乾隆四十七年吴郡张氏匠门书屋刻本　14 册

13、五经四子书　（清）□□辑　清恕堂刻本　26 册　存七种

14、御案五经　（清）圣祖玄烨撰　清嘉庆十六年扬州十笏堂刻本 24 册

15、御纂七经　（清）李光地等撰　清康熙至乾隆内府刻本　68 册　存四种

16、御纂七经　（清）李光地等撰　清康熙至乾隆内府刻本　12 册　存一种

17、御纂七经　（清）李光地等撰　清紫阳书院刻本　120 册　存三种

经部/易

18、易宪四卷卦歌一卷图说一卷　（明）沈泓撰　清乾隆八至九年补堂刻本　2 册

19、周易本义阐旨四卷　（清）胡方撰　清嘉庆十七年卢氏兰桂堂刻本 8 册

20、周易通义二十二卷首一卷　（清）苏秉国撰　清嘉庆二十一年苏秉国苏州刻本　6 册

21、周易义传合订十五卷首一卷　（宋）朱熹　（宋）程颐撰　（清）张道绪音释　清嘉庆十六年人境轩刻本　8 册

22、周易虞氏义九卷虞氏消息二卷　（清）张惠言撰　清嘉庆八年扬州阮氏琅嬛仙馆刻本　2 册

23、爱日堂尚书注解纂要六卷 （清）吴莲辑 清爱日堂刻本 4册

24、尚书大传四卷 （汉）郑玄注 尚书大传补遗一卷 （清）卢见曾撰 尚书大传考异一卷续补遗一卷 （清）卢文弨撰 清刻本 1册

25、吕氏家塾读诗记三十二卷 （宋）吕祖谦撰 清嘉庆十六年溪上听彝堂重刻明万历刻本 10册

26、诗经集传八卷 （宋）朱熹撰 清乾隆四十七年敬艺堂刻本 4册

27、宋叶文康公礼经会元节本四卷 （宋）叶时撰 （清）陆陇其点定 （清）许元淮删节并评 清乾隆五十年桐柏山房刻本 4册

28、檀弓原二卷 （明）姚应仁辑 明天启刻本 2册

29、弁服释例八卷表一卷 （清）任大椿撰 清嘉庆二年望贤家塾刻本 4册

30、五礼通考二百六十二卷首四卷总目二卷 （清）秦蕙田撰 读礼通考一百二十卷 （清）徐乾学撰 清乾隆金匮秦蕙田味经窝刻本 120册

31、礼书一百五十卷 （宋）陈祥道 撰 清嘉庆九年福清韶溪郭龙光校经堂刻本 20册

32、三礼述注三种七十一卷　（清）李光坡撰　清乾隆八年至三十二年清白堂刻本　32 册

33、文公家礼仪节八卷　（明）丘濬撰　明刻本　3 册

经部/春秋左传

34、春秋经传集解三十卷　（晋）杜预撰　（唐）陆德明音义　春秋年表一卷附考证春秋名号归一图二卷附考证　（五代）冯继先撰　清刻本　5 册　存十七卷（一至十六、年表）

35、春秋左传五十卷　（晋）杜预注　（宋）林尧叟补注（唐）陆德明音义　（明）钟惺　（明）孙鑛（明）韩范评点　清刻本　1 册　存三卷（三十一至三十三）

36、春秋左传五十卷　（晋）杜预注　（宋）林尧叟补注（唐）陆德明音义　（明）钟惺　（明）孙鑛　（明）韩范评点　清光绪二十二年经纶元记刻本　4 册　存十八卷（一至四、十至十四、二十五至二十九、三十四至三十七）

37、贷园丛书初集十二种四十九卷　（清）周永年编　清乾隆五十四年历城周氏竹西书屋重编印益都李文藻等刻本　7 册　存二种

38、左氏节萃十卷　（清）凌璿玉撰　清刻本　7 册

经部/春秋总义

39、春秋胡传三十卷提要一卷纲领一卷列国东坡图说一卷诸国兴废说一卷　（宋）胡安国撰　（宋）林尧叟音注　清康熙四十一年敬业堂刻本6 册

40、春秋题旨辑要二卷　（明）王锡爵撰　（明）王遵宷增辑　清乾隆五十五年刻本　1 册

41、春秋通论四卷　（清）方苞撰　清刻本　2 册

42、春秋正业经传删本十二卷　（清）金瓯撰　清康熙三十七年受中堂

刻本　2 册

43、春秋指掌三十卷前二卷附二卷　（清）储欣　（清）蒋景祁辑　清康熙二十七年天黎阁刻本　8 册

44、御纂春秋直解十二卷　（清）傅恒等撰　清乾隆刻本　8 册

经部/孝经

45、孝经衍义一百卷首二卷　（清）叶方蔼　（清）张英监修　（清）韩菼编纂　清康熙刻本　30 册

经部/四书

46、驳吕留良四书讲义八卷　（清）朱轼（清）吴襄撰　清雍正刻本　4 册

47、大学或问二卷中庸或问三卷　（宋）朱熹撰　清行恕堂刻本　1 册

48、积书岩六种　（清）王澍辑　清乾隆二年刻本　6 册

49、集虚斋四书口义十卷　（清）方楘如撰（清）于光华编　清乾隆五十八年刻本　10 册

50、日讲四书解义二十六卷　（清）库勒纳等撰　清康熙十六年刻本　16 册

51、三鱼堂四书大全四十六卷　（清）陆陇其辑　清康熙三十七年席永恂、王前席刻本　20 册

52、四书衬十九卷　（清）骆培撰　清乾隆七年坦吉堂刻本　4 册　缺三卷（论语一至三）

53、四书改错二十二卷　（清）毛奇龄撰　清嘉庆十六年金孝柏学圃刻本　2 册

54、四书集注大全四十三卷　（明）胡广等辑　清初刻本　1 册　存二卷（论语十一至十二）

55、四书解义七卷　（清）李光地撰　清康熙五十九年居业堂刻六十一

年增修本　3册

56、四书经典通考不分卷　（清）陆文籁辑　清嘉庆十二年木活字印本　6册

57、四书举业近十九卷　（明）戴君恩撰　清刻本　5册

58、四书考汇删六卷　（清）臧廷鉴辑　清刻本　5册

59、四书人名考二十卷　（清）胡之煜等辑撰　清嘉庆八年蓟州陈氏刻本　10册

60、四书释地一卷续一卷又续二卷三续一卷附孟子生卒年月考一卷　（清）阎若璩撰　清嘉庆二十一年梅阳海涵堂刻本　5册

61、四书释地一卷续一卷又续二卷三续一卷附孟子生卒年月考一卷　（清）阎若璩撰　清乾隆五十二年丁杰刻本　3册

62、四书释地一卷续一卷又续一卷三续一卷附孟子生卒年月考一卷　（清）阎若璩撰　清刻本　1册　存二卷（四书释地一、续一）

63、四书章句集注二十六卷　（宋）朱熹撰　四书家塾读本句读一卷四书章句集注定本辨一卷　（清）吴英撰　四书章句附考四卷　（清）吴志忠辑　清嘉庆十六年璜川吴氏真意堂刻本　6册

64、四书章句集注十九卷　（宋）朱熹撰　清徐氏正脩堂刻本　6册

65、四书章句集注十九卷　（宋）朱熹撰　清嘉庆十五年聚瀛堂刻本　6册

66、四书质疑五卷　（清）陈梓撰　清嘉庆二十年敬义堂刻本　1册

67、四书朱子本义汇参四十三卷首四卷　（清）王步青辑　清敦复堂刻本　20册　缺十三卷（大学首、一至三，中庸首、一至六，论语七至八）

68、四书左国辑要四卷　（清）周龙官辑　清乾隆二十三年山阳周龙官刻本　2册

69、先儒张子南轩先生论语孟子说四卷　（清）张栻撰　先儒张子南轩语录二卷　（清）孙步瀛辑　清滋德堂刻本　2册

70、增订四书集注大全四十七卷附录一卷　（明）胡广等辑　（清）注份增订　清康熙长洲汪氏遄喜斋刻本　24册

71、朱子语类五十二卷　（清）朱熹撰　清刻本　10册

72、拜经义丛书四十六卷 （清）臧琳 （清）臧庸撰 清乾隆至嘉庆武进臧氏同述观刻本 4册 存一种

73、抱经堂丛书十六种 （清）卢文弨编 清乾隆至嘉庆刻汇印本 12册 存一种

74、仿宋相台五经九十七卷附考证 清乾隆四十八年武英殿刻本 40册

75、古经解钩沉三十卷 （清）余萧客撰 清刻本 6册

76、经传绎义五十卷 （清）陈炜撰 清嘉庆九年校字斋刻本 24册

77、经典释文三十卷 （唐）陆德明撰 清刻本 1册 存二卷（七至八）

78、经史辨体不分卷 （清）徐与乔辑评 清康熙敦化堂刻本 24册

79、群经宫室图二卷 （清）焦循撰 清乾隆扬州焦循半九书塾刻本 2册

80、十三经札记二十二卷附十六卷 （清）朱亦栋撰 清嘉庆二十二年至道光三年云鹤堂刻本 10册

81、五经类编二十八卷 （清）周世樟撰 清乾隆四十六年友益斋刻本 16册

82、等切元声十卷 （清）熊士伯撰 清刻本 1册 存一卷（六）

83、古韵通八卷附正音切韵复古编一卷 （明）柴绍炳撰 清乾隆四十一年刻本 8册

84、汉学谐声二十四卷说文补考一卷说文又考一卷 （清）戚学标撰 清嘉庆九年涉县官署刻本 6册

85、集韵十卷 （宋）丁度等撰 清康熙四十五年扬州使院刻嘉庆十九年桐城方葆岩补刻本 5册 存五卷（二至五、八）

86、经籍籑诂一百六卷补遗一百六卷首一卷 （清）阮元撰 清刻本 28册 存一百五十卷（十六至四十三、六十至一百六，补遗十六至四十三、

六十至一百六）

87、康熙字典十二集三十六卷总目一卷检字一卷辨似一卷备考一卷补遗一卷等韵一卷　（清）张玉书等纂修　清康熙刻本　40册

88、类韵笺异三卷　（清）陈寅撰　清刻本　1册

89、隶辨八卷　（清）顾蔼吉撰　清乾隆八年天都黄晟刻本　8册

90、隶韵十卷碑目一卷　（宋）刘球撰　&碑目考证一卷（清）翁方纲撰　清嘉庆十五年秦恩复刻本　12册

91、六书故三十三卷六书通释一卷　（宋）戴侗撰　清乾隆四十九年西蜀李鼎元师竹斋刻本　14册　存三十卷（一至十四、十九至三十三，六书通释）

92、龙龛手鉴四卷　（辽）释行均撰　清虚竹斋刻本　5册

93、说文解字斠诠十四卷　（清）钱坫撰　清嘉庆十二年嘉定钱氏吉金乐石斋刻本　2册　存四卷（一至四）

94、说文字原集注十六卷附说文字原表一卷说文字原表说一卷　（清）蒋和撰　清乾隆五十三年刻本　4册

95、小尔雅疏八卷　（清）王煦撰集　清嘉庆五年凿翠山庄刻本　2册

96、新刻尔雅翼三十二卷　（宋）罗愿撰　清刻本　4册

97、音学五书　（清）顾炎武撰　清康熙六年山阳张氏符山堂刻本　11册　存四种

98、韵歧五卷　（清）江昱缀辑　清刻本　1册　存四卷（二至五）

99、正字通十二集三十六卷　（明）张自烈撰　（清）廖文英辑　字汇旧本首一卷　（明）梅膺祚音释　清刻本　13册　存十二卷（首，子集上中下、丑集上、酉集下、戌集上中下、亥集上中下）

100、直音篇七卷　（明）章黼撰　明万历六年维扬资政左室刻本　6册　缺一卷（一）

101、朱饮山三韵易知十卷　（宋）朱燮撰　（清）杨廷兹纂　清刻本　1册　存五卷（六至十）

102、字汇十二卷首一卷末一卷韵法直图一卷　（明）梅膺祚撰　韵法横图一卷　（明）李世泽撰　明刻本　1册　存一卷（申）

103、字鉴五卷 （元）　李文仲撰　清刻本　2 册

104、古微书三十六卷　（明）孙瑴辑　清嘉庆十七年禹航陈世望对山问月楼刻本　6 册

105、藏书六十八卷续藏书二十七卷　（明）李贽撰（明）沈汝楫　（明）金嘉谟重订　明刻本　23 册　缺五卷（续藏书十九至二十二、二十七）

106、东观汉记二十四卷　（汉）刘珍等撰　清乾隆六十年扫叶山房刻本　2 册

107、二十四史　清乾隆刻本　90 册　存一种

108、弘简录二百五十四卷　（明）邵经邦撰　续弘简录元史类编四十二卷　（清）邵远平撰　清康熙二十七年刻清乾隆重修本　80 册

109、旧五代史一百五十卷目录二卷　（宋）薛居正等撰　清嘉庆元年扫叶山房刻本　12 册

110、明史稿三百十卷目录三卷　（清）王鸿绪撰　清雍正敬慎堂刻本(卷一百六十三配清抄本)　80 册

111、十七史一千五百七十四卷　（明）毛晋编　明崇祯至清顺治琴川毛氏汲古阁刻本　8 册　存一种

112、十七史一千五百七十四卷　（明）毛晋编　明崇祯至清顺治琴川毛氏汲古阁刻本　279 册　存十六种

113、宋辽金元别史五种　（清）席世臣辑　清乾隆至嘉庆南沙席氏扫叶山房刻本　46 册

114、宋诗钞初集八十四种　（清）吕留良　（清）吴之振　（清）吴尔尧编　清康熙十年洲钱吴氏鉴古堂刻本　1 册　存六种

115、重刊二十四史　清同治八年岭南菥古堂刻本　830 册

史部/编年

116、御批历代通鉴辑览一百二十卷 （清）傅恒等撰 清嘉庆五年江宁布政使司衙门刻本 47册 缺三卷（三至五）

117、竹书纪年集证五十卷首一卷 （清）陈逢衡撰 清嘉庆十八年褱露轩刻本 16册

118、资治通鉴二百九十四卷 （宋）司马光撰 （元）胡三省音注 （明）陈仁锡评 通鉴释文辨误十二卷 （元）胡三省撰 明天启五年长洲陈仁锡刻本 90册 缺三十九卷（资治通鉴一至二十七、释文辨误一至十二）

119、资治通鉴二百九十四卷目录三十卷 （宋）司马光撰 明崇祯二年陈仁锡刻本 14册 存三十卷（目录一至三十）

120、资治通鉴纲目五十九卷 （宋）朱熹撰 （明）陈仁锡评 资治通鉴纲目续编一卷 （明）陈樫撰 （明）陈仁锡评 资治通鉴纲目前编二十五卷 （明）南轩撰 （明）陈仁锡评 续资治通鉴纲目二十七卷 （明）商辂等撰 （明）陈仁锡评 清嘉庆九年姑苏王氏聚文堂刻本 120册 缺三十一卷（前编一至二十三、续资治通鉴纲目十至十七）

121、资治通鉴外纪十卷目录五卷 （宋）刘恕撰 清嘉庆十六年吴郡山渊堂刻本 6册

史部/纪事本末

122、明朝纪事本末八十卷 （清）谷应泰撰 清顺治十五年筑益堂刻本 3册 存十一卷（一至三、七十三至八十）

123、绎史一百六十卷世系图一卷年表一卷 （清）马骕撰 清刻本 32册 存一百十卷（五十一至一百六十）

史部/杂史

124、国语二十一卷 （三国吴）韦昭注 （宋）宋庠补音 战国策十卷

（宋）鲍彪校注　清乾隆四十八年三余堂刻本　5 册　存二十一卷（国语一至二十一）

125、重订国语国策合注　（三国吴）韦昭（宋）鲍彪注　清武林三余堂刻本　7 册　存十卷（战国策一至十）

史部/史表

126、大清一统志表一卷　（清）徐午撰　清乾隆五十八年刻本　6 册

127、二十一史文选一百卷　（明）周钟辑　明刻本　40 册　存五十八卷（一至五十八）

史部/史抄

128、史纬三百三十卷首一卷　（清）陈允锡撰　清康熙三十年陈允锡当湖刻三十三年陈善申江续刻雍正湖海楼印本　119 册　缺四卷（五十七至五十九、七十一）

史部/史评

129、东莱先生音注唐鉴二十四卷　（宋）范祖禹撰　（宋）吕祖谦注清刻本　4 册

史部/传记

130、[浙江余姚] 四明黄氏宗谱□□卷　清抄本　2 册　存一卷（一）

131、词科掌录十七卷举目一卷余话七卷　（清）杭世骏辑　清刻本6 册

132、古今万姓统谱一百四十卷历代帝王姓系统谱六卷氏族博考十四卷（明）凌迪知辑　明万历刻本　22 册　缺六卷（氏族博考一至六）

133、钦定胜朝殉节诸臣录十二卷首一卷 （清）高宗弘历敕撰 清嘉庆二年谢启昆刻本 5册

134、阙里文献考一百卷首一卷末一卷 （清）孔继汾撰 清乾隆二十七年孔昭焕刻本 8册

135、史姓韵编六十四卷 （清）汪辉祖撰 清乾隆五十五年双节堂刻本 16册

136、宋名臣言行录前集十卷后集十四卷续集八卷别集二十六卷外集十七卷 （宋）□□辑 清刻本 5册 存二十四卷（前集一至十、后集一至十四）

137、魏郑公谏续录二卷 （元）翟思忠辑 清刻本 1册

史部/政书

138、大清会典一百六十二卷 （清）伊桑阿等纂修 清康熙刻本 64册 缺八卷（七十三至八十）

139、皇朝三通 （清）嵇璜 （清）曹仁虎等纂修 清乾隆武英殿刻本 170册

140、钦定康济录四卷 （清）陆曾禹撰 （清）倪国琏厘正 清同治三年浙江抚署刻本 2册 存二卷（三至四）

141、钦定学政全书八十二卷 （清）童璜等撰 （清）王杰等修 清乾隆五十八年刻本 12册

142、三通七百四十八卷 （清）弘昼监理 清乾隆十二年至十四年武英殿刻本 304册

143、俗礼解六卷 （清）谢起龙撰 民国九年商务印书馆铅印本 1册

144、幸鲁盛典四十卷 （清）孔毓圻等纂修 清康熙五十年刻本 12册

145、右编补十卷 （明）姚文蔚辑 明刻本 6册

146、玉华堂楚南疏稿一卷两江疏稿一卷两江批案一卷两江示稿一卷 （清）赵弘恩撰 清雍正刻本 3册史部/时令类

147、月令粹编二十四卷图说一卷 （清）秦嘉谟撰 清嘉庆十七年江都秦嘉谟琳琅仙馆刻本 6册

148、月令辑要二十四卷首一卷 （清）李光地 （清）吴廷桢等辑 清康熙五十五年武英殿刻本 16册

149、大清一统志四百二十四卷 （清）和珅等纂修 清刻本 141册 缺六十二卷（二百九十一至三百二十三、三百四十一至三百四十二、三百六十八至三百八十三、三百九十二至四百二）

150、读史方舆纪要一百三十卷舆图要览四卷 （清）顾祖禹撰 清敷文阁刻本 64册

151、广舆记二十四卷 （明）陆应阳辑 （清）蔡方炳增辑 清嘉庆七年聚文堂刻本 12册

152、阙里志二十四卷 （明）陈镐撰 （清）孔胤植重修 明崇祯刻清雍正修补本 10册

153、日下旧闻四十二卷补遗四十二卷 （清）朱彝尊辑（清）朱昆田补遗 清康熙二十七年刻本 22册

154、太平寰宇记二百卷目录二卷 （宋）乐史撰 （清）陈兰森补阙 清乾隆五十八年万廷兰等刻嘉庆印本 30册

155、扬州画舫录十八卷 （清）李斗撰 清刻本 5册 存十七卷（二至十八）

史部/金石

156、石鼓文音释三卷附录一卷　　（明）杨慎撰　清刻本　1册

史部/目录

157、经义考三百卷　（清）朱彝尊撰　经义考总目二卷　（清）卢见曾编　清康熙秀水朱氏曝书亭刻乾隆十九年至二十年德州卢见曾续刻乾隆四十二年汪汝瑮重印本（卷二百八十六、二百九十九至三百原缺）　60册

158、钦定四库全书简明目录二十卷　　　（清）纪昀等撰　清刻本　12册

159、昭德先生郡斋读书志四卷后志二卷　　　（宋）晁公武撰　附志一卷考异一卷（宋）赵希弁撰　　清刻本　6册　缺一卷（考异）

子部/丛编

160、十子全书　（清）王子兴编　清嘉庆九年姑苏王氏聚文堂刻本24册

161、五种秘窍全书　（明）甘霖撰　明崇祯至善堂刻本　8册　存四种

子部/儒家

162、臣鉴录二十卷　（清）蒋伊辑　清康熙刻本　10册

163、大学衍义四十三卷　（宋）真德秀撰　明末刻本　10册

164、二程全书六十七卷　（宋）程颢　（宋）程颐撰　（宋）朱熹辑清康熙吕氏宝诰堂刻本　14册

165、二程全书六十七卷　（宋）程颢　（宋）程颐撰　（宋）朱熹辑清康熙吕氏宝诰堂刻本　14册

166、胡子知言六卷疑义一卷附录一卷　　（宋）胡宏撰（明）程敏政辑

清刻本　1 册

　　167、居业录四卷　（明）胡居仁撰　清康熙四十年咏幽堂刻本　2 册

　　168、孔子家语十卷　题（三国魏）王肃注　清乾隆四十五年李容刻本
2 册

　　169、榕村讲授三卷　（清）李光地辑　清刻本　3 册

　　170、呻吟语六卷　（明）吕坤撰　清刻本　6 册

　　171、圣谕广训一卷　（清）世宗胤禛撰　清嘉庆刻本　1 册

　　172、说苑二十卷　（汉）刘向撰　清刻本　4 册

　　173、五种遗规　（清）陈弘谋辑并撰　清乾隆培远堂刻汇印本　2 册
存一种

　　174、西山先生真文忠公读书记四十卷　（宋）真德秀辑　清乾隆四年刻
本　40 册

　　175、小学六卷附文公朱夫子年谱一卷小学总论一卷　（清）高愈注
清乾隆四十六年循陔堂刻本　2 册　缺一卷（总论）

　　176、新刊性理汇解大全合参六卷　（清）王熙祖纂集　清德盛堂刻本
2 册

　　177、御纂性理精义十二卷　（清）李光地等纂修　清刻本　4 册

　　178、渊鉴斋御纂朱子全书六十六卷　（清）李光地等纂修　清康熙刻本
36 册

　　179、周子全书十种　（宋）周敦颐撰　（清）董榕编辑　清乾隆刻本
4 册　存六种

　　180、二如亭群芳谱三十二卷首一卷　（明）王象晋撰　明末刻本　16
册

181、本草纲目五十二卷图三卷濒湖脉学一卷奇经八脉考一卷脉诀考证一卷 （明）李时珍撰 清刻本 40册

182、本草万方针线八卷药品总目一卷 （清）蔡烈先辑 清乾隆四十九年金阊书业堂刻本 4册

183、黄帝内经素问注证发微九卷补遗一卷黄帝内经灵枢注证发微九卷 （明）马莳撰 清嘉庆十年古歙鲍氏慎余堂刻本 16册

184、景岳全书六十四卷 （明）张介宾撰 清刻本 32册

185、六科证治准绳七种 （明）王肯堂撰 清九思堂刻本 48册 存五种

186、钱氏小儿药证直诀三卷 （宋）钱乙撰 （宋）阎孝忠辑 附方一卷 （宋）阎孝忠撰 钱仲阳传一卷（宋）刘跂撰 董氏小儿斑疹备急方论一卷 （宋）董汲撰 清光绪十八年姚江黄氏五桂楼刻本 2册

187、钱氏小儿药证直诀三卷 （宋）钱乙撰 （宋）阎孝忠辑 附方一卷 （宋）阎孝忠撰 钱仲阳传一卷（宋）刘跂撰 董氏小儿斑疹备急方论一卷 （宋）董汲撰 清光绪十八年姚江黄氏五桂楼刻本 2册

188、钱氏小儿药证直诀三卷 （宋）钱乙撰 （宋）阎孝忠辑 附方一卷 （宋）阎孝忠撰 钱仲阳传一卷（宋）刘跂撰 董氏小儿斑疹备急方论一卷 （宋）董汲撰 清光绪十八年姚江黄氏五桂楼刻本 2册

189、钱氏小儿药证直诀三卷 （宋）钱乙撰 （宋）阎孝忠辑 附方一卷 （宋）阎孝忠撰 钱仲阳传一卷（宋）刘跂撰 董氏小儿斑疹备急方论一卷 （宋）董汲撰 清光绪十八年姚江黄氏五桂楼刻本 2册

190、钱氏小儿药证直诀三卷 （宋）钱乙撰 （宋）阎孝忠辑 附方一卷 （宋）阎孝忠撰 钱仲阳传一卷（宋）刘跂撰 董氏小儿斑疹备急方论一卷 （宋）董汲撰 清光绪十八年姚江黄氏五桂楼刻本 2册

191、钱氏小儿药证直诀三卷 （宋）钱乙撰 （宋）阎孝忠辑 附方一卷 （宋）阎孝忠撰 钱仲阳传一卷（宋）刘跂撰 董氏小儿斑疹备急方论一卷 （宋）董汲撰 清光绪十八年姚江黄氏五桂楼刻本 2册

192、钱氏小儿药证直诀三卷 （宋）钱乙撰 （宋）阎孝忠辑 附方一卷 （宋）阎孝忠撰 钱仲阳传一卷（宋）刘跂撰 董氏小儿斑疹备急方论一卷 （宋）董汲撰 清光绪十八年姚江黄氏五桂楼刻本 2册

193、钱氏小儿药证直诀三卷 （宋）钱乙撰 （宋）阎孝忠辑 附方一卷 （宋）阎孝忠撰 钱仲阳传一卷（宋）刘跂撰 董氏小儿斑疹备急方论一卷 （宋）董汲撰 清光绪十八年姚江黄氏五桂楼刻本 2册

194、钱氏小儿药证直诀三卷 （宋）钱乙撰 （宋）阎孝忠辑 附方一卷 （宋）阎孝忠撰 钱仲阳传一卷（宋）刘跂撰 董氏小儿斑疹备急方论一卷 （宋）董汲撰 清光绪十八年姚江黄氏五桂楼刻本 2册

195、钱氏小儿药证直诀三卷 （宋）钱乙撰 （宋）阎孝忠辑 附方一卷 （宋）阎孝忠撰 钱仲阳传一卷（宋）刘跂撰 董氏小儿斑疹备急方论一卷 （宋）董汲撰 清光绪十八年姚江黄氏五桂楼刻本 2册

196、钱氏小儿药证直诀三卷 （宋）钱乙撰 （宋）阎孝忠辑 附方一卷 （宋）阎孝忠撰 钱仲阳传一卷（宋）刘跂撰 董氏小儿斑疹备急方论一卷 （宋）董汲撰 清光绪十八年姚江黄氏五桂楼刻本 2册

197、钱氏小儿药证直诀三卷 （宋）钱乙撰 （宋）阎孝忠辑 附方一卷 （宋）阎孝忠撰 钱仲阳传一卷（宋）刘跂撰 董氏小儿斑疹备急方论一卷 （宋）董汲撰 清光绪十八年姚江黄氏五桂楼刻本 2册

198、钱氏小儿药证直诀三卷 （宋）钱乙撰 （宋）阎孝忠辑 附方一卷 （宋）阎孝忠撰 钱仲阳传一卷（宋）刘跂撰 董氏小儿斑疹备急方论一卷 （宋）董汲撰 清光绪十八年姚江黄氏五桂楼刻本 2册

199、钱氏小儿药证直诀三卷 （宋）钱乙撰 （宋）阎孝忠辑 附方一卷 （宋）阎孝忠撰 钱仲阳传一卷（宋）刘跂撰 董氏小儿斑疹备急方论一卷 （宋）董汲撰 清光绪十八年姚江黄氏五桂楼刻本 2册

200、钱氏小儿药证直诀三卷 （宋）钱乙撰 （宋）阎孝忠辑 附方一卷 （宋）阎孝忠撰 钱仲阳传一卷（宋）刘跂撰 董氏小儿斑疹备急方论一卷 （宋）董汲撰 清光绪十八年姚江黄氏五桂楼刻本 2册

201、钱氏小儿药证直诀三卷 （宋）钱乙撰 （宋）阎孝忠辑 附方一卷 （宋）阎孝忠撰 钱仲阳传一卷（宋）刘跂撰 董氏小儿斑疹备急方论

一卷　（宋）董汲撰　清光绪十八年姚江黄氏五桂楼刻本　2册

202、钱氏小儿药证直诀三卷　（宋）钱乙撰　（宋）阎孝忠辑　附方一卷　（宋）阎孝忠撰　钱仲阳传一卷（宋）刘跂撰　董氏小儿斑疹备急方论一卷　（宋）董汲撰　清光绪十八年姚江黄氏五桂楼刻本　2册

203、钱氏小儿药证直诀三卷　（宋）钱乙撰　（宋）阎孝忠辑　附方一卷　（宋）阎孝忠撰　钱仲阳传一卷（宋）刘跂撰　董氏小儿斑疹备急方论一卷　（宋）董汲撰　清光绪十八年姚江黄氏五桂楼刻本　2册

204、钱氏小儿药证直诀三卷　（宋）钱乙撰　（宋）阎孝忠辑　附方一卷　（宋）阎孝忠撰　钱仲阳传一卷（宋）刘跂撰　董氏小儿斑疹备急方论一卷　（宋）董汲撰　清光绪十八年姚江黄氏五桂楼刻本　2册

205、钱氏小儿药证直诀三卷　（宋）钱乙撰　（宋）阎孝忠辑　附方一卷　（宋）阎孝忠撰　钱仲阳传一卷（宋）刘跂撰　董氏小儿斑疹备急方论一卷　（宋）董汲撰　清光绪十八年姚江黄氏五桂楼刻本　2册

206、钱氏小儿药证直诀三卷　（宋）钱乙撰　（宋）阎孝忠辑　附方一卷　（宋）阎孝忠撰　钱仲阳传一卷（宋）刘跂撰　董氏小儿斑疹备急方论一卷　（宋）董汲撰　清光绪十八年姚江黄氏五桂楼刻本　2册

207、钱氏小儿药证直诀三卷　（宋）钱乙撰　（宋）阎孝忠辑　附方一卷　（宋）阎孝忠撰　钱仲阳传一卷（宋）刘跂撰　董氏小儿斑疹备急方论一卷　（宋）董汲撰　清光绪十八年姚江黄氏五桂楼刻本　2册

208、钱氏小儿药证直诀三卷　（宋）钱乙撰　（宋）阎孝忠辑　附方一卷　（宋）阎孝忠撰　钱仲阳传一卷（宋）刘跂撰　董氏小儿斑疹备急方论一卷　（宋）董汲撰　清光绪十八年姚江黄氏五桂楼刻本　1册　存二卷（钱氏小儿药证直诀上、中）

209、钱氏小儿药证直诀三卷　（宋）钱乙撰　（宋）阎孝忠辑　附方一卷　（宋）阎孝忠撰　钱仲阳传一卷（宋）刘跂撰　董氏小儿斑疹备急方论一卷　（宋）董汲撰　清光绪十八年姚江黄氏五桂楼刻本　1册　存二卷（钱氏小儿药证直诀上、中）

210、钱氏小儿药证直诀三卷　（宋）钱乙撰　（宋）阎孝忠辑　附方一卷　（宋）阎孝忠撰　钱仲阳传一卷（宋）刘跂撰　董氏小儿斑疹备急方论

一卷　（宋）董汲撰　清光绪十八年姚江黄氏五桂楼刻本　1册　存二卷（钱氏小儿药证直诀上、中）

211、伤寒大成五种　　（清）张璐等撰　清嘉庆六年金阊书业堂刻本　8册　存三种

212、孙真人千金方衍义三十卷　　（唐）孙思邈撰　（清）张璐衍义　清嘉庆六年扫叶山房刻本　23册　缺一卷（三）

213、万密斋医书十种　　（明）万全撰　清乾隆六年敷文堂刻本　20册

214、喻氏医书三种　　（清）喻昌撰　清乾隆黎川陈守诚刻本　7册　缺十四卷（医门法律十三至二十四，尚论篇首、一　）

215、张氏医书七种　　（清）张璐等撰　清嘉庆六年金阊书业堂刻本　3册　存一种

子部/杂著

216、困学纪闻注二十卷　　（宋）王应麟撰　（清）阎若璩笺（清）何焯评　清乾隆桐乡汪亶桐华书塾刻本　6册

217、校订困学纪闻三笺二十卷　　（宋）王应麟撰　（清）阎若璩等笺（清）屠继序校补　清嘉庆十二年刻本　4册

218、醒园录二卷　　（清）李化楠撰　清刻本　1册　存一卷（一）

219、玉芝堂谈荟三十六卷　　（明）徐应秋辑　明崇祯刻清康熙四十二年、乾隆三十八年、道光二十九年、光绪元年蒨园递修本　18册　缺八卷（一至八）

子部/小说家

220、山海经笺疏十八卷图赞一卷订讹一卷叙录一卷　　（清）郝懿行撰　清嘉庆十四年扬州阮元琅嬛仙馆刻本　4册

221、世说新语三卷　（南朝宋）刘义庆撰　（南朝梁）刘孝标注　（明）凌蒙初订　世说新语补四卷　（明）何良俊撰补　（明）王世贞定　（明）张文柱校注　（明）凌蒙初考订　清康熙十五年永德堂刻本　8册

222、管窥辑要八十卷　（清）黄鼎撰　清顺治十二年刻本　40册

223、钦定仪象考成三十卷首二卷　（清）允禄等撰　清乾隆刻本　8册

224、新镌历法便览象吉备要通书大全二十九卷　（清）魏鉴撰　清刻本10册

225、御制历象考成上编十六卷下编十卷后编十卷表十六卷　（清）允禄（清）允祉等纂修　清雍正刻乾隆增修本　27册

226、御制律历渊源五种　（清）允禄　（清）允祉等纂修　清刻本　5册

227、卜筮正宗十四卷　（清）王维德撰　清嘉庆十七年金阊多文堂刻本4册

228、大六壬大全十三卷　（清）郭载騄编　清刻本　13册

229、地理辨正五卷　（明）蒋平阶补传　（明）姜垚辨正　清刻本2册

230、地理雪心赋精义二卷　（宋）朱熹撰　（清）诸敷政集注　清刻本1册

231、地理臆解二种　（清）金六吉注　清乾隆四十二年嘉德堂刻本　1册　存一种

232、河洛精蕴九卷　（清）江永撰　清乾隆三十九年旌德黄圣谦蕴真书屋刻本　4册

233、钦定协纪辨方书三十六卷　（清）允禄　（清）张照等纂修　清刻朱墨套印本　25册　缺二卷（一、十五）

234、三命通会十二卷　（明）万民英撰　清初刻雍正十三年蒋国祥补刻本　12册

235、太玄经集注十卷　（宋）司马光撰　清嘉庆三年吴门陶氏五柳居刻

本　2册

236、雪心赋正解四卷　（唐）卜应天撰（清）孟浩注　辨论三十篇一卷（清）孟浩撰　清刻本　3册

237、益智图二卷燕几图一卷副本一卷　（清）童叶庚撰　益智续图一卷（清）童昂等撰　益智字图一卷附一卷（清）祝梅君撰　清光绪四年至十六年童叶庚睫巢刻本　1册　存一卷（二）

238、云根山房印谱不分卷　黄葆桢篆　民国十二年姚江黄氏钤拓本　4册

239、自远堂琴谱十二卷　（清）吴灯辑　清嘉庆七年广陵吴灯自远堂吴中刻本　8册

子部/工艺

240、文房肆考图说八卷　（清）唐秉钧撰　（清）康恺绘　清刻本　2册　存四卷（五至八）

子部/宗教

241、频伽精舍校刊大藏经　释宗仰等辑　清宣统元年至民国二年迦陵罗诗氏频伽精舍上海铅印本　414册

集部/别集

242、艾菴诗草三卷　（清）叶声闻撰　清刻本　1册

243、安雅堂全集七种　（清）宋琬撰　清顺治至乾隆刻本　4册　存二种

244、白香山诗长庆集二十卷后集十七卷别集一卷补遗二卷　（唐）白居易撰　（清）汪立名编订　清康熙四十一年至四十二年汪立名一隅草堂刻本　10册

245、白云诗集七卷咏梅诗一卷 （清）卢存心撰 清乾隆数闲草堂刻本 4 册

246、板桥集五种 （清）郑燮撰 清刻本 2 册

247、宝纶堂文钞八卷 （清）齐召南撰 清嘉庆二年刻本 4 册

248、泊鸥山房集三十八卷 （清）陶元藻撰 清嘉庆十八年刻本 13 册 缺五卷（二十二至二十三、三十二至三十四）

249、查吟集四卷 （明）朱维熊撰 清刻本 2 册

250、陈星斋文稿不分卷 （清）陈兆仑撰 （清）顾一经、蔡玉堂、蔡肯堂评注 清嘉庆八年紫竹山刻本 1 册

251、樗菴存稿五卷 （清）蒋学镛撰 清刻本 1 册

252、传经堂诗钞十二卷 （清）韦谦恒撰 清刻本 1 册 存三卷（七至九）

253、翠娱阁评选五家文集 （明）钟惺选 明刻本 5 册

254、大愚稿十七卷 （清）褚凤翔撰 清乾隆九年刻本（二集卷三、八至十原缺） 1 册 缺五卷（一集一至五）

255、道援堂诗集十三卷 （清）屈大均撰 清刻本 5 册

256、东莱先生诗集一卷外集一卷 （宋）吕祖谦撰 清刻本 1 册

257、东坡先生编年诗五十卷 （宋）苏轼撰 （清）查慎行补注 东坡先生年表一卷 清乾隆二十六年香雨斋刻本 14 册

258、东坡先生全集七十五卷 （宋）苏轼撰 明末金阊宝翰楼刻本 28 册

259、东坡先生诗集注三十二卷 （宋）苏轼撰（宋）王十朋集注 清刻本 2 册 存五卷（一至五）

260、杲堂文钞六卷诗钞七卷 （清）李邺嗣撰 清康熙刻本 3 册 存六卷（文钞一至六）

261、顾西巘先生合稿十卷 （清）顾如华撰 清康熙二年刻本 2 册 存六卷（一至三、五至七）

262、观澜堂文集八卷诗集九卷 （清）曹章撰 清刻本 2 册 存八卷(文集一至八)

263、韩昌黎诗集编年笺注十二卷 （唐）韩愈撰 （清）方世举考订 （清）卢见曾删定 清乾隆二十三年德州卢见曾雅雨堂刻本 6册

264、淮海集四十卷首一卷淮海后集六卷长短句三卷诗余一卷 （宋）秦观撰 （明）徐渭评 清刻本 6册

265、黄诗全集五十八卷 （宋）黄庭坚撰 清乾隆五十四年南康谢启昆树经堂刻本 16册

266、晦庵先生朱文公文集一百卷续集五卷别集七卷目录二卷 （宋）朱熹撰 （清）臧眉锡等订 清康熙二十七年蔡方炳刻本 30册

267、及幼草一卷 （明）王思任撰 清刻本 1册

268、借绿轩删订汤霍林先生读书谱四卷 （清）周清原辑 清康熙二十八年借绿轩刻本 1册 存一卷（三）

269、借树山房诗钞八卷 （清）陈庆槐撰 清刻本 2册

270、今雨堂诗墨续编四卷 （清）金姓撰 （清）姚祖同（清）汪贤书注 清乾隆五十年今雨堂刻本 1册 存二卷（三至四）

271、近思堂诗不分卷顾曲亭词一卷 （清）周在建撰 清康熙五十四年刻本 1册

272、近思堂诗不分卷顾曲亭词一卷 （清）周在建撰 清康熙五十四年刻本 1册 缺一卷（顾曲亭词）

273、敬业堂诗集五十卷 （清）查慎行撰 清康熙五十八年刻雍正增刻本 12册

274、九曲山房诗钞十六卷 （清）宗圣垣撰 清嘉庆五年刻本 1册 存四卷（九至十二）

275、柯庭余习十二卷 （清）汪文柏撰 清康熙四十四年汪氏古香楼刻本 2册

276、李文饶公文集二十卷别集十卷外集四卷 （唐）李德裕撰 明刻本 6册

277、岭南林睡庐诗选二卷 （清）林良铨撰 清咏春堂刻本 1册 存一卷（一）

278、楼山诗集六卷 （清）王恕撰 清乾隆三十四年垂经堂刻本 1册

存三卷（四至六）

279、孟亭居士文稿五卷诗稿四卷经进稿一卷 （清）冯浩撰 清嘉庆桐乡冯集梧刻本 3册 存六卷（文稿一至五、经进稿）

280、孟亭居士文稿五卷诗稿四卷经进稿一卷 （清）冯浩撰 清嘉庆桐乡冯集梧刻本 2册 存二卷（文稿二、四）

281、梦月岩诗集二十卷诗余一卷 （清）吕履恒撰 清雍正三年吕宪曾、吕宣曾昆山刻本 1册 存六卷（十六至二十、诗余）

282、勉斋先生遗稿三卷 （明）郑满撰（明）郑梁敬辑 清康熙刻本 1册

283、茗柯文初编一卷二编二卷三编一卷四编一卷 （清）张惠言撰 清嘉庆十四年李生甫张云藻刻本 2册

284、南厓集四卷 （清）陆豹雯撰 清刻本 1册

285、凝斋先生遗集十卷末一卷 （清）陈道撰 （清）鲁士骥辑 清乾隆二十七年集思堂刻本 2册 存八卷（一至八）

286、曝书亭集八十卷附录一卷 （清）朱彝尊撰 笛渔小稿十卷 （清）朱昆田撰 清康熙五十三年朱稻孙刻雍正印本 12册

287、曝书亭集诗注二十四卷 （清）朱彝尊撰 （清）杨谦注 年谱一卷 （清）杨谦撰 清杨氏木山阁刻本（卷二十三至二十四原缺） 8册

288、栖云阁诗十六卷拾遗三卷 （清）高珩撰 留畔堂遗诗四卷 （清）高玮撰 清乾隆刻本 2册 存十二卷（栖云阁诗八至十六、拾遗一至三）

289、清绮轩初集四卷 （清）夏秉衡撰 清乾隆十五年刻本 2册

290、秋塍文钞十二卷 （清）鲁曾煜撰 清乾隆九年鸣野山房刻本 3册 存十卷（一至十）

291、删后诗存十卷文集十六卷 （清）陈梓撰 清嘉庆二十年胡氏敬义堂刻本 1册 存六卷（诗存一至六）

292、邵子湘全集三十卷 （清）邵长蘅撰 清康熙刻本 7册 存二十一卷（青门簏稿三至六、十至十六，邵氏家录一至二，旅稿五至六，青门剩稿一至六）

293、审是斋诗钞一卷 （清）杨知撰 清乾隆刻本 1册

294、十诵斋集六卷　（清）周天度撰　清乾隆刻本　1册　存三卷（诗三至四、杂文）

295、双溪集十二卷　（宋）王炎撰　清康熙五十七年婺源王氏刻本　6册

296、说安堂集八卷　（清）卢震撰　清刻本　3册　缺二卷（三至四）

297、思绮堂文集十卷　（清）章藻功撰　清康熙六十一年聚锦堂刻本　10册　缺二卷（一、六）

298、宋黄文节公文集三十二卷外集二十四卷别集十九卷首四卷　（宋）黄庭坚撰　黄青社先生伐檀集二卷　（宋）黄庶撰　清乾隆三十年江右宁州缉香堂刻本　28册

299、苏文忠诗合注五十卷首一卷目录一卷　（宋）苏轼撰　（清）冯应榴辑　清乾隆五十八年桐乡冯氏踵息斋刻本　18册　存三十七卷（一至二十二、三十六至五十）

300、汤子遗书十卷附年谱一卷附录一卷　（清）汤斌撰　（清）王廷灿增辑　清康熙爱日堂刻本　4册　存七卷（一至七）

301、唐陆宣公集二十二卷　（唐）陆贽撰　明万历三十四年吴继武光裕堂刻本　8册

302、陶云诗钞十五卷　（清）张大绪撰　清康熙五十三年刻增修本　1册　存七卷（一至七）

303、停云轩古诗钞二卷　（清）何经愉撰　清嘉庆十一年刻本　1册

304、铜鼓书堂遗稿三十二卷　（清）查礼撰　（清）查淳辑　清乾隆五十七年查淳刻本　3册　缺十二卷（十三至二十四）

305、菀青集二十一卷　（清）陈至言撰　清康熙四十八年陈氏芝泉堂刻本　2册　存九卷（七言律诗、赋、杂文一至四、表、诗余一至二）

306、温飞卿诗集七卷别集一卷集外诗一卷附录诸家诗评一卷　（唐）温庭筠撰　（明）曾益注　（清）顾予咸补注　（清）顾嗣立续注　清康熙三十六年长洲顾氏秀野草堂刻本　2册　缺一卷（诸家诗评）

307、无不宜斋未定稿四卷　（清）翟灏撰　清乾隆刻本　1册

308、吴朝宗先生闻过斋集四卷　（元）吴海撰　清康熙仪封张氏正谊堂

刻本　3册

　　309、斜川集六卷附录二卷　（宋）苏过撰　（清）周永年辑　斜川集订误一卷（清）吴长元撰　清乾隆五十三年武赵怀玉亦有生斋刻本　2册

　　310、虚白斋存稿十三卷　（清）吴寿昌撰　清乾隆五十五年刻本　4册缺三卷（馆课诗一、馆课赋一至二）

　　311、杨忠烈公文集□□卷　（明）杨涟撰　清康熙四年应山杨苞刻本6册　存三卷（一至三）

　　312、杨忠愍公全集四卷　（明）杨继盛撰　清乾隆二十五年萧山章钰敬一斋刻重修本　4册

　　313、冶古堂文集五卷　（清）吕履恒撰　（清）吕宣曾重编　清乾隆十五年新安吕宣曾刻本　1册　存一卷（四）

　　314、野香亭集十三卷　（清）李孚青撰　清刻本　2册　存六卷（戊辰、己巳、庚午、辛未、壬申、癸酉）

　　315、饴山文集十二卷附录一卷诗集二十卷礼俗权衡二卷声调谱二卷续谱一卷谈龙录一卷　（清）赵执信撰　清乾隆十七年、三十九年因园汇印本　3册　存十五卷（饴山诗集一至十五）

　　316、萤照阁集十六卷首一卷　（清）车腾芳撰　清乾隆二十年近溪山房刻本　2册　存六卷（首，一至二、九至十一）

　　317、庸菴集十四卷　（元）宋禧撰　清嘉庆十三年刻本　2册

　　318、有正味斋骈体文二十四卷续集八卷诗集十六卷诗续集八卷词集八卷词续集二卷词外集二卷外集五卷　（清）吴锡麒撰　清嘉庆十三年刻本15册

　　319、渔洋山人精华录笺注十二卷补一卷附年谱一卷　（清）王士禛撰（清）金荣笺注　（清）徐准纂辑　清康熙五十一年凤翙堂刻本　6册

　　320、雨簟集不分卷　（清）王□撰　清刻本　1册

　　321、庾子山全集十卷　（北周）庾信撰　（清）吴兆宜笺注　清康熙二十七年吴郡宝翰楼刻本　6册

　　322、玉华集十二卷　（清）赵弘恩撰　清雍正十二年刻本　4册

　　323、玉溪生诗意八卷　（唐）李商隐撰　（清）朱鹤龄注　（清）屈复

意　清乾隆扬州艺古堂刻本　2册

324、玉芝堂文集六卷诗集三卷　（清）邵齐焘撰　清乾隆刻本　2册　存六卷（文集一至六）

325、御制诗初集四十四卷目录四卷二集九十卷目录十卷三集一百卷目录十二卷　（清）高宗弘历撰　清刻本　13册　存六十三卷（初集目录一至四，诗十九至二十五、二十八至三十、三十二至三十三、三十五至四十七、五十至五十五、五十七至五十八、六十至六十二、六十八至七十七、八十二至八十五，二集目录一至九）

326、御制文初集三十卷目录二卷　（清）高宗弘历撰　清乾隆二十九年刻本　8册

327、御制文二集四十四卷目录二卷　（清）高宗弘历撰　清乾隆内府刻本　12册

328、元丰类稿五十卷首一卷　（宋）曾巩撰　清乾隆二十八年查溪刻本　12册

329、愿学堂文集二十卷使交纪事一卷使交吟一卷安南世系略一卷　（清）周灿撰　清康熙二十四年刻本　1册　存四卷（愿学堂文集一至四）

330、增订今雨堂诗墨注四卷　（清）金甡撰（清）洪钟注　清乾隆三十四年仁和金甡刻本　2册

331、赵清献公集十卷目录二卷　（宋）赵抃撰　明刻本　4册

332、震川先生集三十卷别集十卷附录一卷补编一卷　（明)归有光撰（清）钱谦益选定　（清）归庄校勘　（清）归玠编辑　清康熙十年至十四年常熟归庄、归玠等刻本　10册

333、重刻吴渊颖集十二卷　（元）吴莱撰　（明）宋濂编　（清）查遴辑　附录一卷　清康熙四十九年浦江吴氏豹文堂刻雍正元年重修本　3册

334、朱子诗钞四卷文钞二十卷　（宋）朱熹撰（清）杜庭珠辑　清康熙二十七年采山亭刻本　7册　缺三卷（文钞一至三）

335、自怡集二十四卷　（清)陈景傅撰　清刻本　3册　缺四卷(一至四)

336、本朝馆阁赋前集十二卷 （清）叶抱崧 （清）程洵等辑 本朝馆阁赋后集七卷补遗一卷附录一卷 （清）程琰 （清）周日涟等辑 稻香楼试帖二卷 （清）程琰撰 清乾隆二十九年、三十三年困学斋刻本 11 册

337、本朝馆阁诗二十卷附录一卷 （清）阮学浩（清）阮学濬辑 续附录一卷 （清）阮芝生（清）阮葵生（清）曹文植辑 清乾隆二十三年困学书屋刻本 7 册 存十三卷（一至十一、十四至十五）

338、崇正文选十二卷 （明）施策辑 明万历三十八年瞿汝说刻本 4 册 存四卷（二、五、十一、十二）

339、古文渊鉴六十四卷 （清）徐乾学等辑注 清渊鉴斋刻本 48 册

340、古文正集十卷二编不分卷 （明）葛鼐 （明）葛鼏辑 明崇祯刻本 9 册 存九卷（正集一至六、八至十）

341、国朝杭郡诗辑十六卷 （清）吴颢辑 清嘉庆五年钱塘吴氏守惇堂刻本 4 册 存八卷（一至二、五至六、九至十、十三至十四）

342、国朝六家诗钞八卷 （清）刘执玉编 清乾隆三十二年刘执玉诒燕楼刻本 4 册 缺二卷（七至八）

343、国朝三家文钞三十二卷 （清）宋荦 （清）许汝霖编 清康熙三十三年刻本 7 册 缺九卷（侯朝宗文钞五至八、汪钝翁文钞一至五）

344、汉魏别解四十七种 （明）黄澍 （明）叶绍泰辑编 明崇祯香谷山房刻本 10 册 存二十九种

345、汉魏六朝一百三家集（汉魏六朝百三名家集） （明）张溥编 清刻本 1 册 存一种

346、汉魏六朝一百三家集（汉魏六朝百三名家集） （明）张溥编 清刻本 60 册 存七十七种

347、鸿案珠围集四卷 （清）李化楠编 清乾隆二十一年刻本 1 册 存一卷（二）

348、乐府诗集一百卷目录二卷 （宋）郭茂倩辑 明崇祯虞山毛氏汲古阁刻本 16 册

349、历朝赋楷八卷首一卷　（清）王修玉辑　清文盛堂刻本　1 册　缺六卷（三至八）

350、历朝制帖诗选同声集十二卷　（清）胡浚辑　清乾隆二十二年桂堂刻本　2 册　存六卷（一至六）

351、历代古文国玮集一百四十一卷　（明）方岳贡辑　明末刻本　24 册　存九十四卷（西汉五至十四，东汉一至八，三国一至六，晋五至十，南朝宋一至四，南齐一，南梁一至三，南陈一，魏一，唐一至九、十四至二十一、二十五至二十八、宋一至三十三）

352、两浙輶轩录四十卷补遗十卷　（清）阮元辑　清嘉庆仁和朱氏碧溪草堂钱塘陈氏种榆仙馆刻本　24 册

353、临川文献二十五卷　（清）胡亦堂编　清康熙十九年梦川亭刻本　2 册　存四卷（游日生先生集一至二、傅平叔先生集一至二）

354、岭南三大家诗选二十四卷　（清）王隼撰　清康熙刻本　5 册　缺四卷（十二至十五）

355、梅州舆颂六卷　（清）李逢光编　清刻本　1 册　存一卷（三）

356、明人诗钞正集十四卷续集十四卷　（清）朱琰辑　清乾隆二十五年樊桐山房刻本　5 册　缺十三卷（正集一至四、十三至十四，续集一至三、八、十二至十四）

357、宁都三魏全集八十三卷　（清）林时益编　清康熙易堂刻本　36 册

358、佩文斋咏物诗选四百八十六卷　（清）汪霦等辑　清康熙四十六年内府刻本　32 册

359、平昌诗钞四卷首一卷末一卷　（清）陈世修编　清雍正刻本　3 册　存四卷（首、一至三）

360、钦定全唐文一千卷目录三卷　（清）董诰等辑　清嘉庆十九年内府刻本　229 册　缺六十八卷（八至十、九十至九十四、二百七十至二百七十三、二百九十四至三百二、三百六十一至三百六十二、四百四十四至四百四十七、四百六十至四百九十二、五百二十三至五百二十六、八百五十三至八百五十六）

361、秦汉文归三十卷 （明）钟惺辑并评 明末古香斋刻本 24册

362、庆历大小题文读本不分卷 清康熙刻本 1册

363、全唐诗九百卷目录十二卷 （清）曹寅等辑 清康熙刻本 110册缺七十三卷（一至九、三百七十二至四百三十、五百三十九至五百四十一、七百七十五至七百七十六）

364、全五代诗一百卷补遗一卷 （清）李调元辑 清刻本 9册 存四十三卷（二至二十二、三十一至三十五、八十四至一百）

365、山满楼笺注唐诗七言律六卷 （清）赵臣瑗辑 清山满楼刻本6册

366、山晓阁选古文全集三十二卷 （清）孙琮辑并评 清刻本 16册

367、山晓阁选明文全集二十四卷续集八卷 （清）孙琮辑并评 清康熙十六年、二十一年文雅堂刻本 16册

368、双节堂赠言集录二十八卷首一卷末一卷附录一卷 （清）汪辉祖辑 清乾隆至嘉庆刻本 7册

369、宋诗钞初集八十四种 （清）吕留良 （清）吴之振 （清）吴尔尧编 清康熙十年洲钱吴氏鉴古堂刻本 1册 存二种

370、宋诗钞初集八十四种 （清）吕留良 （清）吴之振 （清）吴尔尧编 清康熙十年洲钱吴氏鉴古堂刻本 2册 存八种

371、宋诗钞初集八十四种 （清）吕留良 （清）吴之振 （清）吴尔尧编 清康熙十年洲钱吴氏鉴古堂刻本 16册 存五十三种

372、宋四名家诗 （清）周之鳞 （清）柴升编 清康熙刻本 8册

373、唐诗别裁集十卷 （清）沈德潜辑 清康熙刻本 4册

374、唐诗贯珠六十卷 （清）胡以梅辑并笺释 清康熙五十四年苏州胡氏素心堂刻本 8册 存二十五卷（三十六至六十）

375、唐诗韵汇一百八十卷 （清）施端教辑 清啸阁刻本 2册 存四卷（一、十二至十四）

376、唐宋八大家集选 （明）孙鑛（明）茅坤（明）钟惺评（清）卢元昌编 清顺治十五年金闾王遇升刻本 1册 存一种

377、唐宋八大家文钞一百六十四卷 （明）茅坤编 清刻本 24册

378、唐宋八家文读本三十卷　（清）沈德潜辑　清乾隆十五年小欇林刻本　8册　缺八卷（一至四、十一至十二、十六至十七）

379、唐文粹一百卷　（宋）姚铉辑　清刻本　8册　存五十八卷（十八至二十三、四十一至五十五、六十四至一百）

380、滕王阁全集十三卷征汇诗文不分卷　（清）蔡世英辑　清顺治十四年刻本　2册　缺十三卷（一至十三）

381、同馆赋钞三十二卷　（清）法式善编　清嘉庆刻本　21册

382、同馆试律汇钞二十四卷补钞二卷续钞十二卷　（清）韦谦恒　（清）吴省钦等辑　（清）法式善编　清刻本　16册　缺一卷（汇钞三）

383、同馆试律续钞二集□□卷　（清）蒋立镛　（清）邱家炜　（清）王家相辑　清刻本　2册　存二卷（一至二）

384、文选六十卷　（南朝梁）萧统辑（唐）李善注（清）何焯评　清刻朱墨套印本　3册　存十四卷（十八至二十二、二十八至三十一、五十六至六十）

385、文选论注三十卷　（南朝梁）萧统辑　（明）孙鑛评　（明）闵齐华注　明末乌程闵氏刻清康熙柯维桢重修本　12册

386、文选十三种四十五卷　（清）张道绪评　清嘉庆十六年人境轩刻本　19册　缺二卷（管子三至四）

387、文苑英华选六十卷　（清）宫梦仁辑　清康熙刻本　24册

388、吴会英才集二十四卷　（清）毕沅辑　清道光刻本　4册

389、五朝诗别裁集　（清）£££辑　清刻本　6册　存二种

390、西汉文二十卷东汉文二十卷　（明）张采辑　明崇祯六年刻本　14册　存二十六卷（西汉文十至二十，东汉文一、四至十三、十六至十七、十九至二十）

391、瀛奎律髓刊误四十九卷　（元）方回辑　（清）纪昀勘误　清嘉庆五年侯官李光垣双桂堂刻本　7册　缺十六卷（五至十、四十至四十九）

392、御订全金诗增补中州集七十二卷首二卷　（金）元好问辑　（清）郭元釪补辑　清康熙五十年内府刻乾隆五十四年西爽阁刻本　17册　存五十二卷（十一至十三、十七至四十一、四十六至五十二、五十六至

七十二）

393、御定历代赋汇一百四十卷外集二十卷逸句二卷补遗二十二卷目录三卷 （清）陈元龙缉 清康熙四十五年内府刻本 80册

394、御定历代题画诗类一百二十卷 （清）陈邦彦辑 清康熙四十六年内府刻本 10册 存六十三卷（五十八至一百二十）

395、御选唐宋诗醇四十七卷目录二卷 （清）高宗弘历辑 清乾隆二十五年紫阳书院刻本 24册

396、御选唐宋文醇五十八卷 （清）高宗弘历辑 （清）允禄监理 清刻本 10册 存二十八卷（一至二十八）

397、元诗选初集一百十四卷二集一百三卷三集一百三卷首一卷 （清）顾嗣立辑 清康熙三十三年顾氏秀野草堂刻本 40册 缺一百三卷（三集一至一百三）

398、元诗选六卷补遗一卷 （清）顾奎光辑 （清）陶瀚 （清）陶玉禾评 清乾隆十六年刻本 4册

399、昭明选诗初学读本四卷 （清）孙人龙辑 清乾隆四年刻本 1册 存二卷（三至四）

400、诸氏家集十卷 （清）诸以谦 （清）诸以敦编 清嘉庆刻本 1册 存六卷（研北删余一至三、虚白斋遗稿、入山录、浪迹草）

401、紫阳方先生瀛奎律髓四十九卷 （元）方回编 清康熙四十九年吴郡陈士泰刻本 2册 存十三卷（二十四至二十六、三十至三十九）

集部/诗文评

402、柳亭诗话三十卷 （清）宋长白纂 清康熙天茁园刻本 6册

403、全唐诗话八卷 （宋）尤袤辑 （清）孙涛续辑 清乾隆三十九年清芬堂刻本 3册 存六卷（一至四、七至八）

404、宋诗纪事一百卷 （清）厉鹗 （清）马曰琯辑 清乾隆十一年厉氏樊榭山房刻本 24册 缺二十四卷（二十二至二十三、二十七至三十二、四十九至五十三、七十四至八十、八十八至九十一）

405、陶诗汇评四卷东坡和陶合笺四卷 （晋）陶潜 （宋）苏轼撰 （清）温汝能汇评 清嘉庆十二年听松阁刻本 2册

406、文心雕龙十卷 （南朝梁）刘勰撰 （清）黄叔琳辑注 清乾隆六年北平黄氏养素堂刻本 4册

407、文章轨范七卷 （宋）谢枋得辑 清乾隆四十年刻本 2册

408、吴兴诗话十六卷首一卷 （清）戴璐撰 清嘉庆二年石鼓斋刻本 2册

409、一樽酒轩诗钞八卷 （清）涂日燿撰 清嘉庆刻本 3册 存六卷（一至四、七至八）

集部/词

410、词律二十卷 （清）万树撰 清康熙万氏堆絮园刻保滋堂印本 8册 缺四卷（三至四、八至九）

411、词综三十八卷 （清）朱彝尊撰（清）汪森增定（清）柯崇朴编次（清）周篔辨讹 （清）王昶补纂 明词综十二卷国朝词综四十八卷国朝词综二集八卷 （清）王昶辑 清刻本 13册 缺四十一卷（词综二十四至二十八、三十三至三十八，国朝词综一至二十二、三十六、四十二至四十八）

412、酿川集十三卷 （清）许尚质撰 清康熙刻本 1册 存五卷（一至五）

类丛部/类书

413、读书纪数略五十四卷 （清）宫梦仁辑 清康熙四十六年至四十七年维扬宫梦仁刻本 10册

414、分类字锦六十四卷 （清）何焯等纂 清康熙刻本 64册

415、格致镜原一百卷 （清）陈元龙撰 清康熙五十六年陈元龙刻雍正十三年印本 24册

416、古今类传四卷 （清）董榖士（清）董炳文辑 清康熙三十一年

未学斋刻本　4 册

417、兰雪堂古事苑定本十二卷　（清）邓志谟辑　清康熙二十五年兰雪堂刻本　6 册

418、佩文韵府一百六卷　（清）张玉书　（清）蔡升元等辑　韵府拾遗一百六卷（清）汪灏　（清）何焯等辑　清康熙至雍正刻本　32 册　存一百六卷（佩文韵府一至一百六）

419、佩文韵府一百六卷　（清）张玉书　（清）蔡升元等辑　韵府拾遗一百六卷（清）汪灏（清）何焯等辑　清康熙至雍正刻本　157 册　存一百三卷（佩文韵府一至三十、三十四至一百六）

420、佩文韵府一百六卷　（清）张玉书　（清）蔡升元等辑　韵府拾遗一百六卷（清）汪灏（清）何焯等辑　清康熙五十年内府刻本　96 册　存一百六卷（佩文韵府一至一百六）

421、事类赋三十卷　（宋）吴淑撰并注　清乾隆三十五年剑光阁刻本 4 册

422、天中记六十卷　（明）陈耀文辑　明刻本　46 册　缺二卷（五、十）

423、玉海二百四卷附刻辞学指南四卷诗考一卷诗地理考六卷汉艺文志考证十卷通鉴地理通释十四卷汉制考四卷践阼篇一卷周易郑康成注一卷姓氏急就篇二卷急就篇补注四卷周书王会补注一卷小学绀珠十六卷六经天文编二卷通鉴答问五卷　（宋）王应麟撰　元刻明清递修本　60 册　存二百四卷（玉海一至二百四）

424、御定骈字类编二百四十卷　（清）吴士玉　（清）沈宗敬等奉敕辑清雍正刻本　118 册　缺四卷（八十五至八十八）

425、渊鉴类函四百五十卷目录四卷　（清）张英　（清）王世祯等辑清康熙清吟堂刻本　198 册　缺七卷（六十、二百六十九至二百七十二、四百二十至四百二十一）

426、增补注释故事白眉十卷　（明）许以忠辑　清雍正十三年素位堂刻本　5 册

427、重订广事类赋四十卷　（清）华希闵撰　清乾隆三十五年刻本 8 册

428、子史精华一百六十卷　（清）吴士玉、吴襄等辑　清乾隆五十五年张松孙刻本　48 册

429、抱经堂丛书十六种　（清）卢文弨编　清乾隆至嘉庆刻汇印本　49 册　存十一种

430、陈一斋全集五种　（清）陈梓撰　清嘉庆二十年至二十一年胡氏敬义堂刻本　1 册　存一种

431、岱南阁丛书五种　（清）孙星衍编　清嘉庆三年兰陵孙氏沇州刻本　8 册

432、古文七种附一种　（清）储欣选评　清受祉堂刻本　30 册　存七种

433、广汉魏丛书九十六种　（明）何允中编　清嘉庆刻本　3 册　存三种

434、函海一百五十二种　（清）李调元编　清乾隆绵州李氏万卷楼刻嘉庆十四年李鼎元、道光五年李朝夔重校补刻本　153 册　存一百四十八种

435、汉魏遗书钞一百四种　（清）王谟辑　清嘉庆三年金溪王氏刻本　24 册　存一百三种

436、杭大宗七种丛书　（清）杭世骏撰　清刻汇印本　4 册

437、经训堂丛书二十一种　（清）毕沅编　清乾隆至嘉庆镇洋毕氏刻本　6 册　存二种

438、经韵楼丛书（段氏丛书）十一种　（清）段玉裁撰　清乾隆至道光金坛段氏刻汇印本　3 册　存一种

439、抗希堂十六种　（清）方苞撰　清康熙至嘉庆刻汇印本　54 册　存十五种

440、抗希堂十六种　（清）方苞撰　清康熙至嘉庆刻汇印本　27 册　存八种

441、抗希堂十六种　（清）方苞撰　清刻本　1 册　存一种

442、李文贞公全集三十九种　（清）李光地撰　清乾隆元年李清植刻嘉庆六年补刻本　80册　存三十五种

443、楝亭藏书十二种　（清）曹寅编　清康熙四十五年扬州诗局刻本　16册

444、陆云士杂著九种　（清）陆次云撰　清康熙刻本　1册　存一种

445、率祖堂丛书八种附六种　（宋）金履祥撰　清嘉庆刻本　4册　存三种

446、瓯北全集八种　（清）赵翼撰　清乾隆至嘉庆湛贻堂刻本　7册　存一种

447、清芬楼（钓台遗书）六种　（清）任启运撰　清乾隆三十八年至嘉庆二十二年刻本　20册　存三种

448、清献堂全编八种　（清）赵佑撰　清乾隆刻本　22册　存五种

449、四六全书五种　（明）李日华撰　明崇祯武林鲁重民刻本　4册　存一种

450、孙夏峰全集十二种附一种　（清）孙奇逢撰　清康熙刻道光至光绪递刻本　10册　存一种

451、唐宋丛书九十二种　（明）钟人杰　（明）张遂辰编　明末刻说郛及说郛续重编印本　24册　存六十三种

452、汪龙庄先生遗书四种　（清）汪辉祖撰　清乾隆五十年至五十六年双节堂刻本　1册　存一种

453、王渔洋遗书三十八种　（清）王士禛撰　清刻本　66册　存三十三种

454、王渔洋遗书三十八种　（清）王士禛撰　清刻本　10册　存一种

455、武英殿聚珍版书一百三十八种　清乾隆浙江刻本　4册　存一种

456、武英殿聚珍版书一百三十八种　清乾隆刻本　106册　存三十五种

457、武英殿聚珍版书一百三十八种　清乾隆刻本　86册　存二种

458、武英殿聚珍版书一百三十八种　清乾隆刻本　6册　存一种

459、武英殿聚珍版书一百三十八种　　清乾隆刻本　29 册　存七种

460、武英殿聚珍版书一百三十八种　　清乾隆刻本　19 册　存四种

461、武英殿聚珍版书一百三十八种　　清乾隆刻本　4 册　存一种

462、武英殿聚珍版书一百三十八种　　清刻本　2 册　存一种

463、武英殿聚珍版书一百三十八种　　清乾隆刻本　1 册　存一种

464、武英殿聚珍版书一百三十八种　　清乾隆武英殿木活字印本　16 册　存一种

465、武英殿聚珍版书一百三十八种　　清乾隆四十二年福建刻道光至同治递修光绪二十一年增刻本　8 册　存一种

466、武英殿聚珍版书一百三十八种　　清刻本　1 册　存一种

467、武英殿聚珍版书一百三十八种　　清刻本　1 册　存一种

468、武英殿聚珍版书一百三十八种　　清江苏刻本　11 册　存一种

469、武英殿聚珍版书一百三十八种　　清乾隆武英殿木活字印本（能改斋漫录卷十二至十八配清抄本）　12 册　存一种

470、武英殿聚珍版书一百三十八种　　清乾隆武英殿木活字印本　32 册　存一种

471、西河合集一百十九种　　（清）毛奇龄撰　清康熙李塨等刻本　66 册　存八十三种

472、惜阴轩丛书三十四种续编一种　　（清）李锡龄编　清刻本　4 册　存一种

473、艺海珠尘二百六种　　（清）吴省兰编　清嘉庆南汇吴氏听彝堂刻道光三十年金山钱氏漱石轩增刻重印本　42 册　存一百二种

474、艺海珠尘二百六种　　（清）吴省兰编　清嘉庆南汇吴氏听彝堂刻本　54 册　存一百六十四种

475、增订汉魏丛书八十六种　　（清）王谟编　清乾隆五十六年金溪王氏刻本　4 册　存五种

476、增订汉魏丛书八十六种　　（清）王谟编　清乾隆五十六年金溪王氏刻本　84 册　存七十七种

477、正谊堂全书□□种　　（清）张伯行编　清康熙刻本　5 册　存四种

478、正谊堂全书□□种 （清）张伯行编 清康熙四十七年刻本 35册 存十八种

479、知不足斋丛书一百九十六种 （清）鲍廷博编 （清）鲍士恭续编 清乾隆三十七年至道光三年长塘鲍氏刻汇印本 215册 存一百八十一种

480、朱文端公藏书十三种 （清）朱轼撰辑 清康熙至乾隆刻汇印本 61册 存十种

481、朱文端公藏书十三种 （清）朱轼撰辑 清康熙至乾隆刻汇印本 19册 存五种

482、朱子遗书十五种 （宋）朱熹撰 清康熙御儿吕氏宝诰堂刻本 16册 存十三种

计 10059 册